军事政治学系列丛书
丛书主编·高民政

军队"2110工程"军队政治工作学学科

当代美国军政关系

李庄前 ◎ 主编

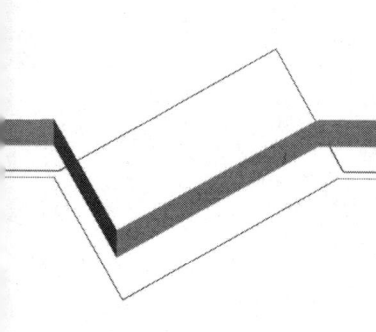

时事出版社

主　　编：李庄前
副 主 编：陈伟昉　李丛禾
参编人员：郎丽璇　王玉强　周　静　袁亚楠

前 言

军政关系，泛指"一个国家的武装力量作为一个机构与包含武装力量在内的社会的其他部门之间的互动关系"。[1] 从人类社会军事诞生之日起，不同性质和不同形式的军政关系便应运而生。与此相应，人们对军政关系和军政现象的研究也如影相随，不绝于缕。就美国而言，军政关系的张力时常给这个国家带来一些问题，政界领导与军方指挥官之间的冲突在不同历史时期以同样的方式反复出现，如林肯与麦克莱伦、杜鲁门与麦克阿瑟、克林顿与鲍威尔、奥巴马与麦克里斯特尔等。每当涉及关于战争与和平等重大问题时，军政关系的紧张状态就会浮现，成为影响美国安全政策的重要因素。

军政关系的研究者们认为，对于一个国家而言，最重要的问题之一莫过于其军队与社会之间的关系，以及军队所发挥的作用。原因显而易见：一方面，军事机构，尤其是一个强大高效的军事机构因其强制力至少会对一个政权构成潜在的威胁；另一方面，一个孱弱的军事机构则可能因为无法提供保护也会威胁到一个政权的安全。这正是军政关系最主要的悖论。不过，在美国学者看来，美国非常幸运，因为一直以来，美军在战场上成功保卫了国家，而且未对文人控制构成威胁，没有出现过最极端、最危险的军事政变和军队泛政治化。但他们也指出，美国军政关系的紧张状态一直存在：自美国独立战争到现在，美国的军政关系主要就是三方之间达成

---

[1] Mackubin Thomas Owens, *US Civil-Military Relations After 9/11*: *Renegotiating the Civil-Military Bargain* (New York: The Continuum International Publishing Group, 2011), p. 12.

一个协定,这三方就是"美国人民、美国政府以及作为一个机构的美国军队"。①

三方之间的这种"协定",其目的就是在文职领导和军方之间分配权力和责任。研究者们认为,在美国历史上不同时期,政治、战略、社会、科技等具体情况都经历了巨大变化,现有的军政双方协定的条件已经过时,造成了双方关系的失衡和紧张态势。因此,"各方都需要重新协商调整,以恢复军政关系的平衡性"。② 要合理地平衡军政关系,必须明确军政关系涉及到的几个问题:第一,谁掌握着军事工具?第二,在美国这样的自由主义社会,什么程度的军队影响力是可以接受的?第三,军队应该发挥什么样的作用?第四,什么模式的军政关系最能保证军事工具的效能?厘清上述几个问题,军政关系的发展就会呈现出稳定和谐的局面。

美国学者认为,总体上来看,军政关系不同理论范式的提出有着不同的时代背景,其运作模式也大体顺畅,但随着国际国内形势的不断发展变化,美国的军政关系面临新问题、新情况,有时甚至会显示出紧张的迹象,需要重新调整。实际上,冷战结束后,美国军政关系一直在进行非常重要的重新定位。随着苏联的解体,国际安全环境发生了很大变化,人们关于美军在新安全形势下的作用地位的看法产生了分歧,随之而来的"意见震荡"对美国军政关系产生了巨大影响,引发最近20余年来美国军政关系的变化调整,而这正是人们研究当代美国军政关系的源动力,也是作者译编本书的目的所在。

当代美国军政关系是一个庞大复杂的课题,涉及政治、经济、军事、文化、历史等诸多领域,涵盖政治学、军事学等不同学科。本书所辑录的各种见解出自欧美国家军政关系的研究学者,由4篇14章组成,每篇篇首配有导读,概要介绍本篇主题和各章观点。本书由李庄前负责选材和定稿,陈伟昉负责文稿校对和润色,参与原文编译的作者包括:李庄前(第一章、第五章、第六章),陈伟昉(序篇、第二章、第十二章),李丛禾

---

① Mackubin Thomas Owens, *US Civil-Military Relations After 9/11: Renegotiating the Civil-Military Bargain* (New York: The Continuum International Publishing Group, 2011), p. 1.
② Ibid..

(第八章、第九章、第十一章), 周静(第四章、第十章), 王玉强(第三章、第七章), 袁亚楠(第十三章)和郎丽璇(第十四章)。本书在编写过程中得到了南京政治学院上海校区领导和机关的关怀和指导, 得到了我国军事政治学创始人高民政教授的鼓励和肯定, 得到了上海校区外军政治性工作教研室全体教员的支持和帮助, 在出版过程中责任编辑艾薇薇付出了大量心血, 在此一并表示感谢。

目录
Contents

序　篇

第一篇　美国军政关系的理论与实践

第一章　军人与政治　(014)

一、从美国革命到美国内战　(014)

二、内战之后　(016)

三、二战之后　(018)

四、越战之后　(022)

五、冷战之后　(024)

六、军政关系的涵义　(027)

第二章　美国军政关系传统溯源　(033)

一、美国军政关系的影响因素　(037)

二、军政关系理论　(039)

三、塞缪尔·亨廷顿：军政关系的一种制度性理论　(040)

四、莫里斯·简诺威茨：对亨廷顿理论的社会学回应　(044)

五、冷战后的理论：戴思齐、埃文特和兰斯顿　(047)

六、彼得·费弗：代理理论与军政关系　(049)

七、军政关系以及总统与国会之间的"争斗诱因" (052)

　　八、调和理论 (053)

　　九、军政关系和战略评估 (054)

　　十、结论 (056)

第三章　亨廷顿前后：美国军政关系研究方法的成熟 (058)

　　一、社会科学的发展 (059)

　　二、亨廷顿以前的军政关系研究和方法论 (062)

　　三、《军人与国家》：方法论上的进步 (065)

　　四、亨廷顿之后的军政关系研究 (071)

　　五、结论 (075)

第二篇　美国军政关系的现状与根源

第四章　拉姆斯菲尔德、辛塞奇及其紧张的军政关系 (081)

　　一、军政关系的紧张状态：文化和忠诚的冲突 (082)

　　二、陆军参谋长辛塞奇 (085)

　　三、新政府和国防部长拉姆斯菲尔德 (086)

　　四、"黑色贝雷帽"事件 (087)

　　五、2001年四年防务评估 (088)

　　六、国防部长拉姆斯菲尔德的目标 (089)

　　七、"9·11"袭击事件和阿富汗战争 (090)

　　八、"十字军自行火炮发展项目"事件 (091)

　　九、伊拉克战争计划 (094)

　　十、辛塞奇留下的宝贵经验 (096)

　　十一、拉姆斯菲尔德的军政关系遗留问题 (101)

　　十二、军政关系的教训：穿行在暴风雨中 (103)

十三、构建军政关系：信任　　　　　　　　　　　　（109）
　　十四、结束语　　　　　　　　　　　　　　　　　　（111）

第五章　美国军政关系问题重重但没有危机　　　　　　　（113）
　　一、军事政策的两面性　　　　　　　　　　　　　　（114）
　　二、外国威胁的新面孔　　　　　　　　　　　　　　（118）
　　三、政府的新面孔　　　　　　　　　　　　　　　　（122）
　　四、有问题但没有危机　　　　　　　　　　　　　　（127）
　　五、平等的对话与不平等的权力　　　　　　　　　　（135）

第六章　从两宗案例看美国军政关系中的处罚原则　　　　（142）
　　一、彼得·费弗的"代理理论"　　　　　　　　　　 （143）
　　二、军政关系中影响处罚的两个因素　　　　　　　　（144）
　　三、结论和未来研究　　　　　　　　　　　　　　　（151）

第七章　哈茨、亨廷顿和美国的自由主义传统　　　　　　（153）
　　一、美国的自由主义传统　　　　　　　　　　　　　（155）
　　二、布什、新保守主义以及自由主义传统　　　　　　（158）
　　三、自由主义传统与美国当前军政冲突的联系　　　　（163）
　　四、对自由主义与现实主义之间长期紧张关系的管理　（172）

第八章　美国军事专业主义的意识形态根源　　　　　　　（176）
　　一、军人心态与军事专业主义的关系　　　　　　　　（177）
　　二、功能与思想：公共观念与个人行为相关联　　　　（179）
　　三、功能与思想：检验军人心态　　　　　　　　　　（182）
　　四、意识形态与军事职业　　　　　　　　　　　　　（188）
　　五、结论　　　　　　　　　　　　　　　　　　　　（190）

第三篇 "9·11"之后的美国军政关系

第九章 文人控制与军队对社会的影响 (198)

　　一、文人控制的削弱？ (199)
　　二、军政关系标准理论 (203)
　　三、公众的争议 (206)
　　四、军方"反弹" (209)
　　五、布什政府期间的文人控制 (211)
　　六、奥巴马政府时期持续紧张的军政关系 (212)
　　七、军人异见 (215)
　　八、军队在美国社会的影响力 (222)
　　九、结论 (230)

第十章 军队职能与军事效能 (232)

　　一、军队职能范围内的军事效能：军种文化的限制和军政关系 (235)
　　二、军队在国内事务中的使用 (243)
　　三、军政关系模式与战略的形成 (248)
　　四、军政关系模式与军事效能 (249)
　　五、唐纳德·拉姆斯菲尔德与伊拉克战争的战略评估 (251)
　　六、罗伯特·盖茨与军政关系 (260)
　　七、结论 (264)

第十一章 将稳定行动融入军事专业技能 (267)

　　一、军事职业与专业技能 (268)
　　二、冷战后及"9·11"后的军事行动 (272)
　　三、仍然存在的挑战和机会 (276)

四、克服观念障碍　　　　　　　　　　　　　　（276）

五、训练和教育　　　　　　　　　　　　　　　（277）

六、组织变革　　　　　　　　　　　　　　　　（280）

七、融合需求　　　　　　　　　　　　　　　　（282）

八、结论　　　　　　　　　　　　　　　　　　（283）

第四篇　当代美国军政关系的构建

第十二章　信任：构筑有利于国家安全的军政关系　　（288）

一、《军人与国家》　　　　　　　　　　　　　（289）

二、军政冲突的原因　　　　　　　　　　　　　（291）

三、能促进信任的军队行为　　　　　　　　　　（299）

四、能促进信任的文人行为　　　　　　　　　　（309）

五、处理军政关系　　　　　　　　　　　　　　（313）

六、军人、国家以及亨廷顿的贡献　　　　　　　（315）

第十三章　运用麦迪逊模式构建美国军政关系　　（316）

一、塞缪尔·亨廷顿和客观控制模式　　　　　　（317）

二、莫里斯·简诺威茨和主观控制　　　　　　　（320）

三、处理军政关系的麦迪逊方法　　　　　　　　（323）

四、法令修改　　　　　　　　　　　　　　　　（327）

五、双方的专业储备大致匹配是至关重要的　　　（330）

六、麦迪逊方法中新的军官规范　　　　　　　　（331）

七、培养专业知识　　　　　　　　　　　　　　（332）

八、提供最佳建议　　　　　　　　　　　　　　（332）

九、做出公正而准确的评估　　　　　　　　　　（332）

十、军政双方都应具有团队精神　　　　　　　　（333）

十一、对国会和行政当局负责　　　　　　　　　（333）

十二、理解和接受民主进程的微妙之处　　　　　　　　　　（333）

　　十三、为美国人民服务至上　　　　　　　　　　　　　　　（334）

　　十四、远离党派之争　　　　　　　　　　　　　　　　　　（335）

　　十五、仅仅出于国家利益利用新闻媒体　　　　　　　　　　（336）

　　十六、结语　　　　　　　　　　　　　　　　　　　　　　（337）

第十四章　重新调整美国军政关系　　　　　　　　　　　　　　（340）

　　一、未来军政关系调整的国内政治环境　　　　　　　　　　（341）

　　二、对于未来国际安全环境的思考　　　　　　　　　　　　（344）

　　三、未来安全环境　　　　　　　　　　　　　　　　　　　（347）

　　四、未来军事竞争的驱动力和领域　　　　　　　　　　　　（347）

　　五、变化中的战争特性（而非性质）　　　　　　　　　　　（348）

　　六、新的安全环境和未来战争的特性　　　　　　　　　　　（349）

　　七、战争分类—多维冲突　　　　　　　　　　　　　　　　（350）

　　八、先发制人　　　　　　　　　　　　　　　　　　　　　（353）

　　九、一个对等的竞争大国？　　　　　　　　　　　　　　　（354）

　　十、未来战争的走向　　　　　　　　　　　　　　　　　　（355）

　　十一、军政关系重构　　　　　　　　　　　　　　　　　　（357）

　　十二、美国军政关系的未来　　　　　　　　　　　　　　　（360）

　　十三、美国军政关系的发展趋势：军事专业主义概念的变化　（363）

　　十四、军事专业人员的技能要求　　　　　　　　　　　　　（364）

　　十五、军政关系"标准"理论的未来　　　　　　　　　　　　（366）

　　十六、军政关系标准理论和美国的战略缺陷　　　　　　　　（367）

　　十七、军政关系和职业军事教育　　　　　　　　　　　　　（368）

　　十八、结论　　　　　　　　　　　　　　　　　　　　　　（370）

序　篇

一

20世纪90年代发生的许多事件使军政关系的观察家们认为，美国的军政关系并不那么令人乐观。这些事件引发了非常激烈的公众辩论，其间，一些颇有声望的研究者认为，美国的军政关系最乐观地看也已经变得不健康，最糟糕的情况是已经"陷入危机"。用著名军事历史学家理查德·科恩（Richard Kohn）的话说，这个时期的军政关系的状态"极其糟糕，在许多方面，与历史上美国和平时期的所有阶段一样处于低谷"。[①]

关于该时期军政关系的不健康状态，没有什么比比尔·克林顿（Bill Clinton）总统的例子更有说服力了。当时军方对克林顿总统持有前所未有的敌意，因为越南战争期间年轻的克林顿表现出了反军方的姿态，这使他很难受到军人的喜爱和尊重。军方与克林顿政府之间存在许多备受关注的争议，反映了军队作为一个组织与自由主义公民社会之间存在的文化冲突，其中主要涉及战场上的女性以及军队里公开的同性恋问题。

具体事件包括：新当选的比尔·克林顿总统与军方及国会之间关于军中公开的同性恋问题进行的公开交锋、尾钩事件（Tailhook）、凯利·弗林事件（the Kelly Flinn affair）以及马里兰州阿伯丁的性骚扰丑闻。但是，军政之间的紧张关系不仅仅限于社会问题。另外的事例还有：时任参联会主

[①] Mackubin Thomas Owens, *US Civil-Military Relations After 9/11: Renegotiating the Civil-Military Bargain*（New York: The Continuum International Publishing Group, 2011）, p. 2.

席的科林·鲍威尔（Colin Powell）上将被指违规干预文人事务，因为他对外交政策公开发表了自己的意见；据传军方抵制参与安保任务，起因主要是，克林顿政府将兵力结构从老布什政府时期的"基本力量"规模裁减了三分之一，但同时非作战部署的节奏却在1989年到1999年间加快了300%。评论家们认为，这些例子充分说明军方已经非常不恰当地将其影响力扩大到了不合适的领域，并极其成功地在军政决策过程中把军事而非政治考虑摆在了最重要的位置，不仅在军队作战行动方式上，而且在军事工具使用条件上都影响了文人的决策。

研究者们指出，传闻中的这种军方态度反映了越南战争后在军中占主导地位的观点：只能依赖职业军官来制定指导军队使用的原则。军方的这种做法源自所谓的"温伯格主义"（Weinberger Doctrine），即制定于20世纪80年代的一套关于军事力量使用的原则。美国军方竭尽所能避免参与"维持全球治安"所需的安保行动，譬如维和行动与人道主义任务。各军种对任务的抗拒有一个最显著的例子，当时陆军认为其任务重心是备战常规战争，坚持主张美国对波斯尼亚、科索沃、以及其他地区的干涉计划应该反映美军对"优势兵力"的青睐。许多人分析说这种敌对态度恰恰是军队已变得过于党派性（共和党）和政治化的又一个迹象。

这个时期美国军政关系存在严重的系统性问题，主要表现在：

——美国军方与其文人领导的关系比历史上任何一个时期都更疏远；

——美国军队作为一个机构与整个社会之间的鸿沟日益扩大；

——美军已趋向政治化和党派化；

——美军已经开始抵制文人的监督，其例证就是，美军已经在努力影响为了执行美国政策而使用军事力量的时间及条件；

——军官们逐渐相信，他们有权对抗和抵制文人决策者，坚持认为文人政府应该听从他们的建议；

——美军在美国社会中一些不属于军事范畴的领域影响力过大。

研究者们还认为，这些趋势有可能造成非常危险的后果，美军将成为截然不同于社会的一支规模庞大、半自治的军队，而且与社会产生疏离与隔阂，可能无法对其服务的社会负责。提出这种观点的人担心军队影响力扩大，担心美军有可能不尊重美国社会，无法对文职权威的要求做出迅速积极的反应。

但大多数学者都承认美国军政之间的问题并不是太严重。比如说，不会出现隆隆坦克穿行于大街小巷、或者士兵包围国会大厦或总统府等情况。不过，他们认为，这种问题不易察觉，但具有颠覆性，就像一个淋巴瘤或白蚁侵扰，悄无声息地从内部进行破坏，致使军政双方出现相互猜疑和相互争执的情形，导致制度性失败以及战略性无能。他们指出，虽然说问题的严重性还未达到警戒点，但是，如果不尽快采取一些措施，危急时刻很快就会到来。

并非所有观察家们都同意这种评估。有些人认为美国的军政关系并不存在危机，只是因冷战的结束和美国社会的变化而处于转型期。另一些人则提出20世纪90年代军政之间的紧张关系只是一种暂时现象，主要是克林顿政府表现出来的反军方特质造成的。

美国军政之间的紧张关系没有因为小布什的当选和连任而消失。如果说有什么改变，那就是军政关系变得更为紧张。其时，为了将美军从一支冷战部队"转型"为能更好地响应未来可能出现的突发事件的部队，并计划和实施在阿富汗和伊拉克的军事行动，军方与小布什总统的第一任国防部长唐纳德·拉姆斯菲尔德（Donald Rumsfeld）之间存在很大的冲突。原因之一是，军官为了实现自己的目标打压抵制国防部长唐纳德·拉姆斯菲尔德及其政策，用彼得·费弗（Peter Feaver）的话说就是"逃避职责"，如，对媒体进行反拉姆斯菲尔德爆料、"拖后腿"以及"故意拖延"等，这些曾经困扰克林顿政府的事情还在持续急速地发展着。

美国军方对文人领导的公开批评有增无减，最激烈时爆发了2006年春所谓的将军们的叛乱，当时许多陆军和海军陆战队的退役将军公开地严厉指责国防部长拉姆斯菲尔德。此次事件中，他们措辞激烈无节制，称得上是极具侮辱性的。这些攻击看起来似乎经过了精心组织，说明军政关系的不协调已到了一种非常危险的程度。

虽然本次事件中发声批评的都是退役将官，但观察家坚信，这些将级军官不仅仅代表了他们自己，而且代表了许多现役军官的意见。理查德·

科恩指出，退役将官类似于罗马天主教的红衣主教。虽然法律上并未限制退役军人（包括最新退役人员）批评公共政策或相应的具体负责人员，一些重要的理由表明，现役或退役军人对文职当局的公开谴责会破坏健康良好的军政关系。

随着拉姆斯菲尔德的离职以及伊拉克"增兵"的显著成功，一些人认为美国军政关系有望重拾和谐。诚然，继任的国防部长罗伯特·盖茨（Robert Gates）为了改善军政关系做了努力。但是，随后发生了一系列事件，其中包括：盖茨下决心解除了两名军种部长和一名军种参谋长的职务，迫使一名作战司令部司令退役；总统奥巴马与阿富汗地面部队指挥官斯坦利·麦克里斯特尔（Stanley McChrystal）上将在军事战略上存在公开的分歧，并导致后者随后的离职。所有这些都清楚表明，尽管随着拉姆斯菲尔德的离开，军政双方的相互猜疑和相互争执有了一定程度的缓和，但美国军政关系依然是暗流涌动，存在不断的争议。[①]

普鲁士军事理论家卡尔·克劳塞维茨（Carl von Clausewitz）早就指出了军政关系研究需解决的核心问题："政治家和指挥官必须做出的首要的、最重要的、影响最大的判断就是明确……他们正在从事的战争类型；既不能将其误读为也不能试图将其转变为与其性质相反的东西，这是所有战略问题的首要问题，也是最综合性的问题"。[②] 这一段话经常被引用，很显然，战争决策及随后的行动都需要文人决策者与其军事顾问之间的成功（就算无法总是保持和谐）合作，军事顾问还要负责提供开展战争行动必需的军事工具，并制定计划和决策以获取战争胜利。然而，"9·11"后很长一段时期里，美国军政关系并不协调，无法发挥正常功能，政治家和指挥官们未能正确地做出克劳塞维茨所描述的那种判断，对伊拉克战争的判断尤其如此。

研究者们认为，"9·11"后美国军政关系最深刻的教训并非是文人控制的问题。相反，其主要问题在于：文人领导决定使用军事工具时，他们

[①] Mackubin Thomas Owens, *US Civil-Military Relations After 9/11: Renegotiating the Civil-Military Bargain* (New York: The Continuum International Publishing Group, 2011), p. 5.

[②] Ibid., p. 8.

对形势的了解程度如何；军政关系模式在协调有分歧甚至是相矛盾的意见时效果如何；这种模式又该如何确保一项实际可行的军事战略能正确服务于国家政策目标，等等。"9·11"后美国军政关系的经验教训还涉及信任问题：军政领导之间的相互尊重和理解；决策过程中双方之间坦诚的观点沟通和意见交流。军政关系的大多数文献都把研究重点放在了文人控制上，但这模糊了一个事实，即，"9·11"后军政关系真正的经验教训与其说在于文人当局对军方的政策指令，不如说在于双方交流对话的过程，以及这种对话之下形成的决策和战略计划的质量。

二

1957年，塞缪尔·亨廷顿（Samuel Huntington）出版了对军政关系研究具有重大影响的《军人与国家》一书，其主要目的是设计一个理论框架，以支持对军政关系领域中关键问题的重要考察。不过，对重大政策的关注也是他进行这项研究的动因：美国能否维持规模庞大的专业军事机构，确保在冷战中获胜？能否维持一支既符合民主要求、实现他所谓的社会性需求，同时又具有军事效能、实现他所谓的功能性需求的军队？亨廷顿探讨了自由主义民主国家中这两种需求之间的紧张关系，创造了一种极具影响力的经典理论。在过去的50年里，对那些思考、研究、著述以及实践美国军政关系的人来说，他的这个理论一直是一个参考标准。

亨廷顿的研究在今天依然具有重大的意义。现在这个时代，军队权力工具在美国的国家安全政策中发挥着核心作用，它既有助于生成高效能的军事力量，又有利于制定使用军事力量的政策和战略。然而，2001年"9·11"事件以后的一些进展表明，在这些关键关系的许多重要方面，军政双方并未达成广泛的共识。许多问题上存在分歧，例如，美国战略决策以及产生这些决策的过程的合理性；国防政策制定节点上的人际关系；提供给文人领导的军事建议的质量；退役将官公开提出异议的恰当性，等等。2006年12月伊拉克研究小组对其中一些问题表达了特别的关切："在美军传统上，国防部的文人领导和各军种之间有长期稳固的合作关系。文人领导充分利用军队坦诚的专业建议控制军队，而军方也清楚文人领导会倾听并重视自己的意见，因此能忠诚服役。长期以来，军政双方一直得益于这种军政关系。但是这种传统现在已遭到破坏，军政关系急需修复。"[①]

（一）未来的军政关系

正如亨廷顿在《军人与国家》一书中指出的那样，军政关系"应该被当作一种由多种相互依赖的因素构成的系统加以研究"，在更大的背景下才能最好地理解一些特殊事件。与美国政府中大多数其他的过程一样，军政关系既具制度性又具个体性，会受到不同的机构职责、不同的组织文化与观点、甚至是个人风格和方法的影响。五个重要的关系集构成了包含相互依赖的因素的系统，这五种相互依存的关系集是：文职精英与军队领导之间的关系、军事机构与美国社会之间的关系、军队领导与其专业的关系、文职精英相互之间的关系、以及文职精英与美国社会之间的关系。

（二）文职精英与军队领导之间的关系

军队专业领导人与联邦政府（行政部门和国会）、州政府以及各级地方政府里当选及任命的文人领导一起工作，制订并执行美国国家和国土安全政策。这种关系有时被称为军政结合点，其中起重要作用的文职精英也包括大专院校研究人员和教师、商界领导者以及媒体人员。

[①] Suzanne C. Nielsen & Don M. Snider, "Chapter One: Introduction," in Suzanne C. Nielsen & Don M. Snider, ed., *American Civil-Military Relations: the soldier and the state* (Baltimore, Maryland: The Johns Hopkins University Press, 2009), p. 2.

（三）军事机构与美国社会之间的关系

美国军队由武装部队构成，包括各有特色的陆、空、海军职业军队。志愿服役的人员都来自更大的美国社会，依然拥有作为平民时的大多数权利和义务。这种关系中存在的突出问题有：美军是否能吸引和招募到足够的志愿者；那些在军中服役的人是否能代表他们服务的社会；职业军人是否认为自己有别于他人，或者说在别人眼中他们是否非常不同于社会上其他人，并因此产生了人们不愿看到的军民"鸿沟"；在军事职业中，社会价值观是否已充分地融入军队伦理道德，并指导着美军的部署和使用。

（四）军队领导与其专业的关系

在军队这个职业里，主要是战略领导人与更低级别的专业人员之间关系的演变发展，会影响军队的职业精神和专业技能。这种发展过程会塑造军事机构的能力，影响最高级别的军政互动关系中军方的专业技能和观点。

（五）文职精英相互之间的互动关系

行政部门和国会之间的关系会影响他们在军队事务上履行宪法规定的职责时的方式，其中重要的因素包括：美国两大政党之间的关系；是否是同一政党控制政府的行政和司法部门；党派性的强烈程度，特别是关于国家安全政策方面的党派分歧大小；以及政府官员和新闻媒体人员之间的关系。

（六）具影响力的文职精英与美国社会之间的关系

政治官员和其他社会舆论领导者与美国公众之间有着他们自己的关系

集。通过这些关系，文职精英帮助公众了解国家安全政策以及执行政策的权力工具。

（七）《军人与国家》的贡献

在《军人与国家》一书中，亨廷顿一开始就论证了一个观点：一个国家军政关系的目标是"牺牲最少的其他社会价值观以保证最大程度的军事安全"。在形成其分析方法的过程中，亨廷顿在三个主要的方面作出了理论贡献，后来研究这个领域的学者反复借助于他的理论，以充实自己的研究工作。这些观点涉及了影响军事组织性质的因素、文人治军的模式、以及对军官团作为一种职业的描述。

（八）影响军事机构的因素

亨廷顿认为，功能性需求和社会性需求影响着一个国家的武装部队和军事机构。功能性需求出自于保卫国家和其生活方式的需要，主要关注外部威胁，强调当国家要求武装部队履行军事职能时军队必须保持效能。正是这些因素使军事机构推崇尚武精神，并形成了一种基本原理，使军队强调纪律观念、服从意识等特性。在功能性需求下，军队必须重视利用或管理一个国家相对于其对手而言的科技能力的平衡，重视制定条令以指导军事能力的发展和组织。

社会性需求使军队容易受他们所保护的社会上占主导地位的社会力量、意识形态和机构制度的影响。社会性需求会引起许多问题，例如，有这样一个问题：军队的职业伦理道德是否与社会上流行的意识形态相适应并从属于它？还有一个问题是：军队消耗的资源以及其政治影响是否与一个国家的其他价值观相协调？

亨廷顿指出，功能性与社会性这两种有影响力的需求的互动关系是"军政关系问题的要点"，一个无法平衡这两种需求的社会可能因此无法保障自己的安全。亨廷顿在1957年的著作中也提出了这种担忧，他认为，美国自由主义对军队职能非常不利，美国可能无法在漫长的冷战斗争中建立并维持必要且有效的军事机构来确保美国安全。

（九）文人治军的模式

亨廷顿的思想遗产中的第二个观点涉及文人治军的模式。在亨廷顿看来，只有两种主要的模式：主观控制和客观控制。在主观控制模式下，对军队的控制反映了国家文人派别之间的竞争。以社会阶级、政府机构或党派身份等特点各有区别的集团都试图控制军队，使军官团顺从自己的观点，并为自己的特殊利益服务。亨廷顿认为，在主观控制下，社会性需求主导着功能性需求。因此，当利益相互抵触的文人集团不断地寻求控制军队时，就会对军队效能产生负面影响，国家的安全也会受到威胁。他指出，如果没有专业军官团，这就会是一种不可避免的模式。

在客观控制模式下，军官团毫无保留地为国家服务，服务于文人集团所拥有的国家内部的合法权威。在这种制度下，军队自愿保持政治中立，军队的政治影响力得以最小化。亨廷顿认为，职业军官会寻求一种客观控制的模式，因为这种模式最符合他们的专业精神。虽然军队拥有最小的政治权力，但是在其专业领域内，军队享有相当大的自主权，因此能够依照其专业地位的要求更好地行使职能，社会性需求和功能性需求因而得到平衡。亨廷顿总结指出，客观控制是最好的模式，这是因为：其一，军队在政治上的中立性使文人控制更安全；其二，军队的专业主义及其效能的最优化使国家更安全。

（十）职业军官团

《军人与国家》一书中提出的有益于后续研究和分析的第三个观点是职业军官团，这是一种特殊的职业类型。亨廷顿指出，军队与西方社会其他职业有三个共同的特点：专业技能、责任感以及团队精神。军官特有的专门知识与技能经过长期的教育和实践锻炼培养而成，主要体现在"暴力的管理"上，包括军事力量的组织和装备、军事行动的计划、以及战斗过程的指导。

履行这种职能还需要辅以一种特殊的责任感：军官只能为了社会利益运用其专业技能。培养专业技能和专业知识，并只代表没有军官团就无法自卫的一个委托人使用这种专业技术，这种社会和道德责任感使职业军官区别于其他只具备军事学术知识的专家。

关于团队精神的概念，亨廷顿的解释是：随着时间的流逝，一个职业的从业人员逐渐培养出一种统一性和自觉意识，认为自己属于不同于社会的一个群体。这种集体意识源自多年的共同学习、共同服役经历、以及共同的社会责任感，体现在团队成员自己能力应用和执行的客观标准上。

亨廷顿在书中提出，当功能性需求使得军官成为专业人员，军官就将遵循特殊的职业军事伦理道德，即保守的现实主义。亨廷顿将这种世界观称为"军人心态"，其要素包括：相信人类会出错而且人类事务中的冲突是永恒的；欣赏人类历史；相信历史的循环而非进步；强调集体优先于个人；强调国家是政治组织的基本单位，权力是国际关系的中心；强调威胁的紧迫性并做最坏打算的分析；偏爱强大的现有部队并对盟国持怀疑态度；希望避免引起冲突，除非能确保胜利；对军事冒险主义持有敌意。亨廷顿认为，"因此，从其军事职业的角度看，军事伦理是悲观的、集体主义的、有历史倾向的、权力导向的、民族主义的、军国主义的、和平主义的、以及工具主义的，既现实又保守。"

亨廷顿的政策方案就来自于其分析框架里的这些主要因素。他认为，美国要想在冷战中获胜，就必须制定符合客观控制设想的军政关系政策并加以实践。这种方法能使国家发展和维持由专业人员领导的庞大武装力量，最好地保护美国的自由主义民主，因为在与苏联的长期武装对抗中，美国需要依靠这种强大的武装力量来赢得胜利。他进一步指出，如果美国能从右倾思潮转向更符合军队功能性需求的保守主义思潮，美国的国家安全就能得到更好的保障。

第一篇 美国军政关系的理论与实践

在美国政治谱系上，军政关系研究一直处于重要地位，其理论与实践随着时代发展而不断演变。第一篇辑录了三篇文章，分别阐述美国军人与政治的历史渊源、美国军政关系的理论与实践、以及亨廷顿对美国军政关系研究的理论和方法论贡献。

在第一章《军人与政治》中，杰森·K·邓普西（Jason K. Dempsey）追溯了美国军政关系的历史发展脉络。文章指出，从美国革命到美国内战是军人公开从事政治活动、表达政党立场最明显的时期，这一期间政治和兵役相随相伴。内战之后，军人参与政治的情况开始减少，他们不再公开地介入政治活动，而是采取无党派立场。二战以及其后的冷战中，军队地位越来越高，作用越来越大，军官被直接吸引到了政治竞技场。"军官团，尤其是其中的精英成员，与公民社会的某些部门一样，对国家的外交政策和战略事务拥有真知灼见"。① 不过，这一时期，军方对两党没有任何倾向性，成就了对国家外交政策的"冷战共识"。越战之后，两党在国防事务上有越来越大的分歧、全志愿部队（AVF）的出现、以及有关缺席投票法律的修改逐渐改变了军队与政党政治的关系。越战之后的一系列事件促使军方向共和党靠拢，特别是苏联解体之后，军方在两党之间选边站队导致了军政关系的严重摩擦。文章最后一节"军政关系的涵义"强调，军人公开自己的党派观点并不是一件好事，指出"过去50年间，两位主要的理论学家莫里斯·简诺威茨（Morris Janowitz）和塞缪尔·亨廷顿在如何构

---

① Jason K. Dempsey, *Our Army: Soldiers, Politics, and American Civil-military Realtions* (Princeton, New Jersey: Princeton University Press, 2010), p. 17.

建、如何利用军队上分歧很大,但两人都反对军队在党派政治角逐中选边站队或直接介入其中",认为"军队的政治化是一种令人沮丧的发展倾向,应该加以扭转"。①

马可宾·托马斯·欧文斯（Mackubin Thomas Owens）在第二章里阐述了传统的美国军政关系理论与实践。作者认为,考察军政关系可以有两个视角:一是制度性视角;二是社会学或文化视角。影响美国军政关系的因素有很多:如历史与文化、变化着的国际安全环境、科技、冲突的特点,等等。就美国军政关系理论而言,作者认为,塞缪尔·亨廷顿在《军人与国家》中所提出的是美国军政关系的一种制度性理论,它对美国人尤其是军方产生了巨大且持久的影响。莫里斯·简诺威茨的《专业军人》则是对亨廷顿理论的社会学回应,主要关注的是军人个体与公民社会之间的关系。迈克尔·戴思齐（Michael Desch）强调了外部和内部威胁对军政关系的影响。黛博拉·埃文特（Deborah Avant）利用经济学中的"委托—代理"框架,重点关注了国内机构的结构及其对军事组织和条令的影响。托马斯·兰斯顿（Thomas Langston）为了解决战后文职精英和军方领导之间意见倾向的差异性,使用了亨廷顿"肃清"和"嬗变"的概念,吸纳了亨廷顿提出的观点,即非军事自由主义和军方"保守现实主义"之间固有的冲突影响了美国军政关系。彼得·费弗运用"代理理论"来研究美国军政关系的现实状况。文章最后指出,"军政关系模式会影响战略评估并进而对国家安全产生影响",但目前军政关系理论化现状犹如"盲人摸象",缺乏一个分析军政关系的总体框架。②

在第三章里,作者彼得·费弗和埃里卡·席勒（Erika Seeler）通过研究分析亨廷顿之前和之后的文献著作,重点考察和评价了亨廷顿的理论对半个世纪里美国军政关系研究发展的影响。他们指出,亨廷顿的理论无愧于其经典地位,因为它标志的重要进步不仅体现在理论要旨上,"而且表

---

① Jason K. Dempsey, *Our Army*: *Soldiers*, *Politics*, *and American Civil-military Realtions* (Princeton, New Jersey: Princeton University Press, 2010), p. 33.
② Mackubin Thomas Owens, *US Civil-Military Relations After 9/11*: *Renegotiating the Civil-Military Bargain* (New York: The Continuum International Publishing Group, 2011), p. 36.

现在为军政关系的学术研究提供了方法论"。① 在亨廷顿的理论问世之前，军政关系研究并非一个受到广泛认可的研究领域，"二战"使美国全面反思安全问题，特别是军政关系。人们关注"军政关系问题群"（the civil-military problematique），即：怎样使军队强大到足够保护政权免遭外部威胁，并且又能在不破坏政权、自由、资源及生活方式的前提下处理自身事务。《军人与国家》出版之前，军政关系研究方法的精密性有些提升，但变化缓慢且无规律。《军人与国家》是一部最自觉地采取严谨态度研究普遍规律的著作，它遵循严谨性、兼容并蓄主义和实用主义规范，革命化了思维方法，并提供了一个军政关系研究的范例，它的出版标志着军政关系研究方法论发展的一个重大进步。

---

① Peter D. Feaver & Erika Seeler, "Before and After Huntington: The Methodological Maturing of Civil-Military Studies," in Suzanne C. Nielsen & Don M. Snider, ed., *American Civil-Military Relations: the soldier and the state* (Baltimore, Maryland: The Johns Hopkins University Press, 2009), pp. 79 – 80.

第一章
军人与政治

军人参与政治并不新鲜，但一些因素使今天的美国军队处于一种前所未有的境地。首先，美国本土驻扎着一支永久的大规模常备军，这仅仅只是过去50年才有的事。以前，美国也曾有过大型军队，但那都是为了应对特定冲突而专门建立的，并且在战争结束后立即予以裁减。其次，军队拥有投票权。军官们通常对政治活动比较热衷，但也就是从最近几年开始，投票不仅被军人看作一种社会惯例，而且新制定的法律也使军人投票成为可能，法律允许军人通过"缺席选举人票"的形式进行投票。再次，军队与社会的关系比以往任何时候都要脆弱。以前，军队精英和政治精英常常是重叠的、相同的，但随着二战那代人的逝去，具有军队经历的政治领袖迅速减少。与此同时，募兵制的结束意味着只有愿意参军的人才会入伍。最后，今天的军队被视作共和党稳固的票仓。本章旨在按照美国历史的脉络来讨论这些发展变化。

一、从美国革命到美国内战

军官退役后从政，这样的故事在美军历史上不胜枚举，此外，服役期间就参政的至少有两宗案例。但军人公开从事政治活动、表达政党立场最明显的时期则是从美国革命到美国内战阶段。这一期间，没有严格意义上的军事职业，政治和兵役常常相随相伴。这种现象并非美国所特有，它可以保持历史传统,使作战人员,特别是作战指挥官来自"最具政治相关度的社会阶层"。塞缪尔·亨廷顿这样描述国家创立者们对政治精英和军事精英之间关系的看法:"政治精英们想象不出一种特别的军人阶层,对此也就无所谓惧怕"。1815年至1860年之间的12位总统中共有6位曾经是军官,这一事实表明政治和军事精英常常是重叠的、相同的。

在这一时期,军官们公开自己的政治态度和政治立场的情况十分常见,譬如,在截至1801年7月的所有256名军官的名单中,可以发现许多这样的例证。该军官名单由陆军部首席文书编撰,其目的是帮助鉴别需要裁撤的86名军官,为当时托马斯·杰斐逊(Thomas Jefferson)削减军队提供信息。这份名单的与众不同之处在于,它对每位军官的政治立场进行了确认。亚历山大·汉密尔顿(Alexander Hamilton)曾特别希望在军队职位上安插联邦党成员。因此,人们有理由认为,向共和党更替的政府一定会涉及对异见人士的清洗。然而,军事历史学家爱德华·科夫曼(Edward Coffman)对被选择裁撤的那些军官进行了分析,没有任何证据表明政治在人员裁撤中发挥了主要作用;不过,他的分析也指出,政治立场是每位军官档案的重要内容。军官们被分为"共和党人"、"政治冷漠者"、"反对新政府者"以及"诽谤新政府的活跃分子"等几大类。但即使在这些档案中,也有一些证据表明,职业的、脱离政治的军事理想的确存在。科夫曼对至少一名军官的政治观点这样评论道,"从职业角度看该军人没有任何政治倾向"。虽然当时参与政治十分普遍,但职业军官已经有一种理想的标准使自己保持与政治活动的距离。

19世纪20年代和30年代,西点军校在军官培养中开始树立军官应该服务于国家,而不应卷入派系斗争的思想。军校生把西点描述为"国立学校"或"联邦学校",把自己称作"联邦之子",隐含着对国家的责任,而不是对某个党派的责任。这种脱离政治的军官培养始于1836年,可以从《陆海军编年史》(Army and Navy Chronicle)的信函往来中得到佐证。有位信函作者以阿尔西比亚德斯(Alcibiades)的化名鼓吹军官应按照独立战争时期的模式积极介入政治,那时,许多军官也是政治家。三个月之后,化名为"正义"(Justice)的作者对阿尔西比亚德斯作出回应说,按照法律,军官们不得藐视总统或国会，他们应该避免卷入政治活动。

在此阶段，"正义"显然属于少数派，保持与政治的距离说说容易做着难，因为军官们常常为了自己的晋升或调动不得不去国会游说。1843年，国会也参与了军官的委任过程，国会规定，西点军校的军官名额应该在各选区平均分配，这使得国会议员拥有了对军官的正式委任权。

伴随着温菲尔德·斯科特（Winfield Scott）在服现役期间竞选美国总统，军官对政治的参与也许达到了巅峰。1852年，斯科特接受了辉格党的总统提名，但他最终败给了富兰克林·皮尔斯（Franklin Pierce）。有趣的是，斯科特的总统竞选活动并未在军队引起波澜，不少军官希望他输，但也有些人希望他赢，因为他赢了就可以腾出空缺，提供几个晋升机会。斯科特的竞选昭示着军方对政治的危险侵蚀，但无论是军队内部，还是人民大众，都未引起高度关注，可能源于以下几个因素。首先，著名将领寻求更高职位的做法十分平常，而且也从未产生过任何形式的宪政危机。斯科特服现役期间碰巧赶上了竞选。其次，军官团规模较小（这个时期通常不足1000人），本身不是一个很大的投票集体。而且大多数军官甚至投票都有困难，因为军事生活的短暂性使军人很难满足当地居留权的相关要求。最后也许是最重要的，军官团的政见并不一致，使得候选人难以宣称他代表军队。一份对1828年至1852年期间军官的研究表明，自认为是民主党人与自认为是辉格党或共和党人的数量大体相当。

这种情况一直持续到美国内战。1864年，乔治·麦克莱伦（George McClellan）参与总统竞选，似乎也没有获得多少现役军人的支持。尽管有些军人的确支持他，但对军队的动员以及为他们投票创造条件等方面的努力使得选举更有利于亚伯拉罕·林肯。1864年，林肯赢得了116887张军人票，而麦克莱伦只有33748票。

二、内战之后

内战之后，现役军官参与政治的情况开始明显减少。1866年，关于重建将何去何从的问题在全国引起了极大争议,《陆海军杂志》刊登了军官介入政治方面的文章。与1836年《陆海军编年史》中的争议不同的是,该杂志不断呼吁所有军官"远离政客"、"避免政治性见面"。阿尔西比亚德斯式的情绪显然在减少。

约翰·斯科菲尔德(John M. Schofield)将军在战后的军旅生涯颇具代表性,即现役军官不再公开地介入政治活动,而是采取无党派立场。1867年,斯科菲尔德拒绝了几位弗吉尼亚人对他竞选参议员的提名。这种认识在重建时期得到了强化,因为"美国政治系统中强烈的党派关系使得斯科菲尔德和大多数军官更加小心谨慎"。为了避免遭受党派,常常是两党双方的批评,军官们学会了小心翼翼地行事,将政策制定等重要问题留给政治精英们。斯科菲尔德在1892年给西点军校的毕业生讲话时,要求他们了解时政问题,同时"明智地避免积极参与政党政治"。斯科菲尔德对政党政治的厌恶后来是如此强烈,以致于在1894年,他对一名记者说道,他不想介入任何"政党竞争",不愿接受公职,除非是他所在的州"主动给予的礼物"。

当然也有与斯科菲尔德相反的例子,但人数不多。退役军官竞选公职,他们在内战期间获得的军功对他们的政治履历特别有用,但服役期间参与政治活动不再被人们接受。有些历史学家估计在这一时期"曾经投过票的军官不超过500分之一"。服从合法文人政府的观念成为此时的规范,这种思想开始于19世纪20年代的军种院校,"不偏不倚、无党无派、客观公正的军旅生涯,忠诚地服务于执政的政府或政党成为军事职业的理想"。

阿尔弗雷德·贝茨(Alfred Bates)将军1902年在纽约对新英格兰社团演说时也清晰地表达过这种观点:"军队是国家的公仆,训练有素,服从命令,在战争中同样忠贞不二,执行民法,履行公民职责。军队不关心政党或政治,只听从命令并毫无疑问地加以执行"。[1] 这并不意味着所有军官都回避政治,但这个时期人们的观念已发生很大变化,任何一个介入政治的现役军官都有可能被军方弃用,比如1920年的莱纳德·伍德(Leon-

---

[1] Richard Brown, *Social Attitudes of American Generals*, 1898–1940 (New York: Arno, 1979), p. 375.

ard Wood)。

到20世纪20年代和30年代为止，军官服役期间远离政治事务的观念深深地植根于军事文化，以致于1923年爆发了一桩丑闻，一群军官的妻子在当地选举中参与投票，导致败选的一方提出上诉。军官们自己对这种破坏规矩的行为感到震惊，并因允许他们的妻子去投票而受到团长的批评。另外一桩丑闻发生在1934年，赫尔曼·伯克马（Herman Beukema）中校提出将一本有关美国新政的图书纳入西点军校的经济学课程之中。西点军校的校长拒绝了这个建议，因为新政是"当时的一个政治话题，因此，不适合在西点学习或讨论"。这种对政党政治的憎恶以及诚实声誉使得军官们在两次世界大战之间的这段时间，除了军事职业之外，在涉及国家利益的重大任务中经常被启用。

三、二战之后

二战之后，避免以投票的形式参与政治的传统开始消失。军事指挥官作为"一个有效率的、公正的、无党派倾向的管理者和外交家"的观念仍然盛行，但二战中军官作用的扩大以及冷战中的迫切需求也将军官直接吸引到了政治竞技场。因此，尽管像奥马尔·布莱德雷（Omar Bradley）、乔治·马歇尔（George Marshall）这样的高级将领下定决心控制现役军人投票，但新一代军官们能更轻松地履行自己的投票权。

出现这种情况的部分原因是二战征用了这么多军人，政府应该对他们有所交代。1942年，联邦政府通过了《军人投票权益法》（Servicemen's Voting Right Act），试图确保军人的缺席投票权利。二战后期，罗斯福总统也鼓励并推动部署在海外的军人投票。

1965年，保罗·范·里佩尔（Paul Van Riper）和达勒布·昂瓦拉（Darab Unwalla）就四大军种中高级军官的投票模式发表了他们的研究成果。在他们调查的2077名上校及以上军官中，25%的人回复说参与了

1944年的投票。从此之后，投票率稳步上升，1956年达到了40%，1959年则有49%的人登记投票（该调查是在1960年的大选之前进行的）。这些数字1944年低于美国公众的投票率大约30%，1956年两者差距缩小到21%。这似乎可以佐证那种流行的说法，即二战之前大多数军官不投票，但也提供了确切证据表明不投票的做法在战后越来越被弱化。在研究军官们投票的决定因素时，里佩尔和昂瓦拉也发现，虽然影响力在逐渐减弱，但抑制投票的军事传统仍然在发挥作用。具体地说，出身于军人世家的军官、毕业于军种院校的军官以及终身服务于军队的军官，相对于其他军官来说投票的可能性更低。

遗憾的是，里佩尔和昂瓦拉在调查中没有要求军官们说出他们的票投给了谁，或者说出他们的政治立场，因此我们没有这个时期有关军官政党态度的数据。然而，我们确实拥有莫里斯·简诺威茨对这一时期军官政治态度的分析数据。在1954年的一份调研中，简诺威茨发现在五角大楼担任参谋的211名陆军少校及以上级别的军官，70%的人认为自己"保守"或"有点保守"（各占25%和45%）。

至于军官们所说的"保守"的确切含义，简诺威茨只能猜测，不过他认为军队中所发现的"保守主义"可能形式大于内容。在这个时期，"保守主义"这一术语似乎是描述一种谨慎的、注重实用的世界观，它更相信现有体系和制度，而不是某种特定的意识形态。同样，保守主义与党派身份并无关联，因此很难从这种自我身份认同中判断其党派倾向（虽然有统计数据表明两次大战之间军队的某些保守主义者最符合共和党"右翼"类型）。然而，简诺威茨还是提出，对军队越来越高的要求起始于大萧条时期、发展于冷战阶段，这种要求大大提升了军官与公民社会交往的程度。这通常打开了对公民社会某些方面的批评之门，而这些方面正是军官们感到缺乏的，尤其是经济部门和国家的教育体制。人们有理由相信这样一种发展也会提高军官对国内政策的兴趣。

虽然对军人在这个时期的投票立场没有分析数据，但简诺威茨和社会学家查尔斯·莫斯科斯（Charles Moskos）注意到，"从1945年到1973年，美国的军事体制是开明、自律的。军官团，尤其是其中的精英成员，与公民社会的某些部门一样,对国家的外交政策和战略事务拥有真知灼见"。①20世纪50年代和60年代对外交和军事政策的争论也清晰地表明,军方与共和党和民主党存在很大的、时常是公开的冲突。

这一时期,军方领导人与两党政治家之间存在摩擦,但军方对两党没有任何倾向性,这在很大程度上成就了对国家外交政策的"冷战共识"。由于大家对苏联的威胁以及遏制这种威胁的手段并无分歧,"政治止于水边"这句名言可以说就是这个时期的写照。当两党对军事事务存在分歧时,往往是民主党特别表现出支持军方的立场。在冷战的大多数时间里,民主党被称作"战争党",因为它特别奉行好斗的外交政策,不断鼓吹扩大国防开支。其领导层中的代表是亨利·杰克逊(Henry Jackson),他对军方的支持非常坚定,以致于那些亲军方的民主党人常常被划为民主党内的杰克逊派。

这一时期,政党政治与军政关系相互影响最突出的例子莫过于杜鲁门总统解除道格拉斯·麦克阿瑟(Douglas MacArthur)军职的事件及其后续发展。许多人认为,文人控制军队遭遇到了自麦克莱伦与林肯不和以来最严重的威胁,对麦克阿瑟的解职为共和党挑战民主党总统提供了机会,因为共和党获得了一位五星上将的全力支持。麦克阿瑟被解职时已在军中服役50余年,并且是唯一一名现役的五星上将。说他是美国公众的英雄远远不够,他在军事生涯中累积的声望完全可以对付杜鲁门。

虽然麦克阿瑟被解职的直接原因是他以"军事评估"(military appraisal)的形式向中国人下了最后通牒,因此破坏了当时杜鲁门正在推进的停火进程,但是麦克阿瑟与反对党的联系也是杜鲁门对其大为不满的一个因素。共和党人乔·马丁(Joe Martin)当时在众议院担任少数党领袖,他一直与麦克阿瑟保持着联系。在麦克阿瑟向中国人发布最后通牒之后不久,马丁收到了麦克阿瑟的一封信,信中批评了政府的政策,马丁在众议院的发言中念了这封信,以此强烈谴责杜鲁门。

麦克阿瑟拥有重要的共和党人的坚定支持并受到民众的广泛拥戴,这

---

① Morris Janowitz & Charles Moskos, "Five Years of the All-Volunteer Force: 1973 – 1978," *Armed Forces & Society* 5, *No.* 2 (1979), p. 47.

一事实使得对他的解职给杜鲁门带来了更多的问题。前任总统赫伯特·胡佛（Herbert Hoover）敏锐地感觉到共和党的机会来临了，敦促麦克阿瑟交接完之后尽快返回美国。麦克阿瑟答应了，并受到许许多多支持者的欢迎，民众的支持率达到69%。像约瑟夫·麦卡锡（Joseph McCarthy）和理查德·尼克松（Richard Nixon）这样的人也充分利用将军的名望推进自己的日程计划，进一步削弱了杜鲁门的地位。

的确，当麦克阿瑟身着制服巡游全国时，呈现在公众面前的是一位与总统有争执的勇敢战士形象。解职事件极大地损害了杜鲁门的声望，但他最终挺了过去，主要是因为其他军官对麦克阿瑟的名望起到了中和抵消作用。乔治·马歇尔起草了对麦克阿瑟的解职命令；奥马尔·布莱德雷以及参联会的其他成员一致同意解除他的职务。而且，当麦克阿瑟巡游全国的活动演变为一场反对杜鲁门政府的运动并在1952年共和党大会的主旨演讲中达到高潮时，五角大楼的军官们发起了反击，支持杜鲁门。但军事领导层的政治化也付出了代价，沃尔特·李普曼（Walter Lippmann）把将军们之间的公开冲突描绘成"公众中一种几乎难以忍受的事情的开始，即武装部队中民主党将军和共和党将军的分裂"。

解职事件似乎没有对军队其他人员的党派倾向产生持久的影响，这可能要归因于社会对将军们的不同评价，也可能这一事件提醒人们军人公开介入政党政治的危险。另一个原因是德怀特·艾森豪威尔（Dwight Eisenhower）的崛起，他在全国的声望使麦克阿瑟的政治抱负黯然失色。

乍一看，艾森豪威尔决定代表共和党竞选似乎可以引领军方一些人员的追随。他是否推动投票的军人向共和党阵营靠拢不得而知，但他在总统任期内与军方之间有过很多争执。除了在国家安全政策上与军方领导人斗争外，艾森豪威尔还陷入了在国会削减赤字时与民主党的争斗，他任总统期间都保持着较低的防卫预算，只有一年例外。艾森豪威尔反对大幅增加国防预算也造就了他著名的告别演讲，在演讲中他痛斥"军工复合体有意无意地寻求不当影响力"。

在约翰·肯尼迪、林顿·约翰逊和理查德·尼克松的总统任期内，军政领导之间的关系也是磕磕碰碰。1974年尼克松辞职之前，军人是否对其中一个党派特别忠诚，我们不得而知。然而，这个阶段是美国政党政治的主要转折时期，南方的保守派脱离民主党，成为共和党。同样，越南战争不断地分裂着两党，民主党成为"反战"的党，结束了两党在美国外交政策上达成的冷战共识。

四、越战之后

20世纪70年代的几个事件可以被看作一场完美的风暴，它们促进了军人的投票，提升了军人对共和党身份的认同。两党在国防事务上越来越大的分歧、全志愿部队（AVF）的出现、以及有关缺席投票法律的修改都为彻底改变军队与政党政治的关系创造了条件。

1973年，《军人与海外公民缺席投票法》（Uniformed and Overseas Citizens Absentee Voting Act）的通过排除了军人投票的主要障碍，法律要求各州接受军人的缺席选举人票。该法案修订于1986年，1992年国防部全面执行，这一年，五角大楼为军队设定的目标是：大选日将有120万军人投票。

至于军人的实际投票问题，一些迹象表明军人在未来几年可能将更倾向于共和党。1975年，简诺威茨在研究中预测，募兵模式的改变以及参军入伍越来越倚重于自我选择将使更多的军官具有"保守观点"和"右翼政见"。亨廷顿1957年在描写"全民兵役"时提出了这样的思想，即驻扎在一国的军队往往体现该国特点，至少在士兵层面是这样的。在《军人与国家》一书中，他概述了全民兵役制下的军队：在军队里"士兵成为国民的典型代表——是本质上的公民，而军官则是一个独立的职业群体，生活在自己的世界里，与外面的社会联系不多"。这一论断意味着在一个全志愿部队的时代，士兵不再是典型的国民，军官也更加脱离社会。许多作者对1973年征兵制的终结表达了类似的担忧。

征兵制结束后不久，杰拉尔德·巴克曼（Jerald Bachman）、约翰·布莱尔（John Blair）和戴维·西格尔（David Segal）在研究了军人的态度后警告说，军队有可能在思想上与美国公众越来越不同。在对1972—1975年军人调查的分析中，他们发现不管是事业型军人还是非事业型军人，其态度都发生了很大的变化。相比于征召的部队，全志愿部队更有可能汇聚事业型人才，但他们感觉到军人的观念似乎不太能反映未来的社会。具体地说，这些学者发现自我选择从事军事职业的人比那些不选择从军的同龄人或者社会公民更加偏爱军队，这很好理解。这些从事军事职业的人"更加拥护军事组织，更愿意运用军事力量，更赞成在涉及军方的政策上扩大军方（而不是文人）的影响力"。

虽然从理论上说这些看法并没有党派特点，但它们常常与越战后共和党人的观点相一致。在约翰逊政府期间，外交政策观点的分歧很少带有党派痕迹，但进入20世纪70年代和80年代之后，两党之间的鸿沟越来越大。奥勒·霍尔斯蒂（Ole Holsti）在分析外交政策观点时，发现越战之前两党相当接近，无党派人士通常被归入两党的左派或右派；越战之后，两党的分歧变大，无党派人士的观点介于两党之间。此外，共和党的观点明显偏向军队，因为他们认为军事上的优势是实现和平的优先方式，相反，民主党则更加支持国际合作的方式，强调利用外交手段和国际机构来帮助解决争端。

尽管存在党派观点分歧，追求职业理想、维护军队利益的这支力量开始青睐在国际关系中主张军事力量发挥中心作用的党派。发生这种变化的另一原因是，这个时期自由主义者和保守派的标签开始越来越与民主党和共和党的身份认同联系在一起。随着南方保守人士重新站队以及共和党信奉"传统价值观"，本来就把自己定位为保守主义的这个军事机构开始转向共和党就不足为奇了。

霍尔斯蒂所著《外交政策领导计划（FPLP）》中的统计数据表明，到1976年为止，三分之一的高级军官（少校及以上）认同共和党，只有十分之一的人把自己描述为民主党人，其余55%的人要么认同自己是无党派人士（46%），要么是"其他"或"无"（9%），这反映出军人开始重新站队。在随后的20年间，军方领导人绝大多数转向了对共和党的认同。

1972 年和 1976 年，参议员亨利·杰克逊（Henry Jackson）竞选总统的失败标志着民主党对军人吸引力的终结。杰克逊对国防事务的立场与乔治·麦戈文（George McGovern）完全不同，后者是一位倡导和平的候选人；也与吉米·卡特（Jimmy Carter）完全不同，卡特支持单边裁军，支持从韩国撤回军队。反战候选人取得的胜利进一步强化了许多人心目中民主党反军方的印象。

军方意识到民主党不再支持建设一支强大的军队，而吉米·卡特虽然曾在海军服役，却颇具讽刺意味地与军方交恶，这两个因素加速了军方领导人站到共和党的一边。根据《外交政策领导计划》的描述，到卡特任期结束时，足足有 46% 的高级军官认同自己是共和党人，有些人估计 1980 年在与罗纳德·里根竞选总统时，只有 1% 的军官把票投给了卡特。这一时期军人的立场转变非常明显，简诺威茨认为，有显著迹象表明 70 年代末军官表现出了右倾化趋向。

基于这些因素，里根十分积极地迎合军方，"毫不掩饰对军人的钦佩和尊敬"，并积极扩充开始于卡特总统任期后期的军备建设。《外交政策领导计划》1984 年的调查显示，由于他的这些努力，53% 的军官认同共和党，军方与共和党关系非常密切。1984 年选举之后，有人揭露说在选举之前五角大楼与共和党共享了有关军人的统计数据，违反了军方有关公布这类数据的法规。到 1988 年，59% 的军事领导人认同共和党，只有 9% 的人认为自己是民主党人，其余 27% 则是无党派人士。

五、冷战之后

越战之后的一系列事件为军方向共和党靠拢创造了条件，不过，也正是在苏联解体之后的狂躁时期，军方的站队导致了军政关系的严重摩擦。

冷战之后，乔治·H·W·布什（George H. W. Bush）总统着手大规模裁减军队，至于他与武装部队的关系，人们主要还是通过解放科威特的战争来解释。对大多数军方领导来说，许多人的军旅生涯开始于20世纪60年代，布什领导发起的海湾战争是一种宣泄，消除了人们对越南战争的长久不满。在许多军官看来，海湾战争为所有战争的样式树立了典范，即军事上保持绝对优势，而政治精英则几乎没有直接的参与。总统一直关注着战争，因此，军队人员继续向总统所在的党派靠拢，疏远不太支持战争的民主党，也就不足为奇了。《外交政策领导计划》调查表明，到1992年，61%的高级军官支持共和党，相比较而言，只有6%的人青睐民主党。

就是在这样的大环境下，比尔·克林顿作为民主党的候选人参与总统角逐。作为党内提名人，克林顿开始接受对他越战中逃避兵役的批评。有趣的是，退役海军将领、前参联会主席威廉·克罗（William Crowe）公开站出来为克林顿辩护。虽然克罗公开力挺克林顿的部分原因是要反击军队将不会听从克林顿总司令指挥的指控，但他的公开支持为新退役的将军们未来支持克林顿敞开了大门。

尽管获得了这种支持，克林顿与武装部队的关系还是磕磕绊绊。除了沿袭冷战后大规模裁军的做法外，同性恋是否被允许入伍的争议性话题界定了他早期与军方的关系。对克林顿允许同性恋者公开服役的做法，军方高官们在私下和公开论坛上多次表达了保留意见。在许多人看来，克林顿政府让军方承担了军方和美国本该避免的任务，这使克林顿与军方的关系越加糟糕。

20世纪90年代初的情况就是这样，著名历史学家、军政关系学者理查德·科恩认为，文人精英和军队精英之间的关系已达到了"危机"的程度。此后不久，战略与国际研究中心召开会议评估美国的军政关系是否处于"危机或转变"之中。与会人员普遍认为军政关系不存在危机，双方的冲突程度仍然符合历史常态。遗憾的是，学者们并未直接阐述军方的社会态度和政治态度，但他们确实指出，相比于文人精英，军方精英的名望在不断提升，他们也提到在全志愿部队时期文人领导和军事领导之间的分歧正在扩大。

战略与国际研究中心的与会者没有感觉到军政关系存在危机，但这并不意味着他们没有认识到军政之间的摩擦问题。这种摩擦，以及军方明显的右倾态度，将在90年代后期持续下去。到1996年为止，高级军官似乎都成为共和党稳固的票仓。《外交政策领导计划》调查表明，67%的人认同共和党，只有7%的人认同民主党。1996年之后，这种差异好像在持续扩大，因为克林顿与莫妮卡·莱温斯基（Monica Lewinsky）丑闻的曝光导致不少军官公开批评总统，并要求他下台。

这些事件使得许多观察家得出结论，军队正变得过度政治化，军方与美国社会之间的问题"鸿沟"仍在发展。其中最著名的观察家要数记者托马斯·里克斯（Thomas Ricks），1997年他阐述了军政关系的发展情况。里克斯主要对他所观察的海军陆战队进行了分析，但之后不久，来自国际与战略研究中心的许多学者也着手研究，他们试图对各军种高级军官的态度进行全面考察。调查结果证实了高级军官的共和党趋向，但结合战略与国际研究中心专家们的结论，并无证据表明美国军政关系中存在紧迫的危机。

其他许多学者感到，对军方态度的变化不应大惊小怪，他们还质疑是否需要特别关注这种变化。军事历史学家兰斯·贝特罗斯（Lance Betros）上校认为，军官对共和党认同度的增强反映了共和党在国家安全事务上天然的保守联盟和认知优势。退休上校与战略与国际研究中心研究员约瑟夫·柯林斯（Joseph Collins）研究了霍尔斯蒂《外交政策领导计划》中的统计数据，他观察到"（1976年至1996年间），军队中的自由主义者消失了，这显然与人们记忆中消退的富兰克林·罗斯福、哈里·杜鲁门和约翰·肯尼迪有关"。他也提出这样的问题，"鉴于卡特任期内非常糟糕的记录以及克林顿政府所暴露的绝无仅有的问题，在对军官的民意调查中，共和党人一如既往地做得很好，那又有什么奇怪？"2007年，一名前军士这样简述军队内部对民主党的评价：

> "越战之后，民主党将国家安全的主导权让给了共和党。克林顿对国防政策的第一次冒险行动是什么？'不问、不说'，做得不错。你可能纳闷为什么军人的票都投给了共和党？我认为多年来他们没有多少选择余地：民主党放弃并离开了这块阵地，他们

甚至连要这些票的姿态都没有。"①

除了这些包含因果关系的问题之外，这个时期人们普遍认为军队中共和党人占主导地位。在 2000 年的总统大选中，共和党在佛罗里达州重新计票过程中采取措施确保所有军人的缺席选举人票不能遗漏，因为他们认为这些票可能都是投给共和党候选人乔治·W·布什的。共和党甚至动用已退役的沙漠风暴行动司令官诺曼·施瓦茨科普夫（Norman Schwarzkopf），指责民主党不公平地剥夺了军队选民的投票权。

在佛罗里达州重新计票以及 2001 年 "9·11" 事件之后，毫无疑问军方又将开始在 2004 年的大选中发挥突出作用。选举并未令人失望，军人态度和军事事务在选举活动中唱了主角。民主党总统候选人约翰·F·克里（John F. Kerry）与布什之间就服役记录进行了激烈辩论，此外，谁获得军方支持这一问题一直是不断出现的话题。美国军队卷入了一场有争议的战争，战争当事者的情绪具有重要的象征意义。由于在某些州两党的得票非常接近，军人的缺席选举人票具有潜在的影响力，所以军人票十分重要。最后在竞选活动中布什设法比克里吸引到了更多的退役将军为其站台。当时对军人态度有限的统计数据表明，布什在军人中间比克里有优势。

六、军政关系的涵义

没有一个军政关系理论学家认为军人公开自己的党派观点是件好事情。过去 50 年间，两位主要的理论学家莫里斯·简诺威茨和塞缪尔·亨廷顿在如何构建、如何利用军队上分歧很大，但两人都反对军队在党派政治角逐中选边站队或直接介入其中。两人都在军队处于历史新时期时写出了影响巨大的作品。亨廷顿和简诺威茨分别于 1957 年和 1960 年阐述了冷战

---

① Clint Douglas, "Elect More Jim Webbs," *Washington Monthly*, June 2007.

伊始军事机构的迅猛发展及其稳定特性。武装部队不是收兵撤回到本土，而是在韩国、德国、日本以及世界各地的前哨阵地设立永久基地，抵御持续不断的共产主义威胁。美国有史以来第一次保持着一支大规模常备军。亨廷顿和简诺威茨都十分担忧文人政府如何操控这个强大的新机构。

亨廷顿对此问题的解决方法是使政治与军事完全脱离。亨廷顿把军政关系的这种理想形式描述为"客观文人控制"。在这种模式中，军政双方领导具有截然不同的职责范围，各自的自主权都不能被侵犯。对文职领导来说，这意味着不能干预职业军人对武力运用的管理；对军事领导来说，则不能介入政治。用亨廷顿的话说，"客观文人控制的对立面就是军人参与政治"，"客观文人控制的本质是对军事专业主义自主性的认可"。尽管亨廷顿的"政治"观点比较宽泛，不仅仅指政党政治斗争，但显然这种形式的政治活动对军人来说属于他所说的"禁区"。在他看来，"军人参与政治侵蚀了军人的专业主义，削弱了他们的专业能力，会产生内讧，使外来价值观取代军人职业价值观"。

简诺威茨并不相信军事和政治存在清晰的分界线，但他赞成亨廷顿关于军官应该保持无党派立场的观点。简诺威茨认为，军人总的来说能够维护荣誉，在国内事务中"超越政治"。但是，他确实预见到了军队将可能违反不在政党政治中选边站的戒律。

在简诺威茨看来，军队保持中立的能力部分是因为美国社会中的"社会与政治共识"。美国的政治辩论往往局限于某一狭窄领域的观点分歧上，此外，冷战时期大家对外交政策的看法总体上也是一致的。尽管政治领导者们对美国外交政策的边际存在争论，但冷战期间共产主义严重威胁美国社会，这种看法具有广泛共识。在这种情况下，辩论的焦点就不是谁是敌人，而是如何更好地对付敌人。同样，对军队结构和立场问题，军政领导者也常常观点不一，但这些争论很少因为党派路线而不可调和，因为这个时期两党并没有实质上的分歧。

然而，冷战之后由于对美国外交政策的总体目标缺乏共识，那将会发生什么？军队可能会开始向重视维持一支大型军队的一方靠拢吗？老练的军方领导者们十分明白，"在争取各军种部队的利益时，在提供国防战略政策的建议时，在花费庞大的联邦经费时，无党无派的立场很重要"。但简诺威茨1960年提出了这样的问题：假如一党始终如一地支持军方的立场，军方与另一党的关系出现了对抗，那该怎么办？

这样一种发展状况，加之总统在军方对领导层的看法中发挥着核心作用，也许导致了军方与共和党关系的增强。亨廷顿认为，内战之后军方与政治的关系中总统起着中心作用。他指出，20世纪初军官们"对指挥系统中上至总司令下到最底层士兵的正直怀有一种发自内心的尊敬"。乔治·巴顿（George Patton）也许最好地表达了这种情绪，他说，"我受雇于美国政府，如果我投票反对政府，那就是投票反对总司令"。亨廷顿在许多方面呼吁强化这种关系，主张提高国防部长乃至总统的权力，以实施对军队的控制。

鉴于总统在军政关系中的作用，人们可能认为假如一党的总统总是比另一党的总统更支持军方，那么军方就可能会被该党所吸引。约瑟夫·柯林斯（Joseph Collins）说过，戴尔·赫斯普林（Dale Herspring）也在他的著作《五角大楼与总统》中详细阐述过，自1976年以来共和党总统通常被认为更支持军方。虽然卡特在执政后期增加了国防预算，但由于苏联入侵阿富汗以及伊朗人质危机两件屈辱事件，他已经被贴上了国防安全软弱的标签。而里根在美国没有发生任何战争的情况下，不断地扩大军事力量并主导了有史以来最大的军事开支增长。乔治·H·W·布什紧随其后，在海湾战争中他主导并赢得了对伊拉克的胜利。

布什总统之后就是克林顿的关系紧张岁月，此时，冷战的结束导致部队的大幅裁减。而且，由于没有了冷战，两党对如何使用美国军事力量产生了不同意见。民主党人对干预波斯尼亚和科索沃这样的地方一贯相当支持，而共和党人则采取一种相对不干预的立场。这一立场恰好契合了军方领导人在处理这些问题时遇到的挫折以及不愿介入全面常规战争以外的冲突的态度。加之在是否允许同性恋和更多女性入伍等问题上的激烈争论——民主党人一般赞成而共和党人总体反对——军人向共和党进一步靠拢就不足为奇了。

共和党人和民主党人对国防安全事务的看法不断变化，其潜在因素是保守主义意识形态标签与共和党的身份认同关联越来越密切。20世纪50年代末60年代初,亨廷顿和简诺威茨都把"保守主义"视作一种非政治标签。两人的理解与哈茨相同,即美国的党派冲突主要限定在自由主义的范围内,而保守主义被公认为与当下的政治争论没有什么直接联系。因此,这一时期的军官们把自己描述为保守主义者,并没有表达出他们的党派倾向。但简诺威茨发现,这个时期"保守主义"的定义不甚明确,含糊不清,只是描述军官观点的一种方法。回想起来,"保守主义"的定义本身一直在变化,军官们也一直在随之变化。保守主义标签从实用主义、悲观主义的世界观转变为一种具有鲜明意识形态和党派政治的立场,这也是导致军官们转向共和党的另一个因素。

当军官们面对这种不断改变的国际国内政治版图时,他们违反严守中立的戒律倒显得情有可原。毕竟,军事教育体系没有使他们做好充分准备去理解国内党派政治的玄妙复杂之处,而且,亨廷顿的论述还使军官们有了一种可能性,可以对政治问题选择立场,且不会因为支持某一党派而感到内疚。简诺威茨1960年对军事教育状况的评价十分中肯:

> "各层次的军事教育都未能使军官们完全理解国内事务中现实政治的客观状况。由于军事教育局限在探索民主政治过程的优缺点上,因此它无法培育起务实的态度以及对这种制度的尊重。军事教育的内容仍然充斥着关于理想目标的说教式训诫。同样,军事教育也没有多少兴趣去讨论较之于文官和国会,应该有什么标准去指导军官的行为,也很少强调保持行政中立的复杂问题。"[①]

亨廷顿明确表示反对军人介入党派政治,但奇怪的是,他在《军人与国家》的末尾用自己的"说教式告诫"为军人表达政治主张留下了可能性。在他著述的主体部分,亨廷顿阐述了对军事伦理的看法,他认为,

---

① Morris Janowitz, *The Professional Soldier: A Social and Political Portrait* (New York: Free Press, 1971), p. 429.

"国家的安全取决于创建和维持强大的武装力量,国家行动应限制在维护国家的直接利益上,应限制广泛的多种类任务,摒弃争斗性政策或冒险性政策"。

然而,对"国家直接利益"的界定需要政治的,而不是非政治的视角和判断。此外,亨廷顿在著作结尾明确表示,"军事安全的必要条件是美国基本价值观从自由主义向保守主义转变"。他还指出,"与其让西点军校向美国社会学习,倒不如让社会向西点军校学习"。尽管亨廷顿试图阐明把美国带向保守主义不能依赖军方,军方也不应该通过政治主张来促进这种转变,但他提供的方法却可能使军官们相信他们需要发挥重要的政治影响力。

所有这些因素交织在一起使得90年代军政关系重新成为焦点。亨廷顿和简诺威茨对军政关系的研究受到了冷战高峰时军方独特历史地位的影响,而后冷战时期的环境为军政关系注入了新的挑战,重新激发起人们对这一话题的兴趣。

到20世纪90年代为止,军方一直是一个具有强大影响力的机构并持续了数十年。与《军人与国家》以及《职业军人》所处的时代不同,90年代的军队是一个受到广泛尊敬的机构,它享有50年代和60年代所没有的声望。正如戴维·金(David King)和扎卡里·卡拉贝尔(Zachary Karabell)在《信任的一代:越战后美国军队如何重新赢得公众的信心》中所指出的那样,军队在美国公众心目中非常受到尊重。这也许导致许多军人产生一种感觉,即人们可以接受他们对其他那些通常不太受人尊重的政府部门的政治事务发表意见,这也提升了军方对政治人物支持的价值。

在某些人看来,特别是对那些把这支积极介入党派争议的军队视作支持自己政见的人来说,这也许是一种可喜的发展。然而,军政关系学者毫无疑义地指出,军官公开介入政治对军队和国家都没有好处。金和卡拉贝尔都认为,如果人们觉得军队受到了政治的驱动,那么军队新获得的部分声誉必将丧失。玛丽贝思·乌尔里希(Marybeth Ulrich)呼吁制定"有原则的军官队伍"的新标准,阻止军官参与政治活动,鼓励军官克服党派倾向。赫斯普林认为,如果军方对共和党的偏爱持久化,将会对美国军政关系造成严重影响。

共和党内部也对军方新的政治声音存在某种不安。根据安德鲁·巴塞维奇（Andrew Bacevich）的说法，共和党从军方 90 年代的表现中总结出一个教训：军队根本不称职。他这样说的意思是，退役军官愿意公开支持政党候选人对军队没有任何好处，只会损害军事机构不介入政治的声誉，也会降低其职业自主性。

即使在 2000 年总统大选期间乔治·W·布什获得不少退役军官的强烈支持之后，研究总统更替的一些观察家评论说，军方与新的共和党政府之间存在一种引人争议的关系，新政府决心要维护对军方的控制。军方在与共和党关系中自以为获得的所有资本，似乎都在有关美军部队重建的争论中消耗殆尽。

总而言之，不同政治观点的军事学者一致认为，军队的政治化是一种令人沮丧的发展倾向，应该加以扭转。虽然只有几位学者认为美国军政关系的现状存在迫在眉睫的危机，但大多数学者的讨论基调旨在揭示潜在的威胁。这些有关军队与国家关系的分析对军队新的政治激进主义是一种暂时现象还是永久趋势，他们并没有提供全面的评估。正如我们所看到的那样，不同的事件与人物交织在一起使得高级军官们在 21 世纪初公开偏向共和党。此外，军队不断增加的声望、全志愿部队中服役人员的"事业型"特性、以及军政精英之间长久以来的隔阂，使得观察家们对美国军政关系的现状感到不安。

[编译自/《我们的军队——士兵、政治与美国军民关系》（*Our Army: Soldiers, Politics, and American Civil-Military Relations*）第二章；作者/杰森·K·邓普西（Jason K. Dempsey）]

第二章
美国军政关系传统溯源

军政关系涉及一个国家的人民、该国的机构、以及该国的军队等相互之间的关系。在国家机构层面上,"一把剑上有两只手"。文人之手决定剑何时出鞘,并指导其使用,这是主导政策之手,也正是这把剑存在的首要目的;军人之手则砺剑磨锋,搏杀战场。

军政关系的实证性领域非常广泛,其中包括:普通民众和国家机构与军方之间直接和间接的关系往来;军队、国会和行政部门之间关于军事工具的经费、条例、以及使用等方面的相互作用和影响;文人和军队双方精英为了制定和执行国家安全政策和战略而进行的繁复协商。由于种种原因,没有一种军政关系的总体理论能理想地阐释"各种可想象条件下军政领域内分歧巨大的种种行为模式"。

在大多数情况下,军政关系的研究者想当然地认为,社会作为一个整体与其军事机构在领导人、机构制度、价值观、特权、观点和实践行为等方面有着天壤之别。

军政关系的基础就是一种进退维谷的尴尬情形,彼得·费弗称之为"军政关系问题群",需要一个特定的政体去平衡两个方面。一方面,必须建立一个强大、高效的军事机构来保护国家;另一方面,某种意义上讲,必须确保这个军事机构不会倒戈攻击将其创建起来的国家。

一个政体对"军政关系问题群"的回应可以被视作公民、文人政府当局、以及军队三方之间的一个协商谈判,协商的目的是在三方之间分配权力和责任。

显然,协定的条款和协定本身会因国家而异,而且,即使在某个具体的政体中，也会因时间的不同而发生变化。以美国为例，其谈判环境相对比较平衡，三方或多或少都对协商条款有一定的发言权。尽管公民可能并不直接参与协定的起草过程，但是，如果没有他们的默许，协定就无法持续。例如，在美国的早期阶段，像乔治·华盛顿（George Washington）、亚历山大·汉密尔顿（Alexander Hamilton）、以及亨利·诺克斯（Henry Knox）这样在军政领域举足轻重的领导人更青睐较大规模的常规军事机构，但是，公众对常备军的强烈反对使得领导人的偏好变得毫无意义。实际上，在美国的早期阶段，军事威力被视为存在于"武装起来的普通大众"，即民兵身上，而非常备军身上。

这并不是说，在美国，协商的各方是完全平等的，美国的军政协定其实是一种"不平等对话"的结果。称其为"对话，是因为各方都能直言不讳地、有时甚至是反复攻击性地发表自己的观点；而称其不平等是因为文人领导的最终权威是明白无误且不容置疑的。"① 在美国，军队虽然拥有独有的强制力，但通常认可自己相对于另外两方的地位。

一般而言，可以从两个视角考察军政关系。

第一个是制度性视角，关注政体内的各行为主体（包括作为一个组织存在的军队）在特定政体的政府制度框架内的相互作用。关于军政关系的最具影响力的制度性理论，是由塞缪尔·亨廷顿50年前在其重要著作《军人与国家》中提出来的。就军政关系的基本问题而言，制度性理论学家主要关注的是文人治军、军队应发挥的合理作用、军队对社会的影响程度、以及军队在捍卫国家利益时保持战斗效能的能力——尽管面对的是可能与军队的"功能性需求"相对的"社会性需求"。第二个是社会学或文化视角，关注军事文化相对于自由主义社会的普遍问题；个人与团体的角色作用，如女性、少数民族、军中的男兵女兵以及他们之间的关系；战斗中单兵的战斗力；小规模部队的凝聚力；军事部门与公民权之间的关系（其中包括市民共和主义传统）；军事部门的性质（职业、专业等）；军队与其所处的社会之间的关系等。

---

① Eliot Cohen, *Supreme Command: Soldiers, Statesmen, and Leadership in Wartime* (New York: Anchor, 2002), p. 247.

就军政关系的五个问题而言,社会学角度主要探讨谁在军中服役、军队和公民社会的关系、以及军事效能等问题。关于军务的社会学角度分析可追溯到莫里斯·简诺威茨出版于1960年的著作《专业军人》。

第二种视角的另一种变异理论是"调和理论",它否定了"健康"的军政关系必须要确保军政领域之间鲜明区分的观点。例如,以色列的军事领域和平民领域很难区分,但是其军政关系看上去很稳定。

军政关系的问题很复杂,不可能用一种分析方法去解决所有的问题,也没有什么"一般理论"或"统一场论"能成功解释所有的军政模式。鉴于军政模式的多样性和复杂性,这种理论既不可能出现也不会令人满意。"军队政治社会学的一个核心任务是:综合考察军队系统和政治体系,判断某个特殊军事机构在应对来自政治体系的影响时,其特别的制度特征起什么样的作用。"[1]

当然,研究军政关系的一个重要原因是确定什么样的因素构成"良好"和"糟糕"的关系。这样的一种判断已经不仅仅是一种学术利益,对一个政体的生存也是有意义的。正如"军政关系问题群"指出的那样,无法正常运作的军政关系导致的最坏结果是:战场上的灾难性失败导致一个国家在战争中的失败,或者是军方夺取政权。

但是,无法正常运作的军政关系可能还会产生其他非毁灭性的不利结果。例如,无论在战时还是平时,糟糕的军政关系都可能会导致战略评估的失败。在战争中,不正确的战略评估可能直接或间接地导致战场上的失利,因为政界和军方的战略领导人没能分享信息或以其他方法合作。

美国在伊拉克的战争就是一个实例。很多观察家认为,美国在这场战争中遭遇的大多数问题起因于国防部长拉姆斯菲尔德的管理风格、布什政府的自我封闭,或者说拉姆斯菲尔德总喜欢直接否决那些他自己不喜欢的建议。但是,里萨·布鲁克斯(Risa Brooks)的观点颇有说服力,她认为,拉姆斯菲尔德与军人之间关于国防部改革的早期争论造成了军政关系的反常状况,并最终导致了这些问题,特别是关于冲突后计划方面的问题。结

---

[1] Stepan, *The Military in Politics: Changing Patterns in Brazil* (Princeton, New Jersey: Princeton University Press, 1971), p. 55.

果，这些反常状况引起了监督机制的实施，削弱了战略协同。

在和平时期，糟糕的战略评估可能会导致对敌人能力的过高估计，从而造成国防资源的浪费。另一方面，低估敌人的能力则会使国防资源配置过少。

评判军政关系健康状况的标准可能包括以下几条：（1）文人与军方之间相对和谐的关系；（2）武装部队执行任务时的效能；（3）制度性平衡。良好的军政关系似乎会综合呈现出以下这些要素：（1）军政双方决策者之间的礼让及少量分歧；（2）战时与平时的成功以及政策与战略的协调；（3）双方互不侵犯对方职权范围内军政方面的决策。

有些学者质疑和谐与礼让对良好军政关系构成的必要性，他们认为文职领导与军方之间的紧张关系是合理的。例如，如果文人和军方决策者之间仅出现少量分歧，可能意味着文人领导任命的都是"应声虫"，永远不用担心他们会"捣乱添麻烦"。美国前国防部长拉姆斯菲尔德经常遭到这种指责。

遗憾的是，除了一些最明显的案例，关于是什么要素构成"良好"的军政关系或者"有效"的文人治军，最近的学术论著中没有什么共识。对自由主义民主国家而言，把不发生政变设定为标准就要求太低了。大多数学者关注的是，如果文人与军方之间产生分歧，文人意见占上风的几率到底有多大。

另外一些学者则把健康的军政关系等同于对文人价值观的维护以及军队在社会上的非主导地位。当然，衡量良好军政关系的一个重要标准是获得战争胜利。颇为自相矛盾的是，这可能需要文人干预军务，从而引起巨大的军政冲突。

要判定"糟糕"的军政关系相对容易一些，糟糕的军政关系的两种完全相反的极端形式是"军国主义"和"去战争化"（de-bellicization）。前者指军队的机构、价值观、特权、观点及实践等在社会上的优势地位；后者则指贬低军队美德或者甚至将其从社会上完全肃清，这种做法最严重的后果就是战争失败。尽管有些人认为美国正朝着一个极端或另一个极端发展，这种看法的依据却并不充分。美国军政关系的真正问题在于社会上政界和军界的相互影响。"现代国家的问题不是武装叛乱,而是军事专家与政治家之间的关系。"

一、美国军政关系的影响因素

影响美国军政关系的因素有很多,首先是其历史与文化。军政关系领域的学者通常视历史与文化为边缘学科,是一种"中介变量",介于将被研究的"实际"因素(不管具体指什么的一种自变量)与因变量(军政关系的状态或模式)之间。但是,19世纪的普鲁士与英国之间以及今天的美国与以色列之间在军政关系模式上存在的天壤之别均可直接归因于文化历史的差异。

一个国家的政治机构将相应的权力分配给文人领导和军队领导,因此也会对其军政关系产生巨大影响。在美国,宪法、法规条例及其具体实施都会影响军政关系。就其本身而论,美国的军政关系因军政两个领域参与者众多而变得更为复杂。

政治领域包括政府的行政和立法部门,并且这些部门各有细分。行政部门包括总统、相关的内阁成员(特别是国防部长)、咨询委员会(如美国国家安全委员会)、以及军种部部长之类的非阁员文人任命官员。实际上,政府官员和职业公务员的利益并非总是一致的,他们的利益与军方之间也存在较大差别,这些差别对军政关系有着巨大影响。而由两党党员构成的国会也不是坚定的统一整体,其结构很重要,国会是两院制的,通过委员会来履行职责。

包含几个军兵种的军队同样如此。在美国,很长时间里,军兵种是美国军方的主要参与者,结果经常会导致各军种间的激烈竞争,并在二战后的"国防联合"讨论期间达到了白热化的地步。这种军种间竞争的极端表现不仅出现在当时新组建的国防部,也出现在了国会和媒体上。尽管各军种间因为任务和资源分配展开的这种竞争可能会影响正常的军政关系,但也会产生一定的积极影响。例如，劳动分工、未来部队的认真规划以及创新等。但是，自1987年《戈德华特-尼克尔斯国防部重组法》（the Goldwater-Nichols Defense Act）实施以来，权力由各军种流向"联合司令部"的司令官，联合司令部是联合的地区功能性组织，主要负责实际执行作战行动和部署。

但是，各军种仍然对美国政策具有巨大影响。亨廷顿指出，每个军种都以其特殊的"战略方针"为基础进行建设，"明确本军种在国家政策中的作用职责，凭借公众支持获得履行职责所需的资源，并通过组织结构来分配资源，以便最有效地实施战略方针。"这些被已故的卡尔·比尔德（Carl Builder）称为"战争面具"的范例形成了各军种的制度性途径，影响着政策的制定实施（尤其是在国会里）。

《戈德华特-尼克尔斯国防部重组法》还扩大了参联会主席的权力。参联会作为一个由四个军种参谋长组成的法人团体，以集体智慧向总统提供军事建议。该法案实施以前，参联会主席只不过是参联会的发言人而已。但是，《戈德华特—尼克尔斯国防部重组法》确定由参联会主席而不是整个参联会来担当总统和国防部长的主要军事顾问。尽管参联会主席事实上并不在指挥链里，他本身也与庞大的参联会联合参谋部一起成为军政事务中的主要参与者。

先例也是很重要的。就美国来说，以独立战争结束后乔治·华盛顿为榜样的历代军官似乎已内化了军人服从于文职当局的原则。大多数分析家都认为，在美国发生军事政变的可能性很小，然而另有一些人怀疑在过去的几年里这种惯例的力量是否已有所削弱。但是，美国发生政变的可能性较小并不意味着军方不会用其他方法去破坏军政关系的平衡。

国际安全环境的变化同样影响着军政关系，但是学者们对这种影响的发展趋势看法不一。哈罗德·拉斯韦尔（Harold Lasswell）认为较高程度的外部威胁会使军政关系向"卫戍部队"的方向发展；而另一方面，迈克尔·戴思齐则认为，当一个国家面临严重的外部威胁，而内部威胁较低时，其军政关系最稳定。

很显然，科技也会对军政关系的模式产生影响。例如，核武器的破坏力不仅增强了文人在战略制定上的作用,而且缩小了军方在作战事务、甚至是战术事务上的回旋余地。信息技术的发展增加了文人参与作战细节的可能性。社会因素在塑造军政关系中同样发挥了重要作用,对种族融合、妇女参战、以及军队中公开的同性恋现象等问题的讨论充分证明了这一点。

冲突的特点同样影响着军政关系。军队要打的战争类型的变化可能会影响战略决策的过程、军事组织的构成与作战行动、以及冲突期间机构间的合作过程。传统的国家间战争期间与反叛乱行动期间的军政关系模式可能会大相径庭。例如,对特种作战部队的严重依赖会对国会监督产生影响。

最后,对于"士兵"的概念一直有不同的诠释。就美国而言,纵观其大部分历史,军队服役的理想模式就是"公民士兵"。在大多数时候,他是一个老百姓,在危急时期响应国家的号召服役,一旦危机结束,他又恢复平民生活。1973年征兵制废除后,公民士兵逐渐被类似于罗马军团士兵的长期服役的职业军人代替。另外,越来越多的平民承包商正在完成过去由军人承担的一些工作,这使美国的军政关系更复杂。

二、军政关系理论

普鲁士战争哲学家卡尔·冯·克劳塞维茨指出:"有了理论,人们就无需每次重新整理资料、艰难地探索,而可以有条不紊地随时应用。"理论寻求全面系统地阐释原因与结果之间的关系。

理论至少应该能有效地*描述*正在研究的某种现象或某些现象并加以说明,这是理论的*实证性*功能,但理论通常还有另外两个用途:第一,在对研究现象加以描述和解释的基础上,至少在一般意义上来说,一种理论可以用来*预测*未来在类似条件下将会发生什么事情;第二,一种理论还可以为制定政策提供基础,把"是"转化为"应该"。这种*规范性*功能将一种理论的描述性和预测性特点与国家政策联系在一起。

在应用于军政关系领域时，一种切实可行的理论最低程度应该能够描述和说明军政关系不同模式的性质和特点。但是，军政关系的大部分理论也被用于明确有利于或有害于健康军政关系的一般条件。最后，军政关系理论也可以规定一个国家为达到或保持健康的军政关系必须采取的措施。

显然，这种理论意义不如物理科学理论的意义那么正式严谨，其基础更多的在于直觉、经验、以及对实践中产生的规则的理解。迈克尔·亨德尔（Michael Handel）对战争理论的观察可以同样有效地应用于军政关系理论："战争研究和理论的发展还处于（也许一直会处于）一个前牛顿、前科学或非正规的阶段。"

上文提到的"军政关系问题群"迫切需要一种军政关系理论来解决。为了保障安全，社会将武力使用的权力委托给社会的一个隶属团体，社会该如何确保这个隶属团体尽职尽责地保卫社会不受国内外敌人的侵扰，而不会倒戈相向？

就军政关系来说，这些"问题群"意味着社会面临两种截然相反的危险。如果为了保证军队不倒戈相向而削弱其力量，它在战场上就有可能遭遇败绩。但是，如果军队能取其所需以确保战场上的胜利，它就会处于政治优势地位，能在政策上对文人发号施令。这两种极端各自对应着去战争化和军国主义。

军队占绝对优势的极端例子当然是军事政变，但是即使没有发生政变，也总是有这样一种可能性，即军队不愿听从文职当局的指挥。例如，在美国，军方常常通过向媒体泄露信息、游说民众和国会、拖后腿、以及故意拖延等诸如此类的手段来反对文职当局的政策目标。

三、塞缪尔·亨廷顿：军政关系的一种制度性理论

美国比较流行的军政事务理论是建立在军政领域之间区别的基础之上

的，这种方法可以追溯至 18 和 19 世纪欧洲国家的实践以及克劳塞维茨提出的战争理论。丽贝卡·茜夫（Rebecca Schiff）称这种方法为"分离"理论。

尽管克劳塞维茨所服务的普鲁士王国经常被视为军国主义的典型，他认为战争是用其他手段对政治或政策的一种延续，这种阐述暗示了政治决策者和军队之间的区别。"没有事先想清楚希望通过一场战争获取什么利益，并考虑好怎样进行这场战争，任何人或者说任何一个有理智的人都不会发动战争，前者是其政治目的，后者则为其作战目标。"①

相对于理论上的战争（绝对战争），实际上的战争"仅仅是政治活动的一个分支"，"绝不可能自主发生"。"任何战争的特点和整体形态都应该主要根据政治因素和条件来加以评估"。因为"绝对"战争从理论上讲是不受任何限制的，有理由发展到极端的暴力和耗尽一切资源的程度，正是政治目的使战争"合乎理性"，并具备了其内在逻辑之外的目的。

与此逻辑相符，美国最有影响力的军政关系理论是著名政治科学家塞缪尔·亨廷顿在其 1957 年的著作《军人与国家》中提出的制度性理论。这本书在军方与文人社会的互动方式上对美国人的思想，尤其是在军方产生了巨大且持久的影响。实际上，美国军方认可书中的许多一般性结论，并将其当作军政关系教育中最重要的一部分。

亨廷顿主要的描述性或实证性观点是，美国的军政关系受三个变量的影响：第一个是外部威胁，亨廷顿称之为功能性需求；第二个和第三个是他称为社会性需求的两个因素，即"社会上占主导地位的社会力量、意识形态和制度"。社会性需求的第一个因素是美国的宪政结构，也就是总体指导政治事务和具体指导军政事务的法律制度框架；第二个因素是意识形态，也就是一个国家盛行的世界观。亨廷顿指出了四种意识形态：亲军事的保守主义、亲军事的法西斯主义、反军事的马克思主义、以及反军事的自由主义思想。他认为第四种是美国的主流意识形态。

亨廷顿认为，宪政结构和反军事自由主义的意识形态这两个社会性需

---

① Carl von Clausewitz, *On War* (Princeton, New Jersey: Princeton University Press, 1976), p. 579.

求因素一直贯穿于美国历史，因此，文人控制或军备水平的任何变化都必定取决于功能性需求，即外部威胁。亨廷顿进一步指出，自由主义是"美国军事安全面临的最严重的内部威胁"。他还认为，"从长远来看，只有当安全威胁降低或自由主义弱化时，军事安全需要与美国自由主义价值观之间的紧张态势才能得到缓解"。因此，美国军事安全的必要条件应该是美国的基本价值观从自由主义转向保守主义。只有在一个支持保守主义的社会环境里，美国的军队领导者才能把社会赋予的政治权力与社会必需的军事专业主义相结合。

根据亨廷顿的理论，当外部威胁较低时，美国的反军事自由主义意识形态会造成"肃清"现象（军事力量的切实消除）；当外部威胁较高时，则会产生"嬗变"（按照自由主义观念重塑军队，使其失去"特有的军事特性"）。在亨廷顿看来，在如冷战这样的持续性对抗中，美国面临的问题是，尽管需要集中军事力量的时期（如世界大战），嬗变在短期内能起到一定作用，却无法长时期确保较强的军事能力。

亨廷顿认为，在冷战的背景下，美国社会性需求的意识形态因素（自由主义反军事思想）使其不可能打造能应对功能性需求（苏联对美国构成的威胁）的军队，也使美军领导者无法采取必要的措施来保障国家安全。因此，亨廷顿的理论预测认为，如果不改变社会性需求，美国将永远无法建设一支足以抗衡苏联的军事力量。

亨廷顿的*规定性*或*规范性*理论提供了一种方法，可帮助美国解决费弗提出的"军政关系问题群"带来的困境：在不牺牲对抗外敌的安全保障的前提下，如何使军队的权力最小化、使文人控制更稳固。亨廷顿提出了一种称为"客观文人控制"的方案，其优势在于能使军队的服从意识和战斗力同时最大化。客观控制既能保证整个社会免受外敌的威胁，也能使其免受军队的统治。

在亨廷顿的*规定性*或*规范性*理论中，客观控制的关键在于"对自主的军事专业主义的认可"，也就是对独立自主的军事行动领域的尊重。对军务的干涉或干预会损害军事专业主义，并因此破坏客观控制。

这就形成了文人与军人之间的协定。一方面，文人当局授予专业军官团在军事领域的自主权；另一方面，"高度职业化的军官团随时准备实施国家内部掌握合法权力的文人集团的意图"。换句话说，如果军队在军事领域被授以自主权，它就会成为一支政治上中立且自愿服从于文人控制的专业军队。当然，自主权并不是绝对的。亨廷顿认为，军方应该负责战役和战术决策，而文人必须决断政策性事务以及总体战略。

尽管客观控制削弱了军队的政治性，使其在政治上毫无影响力或者说是中立的，实际上军队保卫社会的能力却增强了。专业军队会服从文人当局的领导，而一支没有服从意识的军队则是不专业的。

与客观控制截然相反的是亨廷顿眼中最糟糕的局面——"主观控制"，主观控制会对专业军队所需的自主权构成系统性破坏，并引起军队嬗变。亨廷顿认为主观控制有害于军事效能，会迫使军方在军事领域对文人言听计从，最终导致战场上的失败。

亨廷顿的制度性理论一直都是考察军政关系的主导性范式。首先，该理论解决了军政关系的核心问题：作为一个机构的军队与公民社会的关系。亨廷顿是第一位试图对"军政关系问题群"进行系统分析的学者。其次，尽管许多人从社会学角度研究美国军政关系，并提出了自己的主张，但通过分析可知区别明显的军事和文人领域似乎的确是存在的。

但是亨廷顿的理论也存在许多问题。塞缪尔·费纳（Samuel Finer）于1962年指出，亨廷顿严重低估了文人控制的问题。他认为，一支专业军队并不一定要让军官远离政治，相反实际上可以使他们参与政治。他还注意到，国家经历的差异性也会限制亨廷顿理论的适用性。

另外，实证性研究并未证实亨廷顿的一些重要论点或预言。例如，他对"专业主义"的定义（拉斯韦尔的"暴力管理"）似乎过于狭隘。传统上，美国军队所执行的任务远远不止战场活动。美国军官一直以来、而且还将继续负责各种各样的行动，如，外交活动、维稳作战以及国家建设等，他们必须计划、协调并执行跨部门行动。近来也有学者指出，亨廷顿的观察视角仅限于现役军官，忽略了军队里的其他人群——高级士官和后备役军官，这些人从事了大量与现役军官一样的工作，但是亨廷顿却只提到了后者。今天的后备役部队的情况更是如此，因为他们被派往阿富汗和伊拉克的频率几乎可以比肩现役部队。除此以外，亨廷顿还假设了一种特别鲜明的"军人心态"，就是一种弥漫着与美国主流的自由主义截然相反的"保守现实主义"的思想。但是调查似乎显示，在极大程度上，军官持有许多符合美国自由主义传统的思想观念。再有一点就是亨廷顿的一些历史观点也有待商榷，譬如，19世纪末的美国陆军并不像亨廷顿所指的那么隔绝于社会。这个特别的问题充分说明考察军政关系时必须牢记其历史背景。拉塞尔·韦格雷（Russell Weigley）、理查德·科恩以及劳伦斯·克雷斯（Lawrence Cress）等历史学家已经为军政关系研究做出了巨大贡献。最后，正如艾略特·科恩（Eliot Cohen）（也许称得上是亨廷顿最优秀的学生）指出的那样，虽然一些民主战争领导者几乎不注意亨廷顿客观控制理论提出的分界线，他们还是取得了最大的成功。

四、莫里斯·简诺威茨：对亨廷顿理论的社会学回应

在他1960年出版的《专业军人》一书中，莫里斯·简诺威茨从社会学的角度较早地对亨廷顿提出了批评。社会学观点并未忽略文人控制的制度性问题，但是，它主要关注的是军人个体与公民社会之间的关系。

詹姆斯·伯克（James Burk）认为，亨廷顿和简诺威茨的军政关系理论代表着两种互相抗衡的民主理论：前者反映了"自由主义"的民主理论，而后者则体现了"公民共和主义"的民主理论。自由主义理论来源于托马斯·霍布斯（Thomas Hobbes）和约翰·洛克（John Locke）的政治哲学，其思想基础在于，民主国家的主要责任就是保护公民个人的权利和自由。"为了维护权威，国家必须保护其公民免遭外敌威胁，尤其是通过一个有效的军事机构来实现此目标。"与自由主义民主理论相关的制度性问题就是建立一支强大的军队，能提供安全保障，但同时又不会威胁到文人控制。正如我们所看到的那样，亨廷顿的解决方法就是"客观控制"。

公民共和主义理论与自由主义民主理论截然相反，其起源也许可以追

溯至尼古拉·马基雅维利（Niccolo Machiavelli）和让·雅克·卢梭（Jean Jacques Rousseau）的著作。该理论认为民主国家的首要任务是让公民参与公众生活的活动，"公民身份则建立在参与规则制定及保卫共和国的基础之上，这是公民和军事实践的问题。"当兵构成了公民道德。"公民参与度降低时，共和国就会腐败。而且，公民参军保卫共和国时，军队利益和国家利益相互重合，也就没有理由担心军队会对共和国构成威胁。"[1]

关于亨廷顿的军政分界线，简诺威茨认为，核战争和有限战争的出现已经模糊了亨廷顿理论中占核心位置的文人与军人之间角色作用的区别。在简诺威茨看来，这种事态正好反映了一种使军政两个领域交汇融合的途径，新兴科技与军政精英之间的政治互动带来了这样的变化。军队的日益"文人化"体现在官僚化、非军事职能对军队的同化影响、英雄主义精神被管理思想取而代之以及军方与其他社会成员交融频繁等多个方面。但是简诺威茨认为，战争的性质已经不再需要大量人员当兵服役，而美国仍然需要维持一支专业军人构成的大规模常备军，这种情况下，可以沿用公民士兵的理念。

和亨廷顿一样，简诺威茨也非常关注专业军官团的意义。但是，亨廷顿视军事专业主义为一个固定不变的标准，一种基于军人与文人之间严格分工基础上的"理想类型"。而简诺威茨则认为专业主义是动态发展的，会随着新的社会条件的产生而发生变化，其中就有与暴力管理相关的"英雄战士"跟军事管理者的融合。简诺威茨指出，鉴于美苏敌对状态在国际和国内政治中的重要地位，即便是专业军队也无法避免某种程度的政治化。

关于亨廷顿提出的功能性需求，简诺威茨认为，在核时代，军队必须发挥一种新的军事作用，呈现新的军事自我意识，即安保部队的概念。在简诺威茨看来，"当一个军事机构不断地以最低限度的武力使用准备行动，

---

[1] James Burk, "Theories of Democratic Civil-Military Relations," *Armed Forces and Society*, Fall 2002, pp. 10、11.

而且致力追求的是良好的国际关系而非战争胜利，它就成了安保部队。"①很显然，安保部队的概念模糊了和平与战争之间的区别。相应地，军人变得更像是警官而不再是战士。这会导致军队的政治化，并对文人的领导地位形成挑战，因为军方会试图用政治体系来抵制自己不喜欢的政策方向。

针对安保部队概念引起的这些新问题，简诺威茨提出的解决方法是摒弃亨廷顿客观控制军队的观点。他提出在各个层级上加强文人对军方的监督，而不是给予自主权。他指出，文人有三种主要机制来控制军队：预算过程、职责与任务的分配、以及就军队使用问题向总统提出建议以推进美国在国际上的利益。但是，简诺威茨认为军队已经找到方法来削弱文人控制。尽管简诺威茨建议通过一些外部机制来加强文人控制，跟亨廷顿一样，他最终也还是转而依靠专业主义。亨廷顿的专业军官完全回避政治，而简诺威茨的军官团则不一样，他们政治意识敏锐，且具有与文人中相应人员交叉类似的作用和专业技能。

简诺威茨的继承者们把军事社会学发扬光大，在其研究成果的基础上，撰写了大量丰富的学术论著，研究公民社会与军队两者之间是如何相互影响的。但是就文人治军这个关键问题而言，简诺威茨其实并未怎么超越亨廷顿。他仅得出了一个结论，为确保文人控制，亨廷顿的"自我设置的专业标准"（客观控制的基础）需要辅之以军人和文人价值观"有意义的融合"。

简诺威茨和一些军事社会学家也提出了一些有用的见解，尤其是关于"谁在服役？"这个问题以及其他相关问题。一些吸取了简诺威茨观点的学者跳出美国经验，甚至把人口统计学、种族渊源、以及征兵等问题提到了中心位置。但是，即使他们指出把军政两个领域分隔的观点在理论上和实践上都存在缺陷，他们也仍然认为军政之间有着分析性的区别。

虽然简诺威茨社会学角度的研究对亨廷顿军政关系的制度性理论提出了挑战，后者依然占据着该领域的领军地位。这种优势的保持主要是因为亨廷顿的理论在应用于军政关系问题时既简洁又宏观，而且亨廷顿关于如

---

① Morris Janowitz, *The Professional Soldier: A Social and Political Portrait* (New York: Free Press, 1960), p. 418.

何最有效地架构军政关系的方法论述在美国军官团中一直很受欢迎。

五、冷战后的理论：戴思齐、埃文特和兰斯顿

亨廷顿和简诺威茨的著作都成稿于冷战期间，因此有些人认为，随着苏联的解体和冷战的结束，他们的理论已经失去了实际意义。但事实证明这两种理论极具生命力，除了极少数几个例外，大多数学者在试图重构军政关系理论体系时仅仅是对这两种理论进行了改良和完善，并没有推出新的理论体系。

例如，迈克尔·戴思齐强调了外部和内部威胁对军政关系的影响。在戴思齐看来，内外威胁共同构成了分析中的独立变量。他研究了许多案例来证明自己的论点：结构性威胁环境会影响文人领导的风格、军事机构的结构、国家机构的凝聚力、文人控制的方法、以及军政观念与文化的融合或分歧。

戴思齐认为，当一个国家面临的外部威胁较高而内部威胁较低时，它就会呈现最强大的文人控制；相反地，当一个国家面临的外部威胁较低而内部威胁较高时，它呈现的文人控制则较弱，因为文人领导不太可能去关注国家安全事务。但是如果一个国家面临以下两种威胁结构：（1）国内外威胁都较低；（2）国内外威胁都较高，这种情况下，戴思齐的结构理论就很难发挥作用了。

但是，尽管结构理论通常会建立一些参数，戴思齐认为实际结果有时取决于其他因素，其中最重要的一个因素就是军事理论。军事理论至少会在三个方面影响文人控制：首先，决定需要使用的特定军事资源、如何使用以及在哪里使用。用于外部威胁的军事资源比那些用于压制国内威胁的军事资源更愿意服从于文人控制。

其次，军事理论通过塑造军事组织的结构及其组织文化来影响文人控制。最后，军事理论作为一个焦点，融合或分化军政双方对武力使用以及

国际环境的观点，并以此来影响文人控制。亨廷顿沿用了路易斯·哈茨（Louis Hartz）的理论，把观点的分歧或融合这两种视角称为非军事自由主义和军事现实主义。在一个具挑战性的外部安全环境下，军政双方思想融合于现实主义；而在安全威胁较低的环境下，则更有可能出现非军事自由主义，并与军事现实主义产生冲突，削弱文人控制。

黛博拉·埃文特采取了一种不同的方法。她运用一种新制度主义理论，利用经济学中的"委托—代理"框架，重点关注了国内机构的结构及其对军事组织和条令的影响。她研究的根本问题是，为什么某些军事机构能够适应环境的变化而另一些却不能。关于越南战争问题，传统观点认为文人领导应该为失败负责，因为他们关心的与其说是制定好的政策，倒不如说是竞选连任，埃文特的观点与此相左。但事实上，在很大程度上越战失败可以归结为美国陆军没能适应一种新的战争类型。为什么没能适应呢？在埃文特看来，这是美国陆军条令自主性和国内政治制度结合的结果。"……美国的文人领导依据制度性激励可以单独行动，但是这样一来，他们发现更难与军方在政策目标上达成一致，于是他们经常会采用更复杂的监督机制，结果常常无法使美国陆军快速适应变化。"[1]

埃文特指出，对美国来说，主要的制度性因素是分立政府（国会和行政部门）、以及选举政治（"在一个民主政体中为获得发言权需做之事"）。美国分立的文职机构导致国家依赖预算来控制军事机构，这样一来，对各个军种而言，他们在条令、文化、以及军事专业主义的意义方面就有了更大程度的酌情决定权。换句话说，美国对军队的文人控制正是亨廷顿的客观控制的体现。

在关于美国陆军没能适应越南战争的分析中，埃文特的一部分论述是以代理理论为基础的。代理理论试图分析的问题是：在不同的动机下，一个委托人如何确保其代理人做的就是自己希望他做的事情？

以美国为例，授权条款必须经过国会与行政部门之间的相互协调，这种安排为军方提供了很大的自主权，使各军种能视环境的不同去关注那些

---

[1] Deborah Avant, *Political Institutions and Military Change: Lessons from Peripheral Wars* (Ithaca, NY: Cornell University, 1994), p. 131.

他们想关注的机构。军队领导人已经意识到，政治领导者不会采取那些会在实际操作中损害自己选举利益的控制手段，同时相信行政部门也不会采取这样的手段。这种看法也许有据可循，实际上，除了偶有例外，在冷战和冷战后的时期里，国会和行政部门都没有干涉过军队晋升政策，同时，总统或国防部长也几乎没有解除过指挥官们的职务。

托马斯·兰斯顿则采用了另一种方法。为了解决战后文职精英和军方领导之间意见倾向的差异性，兰斯顿使用了亨廷顿"肃清"和"嬗变"的概念，同时也吸纳了亨廷顿提出的观点，即非军事自由主义和军方"保守现实主义"之间固有的冲突影响了美国军政关系。正如上文提到的那样，亨廷顿认为，文职精英的自由主义观点使他们倾向于在战争后"肃清"军队，因为他们一直相信，随着战争的结束，也就不再需要军队了。可是从来都没有真正做到过肃清军队，文人只好退而求其次地寻求"嬗变"，努力使军事工具转型为更符合自由主义社会价值观的军队。

和平时期军政关系冲突的起因是，军方希望通过改革来为下一场战争做准备（军队的"功能性需求"），而文人则更愿意"驯化"军队来为文职精英的目标服务（施加一种"社会性需求"）。亨廷顿认为，军政抗衡是一种零和博弈，赢者通吃。兰斯顿不赞同这种观点，在他看来，"只有当那些试图把军人非军事化的人以及他们的反对者（军队改革者）双方都没有获得彻底胜利时，无法避免的军政关系冲突才能得到最好的解决。"

在这一结果里，军队的改革需求与社会对一支能响应非军事任务的军队的需求互相平衡。以此框架为基础，兰斯顿认为美国的军政关系结构在独立战争、1812年战争以及美西战争后为"良好"；在墨西哥战争和两次世界大战后为"较好"；而在内战和越战后则为"较差"。

六、彼得·费弗：代理理论与军政关系

费弗也运用了代理理论来研究美国军政关系的现实状况，认为他自己

的理论更具概括性，能涵盖亨廷顿的观点。费弗指出，尽管亨廷顿的理论堪称"一流"，但不适用于冷战期间的军政关系。譬如，亨廷顿的一个有争议的假设是，一个自由主义社会（如美国）无法提供充足的军事力量来赢得冷战。但事实上，尽管没有放弃自由主义，美国却的的确确在冷战中获胜了。冷战期间军政双方意见的持续分歧令人怀疑亨廷顿实证性理论的预测能力。

亨廷顿的规范性理论也面临着同样的问题。冷战期间，军队变得更加"非军事化"，军官团更政治化，文人习惯性地干预军事领域。费弗总结认为，亨廷顿的理论与现实状况之间相互割裂，因此需要运用其他理论来加以说明。为了提供这种选择，费弗借助了"代理理论"。

费弗认为代理理论的中心问题是：代理人究竟是在"工作"还是"逃避职责"？按费弗的分析，委托人最主要的问题是他应该对代理人进行什么程度的监督，监督应该是侵扰性的还是非侵扰性的？这个决定取决于监督的成本，监督成本越高，侵扰性可能就越低。

如果代理人逃避职责有可能会被委托人发现并受到惩罚，代理人工作或逃避职责的动机就会受到影响。委托人的监督越不具侵扰性，代理人的逃避行为就越不可能被发现。费弗指出，军队逃避职责可表现为多种形式：最明显的就是不服从指挥，也包括"拖后腿及拖延行为"、以及向媒体泄露消息以妨碍政策实施或影响决策者个人。

费弗假设了四种常见的军政关系模式：（1）文人侵扰性地监督，军人工作；（2）文人侵扰性地监督，军人逃避职责；（3）文人非侵扰性地监督，军人工作；（4）文人非侵扰性地监督，军人逃避职责。他紧接着说明，亨廷顿的假设结果实际上是他的这种更概括的军政关系代理理论的特别实例：亨廷顿的"客观控制"与模式（3）对应；"主观控制"与模式（1）对应。费弗用冷战来检验亨廷顿的规范性理论。亨廷顿曾指出，确保军队效能并使其服从于文人控制的最佳方法是通过模式（3）——客观控制。但结果是，冷战期间最符合实际情况的军政关系模式却是模式（1）——亨廷顿认为最可怕的军政关系状态，即主观控制。实际上，代理理论推测，当军政双方偏好分歧十分巨大、侵扰性监督的成本相对较低、且军人认为逃避职责受到惩罚的可能性相当高时，模式（1）将大行其道。费弗的论断很有说服力，他认为这个时期的事实证据充分证明了其假设。但是，根据亨廷顿自己的专业主义标准（专业技能、责任感以及团队精神），美国军队尽管受到文人的广泛干预，仍然保持着极强的专业性。

费弗指出，冷战时期，一位不受欢迎的总统（杜鲁门）解除了一位深受欢迎的军队英雄（麦克阿瑟）的职务，此举在构建当时的军政关系中意义重大。这个备受关注的事件影响了军方的想法，他们意识到在冷战时期逃避职责可能会受到惩罚。费弗在解释冷战后军政关系存在的"危机"时，综合考虑了20世纪90年代出现的许多因素：冷战结束、军政精英之间的鸿沟日益加剧、克林顿总统有个人反军方背景、1986年《戈德华特—尼克尔斯国防部重组法》明确参谋长联席会议主席的军事顾问地位、任职参联会主席的科林·鲍威尔将军广受欢迎且极具政治洞察力，等等。

费弗认为，20世纪90年代的美国军政关系主要表现为模式（2）：文人侵扰性地监督，军人"逃避职责"。首先，侵扰性监督的成本降低；其次，军政双方精英在许多重要的方面偏好分歧严重，促使军方更想追求自己的利益；最后，比尔·克林顿当选总统后，因其与军方关系的长期隔阂，很难对军队逃避职责的行为实施惩罚。一方面，军队领导人既强势又受欢迎，另一方面，行政和立法部门对安全事务缺乏共识，与军方代理人相比，文职委托人处于一个相对弱势的地位。据费弗观察，优秀的文人领导在位时军政关系明显较好，而较差的文人领导在位时军政关系则比较糟糕。一个关键的问题是，如何使文人与军人负起同等程度的责任，或者比军人负起更大的责任。毕竟，糟糕的政策可能都来自于文职委托人。

但费弗关注的是民主政体里的军事机构，他发现：即便军方是正确的，民主理论也会干预并坚决主张军队服从于政体所选择的文人领导。让公众选民去惩罚做出错误决策的文人领导；让军人对文人愚蠢的冒险行动提出反对意见，情势所逼时，甚至应该全力以赴地提供建言。但是必须使军队忠实地执行那些命令，与精明的逃避推卸行为相比，即使是愚蠢的工作对国家而言也会更好一些。

有些人认为，文人希望军队去做的事情不利于国家时，军队不应该服从。要知道，这样的言论恰好是所有政变领导人的托辞，因为他们总是以把一个国家从一个无能的政府手中解救出来作为借口来证明自己夺权的正当性。

就文人治军这个问题而言，费弗的代理理论纠正了亨廷顿理论中的一些欠缺。代理理论似乎比亨廷顿的理论更好地描述了文人控制这个问题，在理论的预测性方面代理理论也更具说服力。这其中的一个原因是，代理理论没有依靠专业主义和自主权等不严谨且值得商榷的概念来预测文人如何及在何种条件下能最好地控制军事工具。

最后，假如代理理论比亨廷顿的制度性理论能更好地实现理论的描述性和预测性功能，那么其规范性功能也将比亨廷顿的论述更有价值。然而，批评家认为，在应用于军政关系时，代理理论分析上的严谨性是通过严格限制其范围而获得的，因此，该理论局限性太强，无法解释世界上其他的军政关系状况。

七、军政关系以及总统与国会之间的"争斗诱因"

宪法学者埃德温·科温（Edwin Corwin）曾经有过一个著名的观察评论，宪法其实是引发国会与总统之间"为争夺美国外交政策控制权而进行争斗的诱因"。查尔斯·史蒂文森（Charles Stevenson）提醒我们，在军政关系上也有一种类似的紧张态势在起作用。他认为，在研究美国军政关系时如果忽略国会的作用，就会出现有缺陷的描述性模型。

史蒂文森指出，一个更完整的理论模型应该包括以下可验证的命题：

（1）总统和国防部长控制美军关于武力使用的问题，其中包括战略和交战规则。国会直接控制军队的兵力结构、装备以及组织编制，间接控制条令和人员方面的问题。美国军方接受这两种形式的文人控制，但坚持提出自己的建议，希望维护组织的制度性和专业性自主权。在武力使用上，美国总统视军方拥有否决权。但是，美国军方并不行使否决权，而是坚决认定按计划使用武力的条款和条件，而且常常获得许可。

（2）美国军方不采取抗议性的辞职手段，绝对地支持总统在预算和武力使用上的决策，但同时必须清楚自己有义务向国会提供其他个人意见。国会实施控制时，较少关注军方偏好，更多地关注国会议员和委员会的政治考虑。

（3）当总统和国会意见一致时，军方服从。当这两个部门意见不一致时，军方倾向于支持赞成自己观点的一方，但永远都不能走到直接违抗总统命令的地步。

八、调和理论

丽贝卡·茜夫倡导的另一种理论质疑了当今许多军政关系研究中基本的一些假设：军政关系理论应该建立在一个国家的军队与政治机构之间实体分离和意识形态分离的基础之上。调和理论是简诺威茨社会学方法的一个变体，关注的是预测和防止军队干预一个国家的内政。

茜夫认为，避免这种情况发生的最佳办法是使一个政体内的三个"合作者"——军人、政治精英和公民——在四个问题上达成一致：军官团的社会构成、政治决策过程、招募新兵的方法以及"军事风格"。这样一种合作关系也许会涉及各方的分离关系，但它不是必须的。

按照茜夫的观点，调和理论解决了关系到分离理论的两个问题：第一个问题是，分离理论学者有一种倾向，认为源于二战后美国实际经验的特殊的制度安排具有普遍性，适用于所有国家，不管这些国家有什么样特殊的历史条件和文化背景。这一点与发展中国家的情形尤其相关，因为这意味着他们"不需要采取传统的西方军政关系模式来实现进一步的政治成熟。"第二个问题是关于方法论的。仅仅凭借分离理论的制度性分析无法将文化和历史条件考虑进去，而这些条件也许会促进或降低军政双方的分离。举例说，我们能看到独立战争后美国的这种不利局面，与产生了分离理论的二战后的美国的情况截然相反。

例如，茜夫指出，亨廷顿的理论是特别针对美国的实际经验而言的，因此不适用于其他国家。实际上，她认为这个理论甚至无法应用于美国的所有历史时期。

对调和理论也存在着不少批评意见，其中一条就是，这种理论仅仅是亨廷顿"融合"概念的一个变异，即要求"军队领导人把政治、经济和社会因素融入他们的思想"，而且"军队领导人应该承担非军事职责"。批评者还认为，无论是关于合作三方的共识与军事干预之间的相互关系方面，还是关于军事政变的可能性方面，调和理论的预测性都差强人意。此外，他们还指出，军事干预的定义标准设得过低，意义不大。除非文人控制的标准仅仅是没有发生军事政变，否则的话，避免军事干预所需要的合作关系本身看起来就像是干涉。最后，他们认为，在解释军政领导者之间的和谐程度时，"调和"的概念不够清晰，就政治控制或军事效能而言，这究竟是"好事"还是"坏事"呢？

但是茜夫认为，这些批评意见是对调和理论的一种苛求，就是希望它变成一种能够分析解决军政关系领域所有方面和所有问题的理论。其因果目标更加明确：预测军队干涉内政的可能性，茜夫认为，这个理论很成功地做到了这一点。

九、军政关系和战略评估

里萨·布鲁克斯认为军政关系模式会影响战略评估并进而对国家安全产生影响。战略评估的重要性至少体现在四个方面。

第一，战略评估如果做得不好，可能会破坏一个国家对军事能力和现有资源的净评估，从而导致失败。例如，夸大自己的军事能力可能会导致危机升级和战争爆发，或者当实际条件需要结束战争时未能终止一场战争。相反地，低估自己的军事能力也许会导致绥靖主义或是无端地向敌人妥协让步。

第二，糟糕的战略评估会使控制国际争端中武力使用的政治限制条件更难以预先判断，因为打仗毕竟主要是为了实现政治目的而不是获得军事利益。例如，如果一个国家不能实施与其外交或其他政治限制条件相一致的战略，就会招致外敌和第三方的干涉。

第三，糟糕的战略评估会削弱一个国家融合政治目标和军事战略的能力。例如，一个国家如果不能把军事手段和政治目标相结合，可能会导致战争失败，陷入代价高昂的长期战争，或者不能努力投身战争。这反过来可能会导致国际协议的失败，使危机升级、战争爆发。

第四，如果战略评估过程模棱两可，其他国家就更有可能错误判断某次冲突中第一个参与国的优先任务和目标，从而更难和平解决争端。譬如说，内部授权程序的不确定性也许会掩盖一个国家在国际事务中的主张和倾向，从而导致谈判失败、危机升级和战争爆发。

布鲁克斯提出了两个决定军政关系模式的变量：（1）军政领导之间在团体性、专业性和安全问题上偏好分歧的强烈程度；（2）军政领导之间的权力平衡（政治优势、权力共享以及军事优势）。这两个变量相互作用，产生一系列的内在联系，影响战略评估的四个制度性特征。

四个制度性程序中的第一个是军政领导之间在军事能力和计划上的常规性信息共享。这个常规程序究竟是隔裂了还是促进了双方之间顺畅的信息沟通呢？

第二个是战略协同。组织结构是否许可其他军政战略的评估？是否有利于成本和风险的精确计算和讨论？是否有助于军事活动与政治外交目标和条件之间相协调？

第三个是军队的结构能力。军队是否能监督其内部活动和程序，对其他国家的军队情况进行评估？是否能进行自我批评性的分析和净评估？

第四个是授权程序。赞成和否决军政战略的机制是什么？这种机制是否能促进既明确又具一贯性的决策过程？或者说这种机制程序是否呈现出了争议性和不确定性的特点？

然后，布鲁克斯假设不同的权力配置和偏好分歧如何影响战略评估的四个要素乃至整个战略评估的总体质量,用案例研究的方法举例说明不同模式与战略评估之间的关系。她假设政治优势和较低程度的偏好分歧相结合就能产生"最佳"的战略评估;权力共享加上较大的偏好分歧就会导致"最差"的战略评估;其他组合则会形成"较差"或"较好"的战略评估。

当然,一个国家战略评估的质量并不是这个国家在国际舞台上成功或失败的决定性因素,其他国家的竞争战略和其他外生因素都有可能战胜最佳的战略评估。迈克尔·戴思齐采用了一种类似的方法,指出民主国家在国际关系中所谓的军事优势有些言过其实。

史蒂文森指出,总统和国防部长控制军队的武力使用,包括战略和交战规则,而国会则直接控制军队的规模、装备和编制,并间接控制条令和人员等相关方面。另外一个事实就是,国会对军队的控制会受到政治考量的强烈影响,或者说会受到与战略因素相反的塞缪尔·亨廷顿所称的"结构性"或国内需求的巨大影响。还有一个事实是,立法部门和行政部门意见不同时,军方会支持赞成军队观点的一方。

十、结　论

军政关系非常复杂。正如本章开头所提到的那样,军政关系的实证性领域既是广阔的又是动态的,涉及到政治手段、官僚政治和立法行动。所有这些过程都是军政协定的一个部分,关系到军队、美国人民、以及美国政府的文人领导。环境是动态的,一直在变化,协定也在这样的环境中不断地进行调整,协商谈判的各方必须综合考虑跨国、国际、国内、历史以及文化等因素之间错综复杂的相互影响。

在许多方面,目前对军政关系理论化的现状让人想起三个盲人摸象的故事。因为每个人都只能感觉到自己触摸的部位(象鼻、象腿和象尾),对整头大象没有概念,每个人都认为这个动物是别的什么东西。尽管缺乏一个分析军政关系的总体框架，这个领域的多个方面还是给研究者们提供了丰富的"原料"供他们享用。

［编译自/《"9·11"后的美国军政关系》（*US Civil-Military Relations After 9/11: Renegotiating the Civil-Military Bargain*）第一章；作者/马可宾·托马斯·欧文斯（Mackubin Thomas Owens）］

第三章

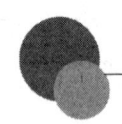

亨廷顿前后：美国军政关系研究方法的成熟

数十年来，亨廷顿在《军人与国家》一书中的主要论点一直备受批评，但该书仍然是所有军政关系研究的极有影响的基准点。我们认为，其著作之所以能够拥有长久的生命力，部分原因在于，它在安全问题研究特别是军政关系问题的研究方法论方面取得了长足的进步；它使该领域的探索从以描述性的历史和传记体叙述为主导，日益转向以标准社会科学论证为指导。

战后关于认识论和方法论的争论塑造了所有社会科学，并通过亨廷顿的著作对军政关系研究产生了特别的影响。亨廷顿研究方法的三个特点尤其突出，即：对军政关系的理解需要更大的严谨性；在方法论上需要折衷主义；方法必须是仆人而非主人。这些识见对今天的学术来说仍有意义并依然适用。《军人与国家》改变了军政关系研究者的思维方式，更重要的是，不管研究者是否同意书中的理论观点或经验性细节，大家的分析探讨都不可避免地受其影响并受到激励。亨廷顿关于军事专业主义、保守主义及与之相对的自由主义的社会性需求、不断变化的外部威胁性质、以及主观及与之相对的客观文人控制等论述仍然极具影响力，这并不是由于后来的学者全然接受了亨廷顿的论点（大多数并没有完全接受），而是由于在军政关系方面进行思考或者著述时，几乎不可能绕开亨廷顿。

科学有一个显著特征，它力图在系统方法的基础上构建有组织的知识体系和现实模型，因此，方法在科学研究过程中处于核心位置。任何研究领域的观点、预测和解决方法都会受到研究过程中的方法论视角的影响，

第三章 亨廷顿前后：美国军政关系研究方法的成熟

如果这些视角发生了变化，我们的思维也会发生变化。因此，本章主要从方法论的角度来检视《军人与国家》。

为此，我们首先要概述一下二战后整体的社会科学领域以及正日益成熟的军政关系次学科发生的变化；然后，我们会指出《军人与国家》的创新点所在，并特别注意亨廷顿所使用的方法，因为他借助此方法强调了方法论上的严谨性，对后来的美国军政关系文献做出了重大贡献；最后，我们会简要描述该领域的最新理论发展，并以结论的形式指出亨廷顿的方法对军政关系研究之未来发展的价值。

一、社会科学的发展

自19世纪社会科学诞生以来直至二战，其学科特性的建设和方法论的发展进程缓慢。"芝加哥政治学学派"（包括哈罗德·拉斯韦尔等）因其在早期强调经验主义、量化以及对政治学的心理学和社会学解释而闻名，但这并没有成为常规。二战之前，除了现代历史方法外（该方法正逐渐发展为强调内外部的批评以及科学方法和问题解决能力，而不仅仅是叙述事件），关于科学研究成就的评价标准并无共识。学术研究有时会综合当时新兴的定性和定量技巧，但这些仍然是初步的，并且其应用几乎没有关注到理论的构建或知识的积累。尽管各自独立的领域已经开始划定其学科范围，但是在很大程度上许多社会科学家仍然无法与其他学者相区分，其中包括传统的讲述重要事件的历史学家，以及分析公共行政特别问题（例如，是否应加强海军部机构等）的律师。

二战期间及之后，特别是在美国以及西方发达国家，社会科学经历了日益深刻且迅捷的创新。战争的需要，特别是在美国，强化了研究的制度和财政基础，并催生了对军地各部门社会科学家的大量需求。战后，社会科学家把他们战时在调查研究和实验方法方面所受的训练综合起来，以实现其学科的转型。许多国家和学科的社会科学家决心使用科学的手段和方式,去研究两次毁灭性的战争所暴露的世界性问题:独裁、工业化时期的战争、核武器、冷战、以及新兴工业化和民主化国家所面临的困难,这些社会科学家因而开始了大规模的旨在解决问题的行动。伴随这种拓展而来的是专业化,另外,学术界名流开始大量成立或创办各类部门、职业社团、专家学会、工作群体、会议和本专业认可的学术刊物等。

人们对研究方法和方法论(对方法的研究)的兴趣日益浓厚,制度基础和专家队伍的成长也因而更加迅速,方法论已经变成了大多数学科所认可的一个次领域。战后的许多研究工作利用了现代主义、经验主义、形式主义、理性主义、实证主义、以及在整体上已经以行为革命而闻名的理论,即强调按照社会行为实际发生的情况(而不是我们可能希望其发生的那样)加以精确描绘,并解释各类行为之间的因果关系。这些方法均致力于科学,并受证据和推理规则的指导,使知识的积累成为可能。除了一些例外,在整个战后时代,实证主义—现代主义的共识占主流,大多数研究者把科学看作"系统的研究,致力于构建日益高度分殊化的、关于经验世界的有条理的命题系统"。[①]

随这种主流认识论而来的是对研究设计的强调,这是许多新出版物专门探讨的主题,这些著作围绕研究设计的所谓"两大支柱"(即理论和证据)展开论述。通过理论构建和假设检验,战后的社会科学家强调了对社会界进行描述性因果推论的目的。有些社会科学家的目的是按照托马斯·库恩(Thomas S. Kuhn)的传统进行宏大的理论归纳和范式构建,但大多数人致力于较低层次的假说拟定以及中程的理论构建,其目的是解释特定现象(设定为 x 和 y,或自变量及因变量)之间的关系,手段是提出可证伪的理论命题,使其产生能够观察到的意义,并可进行现实世界的验证。

以这种方式进行的理论构建逐渐成为战后研究之严谨性的同义语。在把理论构建作为研究设计的一部分进行处理的过程中,社会科学家认识到,理论构建的方法恰恰既包括归纳过程,也包括演绎过程:任何理论的内容均不同于其检验方法;运用科学的并且按照普遍规律来推理的过程,

---

① Robert E. Goodin and Hans-Dieter Klingemann, "Political Science: The Discipline," in Goodin and Klingemann, A New Handbook of Political Science, pp. 3 – 49.

发展一套可泛化的与字面意义不同的原则或模式，集中关注所研究的案例的细节，这样的过程是方法不可或缺、不可分离的一部分。

研究设计的第二个支柱就是证据，与第一个支柱直接相关，因为验证理论需要系统搜集大量资料。这样，经验主义方法的创新及更广泛的使用就加强了理论构建。各类定性和定量方法也得到了完善，其中包括：统计数据、案例研究、实验和准实验、调查研究、面对面访谈、小组讨论、现场观察研究、文献分析、输入—输出研究、计算机模拟模型、系统分析等。关于运用这些方法的恰当程序的讨论非常活跃，涉及诸如概念化和操作化、指数和量表的编制、抽样方法、问卷设计等问题。定量调查法得到了发展，使用了表格，图表，差异、比率和速度量数，相关分析，要素分析，双项或多项、以及线性或非线性回归，纵向和横向分析，联立方程模型、以及贝叶斯统计等。对经验主义的信心开始蔓延，并且有效性、可靠性、复现性、效率及避免偏见的标准既应用于定量分析，也应用于定性分析。

对宏观方法论途径或宏观理论构建（与微观方法论或把方法论作为具体定性或定量应用的技术工具形成鲜明对比）的兴趣在增长。宏观方法论研究的是进行工作的系统方法；它寻求知识探索的一般模式，并倾向于宏观的理论构建或模式构建。主要的事例包括行为主义（或心理学方面的行为主义）；结构主义及其子类型，如系统分析、功能主义、制度主义和组织分析；理性选择途径、以及社会文化和观念途径。尽管经常被归类为理论运动，它们也是完善方法的不可或缺的组成部分，影响了对研究设计的思考。

简言之，战后是社会科学领域创新与繁荣的时代，社会科学在世界范围内均有所进步，学科日益巩固，不断专门化且多样化，在方法论上也有发展。二战以前，社会科学曾缺乏连贯的愿景和有效的定性和定量工具；社会科学方法与传统历史学或法学（应用公共行政法）方法十分相似。二战后，在微观方法论层面，定性和定量工具成倍增加并日益精致，而从宏观方法论方面来说，社会科学家在其研究途径上变得日益严谨且理论化。社会科学不再是一门纯粹描述性的学问，解释和预测成为其主要任务。

二、亨廷顿以前的军政关系研究和方法论

军政关系研究的趋势反映了范围更广的社会科学趋势。其中的一个表征是制度性的。尽管在二战前已经出现了重要的军政关系著作，但军政关系直到战后才成为一个受到广泛认可的研究领域。20世纪之前，美国经历了一个非常封闭的、孤立主义的时期，优越的地理位置和相对稳定的国内环境，使它可以忽略对全球战争和领导权的研究。二战使美国有必要全面反思安全问题，特别是军政关系。学者和决策者看到了挑战：他们怎样在新的环境下维持文人治军？怎样在不破坏其所努力保护的非常自由的宪政价值的情况下，确保军队有应对重大和长期外部威胁的能力？这些疑问明确了军政关系中特定类型的问题，被人们称作这一领域的自由—民主源流，该源流集中关注传统的"军政关系问题群"，即：怎样使军队强大到足够保护政权免遭外部威胁，并且又能在不破坏政权、自由、资源及生活方式的前提下处理自身事务。

这并非军政关系唯一可能的标准观念，但该议题主导了战后早期关于军政关系的探索。各类社会学问题也受到人们的强烈关注，如怎样征募、训练及激励平民，以使他们成为合格的军人。这些问题起源于参与二战的大多数作战人员所经历的全面的战争动员。与亨廷顿同时代同时又是竞争对手的著名社会学家莫里斯·简诺威茨及其对公民—士兵理想的考察已将此纳入研究日程，这逐渐被人们称为军政关系研究的公民—共和途径。在后来的大多数军政关系研究中，均可发现亨廷顿派与简诺威茨派这两大智力血脉或其中之一的痕迹。

战后时期，引起军政关系研究者注意的其他议题包括：

(1) 作为公众控制军队手段的国会拨款过程
(2) 在菲律宾的战争以及一战期间关于军政冲突的历史案例研究
(3) 外交政策制定中的军方影响以及外交和战略之间的关系（进而外

交人员和军官之间的关系）

（4）军事管理和国家军事机构的组织结构

（5）美国军事史及正在消失的反军事主义传统

（6）本世纪中期的美国权力精英（包括军方）的本质及互动

学术活动的急剧增多使军政关系专家构建了新的次学科，撰写了论文和专著，召开了研讨会，获得了经费，实施了跨学科项目，在主要大学开设了新课程，并编辑了文献书目。

在方法论的发展方面，新的军政关系次学科反映了一般社会科学中明显存在的趋势。在《军人与国家》出版之前，方法论的精密性已经有些提升，但变化缓慢且无规律。传统的法学、史学和哲学途径继续发展，同时，经验主义方法和验证也不断推进。尽管描述性阐释仍然很普遍，普遍化标准开始缓慢地普及。在战前，拉斯韦尔和阿尔弗雷德·瓦格茨（Alfred Vagts）的著作算是例外。军政关系研究的大多数著作发表于战后，并遵循了当时整个社会科学领域方法论发展的混合、过渡形式。

军政关系研究反映了那些可作为亨廷顿和简诺威茨之先声的理论兴趣。那些预示了简诺威茨理论兴趣的著作，论及了诸如军人家庭、种族和军队、军队社会结构和人格等问题。这些著作展示了程度不同的复杂性，并使用了经验主义技巧，从描述性—历史性及个人的回顾性讲述，一直到对调查研究及政府部门收集的数据进行系统的定量分析。最严谨的是《美国士兵》（The American Soldier）一书，该书由塞缪尔·斯托弗（Samuel A. Stouffer）编写，是现代行为主义、经验主义和大规模定量研究的范例。对恰当的测量、控制、反应和瞬时效应的关注，表明人们日益希望得到以经验为基础的结果。同时，技术性经验主义者开始与明显处于上升中（尽管其上升之路不平坦）的理论相融合，即关注假设、变量及假定的明确陈述。

战后早期的大多数著作是自由—民主主义的，因为它们专注于使民主价值观免遭外部威胁以及内部滥用——特别是对强大军队的需求，这样的军队能够防范外部威胁，但同时又不会构成对政权的内部威胁。这些著作预见到了亨廷顿所关注的问题，即怎样最好地把权力委托给军队并确保军事效能，同时还能保留文人对军队的领导地位。这些著作展示了一系列微观方法，但几乎没有哪部著作使用了高度精致的定量技巧或者哪怕是特别先进的定性技巧。由于该领域还处于早期阶段，还没有发展出一套支配性的理论供人们评判。

最重要的是，战后早期的这些著作标志着一种日益明显的转向，从对特定事实的探求，转向对一般模式和原则的研究，也就是，从视情况而定的、具体的知识探索（个别现象的）转向普遍化和理论化的（常规法则的）研究方法。一些作者触及了"军政关系问题群"所关注的核心议题，但并没有指明它存在的条件，也没有提出关于解决方案的建议。例如，在其美国文人控制之管理的突破性著作中，路易斯·史密斯（Louis Smith）提供了关于美国军政关系本质与制度的许多识见，但并没有提供一个整体途径，以从变量、假定与预测的角度分析问题群。埃克尔奇（Ekirch）清晰地叙述了美国军事主义的盛衰，但没有充分探讨其含义或反应。这些著作已逐渐走向成熟的理论方法，并认识到了现实且迫切的政策问题，但都没有将其分析建立在更广泛的演绎法之上，该方法可根据可检验的经验性假设，设计出基于演绎的一些问题。除了极少数例外，几乎没有人在亨廷顿之前做到这一点。

拉斯韦尔在其关于卫成国家的著作中做到了这一点。其他人，用亨廷顿的术语来说，是"融和论"学者，如亨塞尔（Hensel）与胡普斯（Hoopes），他们否定了在军人和文人角色及专门技能之间进行功能性专业化或分殊化的必要性，并试图以此来解决军政关系问题。两位学者都详细阐述了解决"军政关系问题群"的理论，但哪一个理论都不能令人完全满意。拉斯韦尔使用的范式过于宿命，他所提出的警告（高度的威胁会残酷地导致公民自由的丧失）只是在一定程度上有助于指导政策。正如亨廷顿所注意到的那样，拉斯韦尔还显示了一些关于军人价值观、自由社会之军国化的可能性、军事关系的模式和国家形式之间的关系等问题的错误观念。亨廷顿同样批评了融合主义途径，据他说，这是因为，该途径将导致主观文人控制，产生让人无法接受的军政关系模式。他认为，融合主义把军政职能的部分重叠混同于这两大领域的合并。然而，不论在理论上还是实践上,军政领域泾渭分明,甚至连融和论者都不得不常常承认这一点。

总之,在亨廷顿撰写《军人与国家》之前,新建立的现代军政关系研究领域反映了范围更广的社会科学在制度和方法论发展方面的趋势。无疑,民主型军政关系的两大愿景,即自由—民主与公民—共和主导了这一次学科。这些早期著作之间没有展开对话,这是因为它们隶属于彼此之间相互独立的更广范围的争论:自由—民主式的探讨集中于使民主价值观免遭外部威胁以及内部滥用,而公民—共和式的争论则重点关注通过使公民积极参军来保存并提升民主价值观。在战后初期的冷战安全环境中,自由主义处于上升态势。战后初期这两个最系统的关于军队控制的理论都有其内在弱点。需要把技术方法与分析的严谨性综合起来,同时也需要更具普遍性的强有力的方法,亨廷顿的《军人与国家》一书满足了这种需要。

三、《军人与国家》:方法论上的进步

在战后早期的军政关系研究中,《军人与国家》一书是最自觉地采取严谨态度研究普遍规律的著作。亨廷顿的著作标志着军政关系研究方法论发展的一个重大进步,它革命化了思维方法,并提供了一个军政关系研究的范例。换言之,它已经成为一个经典。政治科学领域产生经典的时机已经成熟,学者们仍然在读加百利·阿尔蒙德(Gabriel Almond)、罗伯特·达尔(Robert A. Dahl)、戴维·伊斯顿(David Easton)、默顿·加普兰(Morton Kaplan)、查尔斯·林德布罗姆(Charles E. Lindblom)、西摩·马丁·利普塞特(Seymour Martin Lipset)、小魏迪马·奥兰多·基(V. O. Key Jr.)、理查德·罗斯克兰斯(Richard N. Rosecrance)、托马斯·谢林(Thomas Schelling)、肯尼思·华尔兹(Kenneth Waltz)等学者所撰写的同时代作品。然而,很少有著作像亨廷顿的《军人与国家》那样全面主导了一个学科分支的后续发展。我们认为,这种主导地位的一个关键,

在于它所采取的研究方法。

亨廷顿著作最重要的方法论进步是他采取了宏观方法,亨廷顿并不是把他研究的主要目的确定为,"在一般意义上或者从一个具体方面对军政关系进行历史性的描述"。相反,他努力"开发一种看待和思考军政关系的方法,简言之,即一种理论框架。"[1] 正像亨廷顿所认识到的那样,研究军政关系的早期著作所缺乏的一个关键特征就是它们缺乏一种包容性的理论。

因此,亨廷顿努力创建一种关于美国"军政关系问题群"的通用理论,通过这种理论,他就能够开出解决新的冷战环境中的问题的处方。尽管他自己不使用这些术语,他的理论可以表示为通过 X – Y 形式展现的简单命题,所谓 X – Y,即外生变量与内生变量,或自变量与因变量。他的模型也类似于途径分析模型或结构等式模型,它们允许研究者检视一个给定因变量的多种直接和间接原因(尽管亨廷顿没有使用这些标签)。

在亨廷顿的理论中,有两个自变量,一个中介变量以及一个因变量。第一个自变量,即 X_1,亨廷顿称为"功能性需求"。功能性需求是对社会安全的威胁。第二个自变量,即 X_2,指社会性需求:社会力量、意识形态、以及社会内部占主导地位的制度,如意识形态(反军事的自由主义、亲军事的保守主义、亲军事的法西斯主义或反军事的马克思主义)和结构(如宪法之类合法的制度性框架)等。

中介变量 Y_1 主要指文人控制的模式。亨廷顿主张,这可以是客观的或主观的。客观文人控制寻求军事专业主义及效能的最大化。它意味着军队的自主权,即军队拥有一个文人不会干涉或介入的独立的活动领域,在政治上保持中立并处于从属地位(这弱化了军队的政治能力而非军事能力)。在主观文人控制中,文人精英的各个部门,均把文人治军等同于或近似于他们自己对军队实施控制。在美国,这可能是国会把文人控制等同于国会控制,而总统把文人控制等同于总统控制,国防部长把文人控制等同于国防部长控制,等等。在共产主义制度中,它将涉及政党对军队的控制。主

---

[1] Samuel P. Huntington, *The Soldier and the State: The Theory and Politics of Civil-Military Realtions* (Cambridge, MA: Belknap Press of Harvard University Press, 1957), p. vii.

观控制使军队之上的文职机构权力最大化，但它将导致亨廷顿所谓的"嬗变"：文职权威机构将按照自由主义的路径再造军事机构，结果是，这些机构将失去它们鲜明的军事特色。因变量 Y_2 是古典意义上的军事安全或军队战备及国家安全，即：军队应对外部威胁及维护政权的能力。

亨廷顿基本上按照两分法来处理其变量。他把整个美国历史上的 X_2 变量，即两大社会性需求——意识形态和结构，看作是始终如一的。这样，按照他的逻辑，必然要用"功能性需求"（X_1）——威胁——来解释文人控制模式或军事战备水平的变化。在亨廷顿的模型中，当外部威胁程度低时，自由主义的意识形态会导致军事力量的近乎裁撤；当外部威胁程度高时，自由主义的意识形态将导致军事机构按照自由主义而非专业化军事路径发生嬗变。因为两大结果均不会使美国获得应对苏联持久威胁的能力，亨廷顿得出结论说，美国必须改变其传统的反军事的自由主义意识形态，采取亲军事的保守主义立场：要持保守的现实主义理念，以保存民主，并创建令人满意的作战部队。（其他两种意识形态，即亲军事的法西斯主义或反军事的马克思主义，则无法解决问题，因为它们不能保护民主价值观。）亲军事的保守主义带来了客观文人控制和军事专业主义。军事专业主义表现为专业技术、责任感、以及团队精神，这将转而使军事安全度最大化，并创造一种冷战期间稳定且可运转的平衡。自相矛盾的是，拒绝自由主义反倒会促成文人治军之自由—民主价值观的保存。

这样，亨廷顿就提供了一个清晰、简明且具体的理论建构的文本范例。通过确定几个关键变量以及关于它们之间相互关系的若干命题，亨廷顿就能够概略地描绘出一个到达独特因变量的因果通路，同时考虑各种直接和间接的结果。在检视这一因果通路时，亨廷顿就能够把独特的平衡与所希望的结果区分开来。亨廷顿或含蓄或明显地综合运用了统计学或形式理论的逻辑。

并非亨廷顿的理论本身使亨廷顿的著作成为经典。多年以来，许多批评者向亨廷顿理论的内容投下了重磅炸弹。一个有名的批评是，在他的理论中，专业主义所发挥的作用是同义反复的——军事专业主义的最大化将确保文人控制，因为职业化军队按其本义来说是处于从属地位的；他把军事专业主义看作是自愿服从的源泉，但根据他的定义，这也是专业主义的一个固有特征。定义的逻辑谬误还因经验性问题显得更加严重，后来的学者宣称，亨廷顿的理论缺少其他国家军政关系的检视来加以证明。另一个问题是：亨廷顿关于文人控制模式的关键变量难以进行实际操作及检验，即：文人干预的程度及对外部冲突的认知在冷战期间不断发生变化，但亨廷顿的概念和标准并不能反映这种动态的状况。他的分类可能无法解释某些模式，在这些模式中，文人侵犯了军队在作战问题上的自主权，然而，即便是按照亨廷顿自己的专业技术、责任感、以及团队精神标准，他们也没有破坏专业主义。这反映了严格的军政分野是一个很成问题的假定，它在分析上有用，但从经验上来说却是不准确的。亨廷顿的理论所要求的向保守现实主义价值观的转变并没有发生，然而这并没有导致其理论所预测的那种消极后果。亨廷顿的理论太依赖作为军政互动场所的民族国家了，这种假设在本世纪中期是合理的，但自那之后已经变得不再合乎实际，因为世界政治和安全问题的本质发生了变化，跨国与国际行为主体在军政关系中的地位日益突出。亨廷顿的理论还忽视了其他必要条件，它只探讨了人们对军政关系中自由—民主方面的焦虑（即我们所谓的"军政关系问题群"），并且没有涉及其他可能出现的关于民主的问题，即公民—共和性质或相反方面令人焦虑的问题，诸如军队服从社会主要价值观的程度等。

归纳对亨廷顿理论进行的这些评论，并不是说其内容不重要。亨廷顿的理论内容十分充实，但最有价值（并且最有生命力）的是他最初的经验主义领域框架。他所创造的类别和概念对文人控制问题的研究具有长久的价值，因为人们可以对其进行再加工、再利用，产生新的创见。我们认为，亨廷顿深思熟虑的理论（常规法则）研究方法，对军政关系发展所做的贡献，与其理论的特定内容所做的贡献一样大。正如马太·多甘（Mattei Dogan）所注意到的那样，方法常常比与其同步的理论更有生命力。该领域需要的是理论建构，而这正是亨廷顿所做的。

亨廷顿的著作最重要的方法论贡献是其在理论上的严谨性，第二大贡献则是其在方法论上的兼容并蓄主义。亨廷顿使用了各类工具而不是把自

第三章 亨廷顿前后：美国军政关系研究方法的成熟

己局限于一套狭窄的方法。特别是在认识论和宏观方法论层次，亨廷顿利用了一系列的学科潜流。亨廷顿敏锐地意识到国内以及国际事态所造成的危险，但他仍然赞同对科学的可能性持适度的实证主义或现代主义观点（如果不是这样，那他的努力就会毫无意义）。亨廷顿可以被看作是"新保守主义者"和学术现实主义者，像莱因霍尔德·尼布尔（Reinhold Niebuhr）和路易斯·哈茨那样，亨廷顿在其著作的最后一章评论了这两位学者的研究。这些思想家认识到，为了保护诸如生命、自由和财产等自由社会的美德，就必须认识到人类和世俗不可避免的局限性。亨廷顿的保守主义敏感性及对天真的"解答主义"（solutionism）的厌恶预示了20世纪70年代对社会科学的后现代和后实证主义的一些规范批评。

在宏观方法论层次，亨廷顿不认同任何一个特定的意识形态群体。亨廷顿呼吁价值观的转变，因此他的政策方法最终是文化—观念的，但他的著作从总体上说是结构主义的、系统的、制度主义的及文化论的。他的方法——在重复性的社会、经济、政治和文化模式中构筑军政关系模式——是结构主义的。他是系统的，不但在于他认识到国际体系对国内政治的影响（反之亦然），还在于他通过平衡和不平衡的多重相互依存性来描述其假定的结构。他是制度主义的，在于他认识到合法制度框架在塑造行为主体的角色和行为方面的重要性。文化和观念方面的论点丰富了他对军事专业主义和社会—意识形态背景的描述。尽管亨廷顿没有使用理性选择理论的假设或手段，他的逻辑严谨性与该方法核心的系统价值观是一致的。与十年以后出现的后行为主义综合法一样，亨廷顿接受了经验科学的广泛目标，而没有强调坚持多数派行为主义者的量化和行为主体分析。

因此，亨廷顿的宏观方法论途径明显是折中主义的。然而，它是有序的折中主义：他使用综合的方法，不是要简单地复现现实世界的变异性和细节。他总是一贯地根据理论来使用不同的方法，其结果是一种得体、简洁的整体，这一整体相信社会世界的复杂性，而不仅仅是一种描述性的阐述，或一种完全不能被证伪的、没有价值的理论，虽然试图解释任何事情，但实际上什么也解释不了。

第三，亨廷顿的著作体现了实用主义的价值。在《军人与国家》一书中，方法是仆人而非主人，无论从该书的微观方法还是宏观方法来说这一点都确凿无疑。选择运用方法时考虑的是其理论意义及实际价值，而不能仅仅通过事后理论构建从方法论权宜之计中进行创造。亨廷顿是"方法论机会主义者"的社会科学家的一个早期例子，任何能最好地解决现实问题的方法，他都会使用。尽管表现得不太明显，亨廷顿的理论使用了形式理论和统计学的逻辑的蓝图，这样的方法能够澄清问题，但是，在理论发展阶段，对系统的思考来说却并非绝对必要。

这样，亨廷顿的著作就预示了方法论方面的一致，这在行为主义革命阶段还不普遍，也就是说："任何人都能使用某种方法，不论是有想象力的还是没有想象力的"；经验主义是有价值的，但就其本身而言还不够；依靠一种以上特定方法论手段的研究可能拥有更强的适应力；另外，研究者可借此熟知许多宏观和微观的方法论传统，根据需要灵活运用并从中获益。

亨廷顿的方法并非完美，也有让人质疑的地方。按照现代标准，该书的理论并未得到清晰呈现，并且其研究设计也是隐含的，而不是明显的。正如前文所指出的那样，一些关键的变量如"客观控制"和"主观控制"难以操作，而且，在如何操作这些变量方面亨廷顿并未提供充足的指导。进行历史描述的章节所附加的材料太贫乏，对德国和日本进行比较研究的章节与其说是权威可靠的，倒不如说是印象主义的。

然而，在社会科学从整体上说处于高产的时期，《军人与国家》标志着军政关系次学科发展的一个重大进步。在研究设计的考虑上，亨廷顿十分严谨。他展现了几个宏观方法论途径的影响，但回避了那些永久的裂缝和摩尼教式的斗争（这些裂缝和斗争使各阵营的多数派追随者趋于分裂），转而采取了一种实用主义的与兼容并蓄的姿态，这使他能够超越方法论的争论，并在对理论和实践的理解上取得真正的进步。尽管亨廷顿的自由—民主规范取向意味着他只探讨军政关系问题的一个狭窄领域——文人控制，但他在该领域的创见却有更广泛的影响。

四、亨廷顿之后的军政关系研究

在《军人与国家》发表后,军政关系研究继续反映社会科学的大趋势,变得更加制度化,更加具有跨学科性质。宏观方法也有很大的进步。该次学科的跨学科性反映在两件事上:一是莫里斯·简诺威茨于1960年成立"武装力量与社会关系研究大学校际研讨会";二是他于1974年创办该会《武装力量与社会》杂志。大学校际研讨会包罗了政治科学家、社会学家、心理学家、经济学家、历史学家、人类学家、以及实际上大多数社会科学和人文科学学科的代表人物。从根本上说,研究沿着两大途径展开:一是从公民—共和传统角度对军队的社会学取向进行检视;二是对后殖民地时期及发展中国家军政关系的制度取向进行检视。

在社会学源流中,里程碑式的研究是莫里斯·简诺威茨于1960年出版的著作《专业军人》。该书考察了20世纪前半叶美国军队中职业生活、组织环境和领导阶层的发展。简诺威茨的学科范式与亨廷顿完全不同,成为战后时期大多数时间内的一个替代性范式。尽管亨廷顿提出了既尊重军事专业主义又尊重客观文人控制的劳动分工原则,简诺威茨却拒绝客观文人控制,其依据是他对文人与军人价值观之间更密切匹配的公民—共和式的关注。尽管简诺威茨借鉴了亨廷顿的一些创见,他寻求的却是不同的答案;两者之间的分歧在于其不同的民主观,并且该分歧若不进行规范的争论便不能解决。尽管有其局限性,《专业军人》仍是理论和方法论上的经典,引发了数百项对公民—共和传统的研究,探讨的议题包括军人人格与文化,军事教育,军人家庭生活,药物滥用,军中种族、性别和少数民族,以及关于诸如军人招募、训练和保留等人力政策方面的问题。

第二个更加制度化的研究取向调查了发达西方国家之外的军政关系。这一理论源流与亨廷顿有更加密切的联系,他对此做出了原创性贡献。研究者探讨了诸如后殖民地时代的调整、政变以及军队在现代化和治理中的作用等主题,反映了社会科学在使用精致、多样化及综合的宏观方法方面的趋势。最引人注目的著作还使用了多重宏观方法。例如,亨廷顿的专著《变革社会中的政治秩序》检视了庞大的结构性力量、直接的政治制度环境、以及社会和机构要素,以理解关于政治秩序和军队干预的问题。然而,尽管在该领域已经做了大量的经验性和理论性工作,它对成熟的西方民主的现实意义仍不确定。亨廷顿的结论强调了一点:在欠发达国家,"军事角度的解释不能解释军队干预"——特别是,军事政变不能通过军事机构固有的因素来解释。在发展中国家和地区,即便是在民主政体中,军政关系也是在彼此极不相同的社会和制度环境中运作,国家与国家之间也不尽相同。这样,亨廷顿的理论对于非西方军政关系的研究也有一些影响,但是这种研究却没有对美国军政关系的研究产生重大影响。

除了这两大研究源流外,对亨廷顿提出的议题还有一些值得注意的经验性研究,有些是他以前的学生做的,但这些理论并无意与亨廷顿的理论相抗衡。这些著作包括理查德·贝茨（Richard K. Betts）的《军人、政治家和冷战危机》（1977 年）、布鲁斯·拉西特（Bruce Russett）与阿尔弗雷德·斯帝潘（Alfred Stepan）编写的《军事力量与美国社会》（1973 年）、布鲁斯·拉西特的《对剑的控制》（1990 年）、艾略特·科恩的《公民与士兵》（1985 年）、以及亚当·亚莫林斯基（Adam Yarmolinsky）1971 年编的关于军事组织的书等等。这些著作在方法论和经验性贡献上各有千秋:有些是描述性及探索性的,其他的则在方法论上极为精致。有些有强烈的经验主义色彩,并在中等程度的理论构建上有理论性意义。例如,贝茨在文人和军队在武力运用方面的偏好上做出了违反直觉的结论,激发了后来的许多关于文人与军人态度的研究。从学识上看,所有人都得益于亨廷顿（尽管有些人是通过最真诚的学术化方式,即批评,来回报他的）,但没有人试图重新构建一个能取代《军人与国家》的全新的理论。

在后冷战时代,军政关系研究获得了复兴。围绕军中同性恋问题发生的政策争论、冷战军队的裁减、新人道主义任务的出现、克林顿总统与高级军官之间的摩擦、所谓的军队与美国社会之间隔阂的增大,所有这些使军政关系问题在媒体和公众意识中十分突出。在学术界,这种活跃表现为新的、再度流行起来的争论。使用调查法探索处于军政关系之核心的政治议题,最突出地表现在试图衡量与考察所谓的军政隔阂的一系列研究中。后来的调查研究更加系统地调查了军队对后冷战时期任务的态度,并确定了军队可能接受非传统任务的条件。

理论家们努力尝试去解释后冷战时代美国军政关系的冲突,充分反映了军政关系大规模理论构建的复兴。在此过程中,他们发展了挑战亨廷顿理论的新理论,试图在不事张扬的情况下,提供比亨廷顿的模型更大的解释力。迈克尔·戴思齐重新诠释了亨廷顿理论中的国际系统结构层面,并主张"外部威胁"是推动军政关系的关键因素。黛博拉·埃文特与彼得·费弗各自独立地探索新制度主义理论的不同形式,借鉴了经济学领域的委托—代理框架,费弗自己还开发了博弈理论模型,该模型试图把亨廷顿的主张纳入更大的理论之中。

其他建立在理论基础上的论点也十分先进。里萨·布鲁克斯借鉴了系统理论和委托—代理观点来处理亨廷顿问题群的其他部分,即:什么决定了不同水平的军事效能。通过借鉴传播研究,考利·多伯(Cori Dauber)把军政关系解释为一场辩论,其中辩论标准主导着决策。道格拉斯·布兰德(Douglas Bland)重新提出了融和主义的军政关系。亨廷顿曾质疑过这种理论,他认为,控制责任必须由文人和军人精英分享,但分享的方式受每个国家所特有的军政政体的制约,并可能视价值观、问题、利益、人格、威胁评估等因素而有进一步的发展。唐·斯奈德(Don Snider)等主张,军队作为一种职业的概念———一种最完美的亨廷顿派观念———应该以新的职业理论进行重新构想。

所有这些新亨廷顿派(以及新反亨廷顿派)理论都有一个共性,即坚持严谨性、实用主义与兼容并蓄主义。他们使用演绎法概述关于行为主体之偏好、策略、以及环境的关键假设,以确定取得不同平衡的条件。在这些著作之前的军政关系研究中,解释性的变量曾迅速增多,但极少进行系统的努力,以期对它们进行比较或确定一类因素比另一类因素更有解释力的条件。相反,形式理论途径产生了关于变量影响力的条件性和比较性陈述,以及数量有限的变量。这些途径也是实用主义的:形式理论阐明了概念领域，并恢复了理论描述的经验准确性。这一调整使军政关系研究与决策者或相关从业者更有关系，弥补了亨廷顿方法的一个缺陷，即忽视行为和决策，或日常政治的正常战略性互动。形式理论途径还允许完善并有效使用其他方法。例如，因为对谈判协商动力学的过于简单化的处理，费弗最初的二人模型曾受到批评，但是，近来的研究已经将该方法拓展到多重行为主体的环境。同样，由于博弈变得更加复杂（包括更多的行为主体、假设性观点和舞台），而且不确定性（多重平衡）变得更成问题，学者可使用社会的、文化的和观念的信息来更好地解释并预测平衡。对普遍性的探索也具有了实用主义的特点，大多数方法都将其作为关注点，甚至当美国是研究的主要案例时也是如此。这些方法是兼容并蓄和折中主义的：它们借用了经济学、社会学和传播学理论。有些明显地认同兼容并蓄主义的规范。例如，戴思齐认识到，有些威胁环境在结构上具有不确定性，使其他变量如文化显得更加重要。这些多样化的宏观方法论和微观方法论途径，展示了兼容并蓄主义如何提供对社会世界的多项备选见解，并可对其进行检验和比较。

　　简诺威茨派的传统也经历了重要的理论复兴。例如，查尔斯·莫斯科斯（Charles Moskos）、戴维·西格尔（David Segal）、约翰·阿伦·威廉姆斯（John Allen Williams）等人主张，军事专业主义的发展已经进入了新时期，即"后现代军队"时期。詹姆斯·伯克的著作把社会历史学的见解与军队和社会变迁理论融合起来，考察现代公民与士兵之间日益松散的联系，及其对军政关系造成的后果。同样，丽贝卡·茜夫提出了"调和理论"，认为：当政治领导人、军方与公民在以下四个问题上取得一致时，对军事事务的国内干预就是可以预防的，这四个问题是：军官团的社会构成、政治决策过程、募兵方法、以及军队风格。

　　因此，后冷战时代的军政关系研究经历了一个迅猛发展的过程，这是由现实事件和新方法论的发展所引发的，并且也是或隐或显地由亨廷顿的方法论进步所激励的。最重要的新工具是自觉和严谨的理论构建；兼容并蓄主义和实用主义也是十分重要的。

五、结　论

关于现代军政关系的研究内容丰富且多样，我们重点介绍了该次学科的方法论发展，以及亨廷顿里程碑式的著作《军人与国家》的研究方法。该方法为后来的军政关系著作确定了模式和标准。从方法论上说，亨廷顿的著作遵循严谨性、兼容并蓄主义和实用主义规范，其后最有影响力的著作都反映了这一点。随着研究者对迫切的新政策问题的探讨，军政关系研究从整体上说取得了进展；最有生命力的著作循着亨廷顿的模式，表达了其严谨的理论框架，并综合了多重宏观和微观方法论途径的贡献和识见。

亨廷顿的方法论途径也为未来提供了指导。21世纪初期的军政关系极为复杂：在军政关系宽泛又动态的经验范围内，充斥着复杂的讨价还价、政治操纵与伎俩、官僚政治、文人和军人精英关于立法问题的喋喋不休的争论；平民百姓、机构和军队之间的关系；毫不隐讳的斗争、平等而有时相互冲突的互动、军政行为主体间的赤裸裸的权力争夺；此外，还有政体的兴衰。所有这些都是军政关系研究的合适课题。不关注多重的、互相作用的以及不断变化的环境（跨国的、国际的、国内的、地区的、发展中的、历史的、文化的、观念的，等等），则所有这些问题均无法研究。和军事职业内部的动态发展、不断变化的国内局势、以及变化中的战争本质一样，关键的行为主体、结构和变量也在不断发展。

许多问题将会出现。军政关系的范围是什么？其模式在多大程度上是可普遍化的？新的行为主体、问题和关系会产生什么影响？旧的观点是否能很好地适用于新环境？次学科的恰当的规范性依据是什么？能否有统一的关于军政关系的民主理论？其内部平衡将是什么？我们怎样讨论并确定有关民主的意义与目的以及文人控制的性质等方面的规范性问题？我们的实际政策考量应该基于怎样的理论基础？

亨廷顿认为方法论需要具备严谨性，也许有些讽刺意味，他的这种真知灼见将比其原创性理论更有生命力。无论人们是用自由—民主、公民—共和、联邦主义思维,还是用民主思维的其他模式来研究问题,严谨性是永远不可缺少的。无论人们是研究防务政策制定、国会拨款、人力保障问题,还是研究民主过渡问题,严谨性总是能增强方法的实效。

无论是个人研究,还是集体攻关,兼容并蓄主义将同样是必需的。每一种方法均有其长短处,有些方法可与其他途径整合,以弥补其短处,强化其长处。在未来,军政关系研究最好的著作,将是综合性的或兼容并蓄式的,有条不紊地使用各种微观和宏观的方法论途径。军政关系理论家不应该简单地认为,不是机构驱动就是结构驱动,不是利益驱动就是制度驱动,或者不是思想驱动就是利益驱动,而应该理智地综合上述所有因素来加以阐述。同样,不应该单一地进行大范围的跨国比较或是进行单个案例研究,也不应该纯粹地进行细节性的历史描述或是仅仅采用精妙的统计学工具。军政关系理论家将得益于兼容并蓄精神所带来的新创见。

实用主义也将是重要的。方法必须是仆人,而不是主人。例如,经验主义将永远是有价值的,但大量使用经验主义而没有提出愿景来平衡这种经验主义,则将无法积累知识或获得智慧。数据的收集和理论的归纳互相补充:理论有助于避免收集无关的事实,而事实则有助于避免构建误导人的理论。方法应该用来解决现实问题,而不是作为远离现实的学术争论的工具。

与那些仅有极短的货架期的大多数学术著作不同,亨廷顿的《军人与国家》已经傲然存世 50 年。我们认为,由于其方法论途径所具备的严谨性、兼容并蓄主义、以及实用主义,它的魅力仍将持续保持。

[编译自/《美国军政关系——新时代的士兵与国家》(American Civil-Military Relations: The Soldier and the State in a New Era) 第四章;作者/彼得·D·费弗 (Peter D. Feaver)、埃里卡·席勒 (Erika Seeler)]

第二篇 美国军政关系的现状与根源

军政双方之间的紧张关系并不是一个新的课题,自美国独立战争以来这个问题就时不时地重现。第二篇的五章内容主要探讨美国军政关系的现状与根源,并提出了一些初步的对策建议。

在第四章里,马修·摩顿(Matthew Moten)详细介绍了一个被很多人视为危机的事件:2002年,时任陆军参谋长的埃里克·辛塞奇(Eric K. Shinseki)将军提出了关于在伊拉克成功实施军事干涉所需的部队数量的建议,被当时的国防部长唐纳德·拉姆斯菲尔德拒绝。本章描述了拉姆斯菲尔德和辛塞奇之间发生的几次冲突事件,分析了双方分歧矛盾频发的多种原因。文章指出,国防部长承担着巨大的职责,需要管理庞大的国防机构、平衡各军种预算、担当总统顾问、监管美军在全球的各项行动等等。在处理军政关系时,他应该真诚地倾听军事领导人的意见,不一定总是要接受军方的建议,但不论是公开或私人场合,都绝不能诋毁他们。另一方面,作为政府职能部门的行政官员和国会议员都是军事领导人需要忠诚服务的对象,军队专业人士必须遵循文人控制的原则,合理协调自己的职责和行政、立法部门间竞争性的政治需求,真诚坦率地向这两者提供自己最专业的军事建议和判断。在上级做出的决定与军方建议相左时,军事领导人仍然应当忠诚地支持文人的决策,确保有效的政策和战略结果。最后,军政领导双方必须达成共识,不断通过共同的努力,建立相互之间的信任关系,切实保障军政关系的有效运作。本章还在对各军种领导人的职能和作用进行广泛调查研究的基础上,提出了军政互动关系中军官的行为规范,并就对亨廷顿的"客观控制"模式可能有所改进的其他模式进行了探索。

理查德·贝茨在第五章里评估了"9·11"事件以后一直到伊拉克战争的几年里美国军政关系的现状，通过梳理过去半个多世纪以来美国政府与政治发展过程中的一些里程碑事件，他着重分析了军事领导者和文人领导者之间紧张关系长期存在的主要根源，从美国文人治军的职责范围、国际国内政治环境的变化等方面探讨了军政关系发展变化的原因。文章认为，评判军政关系是否健康良好的标准既不是军政双方一团和气的关系，也不是军方对文人政府的巴结奉承和无条件服从。军政关系的管控其实很难通过采取某种标准规范的理想模式来实现，因为理想模式与实际操作之间总会存在差异。在实践操作中，判断亨廷顿文人控制的两种模式时，既要明确界定军事领导人与政治领导者各自的合法权限，也要注意约束军政双方领导者的影响力，以免某一方的影响力过大。简而言之，军政双方谋求的是一种动态平衡，实际上，长期以来，美国的政治参与者们自觉不自觉地灵活运用着亨廷顿的客观控制或主观控制方式协调着双方的互动关系。因此，文章指出，自20世纪60年代初以来，美国军政双方虽然冲突频频、问题重重，但从整体上看，文人控制的问题一直属于可控范围，当前对军政关系的一些观点看法有杞人忧天之嫌。

在第六章里，丹尼尔·贝斯那（Daniel Bessner）和艾瑞克·洛伯（Eric Lorber）讨论了美国军政关系中一个非常重要的问题：文人领导在何种情形下对军事指挥官的抗命行为进行处罚？文章首先从彼得·费弗的"代理理论"出发指出，军政关系研究者应该更加关注对军方不服从文人命令的行为的处罚。为了对处罚原则进行归纳，他们考察了两宗军事抗命案例。在第一个案例中，作者分析了道格拉斯·麦克阿瑟与总统杜鲁门在朝鲜战争期间的矛盾冲突。当时，麦克阿瑟的不顺从行为严重挑战了杜鲁门作为总统的权威，更重要的是，参联会对麦克阿瑟的信任逐渐减弱，军方的支持使得杜鲁门有足够的信心解除麦克阿瑟的指挥官职责。第二个案例涉及科林·鲍威尔，他强烈反对克林顿总统在1992年底和1993年初公开允许同性恋者参军入伍。在这个"不问、不说"案例中，一方面，鲍威尔拥有全军以及参议院军事委员会主席的全力支持，另一方面，事件本身对克林顿而言并不具备重要的国内政治意义，鲍威尔因此得以免遭文人领导的处罚。两个案例分析表明，军政关系中的处罚与两个因素有关：一是问题的严重程度以及惩罚措施对国内政治可能带来的影响；二是文人领导实施处罚时是否得到军方的支持。文章尝试提出一种原则框架，分析文人领导对军人实施处罚决定时的影响因素、判断某种不服从行为属于抗命的依据、军方对处罚的反应给文人领导决策造成的影响等。

在第七章里，迈克尔·戴思齐聚焦的是亨廷顿所关注的美国军政关系问题的核心：美国的自由主义社会与美军军官团的保守现实主义之间长期存在着冲突。他认为这种冲突在冷战结束后再次出现，给乔治·W·布什政府在军政关系领域带来了麻烦，并导致了政策和战略上的低效率。文章先是阐述了自由主义传统的观点，认为自由主义传统在美国政治文化中根深蒂固，美国两党中有诸多政治人物都可纳入自由主义传统的范畴。接着指出，布什政府与其内外的新保守主义知识分子很明显地属于自由主义传统，他们普遍认为，政治和经济发展是一个相对顺畅的过程，并不困难；美国可在增进国家利益的同时固守原则；必须积极反对激进主义和革命的信仰；促进民主比维持政治秩序更重要。文章进一步阐明了自由主义传统与最近的美国军政关系问题之间的联系，如亨廷顿所说，美国不断发生的军政关系紧张状态源于文职领导人试图使美军军官团的保守现实主义自由主义化。要处理这种持续的紧张局面以及平衡军事效能与文人优势之间的关系，关键在于建立正确的文人治军框架。作者最后总结指出，针对美国自由主义文化与军事职业的保守现实主义之间的分歧冲突，最有效的解决框架仍然是亨廷顿的客观控制模式。

达雷尔·德赖弗（Darrell W. Driver）在第八章中考察了军官团所谓的保守—现实主义世界观。他的研究质疑了亨廷顿的"军人心态"构建，即把一套普通的主要是保守主义的公众信仰的形成归因于军事职能，通过使军事专业主义最大化来确保军事效能和持续的政治控制。军事专业主义是否能够依靠一种特别的意识形态来确保其远离自由主义国家政治的非专业化影响？意识形态对军队职能的影响究竟到何种程度？军官是否普遍认同保守主义意识形态？德赖弗对军官进行了抽样调查，调查数据显示，军官们反映出的观点差异性令人吃惊，他们的共同点仅限于两种基本的意识形态特征：一是为公众服务的共同信念；二是协调军队公共服务需求与多元化公众信念的的能力。职业军人对社区服务有较大关注，对美国公民共和传统的理解和描述与普通民众相似。因此，文章认为，没有一种特定的意识形态能防止军事专业人员参与政治领域，意识形态并不能确保文人治军，亨廷顿依靠意识形态强化文人控制的理论值得商榷。对所谓特别的、独立的军人心态的探寻只会使军人的职责和角色产生混乱，无助于21世纪的军事专业主义与现实的结合。成功的军事专业主义应该能够把多样化的信念系统与民主国家的军事服役进行协调融合，军人心态的塑造也应转向更为现实的多样化军人观念的构建。

第四章
拉姆斯菲尔德、辛塞奇及其紧张的军政关系

"伊拉克自由行动"开始前的几周,参议员卡尔·列文(Carl Levin)曾就战争计划提出过严重质疑。列文是民主党的国家安全事务专家、参议院军事委员会的资深委员。在距离进攻行动不足一个月的2003年2月,参议院军事委员会的一次听证会上,列文问陆军参谋长埃里克·辛塞奇将军:进攻胜利后将需要部署多少军队来稳固伊拉克安全局势?辛塞奇对作战计划持有保留意见,也曾当面向布什总统和国防部的上司汇报过自己的个人意见。然而,当列文提问时,他却含糊其辞地表示,这种预测工作更应该交由作战指挥官考虑。但是,列文是不达目的不罢休的固执性格,坚持追问:"能给个人数范围吗?"最终,辛塞奇依据自己担任巴尔干半岛盟军司令的经验,并结合幕僚曾提供的历史分析资料,回答说:考虑到伊拉克的地理范围和民族紧张局势,敌对行动停止后管理那个国家可能需要"大约数十万军人"。

尽管辛塞奇给出的预估数字与中央司令部的内部数据一致,但在会后第二天,国防部副部长保罗·沃尔福威茨(Paul Wolfowitz)在参议院军事委员会作证时却说辛塞奇的推测"完全不着边际"。同样,国防部长唐纳德·拉姆斯菲尔德在媒体发布会上也对记者们说,"我认为那种将需要几十万美军的想法是非常离谱的"。副总统迪克·切尼(Dick Cheney)在参加"会见新闻界"节目时也对NBC的主持人提姆·拉瑟特(Tim Russert)重复了这个评论,并预测说美国军队将在伊拉克"受到解放者般的欢迎"。

现任长官公开做出这样的官方否认,表明了美国军政领导者之间、国

防部办公室和陆军之间的分歧在不断扩大。陆军参谋长辛塞奇和国防部长拉姆斯菲尔德同时在任的时期还发生过其他许多事件，都展现出在最高领导层，尤其是在充满挑战的时期，军政双方的紧张关系。

本章回顾了拉姆斯菲尔德和辛塞奇之间发生的若干重大冲突，分析了各方如果采用其他做法可能会产生的不同结局。通过对各军种领导人的职能和作用进行广泛的调查研究，为军官在政治军事关系方面规范标准的行为和能力提供指导，并就对亨廷顿的"客观控制"模式可能有所改进的各种选择模式提出建议。

一、军政关系的紧张状态：文化和忠诚的冲突

军政关系的紧张状态是自然生成的，在某种程度上这种紧张关系有助于深思熟虑的决策制定。然而，自第二次世界大战后，美国的军政关系多次陷入紧张状态，使得政策和战略两方面都受到了损害。紧张关系的原因有些是结构性的，根源在于宪法的规定和国防部管理法规的制约。但是，近几十年，军政关系紧张的主要原因在于安全条件的变化。在二战盟军获胜后美国确立了在国际事务中的卓越领导地位。核能力的不断发展，加上与前苏联超级大国间的对抗，带来了一个有限战争的时代。但是，由于美国需要维持核武库功能和地面部队战备，导致了美国军队建设力量的迅速增强，同时还使得国防预算规模无论是绝对值还是占国家财政支出比例都得以快速增长。预算的增长更是刺激了官僚机构和政治力量，各方都采取行动希望能掌控所有费用。所有这些变化放大了国防和安全事务的重要性。随着军队领导人在国家事务中承担更加突出的作用，政治领导人开始要求收紧对国家安全的控制。与苏联超级大国的对抗已结束，但当前的态势在未来很有可能会继续，因此，高度紧张的军政关系也可能依然持续。

有关各方应当高度重视这种紧张状况并加以处理，但是军政关系的双方都有自己的缺陷。政界决策人大多不是很熟悉军队和战争，即使有些人

第四章 拉姆斯菲尔德、辛塞奇及其紧张的军政关系

有经验,也通常只是从政前短暂的军队经历,经过后来在政府部门的长期工作现在早已过时。所以,他们在政治上可能很精明,但在军事方面却很幼稚。另一方面,高层军官们在军队服役已超过四分之一个世纪,他们一步一步走上高位,承担越来越重大的责任,却刚刚开始涉入政坛,只有短暂的相关经验。所以,他们是军事方面的专家,政治方面却常常很幼稚。于是,在军政关系的舞台上,作为最重要的组成部分,双方参与人注定会产生文化的碰撞。

亨廷顿在《军人与国家》一书中,提出了一个应对此类紧张关系的理想模式。在这本创作于冷战头十年的著作中,他构想了一个名为"客观文人控制"的军政关系形式。据其定义,客观文人控制是指通过把军队从政治生活中分离出来,换取军队在自身范畴内的职业自主权,由此获得军事专业主义以及国家安全的最大化。该模式"提供了一个单一的具体的文人控制标准,既在政治上保持中立,同时又承认所有社会团体"。客观控制试图在顶层政策和执行政策的战略之间树立一堵隔墙,无论是军方高级将领还是政治家们都不能打破。

客观控制被视作一个理想的理论模式,受到广泛欢迎。在理想世界里,职业军人会维持对其政方上级的绝对从属关系,反之,政治领导人在正式宣战之前也会制定出明确的政治目标。然后,军队将在不受政治干扰的情况下依法实施战争并争取获得胜利的结果。一旦重获和平,文官则立刻恢复最高权力。

然而,问题在于:亨廷顿模式与人类现实和美国宪法都不相容。克劳塞维茨的基本理论认为"战争仅仅是政策以其他方式的延续",这两种活动可能有着不同的规则,但是并没有不同的逻辑。"许多政府在规划战争时就召集军队,并向军队征询纯粹的军事方面的建议,这实际上也是不明智的。"[1] 事实上并没有什么所谓的"纯粹的军事建议"。在军政关系的现实世界里,军人有时候会介入政策制定的领域,同时文职领导人也会切实地涉入专业的军事事务,如作战计划甚至战场决策等。在实践操作中,并

---

[1] Carl von Clausewitz, On War, ed. And trans. Michael Howard and Peter Paret (Princeton, New Jersey: Princeton University Press, 1976), pp. 87, 605 – 9.

不存在亨廷顿所定义的客观控制隔墙来分离政治和军事事务。

亨廷顿推出了另一个与理想模式相对照的模式，称之为"主观文人控制"，即文官团体最大化地掌控军队。根据他的观点，主观控制模式在历史上曾有实例，某些政府机构或社会阶层常常以与文官团体对抗为代价，独占对军队的掌控。他认为主观控制事实上降低了军队在国家中的安全性，因为这危害到军事专业主义。"主观文人控制达到目标是通过把军队民用化，使军队成为了国家的镜子。"在亨廷顿看来，随着军事专业主义的出现，无论什么形式的主观控制，都可能给国家安全带来最糟糕的后果，仅仅比根本没有控制略强一些。

但是在美国，宪法体制将文官对军队的控制划分为行政部门和立法部门，造成了军队与两个不同的文职上级之间经常性的紧张关系，辛塞奇2003年参议院作证引起的争议就是一个典型例子。亨廷顿曾就权力的分裂和权威的分配对客观文人控制可能造成的破坏进行详细的描述。

根据军事法和授权法规定，国会拥有拨款、召集军队、支援军队并宣战的权力。总统是三军总司令，任命军队文官和军官领导人，需要听从参议院的建议并获得参议院的同意。由此可见，总统和国防部长位于军队指挥链的最高层，而军官同样也要忠诚于立法部门。在近些年的任命批准听证会上，参议院常常会问四星将军的被提名者："如果提名获得批准，你能否保证，无论政府的政策如何，都会应要求回到本委员会或者其他国会委员会，提供最具专业性的军事判断？"对此类问题，候选人如果希望任命得到批准，则必须给予肯定的回答。

军种领导人由于要承担多种责任，其职能则更为复杂。例如，陆军参谋长作为陆军的领导人直接为陆军部长工作。然而，作为参谋长联席会议的成员，陆军参谋长同样也需对参联会负责，所以他隶属于参谋长联席会议主席，而且通过后者向国防部长和总统提供建议。当军种领导人的个人意见与参谋长联席会议的全体意见或主席的意见不合时，按照法律，他可以选择通过参联会主席向总统提供一个不同的意见。于是，在行政部门内，由于身兼不同身份，为不同的上司工作，军种领导人会很容易与那些根据法律或宪法应该"控制"他的不同个体产生冲突。

有必要厘清的是：在这样的条件下（与亨廷顿模式相反），军事职业是否有可能健康持续？答案是肯定的。因为过去两个世纪，尽管进度时强时弱，但在大多数时候，美国军事专业主义都是在发展壮大的。

同样复杂的是：军事领导和文职领导人之间的关系通常既有个人关系也有政治方面的联系，同时还涉及职业联系。担任要职的高层之间可能会有激烈的人际关系，且这些关系中存在的问题也需要深入探究。职业军人该如何在行政和立法部门两方面协调相互竞争的专业军事职能和政治职能？当上级决定显然会危害军队机构或国家安全时，军队将领们应采取什么行动？能否构建可以确保政策制定、战略规划和执行都能成功的军政关系？

二、陆军参谋长辛塞奇

20世纪90年代，陆军的行动向多方向伸展。冷战结束后，超级大国对抗带来的全球稳定问题也随之结束，一系列地区冲突开始显现。美国开始更自由地介入地区问题，陆军部署也更为频繁，从巴拿马、波斯湾、海地、索马里、波斯尼亚、科索沃，直到更多更小型的偶然事件地区。与此同时，现役陆军规模从78.5万人降至48万人，同期预算则降低了逾三分之一。由此，尽管陆军比在冷战时期更繁忙且部署更广，但人却少了，资金也更少了。自1989年以后十几年，陆军装备没有明显更新。1999年该军种多年来第一次没有完成原定的招募目标。一系列丑闻已严重影响了军队士气，牵涉入这些案件的既有将军，也有军士。中层军官以越来越快的速度辞职，他们常常表示出对领导者缺乏信任。而且，陆军的战备状况也受到质疑。陆军需要复兴。

1999年辛塞奇将军开始担任陆军参谋长。辛塞奇拥有大约35年的陆军服役经验，两次在越南作战的经历（两次都受了重伤），还曾若干次在欧洲担任指挥官和参谋，以及五次在国防部的短期工作经历。辛塞奇是一名对陆军和国防部都有着全面了解的资深军官。辛塞奇个性内敛、谦虚，仪容整洁，在陆军中因为正直和坚韧受到广泛尊重，不过军外也有些人觉得他过于传统，称其为"恐龙"。

然而，他是带着计划上任的。这个计划就是要让陆军摆脱冷战时期的印记，发展前行，走进 21 世纪。国防部长威廉·科恩（William Cohen）选择了辛塞奇，让他负责陆军现代化建设进程，使陆军能够反应更快，并能更快部署到全球任一冲突地区。辛塞奇认识到任务的重要性，在任期一开始就开展了一个四年行动计划，即随后广为人知的"改革"计划。

他的目标是通过实质性的机构变革将陆军改造成为一支 21 世纪的军队。辛塞奇在就任前曾召集一个过渡小组，由该团队负责对陆军进行广泛的评估。通过与陆军内外几百人的面谈，该小组归纳了一个列表，列举新参谋长需要优先关注的一系列问题。辛塞奇进一步精炼了这个列表，形成了一个他担任陆军参谋长的目标的简短说明，着重集中在三大领域：人员、战备和改革。陆军必须重新聚焦征兵、训练、持续力，以及成员的福利；陆军必须在当前预算收紧且高节奏作战的条件下维持当前的作战能力；此外，陆军还需要发展自身现代化为未来做准备。要达成这些目标并不容易。尽管国防部长科恩交给了辛塞奇改革陆军的任务，却并没有为这个任务给他增加资源。陆军不得不在现有预算的情况下进行改革，或者说服国会为支持这个改革理念增加资金支持。辛塞奇在两方面都做了努力，一方面他重新调整了陆军内部的重点项目，另一方面将自己的计划提交给国会的委员会，与个别议员会面争取他们的支持。他的努力得到了回报。在克林顿政府的最后一年，同时也是辛塞奇就任参谋长的第一年，国会为总统的国防预算请求增加了 35 亿美元，特别用以支持陆军改革计划的起步。

三、新政府和国防部长拉姆斯菲尔德

在 2000 年总统竞选活动中，时任州长的乔治·W·布什和副总统阿尔

·戈尔（Al Gore）都曾明确承诺要增加国防开支，使用了和辛塞奇一样的措辞，称要努力发展陆军现代化，将陆军建设成更精简、更易调度、反应更快且更敏捷的军队。当时看来，似乎无论谁当选总统，新政府都会支持陆军正在进行的改革。最终，乔治·W·布什当选，陆军期待能够与他的新防务团队建立良好的工作关系。但后来情况并非如此。新政府就职后，陆军卷入了公共关系惨败的困境，而起因不过是很不起眼的事件。

四、"黑色贝雷帽"事件

2000年10月，辛塞奇将军宣布，陆军将在不久后采用黑色贝雷帽作为制服的一部分。辛塞奇原本打算以此作为覆盖陆军全范围的"改革"的象征，但这个改变贝雷帽的决定却令陆军内外许多人觉得突然且无法接受。二十多年来，陆军第75游骑兵团一直佩戴黑色贝雷帽，在许多人看来这是该团的标志，是对其在战争行动中的特殊贡献的勋章。很快，许多该游骑兵团前成员的团体开始抗议这项决定。两名前第75游骑兵团军人筹划了一场从乔治亚州本宁堡军事基地到华盛顿的游行。后来有消息说部分新贝雷帽将在中国生产时，一场轰轰烈烈的网络和媒体造势开始了。众议院政府改革和小型商业委员会也都开始对这个事件产生了兴趣。

陆军内部的反应也是一团糟。许多军人给《陆军时报》写信抗议这项变革。第75游骑兵团的现役军人大多保持了平静，但兵团指挥官仍被迫向其士兵发布一个言论禁止令。所有陆军高层领导人中为该决定辩护的几乎只有辛塞奇一人，不过该决定获得了陆军总军士长杰克·蒂利（Jack Tilley）和新任陆军部长托马斯·怀特（Thomas White）的口头支持。《美国陆军》杂志刊登了托马斯·怀特在越战时期的一张照片，照片中身为装甲骑兵中尉的托马斯·怀特佩戴着的就是一顶黑色贝雷帽，这既意味着部长对此项改革的支持，又是一个视觉信号，即帽子并非古老的游骑兵团的独特的徽章象征。然而，争论仍然持续了大半年，预示着未来的陆军改革不会顺利。许多人担心，如果陆军连小小的制服变化都如此抵触，那么怎么可能团结一心，振作起来进行重大的机构改革呢？

此次突发事件使布什政府对陆军及其领导层有了初步了解。尽管2001年5月的国会听证会平息了这场喧闹，但是由贝雷帽引发的争议对于陆军和新政府的关系、以及辛塞奇和新国防部长的沟通而言都是一个不祥的开端。

五、2001年四年防务评估

2001年，国防部办公室的新领导层带领各军种参谋长开始进行"四年防务评估"，就确定未来长期的战略职能、任务和资源分配进行广泛的审查和盘点。四年防务评估由法律授权，对军种而言是一个极为重要的事件，也是每个政府在国防政策上打上自己烙印的机会。很显然，这也是国防部长拉姆斯菲尔德的意图。关于未来战争他有着明确的观点，曾承诺过要支持辛塞奇提出的"改革"。但是对拉姆斯菲尔德来说，"改革"这个词意味着高科技和以网络为中心的战争方式，强调精准打击武器、信息时代的情报技术、以及导弹防御系统等。在拉姆斯菲尔德设想的未来中，陆军可能仅仅承担有限的职能作用。当发现拉姆斯菲尔德很明显想要从陆军建制中裁减掉整整四个师时，辛塞奇和幕僚们坚决予以反驳，用证据表明陆军不仅不能裁减编制，反而应该扩大规模。辩论过程并未公之于众，最终结果是陆军一个师也未被裁减，由此可知在最终呈给总统和国会的报告中陆军的观点占了上风。但这种胜利是皮诺斯式的（Pyrrhic），代价极大。拉姆斯菲尔德和国防部办公室的其他人员对自己的失败怒不可遏，因为他们认为这是一个改革陆军的重要机会。他们由此断定：陆军对变革是抵触的。这对辛塞奇是尖刻的讽刺，因为他一直努力地在陆军内部开展变革，希望将陆军建设成为更具机动性、灵活性和更易部署的军队，只不过是不希望缩减陆军规模而已。在关于如何完成变革这一问题上，他的观点同国防部办公室的上级产生了剧烈的碰撞。这一事件严重损害了辛塞奇与拉姆斯菲尔德的关系。

六、国防部长拉姆斯菲尔德的目标

同辛塞奇一样，拉姆斯菲尔德是带着变革的使命就任国防部长的。布什总统在竞选纲领中提出了国防改革。拉姆斯菲尔德相信，为了改革国防部，他首先必须维护国防部的权威。拉姆斯菲尔德曾担任过杰拉尔德·福特（Gerald Ford）总统的国防部长，有着和国防部官僚机构合作的个人经验，知道在这样一个大型机构中进行变革将会多么困难。而且，国防部办公室的新班子还认为此前的克林顿政府减弱了文官对军队的控制。他们看到辛塞奇在必要的机构改革时对四年防务评估的抵制和反对，认为这是一个信号——军队已经太长时间不受约束了。拉姆斯菲尔德的目标在于重建秩序和约束。

在另一个层面，个性的差异也造成了负面影响。辛塞奇的个性温文尔雅，尊重他人；而拉姆斯菲尔德则相反，他热情、粗犷、有魅力且咄咄逼人。媒体界报道拉姆斯菲尔德的个性和风格时一再提及"傲慢自大"一词，称其个人风格对国防部和政府都有所影响。不过众所周知，拉姆斯菲尔德是一个老练的政治高手，曾在国会工作过，在尼克松政府也担任过若干职位，在第一次任国防部长之前还曾担任过福特总统的白宫幕僚长，而且是出了名的性格焦躁，特别厌恶繁文缛节。很快，拉姆斯菲尔德开始向国防部各级发文件，要求对各种问题要快速回复；这些"雪片式"的文件颠覆了传统的工作程序。在记者招待会或与高级军官会面时，他总是表现出强硬的风格。例如，2003年1月的一次记者招待会上，当有人提及"你总是对军队领导层盛气凌人"这样一个经常性的抱怨时，拉姆斯菲尔德回答说：

"有些人，有军队的也有文职的，他们的工作常常很平庸……，有时候我甚至要把他们的材料退回去六七次。为什么呢？因为我觉得把事情做好做对是非常重要的……，而且我会继续这么做下去。现在，对某些人来说，他们的工作被四次五次六次七次地退回没什么稀奇的。如果这使人困扰或触动谁的敏感神经，那我非常遗憾。但这就是人生，因为我们正在做重要的事情。宪法要求文人控制国防部，而我就是文人……这个地方正在成就宏伟的事业……。要有所成就，就不能站在一边掏掏耳朵就指望所有人都赞同你的做法。"①

在一次会议上，他当着好几位低级军官的面训斥辛塞奇，挥着他的手说，"你弄清楚没？弄清楚了没？"辛塞奇是个不会做出粗鲁行为的人，在改善和他的关系方面显得根本无能为力。

七、"9·11"袭击事件和阿富汗战争

"9·11"袭击事件和美国对该事件的反应成为辛塞奇陆军参谋长任期后半阶段的主要议程。2001年9月，布什总统下令对阿富汗发动进攻，对"基地"组织和塔利班政权实施打击报复。美国中央司令部司令汤米·弗兰克斯（Tommy Franks）将军，提出了强有力的一揽子联合部队计划，根据该计划召集和部署军队将需要数月时间。拉姆斯菲尔德驳回了这种传统考虑，坚持使用可以更迅速抵达目标地区的轻型小规模军队。

弗兰克斯将军改变了部署，采用了相对轻型的部队，由特殊作战部队和空中力量构成，能够支援阿富汗盟军作战飞机。美军很快成功地击败了敌人，并帮助卡尔扎伊（Hamid Karzai）掌控了政权。拉姆斯菲尔德及其

---

① Ricks, "Rumsfeld on High Wire"; Department of Defense News Briefing, Secretary Rumsfeld and General Myers, January 29, 2003, www.defenselink.mil/transcrips/transcrip.aspx? transcriptid = 1349.

幕僚们都认为，这场胜利证明了他们的观点不仅在阿富汗战场是正确的，而且在转型的思路上也是有效的：应该废弃笨重的重型地面部队，未来的潮流是精准打击武器、特殊作战部队、以及基于效果的作战行动。倡导在作战计划中要拥有绝对优势的战斗能力的辛塞奇由此被视作一个无可救药的因循守旧者。

2002年4月，距离辛塞奇卸任还有大约14个月，《华盛顿邮报》报道说国防部长拉姆斯菲尔德已经决定提名陆军的副参谋长约翰·基恩（John Keane）接任辛塞奇。这个由"国防部某高级官员"提前泄露的继任者名字进一步削弱了辛塞奇的地位；这样的泄露似乎是蓄意为之。后来的事实证明，这个传言是不正确的，基恩并没有接任辛塞奇，但伤害已然造成。辛塞奇开始自嘲自己是跛脚鸭，同时还提醒一众看客，他的任期还有几个月才结束，要做的工作还很多。尽管辛塞奇淡然处之，但是陆军和国防部办公室的关系，尤其是和拉姆斯菲尔德的关系，只会越来越糟了。

八、"十字军自行火炮发展项目"事件

陆军的"十字军自行火炮发展项目"在十多年前就已列入发展计划，当时正准备开始投入生产。时任州长的布什在总统选战中严厉批评了该计划，认为作为一个武器系统，该项目并不能适应军队改革的规划。辛塞奇将军则在其任期伊始就重点关注了"十字军自行火炮发展项目"，要求其设计者大幅度减少武器的重量并使之更容易被部署，否则就取消整个计划。随后不久，这个原本重达百吨的巨型武器被瘦身成40吨。作为一项精准速射武器系统，"十字军"自行火炮代表着自越战以来装备上的一个技术飞跃，辛塞奇认为这个项目的发展道路是正确的。

自行火炮开发项目被纳入2002年4月的总统预算提案，但是有关政府部门可能取消这个项目的谣言在不断发酵。4月下旬，国防部副部长保罗·沃尔福威茨要求陆军部长托马斯·怀特对该项目进行重新审查并提出

改进意见。很明显，国防部办公室当时正在切实考虑要取消该项目。不过，怀特认为陆军之前已经利用机会做出了最佳方案，他告诉其法制事务办公室恢复国会对自行火炮项目的支持。第二天在一个协调会后，一名陆军军官起草了一份指导工作备忘录作为支持该项目的论据。这份"谈话要点"备忘录的措辞极具煽动性，原本只是供陆军内部使用的，然而一位陆军高级文职官员却将备忘录透露给了国会，之后不过几个小时，备忘录的副本就被呈到了国防部长拉姆斯菲尔德的案头。

这份备忘录的撰写和泄露都显得很愚蠢，但并非是不合法的。所有军种长期拥有自己的法律事务办公室，用来处理和国会的沟通事宜。怀特部长简单地指示其法律事务办公室，继续寻求理论依据支持这个仍在总统预算要求中的项目。

但是，拉姆斯菲尔德却大为光火，认为这是不服从上级的行为，下令对"泄密"事件进行调查。国防部办公室公共事务发言人维多利亚·克拉克（Victoria Clarke）警告说"任何对不适当行为有责任的人员都会受到追究"，并且拒绝正面回答拉姆斯菲尔德部长是否仍对怀特部长持有信心。国防部办公室就"十字军"项目展开了为期一个月的辩论活动。拉姆斯菲尔德使用了典型的国会术语，说他对泄露谈话要点"这种行为持有必须的高度重视"。调查结束后，泄露备忘录的官员辞职了。拉姆斯菲尔德还命令负责陆军法律联络处的少将和撰写备忘录的少校也辞了职。他还要求怀特部长出席记者招待会，在会上沃尔福威茨宣布政府已决定取消"十字军自行火炮项目"。怀特之前对该项目的官方审查事实上已变得毫无意义。拉姆斯菲尔德认为自己正在坚定地重新掌握文官对军队的控制，更具体而言，掌握国防部对陆军的控制。

然而，许多国会成员对此事却有不同看法。各个武装力量委员会当时正在对总统预算提案进行内容的"增补"，他们觉得撤销"十字军自行火炮项目"的决定是"犯规"；国防部办公室显然并没有按照游戏规则行事，在预算提交国会时它曾表示过官方支持，现在却自己把项目枪毙了。时任参议院武装力量委员会主席的列文参议员立刻采取了行动，就"十字军自行火炮项目"召集了一个听证会，就是这个听证会使得拉姆斯菲尔德和沃尔福威茨之间及怀特和辛塞奇之间的较量摆在了公众的面前。

由此，行政部门和立法部门关于政策问题掌控的争斗将辛塞奇将军拖入了困境。他曾在演讲和国会听证会上多次公开表达过对"十字军自行火炮项目"的支持，反复申明项目对陆军改革的重要性。然而，作为陆军参谋长，他现在却不得不支持这个政府拨款的决策。就他自己而言，一个大张旗鼓的听证会只会更加凸显分歧，而且在他上司做出决定后这些分歧原本是应该被淡化掩盖的。可是列文却坚持要召开听证会来探讨国防部办公室和国会间的事务并讨论"十字军火炮"系统本身的价值问题。

5月16日是听证会召开的日子，在这一天拉姆斯菲尔德大放异彩，为支持巩固他的决定，他精心安排了一场媒体的突袭。他先在《华盛顿邮报》发文表述观点，之后又出现在拉什·林伯（Rush Limbaugh）的电台访谈节目中。听证会上，国防部长的陈述一直拖延到晚上电视新闻节目的播出，确保了辛塞奇即使表达出他的观点，也没有足够时间引起媒体的关注。

辛塞奇找到了一个方法，既能继续正确行使自己的职能，同时还能坚持服从文官权威的原则。他试图低调处理国防部办公室和陆军间的混乱关系，将这次事件描述为"一场无用的混战"。在作证时他说陆军仍然需求新型的非直接火力能力，"十字军自行火炮"可以给战场带来这种能力，缺乏这项能力会增加部队的作战风险。然而，如果在新的未来战斗系统有可能通过其他方式获得这些能力的话，也许"十字军自行火炮项目"本身也不是非要不可的。他在证词中重申陆军将坚持服从的原则："陆军是有纪律的，我们一直在执行命令。"

尽管辛塞奇默认了撤销"十字军自行火炮项目"的决定，拉姆斯菲尔德在政策辩论中获得了胜利，且明确表达了文职领导的重要性，但是两人之间的隔阂却令人难堪地公之于众。拉姆斯菲尔德和辛塞奇关于"十字军自行火炮项目"的争论和冲突成为之后一个多月内媒体津津乐道的谈资。《武装力量》杂志6月刊登了一张拉姆斯菲尔德和"十字军自行火炮"的合成图片，标题为"他真的厌恶陆军吗？"许多军内人士对国防部的敌意感到困扰。比起现役将军们，退休将官团体则言辞更为激烈。他们抱怨拉姆斯菲尔德专横，对待辛塞奇不公，明显轻视职业化军队等。国防部长和国会的关系原本就不太融洽，该事件发生后更是雪上加霜；辛塞奇和拉姆斯菲尔德的后续互动也因此蒙上了阴影。

九、伊拉克战争计划

美国政府的关注点开始从阿富汗战场转向与伊拉克的对抗；2002年夏季，进攻计划正在酝酿中。布什、拉姆斯菲尔德和弗兰克斯正在一起合作制定作战计划，不过当被问起是否存在类似行动时，他们都只是含糊其词地回应。在阿富汗战争计划之后，弗兰克斯提出理由称需要一个相对规模较大的进攻型部队，但是拉姆斯菲尔德用阿富汗战场的胜利支持自己的观点，一次又一次地施压要求减少军队人数。后来弗兰克斯将这些谈判委婉地称为一个"循环过程"，结果依然是维持原状，即除了国防部办公室和中央司令部自己的意见，其他所有外部意见几乎都没有被接纳。尽管如此，弗兰克斯觉得自己除了服从于国防部长和总统外几乎是完全独立的，并似乎对此颇为自得。三位当事人之间的密切协作降低了参谋长联席会议的法定作用。弗兰克斯认为军种参谋长的职能就是指挥部队，而不是总统和国防部长的军事顾问。他不愿意也极少向参谋长联席会议做简报，轻视他们提出的问题和建议，甚至在他们会议结束后收集了所有的剪报副本。有一次，弗兰克斯甚至在和两位军种参谋长交谈时言谈粗俗，骂骂咧咧地表达了对《美国法典》所赋予他们的法定职能的蔑视。

可以理解，参谋长们自然会对这些计划感到不安，但是他们几乎没有机会去影响这些计划。弗兰克斯的保密性和排他性阻止了各军种参与协助作战计划，他们具备的军队各种专业知识毫无用武之地。而且，拉姆斯菲尔德坚持掌控每个细节，这种做法更加深了他们的忧虑。拉姆斯菲尔德提出要一个极简的作战方案，后来又调整了后勤方面的细节，以再进一步削减军力。各军种通常会整合海外部署，使用一个名为"分阶段兵力部署表"(TPFDL)的复杂数据资料库，这个资料库的目的在于使被部署军队的后勤保障需求和地面指挥官的作战需求同步。军方参谋研究并编成了分阶段兵力部署表，为许多可能的偶发事件提前做准备，以确保军人及其装备在关键时刻能够到达海港以避免拥堵。例如，在使用坦克作战前提前准备好燃料运输车，在战斗开始前事先将弹药补给和医疗援助准备就绪等。然而，拉姆斯菲尔德拖延了在军队部署令上签字，尤其是使分阶段兵力部署表失去时效性，还拒绝就一些后勤部队进行部署。辛塞奇和陆军参谋部对此感到惊骇，他们担心可能会发生混乱，派出去的军队会后继无援。

2003年1月布什总统在白宫内阁会议室同副总统迪克·切尼、拉姆斯菲尔德、沃尔福威茨，以及参谋长联席会议和作战指挥官们一起召开会议。会议目的是检查作战计划，确定各军种和作战指挥部是否能够提供支持。总统向聚集一堂的军队高层征询意见，最先问的就是陆军参谋长。辛塞奇平静地列举了七个关于计划的担忧，重点在于进攻部队的军力和维持持续作战的后勤能力。他的重点不是陆军不能提供足够的部队来支持该计划；事实上，他提出愿意提供更多军队。据某观察家说，当时总统看起来似乎并不确定在辛塞奇发言后该怎么做。他没有再问其他问题。在场的文职或军方领导人也无人出声支持辛塞奇将军的意见。最后，布什总统平静地对辛塞奇的意见表示了感谢。接着，会议室内其他高级军官都发了言，但再没有人提出对作战计划的严重担忧。这个场景就这么过去了，然后就休会了。

痴迷于特殊"改革"构想的拉姆斯菲尔德部长及其同伴们，将重型地面部队视为工业时代的遗迹，希望用高科技精准武器和最小限度的地面力量来赢得战争，并努力证明这种作战方式的效能。然而，辛塞奇持有深深的忧虑。尽管陆军拥有能够打败伊拉克军队的决定性力量，而且能够提供这种力量，他仍然担心参战军队的能力不足，更担心军队在取得胜利后是否能够掌控这个战败国。

列文参议员和辛塞奇有着同样的担忧，当行政部门和立法部门之间就国家安全政策发生冲突时，他再一次将辛塞奇公开置于一个虎尾春冰的窘境。几周后的2003年2月25日，辛塞奇在武装力量委员会作证时，列文向他施压，要他坦率说出自己的担忧。作为陆军参谋长，辛塞奇有责任有义务在公开的委员会听证会上向国会坦率说出无保留的专业判断，但是他试图用不提供精确评估数字的方法极力避免让行政部门尴尬。他给出了一个数据模糊的回答，称占领伊拉克将需要"大约数十万军队"。拉姆斯菲尔德、沃尔福威茨和切尼原本可以采取一个温和的反应，例如说"可以有其他不同的合理看法"之类，将辛塞奇的证词就此无声无息地掩过。但是相反，这三位政府领导人没拿他当一个军方下属，而是选择像对待一个政治对手一样对他进行公开驳斥。他们在三个公众场合用相似的措辞来质疑辛塞奇的专业判断。辛塞奇本人则拒绝就此事件进行进一步的公开评论。

辛塞奇和行政部门的关系已然破裂。拉姆斯菲尔德转向怀特部长，要求他将自己和辛塞奇的证词摆脱干系。怀特拒绝了，这一方面是出于对军队同僚的忠诚。另一方面，作为一个前陆军准将，他赞同参谋长的专业意见。之后没多久，拉姆斯菲尔德就强迫怀特辞职了。

2003年3月美国和联军从科威特入侵伊拉克，一路向北直攻巴格达。一周以后，美军遭遇到了比预想中更艰难的敌方抵抗，沙尘暴、后勤物资短缺等问题使得辛塞奇的部队停滞了数日。不过之后几周，美国的联合部队就迅速击败伊拉克军队占领了首都，然后继续北上。同年5月1日，布什总统登上了"林肯号"航母，站在旗帜前宣布"任务完成"，称"伊拉克的重大作战行动已经结束。在伊拉克的战斗中，美国和我们盟军获得了胜利。"然而直到五年之后，仍然有大约15.7万名美军、1万名联军士兵、以及16.3万名承包商——总计33万人——继续留在叛乱和内战不断的伊拉克境内。

十、辛塞奇留下的宝贵经验

2003年6月辛塞奇从陆军退休并卸任陆军参谋长一职。他并非如之后传言所说的是被解除职务，而是完成了正常的军种参谋长四年任期。在他

第四章　拉姆斯菲尔德、辛塞奇及其紧张的军政关系

/ 097 /

的任期结束前也没有继任者获得提前提名。

告别仪式在迈尔堡军营（Fort Myer）举行，这是一场场面宏大的送别，陆军第三步兵团盛装参加检阅。陆军首席军乐队的"潘兴军乐团"演奏着著名的军乐曲"老卫队"。大批贵宾列席观礼，有国会议员和参谋长联席会议成员等军方高层，还有数十位陆军将领和外军武官。然而由于陆军和国防部办公室之间的恶劣关系，政府部门除了代理陆军部长雷·布朗利（Les Brownlee）和他的参谋，并没有其他代表参加。告别式没有按照惯例邀请国防部办公室高层和白宫官员，所以这两个部门无人参加，而拉姆斯菲尔德当时则正在欧洲旅行。

在告别演说中，辛塞奇向陆军郑重地道别，也简短地提及了指挥官和领导层之间的分歧。他喜欢讲述陆军"领导者的成长过程"，详细回顾了自己是如何在导师们的培养下成长为一名军官的，越战之后他们付出了怎样的努力来"复兴陆军最重要的美德——信任"。在致辞中他特别赞扬了之前的上司——前陆军部长汤姆·怀特（Tom White）：

"对陆军来说，拥有伟大的文职领导是上苍的恩赐，而能有陆军部长汤姆·怀特这样的领导就是我们最大的幸运……，军事机构绝对不排斥领导力。有人说我们陆军中的人不理解文官对军队控制的重要性，那是无谓且完全不正确的。陆军一直以来都理解文人控制的重要性。有人在利益相关甚至生死攸关的重大事件发生时试图把水搅浑，这种行为严重地伤害了军内外所有努力工作着的优秀军队领导人。"[1]

辛塞奇此言有所暗指，因为同拉姆斯菲尔德的关系交恶使他无法正常行使职能，这对陆军职业化发展是有害的。在"十字军自行火炮"项目听证会的证词中，他坚称陆军绝对服从文官权威，但是这样的服从并非是被动消极的。作为军种参谋长，他的职责是提供专业意见，在任何他认为有

---

[1]　Eric K. Shinseki, "Remarks at Army Chief of Staff Retirement Ceremony," Fort Myer, Virginia, June 11, 2003.

必要的时候，而不仅仅是其他人想听意见的时候。他向观众提到自己在大约40年前的越战中开始了军队生涯，而现在从某种程度上说，他是在另一场战争中结束了军人生涯，可谓完成了一个圆满的循环。他强调一定要从此类经历以及历史中获取经验教训。同时他还警告说：

> "我们必须认识到，现在有个倾向，有些人可能会从近年的作战行动中吸取错误的教训，得出错误的结论……。我们必须始终坚持对战备的重视。我们必须保证陆军具备足够的能力以配合作战的战略环境。只有一支规模适当的军队才能够满足上级命令要求我们达到的国防安全和国家军事战略需求。让只有十个师规模的陆军去完成一个需要十二个师的战略目标是危险的。"[①]

埃里克·辛塞奇向深爱的陆军告别并提出了警告，然后离开了舞台，结束了38年的军旅生涯。

辛塞奇一上任就有个明确目标，即聚焦陆军的人员和战备，并进行改革为未来战争做准备。通过不懈努力，陆军仅用了一年时间就扭转其征兵的短缺。陆军曾经的战备问题集中在如何充分提升可部署部队的战斗力和加强部队的培训上。辛塞奇推行了七大项目，主要关注军人及军人家属的福利。无论是在阿富汗还是伊拉克战场，陆军各部队的实战表现都可圈可点。辛塞奇的改革计划，结合了之前十余年的努力，同样也开始显现成果。在他任期的尾声，六个新的斯崔克旅装备上场，其中许多后来被部署到伊拉克，并在那里证明了自己在战斗中的作战持久力。开发了新的未来战斗系统，通过改进将之前取消的"十字自行火炮军"项目的新型间接火力能力也包含其中，尽管两场同时进行的战争的需求后来减缓了它的发展进程。单从他是否完成自己目标的角度来评测，辛塞奇在陆军参谋长任内取得了显著的成就。

然而，军政关系的问题依然存在。在改善同拉姆斯菲尔德及其政府部

---

① Eric K. Shinseki, "Remarks at Army Chief of Staff Retirement Ceremony," Fort Myer, Virginia, June 11, 2003.

门的关系方面，辛塞奇的行为是否有可以改进之处呢？他是否做了什么不应该做的？或者有什么是他应该做而没能做的？拉姆斯菲尔德和辛塞奇任期的重迭时期发生了许多事情，我们是否能从中得到教训，争取在未来尤其是在政治军事方面改进军政关系呢？

回顾过去，辛塞奇将军其实已经竭尽所能地努力改善与拉姆斯菲尔德部长之间的沟通了。军种参谋长的职能定义非常广：他是职业军人，是本军种的领导；他要争取获得行政部门和立法部门提供的资源，以确保自己军种能够为任何可预见的偶发事件做好准备；他还是总统团队的高级军事顾问——参谋长联席会议的成员。辛塞奇因为忠于自己的专业判断，在后两个职能方面与拉姆斯菲尔德产生了冲突。在2001年的四年防务评估中，辛塞奇在国防部内为陆军争辩，认为不应当裁减师的数量和人员实力。同样，在"十字军"项目的争议中他努力推进陆军已停滞十年之久的间接火力能力的现代化进程。当"十字军"项目符合政府政策时，他公开推动该项目；而当政策转向时他又减少了对该项目的宣传。在参加国防部闭门会议时，他行使参谋长联席会议成员的职责，努力促使进攻伊拉克军队的部署更稳健、作战能力更强、后勤方面更具持续性。所有同僚中只有他利用了这次会议机会对总统反复阐述他的意见。即使没能说服上级，他也不会公开表达与政府政策不同的意见；他反而就更多军队的需求提供了一个措词模糊且内容相反的评估，而且还是在公开的国会听证会上被施压时才这么做的。实事求是地讲，拉姆斯菲尔德确实是事事都在针对辛塞奇。

考虑到与拉姆斯菲尔德的关系越来越差，辛塞奇选择了尽力压制自己的不同意见。但是他不能永远都这么做，因为那样就是玩忽职守。如果他认为上级判断有误甚至有害的话，他的职业使他有责任质疑上级的观点。根据军队传统，在上级做出决定前，军人有责任提供坦率的意见甚至是异议；一旦上级做出决定，他们的职责就是遵守并执行决定。之前的异议出于忠诚，之后的服从是原则，而军队正是坚守着这些原则来维系与文职上级的联系。辛塞奇正是就陆军和国家安全的重要事务提供了自己最专业的判断。在上级做出的决定和他的建议相反时，他忠诚地支持政府的政策。

值得注意的是，辛塞奇选择有所为有所不为。例如，在向总统提出对战争计划的深切忧虑后，辛塞奇有权向国会坦率地说出个人意见。列文参议员给了他足够的机会来表述自己的观点。尽管他需要"数十万军人"的说法招致其文职上级的激烈反驳，但是相对他之前对布什总统表达忧虑时的措辞而言，这个表述已经相当保守了。大约四年前在批准任命的听证会上辛塞奇曾做出过承诺，即使他的判断与行政部门的意见相左，也要向参议院武装力量委员会提供自己最专业的判断，而此刻他正是切实履行了承诺。他其实可以更清晰更有力地表达自己的意见：参战部队规模太小、缺乏足够的后勤支持、以及可能无法在进攻胜利后保卫这个国家等。清晰明确地表达个人意见是宪法分权赋予他的权力，也是国会交付给他的职责。但是他却没有选择这么做。我们只能推测，如果他做出了那样的评论，他的上级会如何回应。

辛塞奇原可以选择暗中推翻国防部上级的意见，而不是公开表达异议。根据华盛顿的传统，他可以主动在国会、白宫以及其他内阁部门培养幕后政治联盟。例如，在国务院担任高层职位的人中有前军方官员，辛塞奇完全可以与他们结成自然同盟，在之前讨论的各个争议事件，尤其是有关伊拉克战争计划的争论中，寻求支持。辛塞奇和国会中许多有影响力的人物有着非常密切的联系。但所有迹象表明，辛塞奇从未试图利用这些关系获得帮助。显然，他完全在现有的指挥链中行使自己的职权。

还有一种选择，辛塞奇可以提前退休。他可以悄悄行事，也可以用以退为进表达抗议，使自己的不同意见公布于众。用辞职表达抗议，或者是因为政策失误受到公开批评而辞职，都是议会制政府惯有的政治姿态。不过美国政府却不怎么看重这个传统；美军中几乎就没有因为抗议就辞职的先例。美军没有这样的传统标志着历史上美国拥有健康的军政关系。一位将军如果因为抗议战略或政策而辞职，这就是职业军人采取的政治行为。没有迹象表明辛塞奇是否有过类似考量，总之他没有选择开创这个先例。相反，辛塞奇多次公开宣称，作为陆军参谋长他仍然有很多工作要做，尽管和上司意见不和，他仍相信自己依然会有效地行使职权。

简而言之，辛塞奇将军在那时树立了一个职业军人在政治军事关系方面的教科书般的典范。他领导着陆军，努力维持战斗准备，并作为参谋长联席会议成员提供了自己最专业的意见。每一次和拉姆斯菲尔德发生重大冲突（如2001年四年国防评估、"十字军"项目的撤销以及伊拉克战争计划等）时，辛塞奇始终坚持争取强化或维持陆军作战力，以应对已知的作战风险。他尽职尽责地阐明风险，并且尽可能地消除或降低它们。如果自己解决不了，则确保上级能完全了解并接受这些风险，使其在决策时对可能产生的后果保持一种责任意识。无论采纳与否，他都会坦陈自己的意见；但文职上级一旦做出决定之后，他就会倾尽全力予以支持。他始终遵循着文人控制军队的原则，无论是面对文职上级的公开责难时，还是在对媒体说漏嘴引发的尴尬境况下。他从不回应自己受到的轻视，从不公开表达与政府政策不一致的立场，只有在国会听证会上，他才会按照要求表达与国防部不一样的个人看法。他个性直率、忠诚，且服从上级。在支持文人控制的原则，为行政部门和立法部门提供最专业的判断等方面，他已经做到了完美。

十一、拉姆斯菲尔德的军政关系遗留问题

拉姆斯菲尔德给军政关系留下了什么？他不仅和辛塞奇，还和许多其他高级军官和高层文职官员都发生过冲突。众所周知，他很聪明，但是没有耐心，很专横，还不愿意承担责任，这从他对战争计划和军队部署的微观管理就可见一斑。他削减了攻打伊拉克的作战部队规模，延迟了分阶段兵力部署表，还减少了后勤支援部队的数量，总之，他极力撇清自己参与了作战计划。"我不断地受到媒体的表扬——其实我也希望为此受到好评，但事实上是我不能，因为这不是我的计划。这是弗兰克斯将军定的计划，计划的形成经过了相当一段时间，我确信这是一个杰出的计划。"他甚至竭力不让其他方面的力量参与其中，坚持在制定计划时由弗兰克斯一个人"穿梭于"参谋长联席会议、作战指挥官、以及国家安全委员会等各方面。对他这种言行的最好解释是拉姆斯菲尔德自己曾有过类似的不好的经历。

参谋长联席会议几乎完全被隔绝在作战计划进程之外，而拉姆斯菲尔德现在又说，参谋长们如果有任何的担忧都是不应该的，因为他们之前已经有了足够的机会来制定战略。而且，如果参谋长们想要澄清真相，就不得不在公开场合否定部长，他们当然不愿意这么做。这样的优势开局对拉姆斯菲尔德而言已成为家常便饭，其结果就是在五角大楼和整个防卫机构内部都产生了一种缺乏信任的氛围。

辛塞奇和拉姆斯菲尔德两人不和有一部分原因是双方的个性差异，他们的个人风格、价值观、以及世界观都有冲突。但是，将军和大多数人一样都不能选择自己的老板。而且，这两位对事物有着完全不同的看法，"十字军"项目就是这样一个例子。在项目决策上两人都有责任。辛塞奇认为该项目对陆军未来的发展极为重要，而拉姆斯菲尔德则判定它是缺乏想象力的、充满冷战思维的产物。废止该项目属于拉姆斯菲尔德的权力范围，无论他采用何种方式都不容他人置喙。随后他同意将"十字军"的先进能力转移到陆军的未来战斗系统，这是一个建设性的让步。拉姆斯菲尔德认为陆军不过是个公共机构以及由该机构构成的军事力量的形式体现，加上他生性好斗，以上种种结合在一起，使得无论辛塞奇如何努力，两人的关系都不可能得以改善。

那么，拉姆斯菲尔德应该怎么做才能改进关系呢？第一种方法，他可以解除辛塞奇将军陆军参谋长的职务。如果拉姆斯菲尔德已经对辛塞奇的能力失去了信心或者不相信他会支持政府决策，这会是一个合适的手段。不过在如今的华盛顿，人们普遍认为解除一名高层将领的职务是要冒政治风险的；开除一名将军在某种程度上是默认失败，而且做出这种决定的文职领导人同样必须承担政治责任来补救其后隐藏的问题。拉姆斯菲尔德没有这么做，相反，他让辛塞奇承受了各种难堪，例如，在离辛塞奇任期结束还有一年时，就让某个国防部官员泄露可能的继任者的名字；还有对辛塞奇在参议院的关于解放伊拉克需要动用"数十万军人"的证词进行公开否认等。显然拉姆斯菲尔德对辛塞奇在这方面的判断不以为然，而且居然公开说了出来。其实最直截了当的方式应该是要求辛塞奇下台，但是，也许是不愿意在战争开始前夕解职陆军参谋长，或者不想给国会内批判战争计划的人一个政治借口，总之拉姆斯菲尔德没有让辛塞奇辞职，而是选择了其他方式，对辛塞奇的判断进行驳斥并质疑他的证词。讽刺的是，拉姆斯菲尔德的行为败坏了一个高级军官的可信度而且还将这种关系政治化，并因此进一步损害了自己在国会的名声以及在军队的影响力。当时的高级军官们都知道坦诚直率的专业讨论是不受欢迎的。事实上，国防部办公室对待辛塞奇的态度反而可能刺激了某些有意于采取幕后政治颠覆手段的人，而辛塞奇则不屑于这种手段。

自 1947 年国防部成立以来，历任国防部长的成功记录是令人沮丧的。2006 年一份研究报告的标题是"国防部长——几乎不可能完成的国防部长工作"，明明白白地说出了作者对于这个职位的看法。这个位置要承担无数的责任，包括管理庞大的机构、在四个军种间平衡预算、充当总统的顾问、与国会打交道、监管全球海陆空和陆战队数百万军人的各项行动等，如此众多的职责对区区一个人而言太过繁重。而想要改革这样一个复杂组织更是难上加难。拉姆斯菲尔德的管理风格是将下属视为对手，这使得他似乎从一开始就举步维艰，甚至是蓄意地助长了下属的不信任感。他的继任者罗伯特·盖茨则与他形成鲜明的对比。盖茨同样能力很强，而且名声更好。他会真诚地咨询，善于听从军事领导人的意见。他并不总是接受他们的建议，但是无论公开还是私下都不会诋毁对方。讽刺的是，比起拉姆斯菲尔德，盖茨似乎更愿意惩戒下属，他解雇了一个军种部长，解除了几位将军的职务，还接受了一位作战指挥官的退役请求，但是这些丝毫没有影响他在军内的好名声，因为军队尊敬能够坚持一贯标准的领导人。

十二、军政关系的教训：穿行在暴风雨中

拉姆斯菲尔德和辛塞奇的关系糟糕，但单单某一个关系的起伏并不足以对军政关系的未来起太大作用。政治军事关系中的军队专业人士应该如何协调自己的职业责任和行政、立法部门间竞争性的政治需求？当将军们

判断其上级的决策可能危害军事机构或国家安全时应该采取怎样的行动？该如何有效地向关系中的双方阐明情况？是否可能构建理想的军政关系，尤其是政治军事方面的联系，以此确保有效的政策和战略结果？

（一）军种参谋长的职责

军种参谋长的众多职责大多数可归为三个广义的大项：1. 作为首席专业人士领导整个军种；2. 确保军种为任何可预见的偶发事件做好准备，包括向行政和立法部门申请所需的资源；3. 作为总统的高级军事顾问组织——参谋长联席会议的成员行使职能。由于其中的许多职责被合理委托给下属指挥官或参谋军官负责，对军种参谋长在军政关系中的职能进行讨论将对其他高级军官也有所帮助。

首先，军种参谋长是领导各自军种的职业军人，军种部长是合法指挥该机构的文官，军种参谋长负责协助军种部长，并且和部长一起为机构提供指导与方向。不过，军种参谋长因为是军方高层，有着自己特有的作用。他是军方的公众面孔，作为军方主管负责军种的职业指导，也是军队的价值观和优良传统的维护者。军种参谋长是军种的总教头，也是首席作战军官，甚至还要承担类似坎特伯雷大主教的职责。他有责任将自己的军种展示给政府、国会、其他军种和作战指挥官、以及公众。他为军种在公共关系中定调，开发各项技能，为下属尤其是将军们的职业发展提供指导，而且在推选军种未来的高级领导人方面有着非同寻常的影响力。总之，他既负责军队专业知识的理论开发，也负责专业性的实践应用。在这个职位上，他的目标重点是未来，至少是他任期结束十年之后的未来。

军种参谋长的第二项职责是作战准备，同样也必须聚焦长远未来。《美国法典》第十章规定军种要为作战指挥官提供部队，阿富汗和伊拉克的联合作战就是实例。参谋长并不指挥部队，他的职责是招募、培训和装备军种，当发生突发事件且国家权威指挥机构（文职领导层）认为适合时听从召集。具体而言，这些职责包括确定部队规模和结构、维持部队的战备、为部队提供支援、监管军事训练和职业教育、制定人事政策、以及开发和采购未来武器平台和其他装备。在理想状态下，军种参谋长从军种角度决定需求，然后请求文职上级提供必需的资源，而上级则会满足他的要求。然而在现实世界中，预算和人手都是有限的，还有其他许多人也对这些资源提出要求，更不必说其他军种也都虎视眈眈。政府和国会在国家安全需求方面几乎从未达成过一致意见。因此，军种参谋长必须为自己的军种努力争取。首先他必须在军种内部凝聚共识，然后要说服参谋长联席会议的同事们和国防部、管理和预算办公室或者白宫的文职领导人。在获得总统对一项预算的批准后，军种参谋长还必须提交国会，特别是众议院和参议院的武装部队与拨款委员会。争论的焦点可能是对国家安全的预期威胁、应对系列威胁的广泛能力或者是两者的结合。一旦军种参谋长下定决心争取，他的论述必须连贯清晰且具有说服力。

军种参谋长的第三项职责——向文官上级提供专业的军事建议。此时，他的身份不止是自己军种的领导人，还是参谋长联席会议的成员。这项职责是军政关系领域的学者最感兴趣的内容，包括建议使用部队为国家安全目标服务、对需要何种部队能力做出判断以及评估战略和作战风险等。作为参谋长联席会议成员，他可以而且义不容辞地对由参联会或作战指挥部提出的计划进行评估。经过与其他军种参谋长磋商，他向国防部、国家安全委员会和总统提供建议。军种参谋长还要应召在国会的相关委员会作证，并提供他的最专业的判断意见。作为一名军事顾问，他关注的重点通常是中期或短期事务。

（二）政治文化专业技术

为有效行使各项职能，军种参谋长作为在位多年的职业军人必须具备多种专业知识和领导能力，其中就包括处理军政关系的能力。人们通常把此类知识、属性和技能称为政治文化专业技术。技术的核心是如何有效地向军外的人员和机构（包括政府机构和其他国家及其机构等）展示军队的职业性。

第一，最成功的军种参谋长是接受过高等教育的军官，或至少是一个受过专业训练的尽责的终身学习者。许多杰出的战术家在成为将军后可能会发现不堪重任，因为求知欲的不足使得他们无法将视野拓展到战略和政治领域。军种领导人应当全面了解历史、当前威胁、以及全球趋势；应具备决断性思维，能够处理错综复杂的情况和不明确的事件。由于三项主要职能中有两项要求聚焦于长期性未来，他还应当有预见力，但同时也要明白未来越远境况就越不明朗，所以一定要脚踏实地。

第二，除了做一个孜孜不倦的学习者，军种参谋长还必须具备人格魅力，能够使自己和其他高级文官建立信任和独立的关系。他应拥有优秀的人际关系能力，尤其是谈判、说服和凝聚共识的能力，大多数高级军官都能做到这一点。他还应具备从多种角度看待事物的能力，能够设身处地理解其他文化背景的人。这些属性能发展跨文化交际的能力，使高级领导者可以与文职上级、其他军种领导人、外军军官、其他政府机构、国会议员以及他们的幕僚们进行有效的互动。军种参谋长还必须了解政治艺术。军种参谋长不属于政治舞台，不是也不应该是个政治家，应当保持严格的无党派立场。但是，他需要了解政治家的运作手段、政治生活的节奏以及妥协的艺术等。军种参谋长还必须善于沟通：说写流利且富有表现力。许多军种参谋长刚就任时很惊讶自己在新岗位上竟然要有那么多次公开发言。尽管参谋长们会有撰写演讲稿的助理，但必须要用自己的方式说出这些话，因此他必须完全掌握内容。

第三，知识的学习。因为军事职业控制管理着军官的教育和培训，培养军种高级领导人在政治军事关系中的能力相对简单，只需齐心协力即可。由于需要为职业发展构建人事政策，军种必须寻求途径为战术、作战和战略各领导层的军官提供指导。陆军政策的形成似乎常常由战术水平主导；对高级领导力而言这是一个必要条件，而非充分条件。高层领导的职业发展要求他们在职时接受严格的教育来拓展知识面，增加政治文化方面的专业知识。在军官教育上，陆军会利用地方院校的稳定资源（如研究生项目等），然后会任命军官到西点军校之类的院校任职教官。但是很多指挥官并不重视知识，也不愿意将成绩最优秀的军官招至麾下。海外任命和语言培训同样能够促进跨文化交际能力。陆军应当鼓励并奖励此类发展型任命。陆军可以将校官派到五角大楼、作战指挥部以及跨部门机构任职，帮助他们接触到军队之外的职业文化。与国会和白宫建立良好的关系同样会使他们获益良多。陆军应当认识到，仅仅通过将服役多年的杰出军官从一个战术岗位调任另一个岗位是无法产生优秀的战略领导人的。

除了发展技能、提升人格魅力和学习知识外，军种参谋长还需要关注其他方面。最重要的是，军种参谋长首先需要切实了解军队职业价值观、个人价值观和原则，这些都将成为其行为的指导。军种参谋长需要有全面的自我认识，清楚了解自身的长处、弱点、习惯、以及偏好等。在任职初期，他需要一段相对安静且不受干扰的时间，明确自己在什么问题上是可以谈判的，什么是决不能妥协的，什么是不能跨越的界限，什么是不能违反的标准等。另一方面，还要明确自己绝对不可容忍别人怎样的侵犯（比如下属的僭越等）。在应用原则时他必须保持一贯性，对自己及他人都一视同仁。

军种参谋长还需要拥有一个符合自我风格的信息收集及决策系统。首先，尽管五角大楼有自己的行事流程，但军种参谋长不应受其控制，需要时甚至要让对方适应自己。其次，他应寻求途径从顾问们尤其是军外人士那里获取广泛意见。采集意见的对象可以是前军官、政治家、可信任的朋友、商界人士、以及学术界等。这些人应当和参谋长之间无利益纠葛，所以可以自由地表达意见。军种参谋长并非一定要接受他们的建议，但是能够获得其他各种不同视角的意见对他是十分有利的。在军种内部，参谋长应努力就专业议题促进争论和决断性思维。参谋长的个人关注和认知能够创造各种机会和外界联络，如每年在军种学院或战争学院召开的军种联合会议等。军种参谋长还应促进与媒体的良性互动，自己要以身作则接受采访，并要求下属也这么做。如果平时能通过媒体建立一个正直坦诚的好名声，危机出现时肯定会有所回报。

军种参谋长在与上级、老板、军种部长等各方巩固关系的同时，也不能忽视副参谋长等直接下级，因为前者负责指挥着军种，后者负责日常运作。参谋长必须与以上几位外加军种副部长都建立相互依存的互信关系，不幸的是，这一点却并非常常能做到。军种参谋长在努力建立与参谋长联席会议、国防部长、国防部长幕僚和秘书们的关系时，有时候能构筑互信，有时候则很难（正如拉姆斯菲尔德和他的秘书们就是不信任辛塞奇），但参谋长必须迈出主动建立联系的第一步，并使他的监管人了解自己军种的专业性和能力。能否建立良好的关系会直接影响到参谋长能否有效行使自己的三项重要职能。

最后一点，同样重要的是，从军种参谋长到副参谋长、参谋长助理、以及下属指挥官都必须与国会议员建立良好关系。每年军种参谋长都得参加若干次参众两院武装力量委员会或国防预算分委会的听证会。这些委员会的成员对决定军种未来有着举足轻重的影响力，所以参加听证会前有必要多了解他们。私下和他们交往，了解其关注点，向他们解释军种的需求，并尊重宪法赋予他们在共同防务领域的职能，这一切都会给军种带来好处；反之，如果工作没做到位则可能会给军种带来大麻烦。军种参谋长在积极参与的同时还须保持自己公平公正的无党派立场。

对军种参谋长的职位而言，最错综复杂的问题是要面对各种不同类型的上司。行政官员和国会议员常常是政治对手，但作为政府的两个职能部门，双方都是军种参谋长需要忠诚服务的对象。采取什么方式向这两者提供自己最专业的军事建议是军种参谋长任职伊始就必须早早确定的问题。他要坦率地对待参议院武装力量委员会，那么对待国防部长是否也要同样的坦率？在公开委员会听证会作证时是否要公开说出其曾向总统、参联会和作战指挥官们提出过的个人意见？这不仅仅是个学术问题。军种参谋长一定要在任职初期就先确立如何决策的指导原则，然后，向国防部的上级清楚解释这些原则以防范危机的出现。

当参谋长与上级因某些事务产生不同意见时，首先他应该解释清楚自己的立场；在上级做出决定后，他应尽全力执行命令。然而有时候执行命令并不是简单的事。例如遇到极端事件，或者根据他的判断上级的决定可能损害军队机构或国家安全时，他必须谨慎行事。无论何种情况，他都应详细阐明风险：如任务失败的风险、以及部队和军人的作战风险等。他应坚持让上级完全了解他的顾虑，让对方明白，如果忽视他的建议，他们必须为自己的决策承担责任。把个人的顾虑写下来是个好方法，能够有效地进行问责。

即使自己的建议被驳回，军种参谋长仍应坚决执行命令。至于是否会危害国家安全或有损军事机构利益，这类问题是文职官员的职权范围。只有在极端的境况下，例如根据其判断，认定正在被要求执行的命令是非法的、邪恶的或者不道德的，则应当考虑采取辞职等其他行动。当然，这样的情况极少发生。

若军种参谋长在某个国家进口项目上的意见被驳回，他必须决定采用何种方式与国会成员处理这个问题。同样，在危机发生之前先考虑到这些问题，并确定个人的原则这种方式是极其有效的。当然他应当拒绝说谎或含糊其辞。如果已经在某个内部会议中表达过自己对决定的反对意见，他有权力拒绝对决定表达公开支持。他可以尽量避免类似国会听证会等场合，以免会被提问有关此类决策的问题。在极端情况下，参谋长可以请求文职领导批准他可以和国会成员进行私下会面来解释他的观点，以避免公开对抗，因为公开对抗可能会使他和他的军种都成为政治交火的牺牲品。如何应对此类情况是个常见的问题，但是很难给出满意的回答，坚持原则在此处就显得尤为重要。

辛塞奇将军最宝贵的财富就是他正直的名声。尽管他一直没能和拉姆斯菲尔德及其助理们建立互信关系，但为他们提供了自己最好的建议和真实可靠的专业判断。对待国会和各委员会也同样如此。2003年2月他回答列文参议员的提问时尽管没有像对布什总统提建议时那么直截了当，但是无论对哪一方他都说出了真相。

十三、构建军政关系：信任

应该如何构建军政关系并促进政策和战略的有效成果呢？亨廷顿的模式（或者其他什么模式）能在政治军事关系领域管理军政关系吗？

亨廷顿"客观文人控制"的观点是一个理想类型，但是与人类真实现状不符。他认为应在战略和政策之间、军人和政治家的职能任务之间树立一堵墙。也许每个政党都做过此类尝试，然而结果表明维持那堵墙是不可能的。原因是多方面的，如战争的本质、政策和战略的无缝联结、宪法规定的战争权力的分离以及克劳塞维茨的观点：即战争是政策以其他方式的延伸。亨廷顿的理论墙存在重大缺陷：它将政策责任从战略责任中分离出来。这种分叉对军人以及他们的文职上级的要求都太低。克劳塞维茨认为，"在最高层，战争的艺术转化成了政策，"而且两者之间的分界线是能互相渗透的，军人和文官都能够且都应维护他们共享的责任以获得好的政策和战略，并进行良好互动。美国的宪法要求这一点，日常现实也要求这一点。所有军官都宣誓要维护宪法；文职官员也同样如此，宪法要求他们都要对选民负责，承担共同防务的职责。因此，这是文官和军人双方共同的责任。和亨廷顿的观点相反，承认责任共享并不违反军事专业主义。

亨廷顿的模式还忽视了另外一个复杂问题，即行政部门和立法部门对军队的双重控制。在政治军事关系领域，军政关系从来不会像将军和五角大楼的文职领导进行一个对话那么简单。由于来自不同党派，参众两院或是白宫的政治家们总是处于互相竞争的关系，他们有着各自不同拥护的对象、利益以及支持者，使得军政关系变得扑朔迷离——换而言之，是民主造成的这个结果。如果缺乏政治文化的专业技能，军官们别指望能在风暴中全身而退。

为弥补亨廷顿模式中的不足，艾略特·科恩推出了一个更玄妙的军政关系理论，称之为"不平等的对话"，指在军政领导者之间进行一场持续的对话。在激烈且坦率的言语交锋中，文官必须总是能占上风。今天的职业军人大多像辛塞奇将军所表现的那样，乐于拥护文官对军队控制的原则。科恩的模式则要求他们同样要接受文官和军方领导者共享重迭的权力和管辖区域这一令某些人不安的观点。军方领导人进行有政治影响的作战决策，恰如文官制定对战略和作战事务有影响的政策。当然，文职权威必须占主导，文官甚至会希望主导作战细节等方面，这种观点可能让军官们觉得无法接受，因为这要求领导者具有足够成熟的职业水平——自我牺牲、对不确定状况的承受力、以及愿意接受重大妥协，即使存在价值观的冲突也是如此。不过这就是文人控制的本质。

科恩的"不平等对话"同样存在着缺陷。尽心尽力参与不平等对话的军政领导人未必就能达成成功的政策决定；即使在完美情况下，人类终究会有不足。他们可能缺乏完整信息或无法辨别最重要的信息，可能会误解历史上的先例，或者没法获得公共支持，或者会低估敌人。总之，在决策的领域永远没有成功的保证。

此外，任何模型都不能提供成功军政关系的最核心要素：军人和政客们之间的互信关系。当然，信任是所有健康人类关系的道德基础，也是所有机构有效运作的保障。然而，人类之间的信任从来都不是想当然的；信任的建立要靠双方的共识和共同努力。只要有一方不同意，信任就不可能存在，正是这个原因造成了拉姆斯菲尔德和辛塞奇的恶劣关系。

最后，没有一种模式能完全表述军政关系。我们可以对高级军官进行培训和教育。作为政治体，我们可以要求领导人为他们的决定负责。我们坚持文人控制军队，坚持行政机构和立法机构双重控制的相互制衡。我们可以努力推广对克劳塞维茨所表达的战略与政策的关系的理解。我们还可以重视军政领导人个人品质培养，例如正直、自我认识以及谦虚等，因为这些品质能够培养诚信。但是没有一个模式是可以守护军政关系理想状态的万能药，因为这不适合美国国家的政治现状，是对专业判断和政治行动的不必要的限制，而且违背了人类本性。

十四、结束语

辛塞奇将军在退休后显得非常安静。尽管伊拉克战争仍然是美国核心的国家安全挑战，但辛塞奇很少接受访问，几乎不发表演讲，也不在电视上露面对正在进行中的作战进行批评（即使许多退休的前同事都这么做）。值得注意的是，2006年春季许多退休将领集体要求拉姆斯菲尔德辞职，他也没有加入。

然而，辛塞奇2003年2月的证词和6月的告别演说成了批评布什政府进行战争的范文。许多相关意见和分析材料都引用了他的警告。参议员、将军、总统候选人常常引用他在伊拉克战争开始时提出的需要更强大的军队的呼吁。2006年11月15日，中央司令部指挥官约翰·阿比扎伊德（John Abizaid）将军在国会的证词中承认：辛塞奇对攻占伊拉克所需军队规模的预测被证明是正确的。2007年1月政府开始改变战略，派遣更多军队去保卫巴格达，后来被称为"增兵"战略，有些人认为这个转变来得太晚，力度还不够大。在布什总统宣布战争胜利的五年后，人们依然在质疑伊拉克战争的结果。毫无疑问，如果国防部长拉姆斯菲尔德和辛塞奇将军之间能有更多沟通和互信，美国的政策和战略也许会更好。

[编译自/《美国军政关系——新时代的士兵与国家》（American Civil-Military Relations: The Soldier and the State in a New Era）第三章；作者/马修·摩顿（Matthew Moten）]

第五章
美国军政关系问题重重但没有危机

强大的职业军事组织很难与民主和平共处，这是亨廷顿《军人与国家》一书的基本观点。研究军政关系的许多人对其指出的问题及解决方法并不怎么认同，但大多数人都认为军方和政界两大阵营之间的关系一直存在着严重问题。有些人甚至认为近来此问题已经严重到了"危机"的程度。

事实果真如此吗？20世纪50年代，一个似乎非常明显的现象是职业军人对外交政策的影响有可能引发严重的政治冲突。但自那以后的半个多世纪以来，虽然经历了艰难的战争考验和美国社会内部严重的政治分裂，这种情况并未真正发生过。军政关系的现状的确值得关注，但政治和政府都问题重重。政界和官僚机构对影响力和控制权的争夺渗透于美国的国家生活。但与20世纪许多人所担心的相反的是，军政关系并不是一个了不得的问题，就好比民主国家的内部冲突没有什么大不了的一样。

军政关系问题是如何得以管控的呢？显然不是通过采取亨廷顿客观控制或主观控制的理想模式而实现的，而且这两种模式也从未被正式公认为标准规范，因为理想模式与实际操作之间总会存在差异。事实上，两者之间一直在谋求一种动态平衡，因为政治的参与者们自觉不自觉地灵活运用着这两种方式。

但无论哪种方式都有问题。学界批评者往往聚焦于客观控制的缺陷，军界评论者反对主观控制，而政界评论者则在不同时期关注不同的方向。在现实情况中，多数理想的解决方案往往是采取折中的形式。事实上，客观控制永远不应延伸到绝对的劳动分工，也不应剥夺文职领导指挥军事行动的权利。但一般而言，自亨廷顿的专著发表以来，其反对主观控制的立场在21世纪一直具有市场。这是因为客观控制的批评者一直强调客观控制模式下的职业军人可能存在做出错误军事决策的风险，但与此同时他们却忽略了主观控制模式下军事政治化带来的风险，而这样的风险恰恰是客观控制可以避免的。

本章概述了评估文人控制现状的职责范围，概括了军事领导者和文人领导者之间紧张关系长期存在的主要根源，探索了国际国内政治环境的变化对军政关系发展的影响程度，分析说明了这些变化并非决定性因素的原因。本文认为自20世纪60年代初以来，文人控制问题一直是温和可控的。文章最后阐述了倾向于亨廷顿客观控制模式的理由。

一、军事政策的两面性

亨廷顿《军人与国家》所关注的背景是：冷战对美国提出了史无前例的要求，即和平时期旷日持久的动员。美国再也不能依靠其战争状态下维持武装力量的军事体制和军政传统。在冷战中，职业军人不得不在国家生活中持续地而不是偶然地发挥重要作用。出现这种新的挑战是因为美国必须以持久的力量应对一个超级大国的牵制和威慑。

那么冷战之后以及20世纪40—90年代史无前例的持续动员之后，美国的国防体制为何没有回归其历史传统与常规状态？虽然拥有建国200余年的实践经验，虽然过去半个多世纪一直关注军事事务，但为什么仍然不能确定职业军人介入国家政治和战略的合理程度？答案究竟在于国家安全的外部发展因素，在于国内政治和政府政策的内部发展因素，还是在于其他什么方面？

亨廷顿的第二部著作《共同防御》（*The Common Defense*）描绘了军政关系更广阔的政治画面。它以美国政策外域和内域的相互关系开始阐述：

第五章 美国军政关系问题重重但没有危机

"军事政策中最特别、最奇妙、同时也是最麻烦之处在于其两面性。的确,军事政策不仅面向两个方向,而且存在于两个世界中。一个世界是国际政治领域。在这个世界中强调平衡各方力量,有战争与盟友、微妙的外交斡旋与无情的武力使用等。这个世界的主要通货是实际或潜在的军事力量,包括军队、武器和战舰等。另一个世界是国内政治领域。这个世界由利益集团、政党、各社会阶级构成,他们的利益诉求和目标互相冲突。这个世界的通货是社会资源:人、钱和物。军事政策的任何重大决定都会影响到这两个世界,同时也被这两个世界所影响。根据一个世界的通货所做的决策往往可以在另一个世界中获得回报。然而,以何种利率进行交换则通常不能确定。"①

军事政策的两面性特点在亨廷顿的《军人与国家》中体现为两种"需求",即功能性需求(战争实施与战争威慑的作用)和社会性需求(职业军人与自由美国社会和意识形态秩序的一致性),亨廷顿使用这两种"需求"是为了更好地诠释军政关系中的具体挑战。亨廷顿认为,一方面,"社会内部不可能包含只承担纯粹'功能性需求'的军事机构";另一方面,冷战使"功能性需求"处于优先地位。从历史角度看,美国人可以通过抑制军事专业主义来解决军政关系问题,但20世纪中期美国面临巨大的威胁,不可能继续这样做,"以前的主要问题是:什么模式的军政关系与美国自由民主价值观最匹配? 但现在更重要的问题是:什么模式的军政关系能最好地维护美国的国家安全?"②

虽然这两种"需求"的优先事项发生了变化,但它们之间的相互关系仍然是亨廷顿聚焦的中心议题。这两种"需求"不能偏废,折中模式应该是研究的着力点。但对之后多年军政关系发展历程表示不满的批评者,或

---

① Samuel P. Huntington, *The Common Defense: Strategic Programs in National Politics* (New York: Columbia University Press, 1961), p. 1.

② Samuel P. Huntington, *The Soldier and the State: The Theory and Politics of Civil-Military Relations* (Cambridge, MA: Belknap Press of Harvard University Press, 1957), pp. 2 – 3.

者对亨廷顿客观控制优先模式持反对态度的批评者并未认识到这一点。许多人只是偏重于这两个问题的某一个方面，有些人并不喜欢客观控制，因为它似乎加深了军方与社会其他阶层的"隔阂"，但这些批评者并没有去关注"功能性需求"的作用，也就是说，没有去关注客观控制所取得的军事效能。其他批评者不喜欢客观控制，因为这种模式似乎剥夺了文人对军事行动和军事战略的话语权，但他们也没有直言不讳地赞成主观控制。有关客观控制的辩论，存在的部分问题是他们没有涉及军事政策的两面性，或者说对军政关系的两种"需求"没有给予同样的关注。

自20世纪中叶以来，军政领导者之间的摩擦突出主要是因为两个经常出现的原因。一是有关战略与作战：如果不承诺使用"优势兵力"，职业军人往往不愿意采取作战行动，而政治家则通常对发动"低姿态战争"，或者说对花钱不多、经济上合算的干涉行动更感兴趣。另外一个原因是有关管理与控制：军事技能与政治权威之间的界限问题以及军事领导者的影响力过大或不足的问题。

对优势兵力的偏爱是美国的军事传统，因为它与"决定性行动"密切相关，与之相对的则是"零碎的压力"和"无效的压力"。这种偏爱植根于对作战行动不可预见的感受，植根于克劳塞维茨"摩擦"理论的影响力以及难以预料的敌人的适应性。所以一般认为最保险的做法是彻底摧毁敌人，而不是稍做打击。（这并不意味着军人喜欢全面战争，只是说他们宁可不恰当地运用超过必需的力量以屈人之兵，实现美国人的需要。）

保守的政治家往往赞同这种看法。20世纪90年代众所周知的"鲍威尔主义"（Powell Doctrine）说到底就是早其十年的"温伯格主义"的翻版。自由和新保守主义政治家（相对于极端保守主义者或左派分子）常常被描述成"故意妨碍议案的通过"，"夸大危险，言不由衷，企图将任何失败都归咎到文人政府，为自己树立丰碑"，等等。文人常常对使用小规模兵力去完成预期任务更感兴趣，譬如去国外维和或者惩治可恶的政权。他们希望在使用兵力时要经济，不要过度杀伤，但军人往往认为这些要求很天真，不负责任。参联会主席科林·鲍威尔曾向记者抱怨说，"只要他们对我说使用有限武力,他们的意思是不在乎你是否达成目标。"①

过去,在制定预算管理和采购计划时,或者当文官干预作战行动中的战术选择时,常常出现这样的问题:如何划定文人政策制定者与职业军人之间合法的权力界限。在政界,这种争论在60年代和2001—2006年期间最为激烈。在学界,两种截然不同的观点泾渭分明。一种观点与亨廷顿模式完全不同,认为文人应该发挥更加积极的作用,应该更深地介入军事机构的各个层级,应该超越被设想为客观控制的劳动分工所允许的范围。另一种观点则明确赞成劳动分工原则,认为文人的干预会产生糟糕的功能性后果:幼稚或不诚实的政客们会制定不负责任的军事战略,军事计划和作战行动中会出现腐败行为。

第一种观点的代表人物有格雷汉姆·艾里森(Graham Allison)、巴里·波森(Barry Posen)以及艾略特·科恩。他们试图强化克劳塞维茨的基本观点,认为只要战争或备战是理性的,国家政策与作战行动就必须相互融合,而不是彼此分离。艾里森在决策"组织过程"模式中强调:像军队这类复杂组织如果视域狭隘或目标错置可能导致错误地执行政策,产生难以预料的结果,引发更多的意外事件。该观点认为,为了避免官僚机构在关键时刻出现纰漏,最高决策者需要探察战术细节,介入军事指挥系统,以确保使用武力的时候"标准作战程序"(standard operating procedures)不会使总统的作战意图打折扣。波森认为,不能指望军人去适应条令或者建立与战略环境相匹配的军事力量,文职领导者应该"审查"作战计划,并与军官团的少数派合作,因为他们可能会理智地提供一些新的解决思路。科恩则提出,伟大的文人战争领袖的特征就是充满灵感,愿意去质疑军方对作战事务的建议;此外,当双方的判断产生分歧时,能够为军方的倾向意见提供不同选择。科恩是直接反对亨廷顿客观控制模式的代表人物,称这种模式为军政关系的"标准理论"(这种标准仅存在于军官之中,文职政治家和普通观察者并无反对主观控制的共识)。科恩考察了文人战争领袖的案例,发现他们的军事判断力似乎比军方的更好。

---

① Colin Powell with Joseph E. Persico, My American Journey (New York: Random House, 1995), p. 558.

军政关系研究中与此相反的观点主要存在于职业军人之中，其代表性观点体现在麦克马斯特（H. R. McMaster）的《玩忽职守》之中。此观点指出，过去半个世纪中，导致美国国家安全政策灾难的最大过错莫过于林登·约翰逊（Lyndon Johnson）和罗伯特·麦克纳马拉（Robert McNamara）在越战时实施"不赢战略，全然不顾军事领导者的专业忠告"。其次则是参联会，正如《玩忽职守》书名所言，他们同意了错误计划，在政府涉嫌言行不一时保持了沉默，没有选择辞职或者向国会坦陈己见。换句话说，参联会主席厄尔·惠勒（Earle Wheeler）及其幕僚的过错是他们的做法正如科恩所说的那样，不认同上级的意见，上级一旦做出决定则缄口不语，虽然这显得很不负责任。

有关军政关系争论的依据均来自冷战或更早时期。亨廷顿的观点立足于20世纪50年代美国政治制度的组织情况。但自那时以来，美国国家安全的战略环境以及美国政策的国内环境都已发生了显著变化。这些重大变化是否会改变亨廷顿理论的内在逻辑，或者改变人们对他的批评态度？

二、外国威胁的新面孔

1957年，学者在思考冷战可能的结束方式时，大概会认为：假如冷战结束，一定是敌人无条件投降，事实也是如此。当时社会所关注的重点是如何抑制国内军方势力，这种关注将会再次出现。1989年之后外部威胁发生的变化与20世纪40年代一样非常深远，那时，世界的变化让美国进入了世界政治的中心舞台，为其带来了相对强大的影响力和安全感。但现在美国运用到国防的经济总量为什么要比1939年高3倍？1939年是美国备战的最后一年，当时花在国防上的费用占GDP的1.4%。与苏联的175个师和4万枚核武器相比，现在的美国没有面临那么大的威胁。（"基地"组织也只是看起来强大，因为它是城镇的唯一威胁）。在20世纪90年代的激情岁月里，信奉实力政策的某些观察家认为，美国可能"向前发展到过去",也就是说,从长期和平环境下不正常的高度战备以及对外激进主义政策转向一种比较宽松的外交政策,主要强化经济互动,同时警惕其他列强的崛起,而且诉诸武力时有节制。不过这种情况并未发生。历史准则常常是胜利之后遣散军队,但美国的做法恰恰相反,和平时期保持着一支大规模常备军。美国外交政策的持续激进主义腐蚀了军政关系,因为它使崇尚实力思维的军人与理想主义的文官之间出现了分歧。

虽然击败了法西斯主义和共产主义前所未有的挑战,但美国激进主义在国外并未收敛,而是更加肆无忌惮。苏联解体后的15年间,美国发起的"热战"(hot war)是冷战时期的两倍,小规模干预的频度也大体相当,而这15年的时间只有冷战期的三分之一。单就美国军事预算而言,除去实际用于战争的开支,2008年就超过5000亿美元,差不多是世界其他国家军费支出的总和,是所有潜在敌对国总和的5倍。这种规模的军费支出并不是为了对付"基地"组织,因为对"基地"组织主要依赖情报收集和特种作战,占国防预算的比例并不大。1991年伊拉克战争、1999年科索沃战争、2001年以来的阿富汗战争以及2003年以来的伊拉克战争,这四场战争的规模均小于朝鲜战争和越战,产生的财政负担均低于冷战时期。占GDP比重4%的军费虽然低于以往大多数时期的6%—9%,但远远高于20世纪中叶之前的常规标准。

目前的激进主义是由2001年的"9·11"事件引起的,但即使在此之前,美国也没有"向前发展到过去"。虽然在20世纪90年代部队规模和预算标准均显著下降,并且相对于冷战时期降幅很大,但和平时期保持的这么一支军事机构较之于1940年之前仍然是庞大的。在为期50年的世界战争期间,在欧洲、在亚洲、在冷战中、在几乎每一个大陆,美国人养成了做"老大"的习惯。苏联的解体更容易纵容这种冲动:承担维持世界秩序的使命,付出的成本似乎较低,因为用于比较的参照标准都是美国人在生活实践中所知的基准线,而不是基于美利坚合众国的前150年历史。截至冷战结束时,在未到退休年龄的所有人的记忆中,美国一直拥有一支大型武装力量。

目前保持冷战规模的国防预算部分原因是维持军事机构的费用上升

了,新技术的使用也增加了,而且需要更多的激励才能吸引人们自愿参军或再次入伍。武器系统成本费用的增加大大超过了通货膨胀率,医疗卫生费用、薪酬与津贴、以及其他人力资源投资也远远高于冷战初期的募兵负担。依赖军费生存的公司更加老练地游走在不同的国会选区之间,鼓动制定政治拨款政策。然而,这些并不是维持庞大基准军费预算的原因。在当今没有强大对手的世界,假如美国维持庞大的军事力量是为了保卫美国领土和重大利益,所需军力的数量和质量不应超出推翻那些令人反感的政权、推行诸如民主等美国价值观、以及调节世界秩序所必需的数量和质量。

从柏林墙倒塌到"基地"组织发起"9·11"攻击的这段时间,较之于20世纪30年代之后的任何时间,美国外交政策的目标与其说是必要性问题不如说是选择性问题。外交政策无需担心力量平衡,因为根本就没有平衡,只有美国一家独大。1991年伊拉克战争轻而易举取得辉煌胜利之后,主要问题是维护世界秩序需承担多大责任,如何在小规模冲突中发挥美国的领导力和控制力,避免流血或花费太多。争议主要围绕着何时何地开展人道干预、维和、以及执法。履行作战义务的决定都是涉及像波斯尼亚和科索沃那样的小规模战争,迫使动荡国家或社会按照西方社会的文明标准自我重建。

这些选择产生了轻微的军政关系紧张。克林顿和"9·11"之后乔治·W·布什总统新威尔逊主义(neo-Wilsonian)的冲动行为意味着文人领导对战争的看法接近于20世纪初的情况,那时的经验是使西部边疆获得安宁。正如莫里斯·简诺威茨所描述的那样,战争"从根本上说是一种惩罚性行为,使那些生活在法律和秩序规则之外的人回归到文明的轨道。它与有组织使用暴力的哲学没有多少关系,其目的是求得具体的政治解决或实现新的力量平衡。军事行动的目标是推动整体的政治融合,或者仅仅是'惩罚'无法无天者。"[1]

对职业军人而言,这种思维方式令人担忧。他们早已忘记西部边疆的

---

[1] Morris Janowitz, *The Professional Soldier: A Social and Political Portrait* (New York: Free Press, 1971), pp. 260 - 61.

经历以及对加勒比海地区的管制,相反,他们面向现代常规战争,与相应的军事对手作战。20世纪40年代军队在欧洲和太平洋的战绩以及在北约中线备战第三次世界大战的45年确立了职业军人的自我形象,尤其是因为越战经历证实了他们对非常规战争的厌恶。拥有大规模军队的"无赖"国家取代了苏联集团成为军方战略规划的目标。

直到2003年之后,这种倾向才如同20世纪60年代那样遇到了有力挑战。"9·11"及其之后发生的情况凸显了非常规作战的重要性,但大多数职业军人仍然把它看作一种额外的重要任务,而不是最主要的任务。伊拉克战争的常规初始阶段未能取得胜利,使战争最终失利,给军心士气带来了沉重打击。平叛中的非决定性行动使军政关系更趋紧张,虽然其程度不及越战所造成的那么严重(当时的主要争议在于对北越的空战,但是在伊拉克没有这种情况)。

越战之后,两大阵营之间的摩擦相对于50年代和60年代还是温和的。空军于总统约翰·肯尼迪和国防部长罗伯特·麦克纳马拉时期开始反抗文官,理查德·尼克松和国防部长詹姆斯·施莱辛格(James Schlesinger)时期同样如此,空军提出了一个有限核战争的选项清单,但吉米·卡特总统将其搁置。此外,各军种常常与大型官僚机构一样,容易抗命不遵,疗越战之伤,回归到他们擅长的任务类型:对前苏联的常规威慑以及为第三次世界大战做准备。军方希望忘记越战,文职领导者却没有采取有效措施,也没有坚持让军队维持平叛能力以应对未来挑战——这是一个严重错误,在2003年伊拉克战争中终于自食恶果。

21世纪美国已不可能依赖欧洲,更不能忽视非常规战争。一个应该高度重视的强大对手或联盟可能在未来几年出现:一个发展壮大的中国,或者中国与复兴后的俄罗斯的联盟。但在力量均衡政策回归之前,主要问题将是如何在全球范围内打赢与基地组织及其盟友的平叛战争,是否要使用美国军力去承担慈善性任务(即人道主义干预)以及实现宏大抱负(即调整世界秩序)。常规军是开展平叛行动的第二种工具,任务的选择仍然是现实主义军人和理想主义政治家之间潜在的争议问题。主张使用武力推进正义和民主的狂热分子(20世纪90年代是自由派,此后是新保守派)认为，可以用较低的成本来完成任务。军事悲观主义者认为，如果要他们支持帝国的做法，他们将继续致力于推动优势兵力。

三、政府的新面孔

过去50年来，政治进程、制度约束和党派倾向等领域的变革都已加速发展。最经常被提到的令人不安的问题就是军官团的"共和党化"，但是，除非放弃客观控制原则，否则这个问题实际上并非特别有威胁的变化（我以民主党人的身份这么说）。引起最大负面影响的变革则是人们在文人控制辩论中很少注意到的：20世纪70年代陆军进行重建时，需要招募后备役部队来完成重大的偶发事件。

来看一看政府与政治发展过程中的一些里程碑事件：

(1)《军人与国家》出版后的第二年，1958年国防机构的立法重组确立了统一规范的司令部体制（后来国防部长罗纳德·拉姆斯菲尔德将其更名为"作战司令部"）；这些机构演变为重要的区域性军政协调中心，负责管理这些中心的四星将官们具有极大的外交影响力。

(2) 随后几年，三军参谋部门、司令部、参谋长联席会议（JCS），文职的国防部秘书处，国家安全委员会（NSC），以及国会各委员会和机构，譬如国会预算委员会等，均得到了发展，各自发挥着不同的作用。

(3) 文官对五角大楼事务的强力管理始于60年代，随后减弱，但在2000年之后又恢复。

(4) 立法机构对外交关系、国防和情报活动的监管大大加强，国会设立了预算委员会。

(5) 国会认为通过1973年的《战争权力决议案》（War Powers Resolution）获得了宪法特权，但随后在与行政机构的竞争中未能实施其特权。

(6) 联邦预算用在国内项目的投资太多，而花在国防上的份额不断下降。

(7) 参联会通过1986年的《戈德华特—尼克尔斯国防部重组法》得到加强，但被剥离出指挥系统。

(8) 征兵制的终结使得具有从军经历的美国民众的比例持续下降。政治精英，尤其是国会中，具有从军经历的人员比例小于美国民众中的比例，而传统上这些领域退役军人比例较高。

(9) 许多传统上的军事支援任务已私有化，转交给了像哈利伯顿（Halliburton）、凯洛格布朗路特（KBR）、以及戴阳国际（DynCorp）这样的民营公司。

(10) 两个全国性的政党更加分化，军官中的党派认同更加明显，更加集中。

有一个意义重大但未引起足够关注的变化就是对资源限制的放宽。这颇具讽刺意味，因为与以前增加的数额相比，现今军队内部的预算非常紧张，增加的那么一点军费难以维持军力部署的数量。20世纪60年代初，军费实际增长13%，"陆军作战师的数量从11个增加到16个，空军战术联队从16个增加到21个。海军陆战队的兵力从17.5万增加到19万人，陆军增加了10万人。"90年代后期军费预算的大幅增加（10年间年均6%，是二战后绝无仅有的时期），足以支付军力部署的小幅增加。2009财年总统要求的国防支出总额，包括战争花费，超过7000亿美元，扣除物价因素，几乎比1968年越战高峰时多40%。而那时部署在战区的美国军人数量是现在的3倍，此外还有驻扎在德国的大规模威慑力量。

如果没有"9·11"之后的战略结构失调，目前的情况也许不会那么异常。"9·11"之前"变革"和"军事革命"的目标聚焦于常规战争，依赖于军力质量的最大限度提升。然而，全球维稳、非常规战争、以及在不同地方同时部署"地面部队"都需要耗费大量兵力，但海军和空军耗资巨大的高科技优势却只提供了少之又少的支援。在没有征兵制缓解压力的情况下持续部署和持续作战，维持地面部队的兵力水准需要花费更多的津贴和开支，军费可谓捉襟见肘。

然而，近来和平时期的军费并不少于以前与大国列强对抗的时期。事实上，在冷战初期，军费预算的决策标准常常与军队的"功能性需求"没有多大关系。在杜鲁门和艾森豪威尔执政期间，预算平衡的严肃性意味着军费支出是由"余数法"决定的：即税收总额减去国内项目、债务利息以及对外援助开支后剩下的部分用于国家安全支出。

这种情况在肯尼迪执政后发生了改变，肯尼迪政府宣布原则上美国为了其战略目标需要花多少钱就花多少钱。但实际上，军费预算也有上限，从而引发了不少摩擦。虽然文职管理者不会两手一摊说没钱，但他们可以否决军事建设项目提案，理由是文官对其必要性的认识要比职业军人周全。摒弃杜鲁门和艾森豪威尔政府的军费支出模式影响了文官对军队的控制，削弱了政府对军方"分而统驭"的能力，即政府要求各军种相互竞争有关项目计划并从中渔利。鉴于政府托辞说军费取决于"功能性需求"，各军种往往结成统一战线，支持彼此的项目计划。

20世纪40年代后期"B-36轰炸机与超级航母"之间曾产生巨大争议，20世纪90年代，针对应该发展什么样的投射火力——B-2轰炸机还是航母战斗群——海军与空军之间则完全没有发生争执，想一想两者之间有着天壤之别。相比于航母特混舰队的投资和运行费用，B-2轰炸机看起来比较经济，但空军并未在公开场合或国会强调战略空中力量是性价比更高的发展选项。空军将其他项目计划列入其优先发展清单，并认为只有总统和国会批准更多的国防预算，它才会有更多的B-2轰炸机。在早年，军方总预算的再次分配要通过参联会投票解决，空军也许会设法从总盘子中攫取较之于海军更大的份额。最近几年文职管理者和政治家被赋予更大的与权力取舍有关的项目计划，这种变化最终可能是明智的，但却提高了文人控制的代价：试图提高经济效率的努力对和谐的军政关系十分不利，冲突的焦点从军内各军种间瓜分蛋糕时的讨价还价转移到了军方与政府对蛋糕大小的争夺。

然而，民主党极力推动摆脱越战后软弱的形象，共和党逐渐摒弃对预算平衡的真正坚持——这种情况开始于理查德·尼克松1971年的著名宣言"我们现在都是凯恩斯主义者"，并且在罗纳德·里根和乔治·W·布什的削减税收优先于缩减开支时期得到了发展——国防预算变得不受约束。政治领导者熟练地管理着项目计划，军政关系得到了缓和，大部分时间内情况如此，除了麦克纳马拉和拉姆斯菲尔德任国防部长期间。一点点客观控制换取了内部和平，这种客观控制限制了批评家艾里森、波森和科恩所支持的文人对军事事务的介入性监督。

自亨廷顿著作问世以来，最大的变化之一就是职业军人毫不隐讳的政治倾向。如果说这是实行主观控制的理由，那么其含义被严重误解。从与文职政府政治上保持一致的人员中选择军事领导者从而实现对武装力量的掌控，将使一个有遗憾但可控的问题变成一个灾难性的问题。

在过去40年间，美国两党的态度均已发生改变，差不多互有交叉。以前，民主党人被共和党人贴上"战争党"的标签，他们对一战、二战和朝鲜战争负有责任。在冷战初期，民主党人通常也比共和党人更赞同军费开支。20世纪70年代，民主党人的立场则转变为反对军事支出，反对使用武力。对于这种立场的转变他们常常受到选民的奚落。80年代之后，他们对军事优先事务几乎没有干预。1994年至1999年间，克林顿政府在国防上的花费要高于其前任布什政府的同期计划。在2000年的选举中，甚至在"9·11"之前在俄罗斯遭受重创国力衰退的情况下，阿尔·戈尔许诺在下个10年国防花费将增加800亿美元，乔治·W·布什承诺每年增加200亿美元。比尔·布拉德利是那年唯一反对增加军费的主要候选人。2004年，两党中没有一个候选人提议削减军费，2008年中期情况也一样，获得提名的主要候选者中没有人提出这种建议。

约翰逊执政之后的数十年共和党成功地披上了民族主义的外衣，而民主党人缺乏战略远见的形象在美国民众中根深蒂固。各种迹象表明共和党在国家安全上的优势已达到巅峰，这些迹象包括：参议员詹姆斯·韦伯（James Webb）退出共和党但随后又回归到他青年时期就加入的这个党，民主党人试图招募其他退役军官担任国会候选人以及民主党人在向乔治·W·布什发起攻击时采取亲军方宣传语言。但职业军官们的意识形态已经保守化，符合亨廷顿的"军人心态"。他们在20世纪60年代之后就明显地共和党化，因为共和党的重组使保守主义色彩浓烈，而20世纪60年代之前相当多的人认为自己是民主党人。目前，军官的党派认同不太可能发生大的变化。

但那又怎么样呢？民主党执政后，军官的共和党倾向并没有违背文人控制。虽然有些评论家惊呼报道中的某些事例表现出对克林顿的不敬，但它们与其说是因为党派倾向，不如说是对克林顿个人的反军方情绪和行为的愤慨。军方反对克林顿允许同性恋者入伍的计划（关于该计划文职领导者意见也不一致），除此之外，克林顿并未感受到来自军方的麻烦。诚然，他并未挑战军方的许多偏好，但这是因为他在国防安全事务上应对大众舆情时表现得比较脆弱，不是因为他担心军方不服从。

虽然军官们一边倒地偏向共和党，但这并非他们履行职责时的主要考量因素，也不是职业政治化倾向的最大问题。军官的党派认同使得像克林顿这样的民主党人与军方下属之间维持着公事公办的关系。也许，如果对军方的主观控制付诸实施，这种情况会有所改变。如果民主党政府寻求民主党人担任军官，那么职务提升和任务分派就会政治化，军旅生涯中的个人升迁就要涉及明确的党派站队。因此，具有讽刺意义的是，当军政关系的处理遵循某种形式的客观控制时，军人的党派倾向倒不会出现多少问题。

与"功能性需求"（即军事效能）和"社会性需求"（即意识形态价值观的一致性）相联系的一种变化是战争的去民主化。美国的国防政策曾经致力于大规模社会动员以应对第二次世界大战，继而备战第三次世界大战，但这样的日子早已结束。许多人仍然不愿放弃庞大的军队所产生的社会效应。1940年之后数十年的征兵以及征兵制下的军官招募使得长久以来军人与社群之间的社会距离被全民武装的理念所取代。准备打大仗的标准使得许多美国人相信庞大的军队将有助于强化文人控制，因为庞大军队中的不同等级军官可以代表全体社会，而非只代表军队自我招募的职业精英。最近几年，军队与社会之间的"隔阂"再现让某些评论家感到惊恐。这部分反映了人们对没有代表性的军队是危险的这样的担心；部分反映了人们对杰克逊的依靠民兵组织和公民士兵思想的怀念，对从下到上对军事机构实行主观控制的渴望；部分反映了人们对社会精英缺失国防责任感的不满。只要军队规模小并且是自我遴选，人们对这种"隔阂"就无能为力，但也没有什么理由可担心变革会损害政治管理体制。在现代多种交流手段下，这种"隔阂"不可能变大。

军方的某些部门，尤其是陆军，同样很重视武装部队和社会民众之间的联系。从某种意义上说，如果不努力增强参军服役对民众的吸引力，目前来看，这一希望比较渺茫。常备军规模很小，同时又要把服兵役作为社会标准，基本上不太可能有这样的社会。此外，冷战时期军队公民化的特点业已逆转，因为军队更多的支援性功能已经由承包商承担，使得大多数军人可以专注于军事任务。换句话说，武装部队与地方社会保持联系绝不困难，因为现代交流手段使得军人与其他地方人员或机构的日常联系变得便捷（例如战场上的士兵可以与家人通过打电话或者发送电子邮件进行联系）。

无论军人的社会代表性如何，并无多少证据表明这对文人控制十分重要。倘若牺牲长期服役的军事专业主义，那将影响军事效能。实施征兵制，保持大规模兵力，可以防止军人篡权或胡作非为，这种观点比较感性，也让人满意，但它只在传统上军政关系存在问题的国家发挥重要作用，譬如法国。但事实上，除了限制士兵和低层军官拒绝执行反叛高官的非法命令之外，这种看法并不靠谱。征兵制部队并不能有效预防军事政变或叛乱，譬如法属阿尔及利亚、希腊、土耳其、阿根廷，等等。假如人们认为非职业军人可以对国家总的军事政治产生潜移默化的影响，这种看法缺乏令人信服的理由，因为参与制定政策的人总是那些职业高官，其职衔远远高于公民士兵。

四、有问题但没有危机

良好的军政关系的评判标准既不是军政双方完美和睦的关系，也不是军方对文人政府的巴结奉承和无条件服从。这两种情况都会出现问题，一种是军方影响力过大，另一种是军方没有足够权力，即文人政府不负责任地实施文人控制。前一种可能性是大多数民众所担心的，但是相较于第二种可能性，前者是否会对良好的政治秩序带来更大威胁呢？1957年以来的情况表明两者兼而有之。

较之于政治领导层与政府中其他职业集团和官僚集团的关系，军政关系更加引人关注，至少有三个原因。首先，军队被认为有能力通过武力施加政治意愿；其次，军政两大阵营之间如果政策目标或作战行动在交流和理解方面出现问题将可能增加危机风险和灾难；第三，政府政策与军方行动如果缺乏融合将可能引起战略混乱，即使武力本身的效果很好，也会导致诉诸武力时血白流，钱白花。对于第一种担心，即发生政变，即使最悲观的批评家也坦陈在美国不会发生。第二种危险在冷战期间尤其重要，误解和沟通失误有可能引发第三次世界大战。第三种情况则是经常存在的。

在亨廷顿时期，军政关系潜在的重大冲突似乎比现在严重。1957年，诞生于二战中的卫戍型国家只有15年历史，国家安全法和国防部的问世只有10年。二战期间军队在国家政策制定过程中发挥的作用要盖过国务院。乔治·马歇尔将军在二战后管理国务院和国防部多年；德怀特·艾森豪威尔将军成为西方世界最有影响力的政治领导人。更重要的是，在杜鲁门—麦克阿瑟争议事件中，比总统享有更高民望的最高军事指挥官表现出了明显的不服从，这件事也才过去了6年。从时间上看，今天比美西战争也更遥远。如今，美国持有一支大规模军队差不多已70年。1957年以来军人挑战文人控制的事例时有发生，但较之于麦克阿瑟逊色很多。

20世纪60年代初军政关系的紧张状态达到顶点，当时，一位年轻的总统、一名蛮横的国防部长以及一群自以为是的国防专家开始管理一支大型军队，而这支军队的领导者则是二战期间已成为将军的高级军官们。最糟糕的时期是古巴导弹危机发生期间，当时，海军作战部长乔治·安德森（George Anderson）与国防部长罗伯特·麦克纳马拉发生激烈冲突，其他高官们也对文职领导的优柔寡断颇有微词。显然军事领导层不服管束，不过并没有传说中的抗命行为，例如，格雷汉姆·艾里森在原版的《决策的本质》（Essence of Decision）中描述道，总统下令将封锁线设至更靠近古巴的地方，目的是让赫鲁晓夫（Khrushchev）有更多的时间去解决苏联船只停行的问题，海军没有执行命令，海军上将安德森拒绝向麦克纳马拉解释拦截靠近封锁线的第一艘苏联舰船时海军将采取的行动。另外一些文献资料称文职领导并不清楚美国反潜作战使用深水炸弹迫使苏联潜艇浮出水面，提高了"偶发战争"的风险。后来的研究表明这些说法都不符合事实。的确，正如约瑟夫·布沙尔（Joseph Bouchard）所证实的那样，麦克纳马拉确实发布过反潜作战程序命令，这些命令较之于和平时期更加激进。忙碌的文职领导并未完全理解这些技术手段的含义，也许他们后来改变了想法，但军方相关的程序和行动都经过了他们的审查和批准。

亨廷顿作品问世之后仅仅几年，肯尼迪政府成为转折点。正是在那个时期，在干预老挝、古巴和越南的危机讨论中，军政之间对有限使用武力还是决断性使用武力再次出现分歧。朝鲜的有限战争一直具有争议性，军方领导者意见也不一，但更多人倾向于使用有限武力（担心万一欧洲爆发战争，所需的资源被分散）。对肯尼迪以及随后的各任总统来说，文职领导实施的小规模战争通常会引发军方一致要求使用压倒性武力。这种情况抑制了文职领导对诉诸武力的兴趣，同时也挫伤了军方的积极性。

20世纪60年代初，军人与政客之间在相互理解、相互尊重、以及相互信任等方面出现了问题，其程度超过了那之前和之后的数十年。50年代，艾森豪威尔总统指示军方人员也来教育公众共产主义的危险性，这一举措导致了军事机构与右翼组织之间的正式合作。之后的数十年则并未出现这种官方间的联系。60年代初，新政府执政伊始，经历过二战的军方领导人要从服从五星上将艾森豪威尔的领导一下子转变到接受肯尼迪中尉的命令，这是一种极大的改变。人们把国防部麦克纳马拉办公室的"精明小子们"视作篡权者，麦克纳马拉则坚持根据他们作战行动中的相对优势而不是根据军种的要求来评估项目，这一做法打破了军事机构的传统。很明显，像勒梅（LeMay）和安德森这类傲慢的将军希望摆脱束缚，但他们的反抗受到遏制，在他们之后的军种部长或战区司令中没有人再给其文职领导制造过同样的麻烦。那些可能找麻烦的人根本就没有获得文职领导的提拔，或者在机构增选时没有得到任命。例如，陆军将军约翰·维西（John Vessey）在陆军参谋长提名时未获通过，原因就是他在接受采访时说不赞成卡特政府从韩国撤出地面部队的政策（虽然他后来被里根总统任命为参联会主席）。最近的例子则是海军陆战队司令官詹姆斯·琼斯（James Jones）拒绝在国防部长拉姆斯菲尔德的领导下担任参联会主席。

1962年导弹危机之后，军方对总统针对苏联的优先政策没有制造大的障碍，对苏联的政策是冷战时期具有重大意义的主要议题。在战略武器控制磋商中，参联会为补偿项目讨价还价，但最终支持了与苏联的条约。在有关武力使用的最主要问题，即越战上，军事领导者体现出了同样的服从意识。但是军方对约翰逊政府实施的有限战争表示了明确的保留意见，私底下牢骚满腹。有传言说，1967年参联会曾计划集体辞职。但实际情况是，参联会的各位将军没有辞职，也未发表公开抗议。事实上，他们的"顺从"反倒激怒了麦克马斯特等批评家。

亨廷顿著作发表以后，约翰逊及其继任者都没有碰到麦克莱伦或麦克阿瑟那样的人，再也没有陆军将领或海军司令像麦克阿瑟1944年那样在服现役时就嚣张地竞选总统，也没有任何人像艾森豪威尔1952年那样直接脱掉军服，参与总统竞选，挑战执政党。威斯特摩兰（Westmoreland）的确试图进入政界，但他并非是为了与国家决策者作对，这位"军界大腕"引发的威胁令人叹息：虽然曾在越南和陆军参谋长职位任职多年，但他输给了一名右翼牙医，失去了竞选南卡罗莱纳州州长的共和党提名。为数不多的试图进入高层选举政治的海军将领们情况也差不多，他们的行为与其说是引发了对"军界大腕"的戒备，不如说是引起了对他们的嘲讽：埃德温·沃克（Edwin Walker）少将被肯尼迪政府解除指挥权之后在1962年竞选德克萨斯州州长，排名第六，也就是最后；柯蒂斯·勒梅（Curtis LeMay）将军1968年作为副总统提名者参与乔治·华莱士（George Wallace）的独立党派总统竞选，但失败了；艾尔默·朱姆沃尔特（Elmo Zumwalt）海军上将1976年输掉了弗吉尼亚州民主党参议员提名；詹姆斯·斯托克代尔（James Stockdale）海军中将1992年作为罗斯·佩罗（Ross Perot）的竞选搭档在辩论中丢尽脸面；卫斯理·克拉克（Wesley Clark）将军2004年在竞争民主党总统提名时一败涂地。对职业军官来说，只有约翰·麦凯恩（John McCain）在总统候选人提名中获得过成功，但这发生在他从海军退役从政25年之后，此时他早已退出军界，也未获得将军军衔。麦凯恩的经历是唯一一个依靠军方声望获得政治资本的例子。

二战之后的60年间，除了克林顿之外的所有总统都是退伍军人，但他们基本上都属于公民士兵。自尤利塞斯·辛普森·格兰特（Ulysses S. Grant）以来，除了德怀特·艾森豪威尔之外，唯一一位竞选总统成功的职业军官（指的是常规军而不是后备役部队）则是吉米·卡特，他从海军退役时是一名年轻的上尉。不管怎么说，卡特几乎不太会让人联想到他曾经的职业军人身份。科林·鲍威尔倒是有机会问鼎总统职位的将军，但1996年他并未尝试。截至亨廷顿时代的34位美国总统中，军队英雄占了三分之一，其中6位是职业军官。（亨廷顿没有把华盛顿列入职业军人。如果把他算上，到1957年足足有五分之一的美国总统曾是职业将军）。过去半个世纪的9位总统中，只有肯尼迪和乔治·布什可以勉强算作军事英雄，但没有一位是陆军将军或海军上将。如今，像电影《十一月的一天》（One Day in November）所表现出的军事接管与《五月的七天》（Seven Days in May）一样似乎都构不成威胁。

在越战之后的战争中，驾驭军事领导者并不比越战时更难。在波斯尼亚、科索沃事件的背后，在第二次伊拉克战争的初始阶段，军方的确牢骚满腹，十分抓狂，但将军们在任何情况下都与总统保持一致，没有给总统制造政治难题，在华盛顿之外也没有听到他们的反对声音。在里根和克林顿执政时期，他们的确反对过那些热衷于干预军务的人，譬如，国务卿马德琳·奥尔布赖特（Madeleine Albright）曾愤怒地质问过科林·鲍威尔，"如果我们不能使用军队，那么养你们这支一直自诩超凡的军队又有什么意义呢？"克林顿时代遭受的威胁尤其突出，因为军方总是在指责他们的战略政策不专业，指责他们为了个人利益而逃避他们那代人应该参与的战争。如果说军事领导者借助内部争论影响政府决策，他们施加的这种影响力也绝无违法之处。总统最终决定是否使用武力，他们并未阻拦。例如1995年的波斯尼亚战争以及4年后的科索沃战争时期，克林顿政府的军政关系并不融洽，但并未产生危险。军政关系的失衡主要是由于政府领导层缺乏关系处理能力。（政府做的唯一一件在法律上正确的事情就是在C类任命中没有充分顾及越战老兵，因为如果按照美国人口的比例任命，克林顿政府中的老兵数量将是现在的3倍。）

在争论是否需要果断地、毫不犹豫地使用武力时，鲍威尔对克林顿的影响力要大于20世纪60年代参联会对约翰逊的影响力。这是否是对文人控制的一种打击呢？或者说这是政府内部源自健康辩论的好事呢？鲍威尔毫不隐晦地运用政治技巧推进他的战略优先事务，1992年《纽约时报》专栏文章（即"将军们为什么会紧张"）讨论为什么要避免有限干预巴尔干的原因时，评论家们对其政治技巧大肆渲染，好像他要篡夺文职领导权似的。但这篇文章预先得到了国防部长和国家安全委员会的审批。认为该文不合适的主要依据是：该文出现在大选期间，在野党候选人暗示了军人干政。也许这一事件损害了鲍威尔的形象，但假如是这样，就很难说明职业政府官员可以对一项假定的政策措施可能会产生怎样的操作性问题随意发表观点，因为这会引发人们对政府政策的质疑。

2002年准备进攻伊拉克时，军方表现得更像惠勒或威斯特摩兰，而不是鲍威尔，这是不是表明军方逐渐回归到正确的行为规范或者说是麦克马斯特等人的失败？2003年拉姆斯菲尔德逐步削减入侵部队的规模并未引起军方公开的抗议，这种沉默对于了解陆军和海军陆战队偏好的观察家来说，其寂静效果简直达到"振聋发聩"的程度。将军们不仅没有反对，政客们还诱导军方自己做出正式决定，以至于拉姆斯菲尔德后来假惺惺地说他的将军们并没有提出更多的要求，虽然这谈不上说谎。

如果鲍威尔因为公开反对在野民主党赞成的政策而受到批评，那么能与之相比的主要争议话题则是2007年9月戴维·彼得雷乌斯（David Petraeus）将军提交给国会的报告。该报告为他在伊拉克所实施的战略做了辩解，但战争反对者们抨击他在布什政府内扮演着军事骗子的角色。的确，彼得雷乌斯坚定地站在总统一边，反对民主党批评者。但如果不为自己的战略辩解，军事指挥官又能做什么呢？如果他不信任实施的战略，他应该要求总统解除自己的职务，任命其他人心无旁骛地执行计划。如果总统不顾他的反对坚持要他留任——一种假设的不太现实的可能性——那么指挥官可以对有关战略拒绝作证，因为他的证词将会是不真实的。但很明显，彼得雷乌斯和布什总统在战略问题上是一致的，这也是战争状态下人们所期待的,除非出现像"杜鲁门—麦克阿瑟争议"那种不健康的毁灭性情形。左翼人士应该乐见彼得雷乌斯与总统唱反调但又能保住军事指挥权,他们可能会说麦克阿瑟就是这样的,一直拥有军权,当然这种说法他们谁也不信。因此,为了维持恰当的军政关系,战地指挥官还能做些什么呢?(我是以民主党人和伊拉克战争强烈批评者的身份说这样的话。)

这种情形是复杂的,又让人联想到朝鲜战争,因为彼得雷乌斯的观点没有获得华盛顿军事领导层的一致认可。有些人,譬如有报道说陆军参谋长乔治·凯西(George Casey)担心伊拉克战争的军事负担将会对美军其他军事任务带来消耗和损害,主张以更大规模和更快速度撤军。这又引发其他问题,譬如国会应该在多大程度上允许军事指挥官公开表达对总司令的异议,但这不足以指控彼得雷乌斯越线进入了政治禁区。

过去半个世纪,除了极少数个案之外,公然挑战文职最高权威的情况只局限于一些较小的事件,涉及一些高官。例如,1961年埃德温·沃克少将试图向他的师级部队灌输国内政治事务,约翰·辛劳布(John Singlaub)少将公开表示,不同意卡特政府从韩国撤出美军的计划。因为他们反映了军界对政府的普遍不满,更令人头疼的是,在克林顿执政初期,他们曾几次发表过对总统的不敬言论。这些都可以理解,特别是鉴于克林顿的履历——不仅仅因为他是二战后的十位总统中第一位没有服役经历的总统,而且因为他是故意逃避兵役,与反战分子站在一边。但这样一些事件得到了有效抑制,说其令人担忧主要是从军政关系应该融洽和谐和井然有序的角度出发的,而不是现实情形中领导者与政府机构的互动中真的出了什么问题。

过去半个世纪,对文职领导这种不算严重的公然冒犯出现过三次例外。一是约翰·拉韦尔(John Lavelle)将军,70年代初,他借"防护性反应"的幌子(即作战条例允许美军军机在受到袭击的情况下可以还击),未经授权对北越进行空袭。拉韦尔被解职并以较低军衔退役,但没有受到起诉,因为证据不足以说明他不服从文职领导。国会调查后对他免于起诉,总统的得力助手约翰·埃立希曼(John Ehrlichman)后来承认,是尼克松私下绕过国防部长莱尔德(Laird)下令进行空袭,不过参联会主席托马斯·穆勒（Thomas Moorer）对此表示否认。第二个例外是里根政府时期报告给国家安全委员会的两名军官约翰·鲍因德克斯特（John Poindexter）海军中将和奥利弗·诺斯（Oliver North）中校。他们暗中策划向伊朗销售武器，并将资金收入非法转移去支持尼加拉瓜的反叛组织。这些行为是数十年来军官对宪法最明目张胆的背叛，但鲍因德克斯特和诺斯在犯罪时，并不是在履行军职，不是在主张军方权益，不是在扮演军官角色，也不是在抗拒总统的权威。的确，他们在推进他们所服务的文职政府的政策目标，即使里根总统没有下令这么做。第三个例外则是军方领导人对克林顿总统允许同性恋者参军入伍计划的抵制。关于这个问题，将军们公开表示反对，他们的反对得到了政府（国会）其他部门的大力支持，要求总统妥协，其形式就好比亨廷顿所称的"国会游说功能"中的"肉搏战"。以上这些例外都不是小事，但没有一件对文人的政治统治构成大的挑战。文职高官甚至认为拉韦尔和辛劳布事件在他们的记忆中不值一提。

　　过去半个世纪以来，影响文人政治控制的主要问题也许并未广为人知，但确实造成了未曾预料的后果，而颇具讽刺意味的是，这也可能是职业军人试图融合社会性需求过程中的问题。20世纪70年代陆军参谋长克莱顿·艾布拉姆斯（Creighton Abrams）对陆军进行重组，将后备役部队和国民警卫队纳入作战计划，构建了"整体力量"（Total Force）。据非正式消息说，艾布拉姆斯的目标是避免重蹈越战的覆辙。当时几乎没有动员后备役部队，因为征召后备役部队会给人以全民参战的印象，这是政治领导人需避免的。没有确切证据表明陆军重组的目的是为了破坏文人控制。的确，陆军的重组是由国防部长雷尔德提出的，其目的主要是从有限的资源中获得更多的兵力。然而，重组的效果却限制了总司令的选择权。正如国防部长施莱辛格所说的那样，"军方希望在作战行动时民众也能采取相应的行动。"这种对总司令选择权的限制在20年间并未出现任何问题，其间唯一一场重要的战争是1991年的伊战，时间不长并且得到了公众的支持。

　　制度的这种处理方式在巴尔干持久的维和部署以及第二次伊战之前一直没有问题。在伊战的部署阶段，拉姆斯菲尔德采用恫吓方式迫使地面部队领导人大幅削减入侵伊拉克的兵力规模，并且打乱了《分阶段兵力部署表》。结果，战争进行到常规阶段时伊拉克没有政府行使职责，差不多15万美军部队占领着一个拥有2500万人口的区域。假如巴格达攻陷后有三倍的美军部队去实施"震慑"行动，不仅是在入侵阶段，而且也在占领阶段，那么历史也许会发生变化，也许能避免伊拉克的无政府状态，使反叛分子没有可乘之机。不过，拉姆斯菲尔德的决定获得了支持，部分原因是伊战是在后备动员减少的情况下进行的。从这个角度说，他的微观式指挥有悖于30年来的常规做法，即迫使文职领导面对战争的全面影响。

结果证明，2003年之后漫长的反叛乱维稳行动对后备役部队和国民警卫队提出了前所未有的要求，需要他们加入现役在作战区域持续不断地巡查，但这并没有在社会上引起多大反响，说明军事计划中实施的"周末士兵制度"（weekend-worrior system）再也不像20世纪70年代那样可能引发政治后果。把艾布拉姆斯施行的陆军重组视作政治施压手段的人可能没有完全理解：对国家责任的担当就是要愿意将应征入伍者派出去打仗，而打仗必须依赖大规模现役部队。因此，布什政府并没有遇到约翰逊和尼克松越战征兵时所遇到的那种强大的国内政治阻力。当然，依赖后备役部队不比冷战时期的征兵机制那样强力有效，而且对加入后备役的民众来说似乎也不人道，但这一制度可以使其他美国家庭避免战争中的物质损失。战争在民意测验中不受欢迎，不过也没有引发大规模示威游行或者像越战时失控的反战运动。与20世纪60年代不同的是，布什政府并没有要求未参军的民众做出某种形式的牺牲，甚至连战争税也没有征收。如果说艾布拉姆斯对陆军的重组有什么阴谋的话，也是事与愿违。现役—后备役的融合性组织形式的确限制了总统的选择权，但这种方法并未能阻止他用动静不大的兵力调配打了一场不得人心的战争。

五、平等的对话与不平等的权力

军政关系一直存在问题，但程度要低于麦克阿瑟时代，与政治和政府中的其他问题相比也不算严重。政治领导人与职业军人目前摩擦的严重程度怎能比得上环保人士对布什政府有意歪曲全球变暖科学报告时所发出的抗议？怎能比得上中情局专业人士试图扰乱布什对伊政策时政府所表现出的忧虑？怎能比得上政府在约束国家公共广播电台的自由主义偏见时所付出的努力？担心军政关系的那些人可能会说，相较于公共政策的某些领域，譬如公共广播，这样做标准太低了，因为军事事务面临的风险更高。但有例子可以反驳这种观点，譬如在全球变暖和情报预警等关键事务上，政治人物与专业人士就存在分歧。可是，有关这些领域的文献数量远远赶不上对军政关系的分析研究。

在民主政府中，技术专家和政治人物之间存在摩擦十分正常。技术专家冒着破坏政府政策目标的风险，机械地运用专业标准，使政府政策节外生枝，其负面后果难以预料；政治人物则冒着搅乱具体行动的风险，坚持捍卫更重要的关切，但其执行过程常常产生只有技术专家才知晓的危险。如果处理得当，两大阵营之间的摩擦可能会是建设性的，如果相互拆台，那将是毁灭性的。客观控制的原则仍然符合军事专业的要求，但军事专业的自主性要少于其他大多数职业，譬如律师、医生或教授。

文职领导希望获得将军们的支持或追捧，但通常难以如愿。对文职领导来说，军方的偏好有时是错误的，处理起来很难；而文职领导的偏好有时相互矛盾，也存在问题。但文职领导一直占据上风，因为他们的决定具有权威性。总统总是可以得偿所愿，除非另一文职部门——国会——支持军方的偏好。这种情况一旦发生，我们就会看到"制衡"所发挥的作用，即宪法对行政权力以及行政至上文人控制的限制。有些观察家惊讶地发现，总统和五角大楼的文职管理者有时屈从于官僚压力或者向其他阶层的不同利益诉求妥协，这时人们只好说，"欢迎加入美国政府！"

这使我们在判断亨廷顿文人控制的两种模式时面对两个交叉的问题。其一，职业军人和政治领导者各自的合法权限是否应该设定一个界线，如果需要，界线设定在哪里；其二，无论职业军人还是政治领导者是否拥有太多的影响力。

人们有理由认为，为了目标、战略和行动的理想融合，军政领导应该熟悉彼此的职权，并参与履职的各个阶段。但最终大家可能会赞同总会有一些高层政治问题军人不应插嘴，也会有一些战术特殊情况或微观管理问题文人领导不应插手。至于两者之间的确切界限，亨廷顿本人没有明确说明。他引用希特勒干预指挥系统直接指挥营级作战这样的案例来说明什么是越界。假如这是客观控制的标准，至少在战争时期，会有很多人反对吗？同样，从另一个角度说，人们可能猜测亨廷顿一定支持罗斯福驳回陆军参谋长马歇尔的建议以便在介入战争前将美国武器送到英国。

即使极端的战术限制也有例外。对于战争边缘的危机管理，譬如为避免增加1914年之类的战争危险，文职官员监控"标准操作程序"也许会有效，1962年封锁古巴就是这样。这很危险，因为文职领导的干预可能会出现未曾预料的负面后果，好比在使用军事训练手册中的程序时不动脑子一样。例如，在古巴导弹危机中，文职监管者未曾觉察到他们对军事行动中有关细节的跟踪阻塞了海军通信信道，延误了指挥系统中重要信息的传送。从这个角度说，安德森海军上将和大西洋司令部司令罗伯特·L·丹尼森（Robert L. Dennison）努力保持指挥和控制系统与文职领导之间的距离至少是可以理解的，尽管不具正当性。核时代要避免偶发战争的重要性并不是《军人与国家》真正涉及的主题，但这一问题为军事判断和政治判断的更多融合而不是追求客观控制模式的内在要求提供了理据。

在战时，当危机管理不太令人关注时，更加需要遵守绝对优势兵力的军事准则。克劳塞维茨在《战争论》的开头说道："源于善意的错误是最严重的错误。"（这一准则不应与漠视附带损害的滥用武力混为一谈。）克劳塞维茨也指出姑息的危险，他说："近跳当然比远跳容易，但在越过一条宽阔壕沟时谁也不想先跳一半。"压倒性优势兵力的标准可能会引起浪费，因为对军事需求的估算有时会过度。但出现这样的错误总比相反的情况好，也就是说战斗中投入的力量如果不是决定性的，那将会导致生命财产付之东流。假如像陆军参谋长埃里克·辛塞奇所建议的那样，2003年入侵伊拉克之后迅速安顿数十万占领大军，假如1993年国防部长莱斯·阿斯平（Les Aspin）在"黑鹰坠落"（Blackhawk Down）事件之前批准派遣坦克去索马里，或者假如空军1994年目标计划——空军声称唯一有效的轰炸计划——曾在1965年的越战中实施，而不是在随后的年月逐渐增加强度，那么，人们还会有这样糟糕的感觉吗？

在这些案例中更多的优势兵力也许不会取得成功。科恩没有错，他指出，"假如有证据证实约翰逊的职业军事顾问对如何打好越战有更好的想法"，在越战问题上对文职领导的批评"一定会更加猛烈"。但科恩也承认，参联会坚决反对的渐进主义空战理论后来证明是"灾难性错误"。在越战问题上，没有哪个阵营拥有成功的良方，参联会最大的错误就是不愿意撤出战争，宁可接受文人政府陷入僵局的致命战略。假如实施了占有绝对优势的空战方法，那么至少失败和失败的代价会更快地展现出来，政策制定者的选择也会更加清晰起来，就不太会坚持持续的慢性流血牺牲。

美国对伊第一次和第二次战争结果的反差使麦克马斯特而不是科恩更焦虑。麦克马斯特所描述的约翰逊和麦克纳马拉的犯罪性推诿行为显然被夸大，他对联合参谋部缺乏换位思考，也许反映了他缺乏华盛顿政治竞技场的高层经验。他的重要观点是，由于联合参谋部在五角大楼和白宫之外保持科恩所坚持的缄默，美国公众并不知晓军方反对约翰逊政府的对越战略规划。这反过来弱化了对约翰逊的约束，使他更容易回避在撤出战争与投入优势兵力之间做出权衡，导致随后十年的越战滑向深渊，其代价远远高于假如他1965年在两种极端情况之间做出抉择所可能付出的代价。

的确，正如科恩所言，战争开始时，特别是那些与当今不一样的战争开始时，职业军人对如何运用武力达成政治目标并不老练。威斯特摩兰、惠勒等人显然缺乏战略智慧。约翰逊同样有非常充分的理由必须避免风险的扩大，从而被迫采取了一种中间路线。事后来看，文职政治领导和军方领导都不明智。

科恩所描述的四位文职战争领导人则给人以不同的结论，他们对军事计划和作战行动的干预结果都很圆满。不过，他并没有证明这四位就是政治管理者亲历干预行动的典范，抑或他们就是他熟悉并敬慕的四位。（从学术的角度说，这是"对因变量的选择性取舍"。）他并没有将以上案例的经验教训与文职领导冲动之下介入军事指挥系统并导致严重后果的案例进行比较，后一种情况的例子就有二战中希特勒不切实际的指挥。他也没有说明应该如何判断文职领导的干预行为是好还是不好。(他没有表明他是否赞同某些激进的国防部长管理和平时期项目的做法,譬如麦克纳马拉和拉姆斯菲尔德,他们是他推崇的战时高官管理典范。)系统性的调查有可能反映出在作战层面政治领导者通常比他们穿制服的下属更明智,但军事顾问绝无可能证明他们比文职领导者更具战略预见性。军事自主往往会导致糟糕的结果,文人干预也是这样。面对这样的事实,学术上清晰理想的客观控制和主观控制模式将变得模糊不清,实际应用中不可能只考虑一个方面。

客观控制的批评者们有时绕开为什么主观控制更好这一问题。他们可能反对亨廷顿提出的两极对立观点,否认主观控制是一种可选项。假如不是选项——假如总统不仅不给军职领导者自主权,而且不努力确保军职领导者了解政府的观点——那么唯一貌似正确的第三选项就是职业军人不具备任何影响力:他们的建议无关紧要,文职领导不在乎谁来提出建议。这将不是一种不平等对话,而是一种多余的对话。另一方面,反对客观控制本身必定意味着对亨廷顿称之为"融合"的某种程度的赞成。通过"融合",军职领导者按照他们文职主人的意图参与政治活动,并防止军人借助政治手段反对文职领导。

主观控制并不意味着发生莫里斯·简诺威茨所认为的军队在战后为了适应现代要求难免平民化的倾向。简诺威茨把平民化过程描述为官僚化过程,描述为非作战功能的同化过程,军中所主导的是管理气质而非英雄气质,军队越来越与社会其他群体打成一片。亨廷顿的"融合"概念涉及军方更加直接的政治活动。例如,20世纪初在陆军部长伊利休·鲁特(Elihu Root)的改革下,陆军司令更替为陆军参谋长,使得军事领导者的任期与总统一致。"在这种体制下,参谋长成为联邦政府的一员。他不仅仅是军方永恒利益的发言人,他也需要讲政治。他的职位实际上相当于行政部门的副部长。"[1] 倘若这种体制持续下去,国防政策中就有可能出现踌躇满志的军官们愈加明显地参与党派活动。究竟哪个问题更加令人头疼:

---

[1] Samuel P. Huntington, *The Soldier and the State: The Theory and Politics of Civil-Military Realtions* (Cambridge, MA: Belknap Press of Harvard University Press, 1957), p. 253.

是军中职业精英与政治领导人之间的紧张状态，还是共和党军官和民主党军官之间为了委任和晋升而出现的相互竞争？

客观控制的批评者们很少提及这一点，即亨廷顿提出的选项，也并未完全理解亨廷顿的意思。例如，科恩引用亨廷顿的话说，在二战期间，"就重大政策和战略而言，是军方在主导战争。"但随后科恩错误地说道，"也是一件好事，他似乎要做出补充。"事实上，在《军人与国家》中的这句话之后，亨廷顿在同一页面紧跟着发出哀叹：军方是通过"融合"手段发挥这种主导作用，"通过牺牲军方自己的真知灼见"，与自由社会融为一体，对战后和平产生了消极影响。

军政间的对话如何才能平等？克劳塞维茨建议最高指挥官应该出自内阁，以确保决策者理解军事选项的局限性以及各阶段决策的后果。但美国的做法走不了那么远，因为参联会主席是国家安全委员会的法定顾问，而不是正式成员。这已经不错了，只要他和其他将领能够像正式成员那样自由地表达自己的观点。希望总统关注军方高层的意见是否与政府自己的目标存在至少最低程度的契合点，也是一种现实的态度。肯尼迪和约翰逊时期任命柯蒂斯·勒梅作为参联会成员不符合任何人的利益。但这种结果并不是说最好寻找克隆式人物，而是说要严密控制四星将军以及个别三星将军的任命，不要像拉姆斯菲尔德那样对所有将军的晋升都进行审查。

用更好的方式平衡军政关系是可取的，但也许是难以实现的。科恩倡导的原则——"不平等对话"——在字面上就不恰当。文职领导和军职领导本应权力平衡，假如对行政权限的制约出现问题，那么该指责的就是国家的创始者了。但权力不平等本身使得两大阵营之间谋求平等的对话显得越发重要。保持激烈对话的主观控制并未满足功能性需求，因为这种对话只是通过顶层官员任命的形式局限在国防部的官僚层面。平等地参与战略事务讨论并不违背文官的最终主导权。总统有权出错，但将军们应该有机会阻止错误的发生。

亨廷顿在《军人与国家》中提出了两种非常理想的文人控制模式并支持其中的一种。在涵盖更多问题的《共同防御》一书中，亨廷顿展示了更加复杂更加丰富的理解军事政策的方式。该书清晰地阐述了美国制度的聪

第五章　美国军政关系问题重重但没有危机

明之处不在于它始终如一地遵循规划中的行动路线，而在于它有各种各样有效的办法应对问题，因此该书认为如果不一味追求严格意义上的客观控制，那么军政关系就会令人满意。《共同防御》的结尾引用了费歇尔·埃姆斯（Fisher Ames）1795年在国会众议院的讲话：

"君主政治或专制统治好比一艘装备齐整的帆船，行驶快速而高效，欣赏起来美不胜收。它可以敏捷地随舵转向。但在问题水域，一旦触碰礁石，船体就会戳破并很快沉入水底。而共和制就好比一只木筏：缓慢笨拙，难以驾驭，缺少事件控制的手段，但它耐用安全，不会沉没，不过人的双脚一直都是湿的。"[1]

在美国军政关系中，水从未淹至下颌。即使在最糟糕时期，水也才溅至膝盖。我们的双脚一直是湿的，但水的深度很少超过脚踝。

[编译自/《美国军政关系——新时代的士兵与国家》（American Civil-Military Relations: The Soldier and the State in a New Era）第二章；作者/理查德·贝茨（Richard K. Betts）]

---

[1] Samuel P. Huntington, *The Common Defense: Strategic Programs in National Politics* (New York: Columbia University Press, 1961), p. 447.

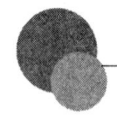

第六章
从两宗案例看美国军政关系中的处罚原则

2010年6月23日，针对时任美国国际安全援助部队司令官、驻阿富汗部队指挥官斯坦利·麦克里斯特尔将军对《滚石》(Rolling Stone)杂志记者迈克尔·黑廷斯（Michael Hastings）所发表的言论，奥巴马总统在白宫玫瑰园发表了评论。在黑廷斯"逃跑的将军"(The Runaway General)一文中，麦克里斯特尔对不少美国高官，尤其是副总统拜登，进行了嘲弄或表达了愤懑。在玫瑰园的记者会上，奥巴马宣布他别无选择，只能接受麦克里斯特尔的辞职。虽然称赞麦克里斯特尔是"我国最优秀的军人之一"，但奥巴马认为将军"在最近出版的杂志中所表现出的行为与一名指挥官应有的标准不相符合。它削弱了文官对军队的控制，而这是我们民主制度的核心。"① 奥巴马进一步强调指出，"我们的民主取决于对军事指挥系统的遵循以及对文官控制权的尊重。"由于麦克里斯特尔破坏了这种指挥链，他必须被解职。

但2009年10月，在伦敦国际战略研究所，麦克里斯特尔也曾发表过颇受争议的言论，试图影响奥巴马总统对阿富汗问题的政策。尽管如此，当时的反应比较温和：国防部长罗伯特·盖茨对他进行了批评，奥巴马总统对外谎称曾与他谈及此事。以上两件事情获得的反应可谓大相径庭，由此引申出美国军政关系中的一个重要问题：文职领导在什么情况下应该对

---

① Barack Obama, "Statement by the President in the Rose Garden," June 23, 2010, accessed January 1, 2011, http://www.whitehouse.gov./the-press-office/statement-president-rose-garden.

第六章　从两宗案例看美国军政关系中的处罚原则

军事指挥官的不服从行为进行处罚?

本章试图回答这一问题。我们先简述一下以前的相关研究,特别是彼得·费弗极具影响力的著作《武装仆人》(*Armed Servants*);然后对处罚原则中的要素进行甄别,分析美国历史上两宗军事抗命的案例:一是道格拉斯·麦克阿瑟在朝鲜战争期间的抗命行为;二是科林·鲍威尔将军试图阻止1992年底和1993年初同性恋者公开参军入伍。最后对原则框架得出结论,并对未来研究领域提出建议。需要指出的是,这种原则框架不是最终的,只是初步探索。

一、彼得·费弗的"代理理论"

彼得·费弗提出一种"代理理论",试图解释后冷战时期军政关系中摩擦增多的原因。费弗设问了一个基本命题:是什么导致军方服从或不服从文官的命令。其代理理论的核心观点是:军政关系研究者应该聚焦于处罚的力度。费弗指出,"军政关系理论很少将处罚视作军政之间的纪律强化工具而进行讨论",[①] 更多的是关注军队内部如何自我处罚。费弗提出了军政关系中的"委托人—代理人"模式。但这种模式"回避"了这样一个问题:"文人委托人是否有可能处罚抗命的军事代理人",费弗承认这存在很大的不确定性。

费弗认为,在军政关系中,"抗命行为本身就是含糊不清的,因为不同的文职领导有不同的解读。"因此,大量的研究都集中于什么样的行为可以被称作"抗命"。在费弗看来,当军方"按照文官的愿望行事时",它是在"发挥作用";当军方"按照自己的意志行事时",它是在"抗命",这是广义的理解。从狭义角度说,"抗命"分为"功能性的"和"关联性的"。军事指挥官"功能性"抗命包括:不按文官的指示去做;不竭尽全

---

① Peter Feaver, "Crisis as Shirking: An Agency Theory Explanation of the Souring of American Civil-Military Relations," *Armed Forces & Society* 24 (Spring 1998).

力去实现文官的目标；或者实现文官目标时缺乏能力。军事指挥官"关联性"抗命包括：代替文官制定关键的政策决定；代替文官决定"什么决策由文官制定，什么决策由军方制定"；或者从事的活动"从长远看削弱了文官的最高权威，即使这些活动是在执行文官的命令"。

二、军政关系中影响处罚的两个因素

为了确定军政关系中的处罚原则，我们提出一个问题：文职领导何时以及为什么决定处罚抗命军官。要回答这一问题，我们考察两宗军事抗命案例：道格拉斯·麦克阿瑟在朝鲜战争期间不愿服从杜鲁门政府的命令以及科林·鲍威尔将军拒绝接受克林顿总统在1992年底和1993年初让同性恋者公开入伍。在这两个案例中，毫无疑问都发生了功能性和关联性抗命，而且，这两个案例中的文职领导都清楚军事指挥官的行为在削弱文官的权威。因此，考察这两个案例可以使我们更好地理解文职领导在决定是否进行军事处罚时的"成本—效益分析"（cost-benefit analyses）。

我们认为，军政关系中对军人的处罚涉及两个因素。一是事态的严重程度。假如文职领导感到，有关事态涉及其政治议程的核心内容，那么就有可能处罚抗命指挥官；如果不太严重，处罚的可能性就较小。例如，麦克阿瑟的不服从行为对杜鲁门总统来说具有巨大的政治影响，因为麦克阿瑟清楚地表明他反对杜鲁门政府的"欧洲优先"（Europe-first）战略，与共和党领导人的公开联系也表明他在考虑参加1952年的总统竞选。处罚麦克阿瑟使杜鲁门向公众和政府官员发出了这样的信号：掌权的是他和他的政党，而不是某位将军或者共和党。在鲍威尔案例中，克林顿认为，处罚的政治代价很高，而收益很少。军队对同性恋者的开放并非克林顿政治议程中的重要事项，况且，参议院军事委员会主席萨姆·纳恩（Sam Nunn）和大多数公众都加入了反对他的阵营。克林顿不愿为了同性恋者的公开入伍而陷入与军方以及本党长期斗争的泥沼。二是文职领导是否得到了军方的支持。在麦克阿瑟案例中，参联会支持杜鲁门解雇麦克阿瑟的决定；而在鲍威尔案例中，参联会以及国会中与军方有关的主要成员都不赞成克林顿的计划，都支持鲍威尔（时任参联会主席）阻止同性恋者公开入伍。由于缺乏强烈的政治动因，也没有获得参联会的支持，克林顿认为他处罚鲍威尔将军的成本将是难以承受的。

（一）案例一：麦克阿瑟、杜鲁门和朝鲜战争

1950 年 6 月至 1951 年 3 月屡次违规

朝鲜战争爆发后不久，1950 年 6 月 25 日，麦克阿瑟将军就开始对杜鲁门"欧洲优先"的大政方针表达不满。1950 年 7 月底，麦克阿瑟在台湾与蒋介石会面，讨论了美台安全事务。虽然从技术角度说，麦克阿瑟获得了访台许可，但美国国务院有一种"理解"，即"在不定期限内"他不会访台。此外，麦克阿瑟也没有将其会见计划告知美国驻台北领事馆的文职官员。事实上，将军从事的外交使命超出了他的职责和权限。当他返回日本基地后，他公开宣布支持蒋介石，并保证防卫台湾抵御共产主义中国的进攻。国务卿迪安·艾奇逊（Dean Acheson）在给驻东京代表的信中写道，他对麦克阿瑟"掌控外交事务"感到不安。杜鲁门本人对麦克阿瑟的行为也很生气，他没有按照总统 6 月底的指示要求每日呈报朝鲜局势，相反，他不断违抗总统的"欧洲优先"政策。8 月 26 日，麦克阿瑟向"对外战争老兵会议"（Veterans of Foreign Wars）发去信函，认为美国主要的地缘政治和战略利益在于防卫台湾，这种战略性声明超出了麦克阿瑟作为军事指挥官的职责。

1950 年 9 月 15 日，麦克阿瑟不顾将军们的反对，指挥在仁川成功登陆，使得联合国部队占领了汉城，切断了朝鲜人民军的后勤供给线。10 月中旬，杜鲁门和麦克阿瑟在威克岛（Wake Island）会面，双方重申了对彼此的信任。尽管如此，麦克阿瑟在行动中仍然表现出不服从情绪。10 月 24 日，在没有告知五角大楼的情况下，他命令战地指挥官"动用全体部队全速向前推进"，直至鸭绿江，这一行为很可能激怒中华人民共和国。参联

会对他的行为迅速做出反应，告诉麦克阿瑟他的命令违反了9月27日关于在北部边界省份禁止使用非大韩民国部队的指示要求。麦克阿瑟回复说，他和总统在威克岛已达成共识，部队的行动"与9月27日的指示要求没有冲突"。参联会没有对那次闭门会议向总统求证，也就无法确认麦克阿瑟声明的真实性，他的行动没有得到处罚。而杜鲁门似乎也并不了解战局，10月26日在记者招待会上宣布只有韩国军队才可占领朝鲜的北部地区。

10月25日，朝鲜人民军和中华人民共和国军队对瓦尔顿·沃克（Walton Walker）中将率领的第八军发起攻势。作为回应，麦克阿瑟决定不理会不轰炸中国军队的指示，11月6日，他签署命令摧毁鸭绿江上的桥梁系统。麦克阿瑟把这一决定告诉了参联会，要求参联会请求杜鲁门批准，否则会产生"重大的灾难"，杜鲁门准许了他对作战计划的调整。11月中旬，参联会通知麦克阿瑟他们在重新评估美国对平壤的政策。英国也担忧麦克阿瑟的行动将导致美国及其盟国陷入与中华人民共和国的战争，11月16日，杜鲁门公开回应说美国不想挑起这种战争。但麦克阿瑟对英国的担忧和总统的言论十分愤怒，向参联会宣称如果美国在朝鲜不表现出强烈的决心，北约和韩国在该地区的影响力将无可挽回地受到削弱。

11月25日，18万中国军队对联合国军的右翼发起了攻势，朝鲜战争的军事形势很快发生变化。11月28日，麦克阿瑟要求参联会允许他采取守势，向南撤退，这一请求获得参联会批准。虽然后撤了，但在随后的几个星期里，麦克阿瑟接受媒体采访，公开批评政府的军事和外交政策，尤其是对战争的处理方式。12月6日，杜鲁门针对麦克阿瑟的媒体言论发布两项指令：一是要求政府官员有关外交政策的所有声明都需经过国务院批准；二是规定涉及军事政策的所有声明都需经过国防部批准。麦克阿瑟对这两项指令表现出了不服从的态度，他询问参联会他是否可以发布声明批评美国情报官员没有对中国军队10月底的进攻意图做出提醒。参联会很快回应说，这样的声明与总统的命令相悖，他应该放弃。

12月29日，参联会发布命令，要求麦克阿瑟维持守势，并做好可能撤往日本的准备。参联会明确指出，"朝鲜不是打一场大仗的地方"，麦克阿瑟要清楚自己的"主要职责"是防卫日本，而不是对抗中国。这样的措辞表明，参联会担心麦克阿瑟会影响他们以及文人政府的权威。但麦克阿瑟对参联会表示异议，宣称如果有机会，他"可以重创并大大削弱中国发起侵略战争的能力，进而将亚洲从面临的侵略泥潭中拯救出来。"[1] 对于在防卫日本的同时是否可以保持在朝鲜的军事存在，麦克阿瑟和参联会争辩了好几天。

1951 年 3 月至 4 月：压死骆驼的最后一根稻草

麦克阿瑟职业生涯的最后阶段开始于 1951 年 3 月中旬，当时，杜鲁门决定与中国政府直接对话结束朝鲜战争。3 月 24 日，麦克阿瑟发表公开声明，宣称美国必须直面亚洲的共产主义，暗示如果杜鲁门政府结束战争，那是在放弃地缘政治责任。这一信息成功阻止了华盛顿与北京进行谈判的可能性，因为总统驻亚洲高级军事指挥官公开宣布与共产主义中国作战，中国不可能认真地与杜鲁门打交道。这也向苏联发出了信号，美国内部意见不一。麦克阿瑟的声明发布之后，国务院公开宣布麦克阿瑟的言论"超越了他作为战地指挥官的责任"，杜鲁门告诉国防部提醒麦克阿瑟注意 12 月 6 日的指示，不要发表有关战争的此类声明。

最后一根稻草落在 4 月 5 日，众议院少数党领袖约瑟夫·马丁（Joseph Martin）在众议院全体会议上宣读了麦克阿瑟的信件，麦克阿瑟在信中表达了对杜鲁门政府欧洲政策的不满，认为"亚洲才是共产主义阴谋家挖空心思征服全球的地方"，如果美国不在朝鲜直面中华人民共和国，它将输掉意识形态斗争和军事斗争。[2] 他进而宣称任何欧洲优先的战略注定要失败，政府的思维愚蠢之极。麦克阿瑟让马丁宣读信件，不仅清楚地表明了他的战略立场，而且表明了他的政治立场。他公开站到了共和党一边，预示着他和总统不仅在战略上存在分歧，而且政治观点也不相同。麦克阿瑟信件的宣读场合表明，他正在认真考虑竞逐 1952 年大选的共和党

---

[1] D. Clayton James. The Years of MacArthur: Volume III, Triumph and Disaster, 1945–1964 (Boston: Houghton Mifflin Company, 1985), p. 550–51.

[2] Harry S. Truman and Robert H. Ferrell, *Off the Record: The Private Papers of Harry S. Truman* (Columbia, MO: University of Missouri Press, 1997), p. 207.

提名。

杜鲁门再也不能无视麦克阿瑟的不顺从行为。如果不处罚,他作为总统的权威将受到严重影响。更重要的是,自12月以来,参联会对麦克阿瑟的信任已经减弱,他们不断与李奇微联系,4月10日,杜鲁门用他取代了麦克阿瑟。在公开场合,总统和参联会宣称由于麦克阿瑟破坏了宪法中的军政关系,他必须被解职。然而,麦克阿瑟不服从杜鲁门的命令长达数月,为什么拖到4月才解职?其中关键因素在于麦克阿瑟即将成为杜鲁门的政敌。与此同时,杜鲁门在参联会没有遭遇反对,他需要他们的支持,"以免公众认为杜鲁门是一个将战争政治化的人"。有了军方的全力支持,杜鲁门就没有任何理由让麦克阿瑟再承担指挥职责,以此作为对他的惩罚。

(二) 案例二:不问、不罚:鲍威尔、克林顿以及军队同性恋争议

鲍威尔案例表明,如果某一事件对文人领导者来说在国内不具有重大政治意义时,他或她就不太可能惩罚抗命的军事指挥官。在"不问、不说"(Don't Ask, Don't Tell)案例中,鲍威尔公开而巧妙地阻止了克林顿打算允许同性恋者公开入伍的计划。虽然不服从,克林顿并没有处罚他。在这个案例中,鲍威尔得到了全军以及参议院军事委员会主席、克林顿本党成员萨姆·纳恩的全力支持,克林顿要服务其目标,必须付出巨大的政治代价,这并不明智。对克林顿来说,事件并不具备高度的政治意义,而且国会和鲍威尔领导的参联会均表反对,鲍威尔将军逃过了处罚。

1992年11月至1993年1月的军事抗命

1992年总统大选期间,克林顿宣布,他打算支持同性恋者公开参军入伍。当时,军队的同性恋禁令受到军人和纳恩等立法者的广泛支持。政府在竞选期间对军队同性恋的支持为克林顿就任之后军政之间的激烈冲突埋下了伏笔。从1992年下半年到1993年中期,参联会主席鲍威尔从几个方面成功阻止了同性恋者入伍。首先,鲍威尔清楚地让克林顿知道,他自

己、参联会、以及军方都反对该计划。其次，鲍威尔将军与纳恩和五角大楼的官员们进行私下交易，阻止克林顿的计划。

1992年11月，克林顿成为候任总统并宣布要撤销禁令时，鲍威尔与纳恩商量，开始一种"巧妙而隐伏的营销努力……激起公众对该计划的反对。"[1] 退役上校莱瑞·威克森（Larry Wilkerson）后来回忆说，在第一次会议上，他和鲍威尔将军都意识到克林顿的计划将遭到两方面的反对：纳恩和军方。换句话说，从克林顿总统上任一开始，鲍威尔就明白纳恩将是他潜在的坚强盟友，他十分清楚拥有纳恩的支持将使自己在与克林顿的斗争中占据上风，因为这迫使克林顿付出相当大的政治代价与军方和国会支持者们抗争。这就是鲍威尔采用的策略。

克林顿就任总统前不久，纳恩、鲍威尔和克林顿举行闭门会议讨论军队的同性恋问题。差不多在同一时间鲍威尔与纳恩见面，讨论如何与克林顿谈论这个问题。鲍威尔与克林顿有关同性恋问题的首次正面交锋发生在1992年11月20日。在这次会议上，克林顿试图与鲍威尔建立友善关系，对将军及其成就表达了敬意。鲍威尔面带微笑，宣称假如他不同意克林顿的政策，他将辞职，他不愿意破坏宪法规定的军政关系。尽管如此，鲍威尔在会上告诉克林顿，允许同性恋者公开入伍对军方来说将是"一个非常非常大的问题"。这当然不是抗命，而只是军方高官就某一计划中的政策向文职领导提供建议。这表明鲍威尔是一位政治老手，一方面巧妙地宣称如果他不同意克林顿的政策，他将辞职，一方面又表示赞成同性恋公开服役对他来说将十分困难。

然而，鲍威尔利用私下和公开的机会抗击克林顿的计划。1992年底或1993年初，鲍威尔鼓动老兵组织向国会施压反对这项计划。退役准将西奥多·美泰克斯（Theodore Metaxis）说，五角大楼向"退役高官传话"，想尽一切办法阻止克林顿。在公开场合，鲍威尔没有采取任何实际行动去维

---

[1] Joseph C. Steffan, "Harvard law School Lambda. Second Annual Gay and Lesbian Legal Advocacy Conference, Don't Ask, Don't Tell (Transcript)." *Duke Law Journal of Gender Law and Policy* 14, 1179.

护总统的政策，使得"他人，尤其是退役军官，合法地抨击新任总司令"。① 总统就任后五天，当参联会与总统会面讨论时，鲍威尔清楚地说明了他不愿接受取消军中同性恋禁令。他宣称允许同性恋公开服役"将损害士气和纪律，影响征兵工作，迫使虔诚的宗教服役人员辞职，增加同性恋部队中的艾滋病风险"。② 这样，鲍威尔挑起了公众对取消禁令的争议。

到1993年1月，克林顿的计划遭到了民主党和共和党核心成员的强烈反对。纳恩是鲍威尔"亲密知心的朋友和盟友"。1992年底到1993年初，两人多次私下会面，讨论如何最有效地阻止克林顿的计划。在私下会见中两人到底谈了什么我们无据可查，但我们知道，在克林顿和参联会的一月会议上，鲍威尔明确指出，反对取消军中同性恋禁令，他获得了必要的政治支持。据与会的乔治·斯特凡诺普洛斯（George Stephanopoulos）回忆，参联会清楚表明他们"不会被说服……，他们拥有国会的力量支持自己的立场。他们的信息很明确：坚持己见将使你损失军队，与我们斗争，你必输无疑，而且输得难看"。③ 鲍威尔甚至告诉克林顿放弃这项政策，因为它是政治死胡同。

除了面对鲍威尔和纳恩的反对之外，克林顿明白相当多的民众对同性恋公开入伍也不赞同。1992年，盖洛普民意调查中37%至44%的美国人认为同性恋不应被允许在部队服役。1月27日，国会接到434104个电话，大大超过以往平均每天8400个，"大多数人要求维持禁令。"共和党也一直表达不同意取消同性恋入伍禁令。在8月份共和党全国大会上，共和党猛攻克林顿对同性恋权益的支持。

克林顿内阁的成员们也提醒他，假如取消禁令他将面临抗争。1月18日，克林顿的国防部长莱斯·阿斯平告诉他"大多数国会议员"反对取消禁令，这样做必将导致一场困难的斗争。与此同时，鲍威尔和参联会清楚表明他们的决心是毫不动摇的，他们"强烈反对取消禁令"。这样，军方、

---

① Eric Schmitt, "Ego and Error on the Gay Issue," *New York Times*, January 29, 1993.

② Eric Schmitt, "Pentagon Chief Warns Clinton on Gay Policy," *New York Times*, January 25, 1993, A2.

③ Karen DeYoung, Soldier (New York: Knopf, 2006), p. 231.

国会、部分民众、以及共和党高官都明确反对,克林顿不愿在一场艰难的斗争中消耗政治资本,于是对鲍威尔妥协了,对他的处罚似乎也不可能。1月27日,克林顿宣布,他将暂时搁置禁令,不会永久取消。克林顿意识到政治上的回旋空间不大,于是在1993年2月至12月期间,与鲍威尔和纳恩一起研究制定了一种妥协性方案,即众所周知的"不问、不说"政策。

(三) 两个案例比较:文官何时实施惩罚?

文职领导是否惩罚抗命的军事指挥官,与两个因素有关。首先是引起冲突的事情的重要程度以及惩罚后可能引起的国内政治后果。如果事情非常重要,文职领导就可能实施惩罚,因为他担心遭受负面的国内政治后果。第二个因素是获得军方的支持。如果文官得不到支持,他或她就不太可能处罚抗命军官。在麦克阿瑟案例中,对杜鲁门来说事情具有高度的政治意义并且解雇麦克阿瑟也得到了参联会的支持。与之相反的是,同性恋危机问题不仅要让克林顿付出高昂的政治代价,而且参联会强烈支持鲍威尔的阻止行动。这种看法直观上很好理解,处罚的成本上升,处罚的可能性就小。

根据这两个关键的解释性变量,即问题的重要程度以及军方机构的支持,我们归纳出文人领导处罚抗命军官的原则。

三、结论和未来研究

我们的研究认为,在历史背景下,如果能产生积极的政治效果,文人领导就会惩罚抗命军官。这表明费弗理论的有效性取决于惩罚对未来国内政治的影响。我们的结论是建议性的,需要理论和实践的充实。从理论角度说,我们所归纳的原则框架存在这样的可能性,即其他因素可能影响文人领导的处罚决定。此外,文人领导什么时候将不服从行为视作抗命需要更多的实践观察,这将有助于更好地判断不处罚的决定是否源于我们所提出的解释性因素或者根本就不是抗命行为。进一步研究美国军政关系中的其他案例,尤其是军方对处罚的态度如何影响了文人领导的成本——效益分析,将为学者和政策制定者们提供更好的分析思路。我们只是创建了军政关系中处罚的理想模式,更多的细节需要充实到理论中去。我们希望这种初步的研究框架能促进对这个问题更好地理解和研究。

[编译自/《武装力量与社会》杂志(Armed Forces & Society)2012年冬季号;作者/丹尼尔·贝斯那(Daniel Bessner)、艾瑞克·洛伯(Eric Lorber)]

第七章

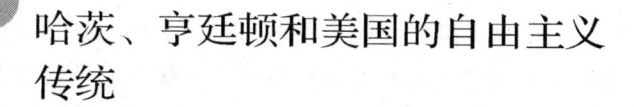

哈茨、亨廷顿和美国的自由主义传统

布什政府最出人意料的发展之一是文官和高级军事领导人之间关系的明显恶化。实际上，克林顿执政时期军政关系摩擦频发，许多人曾经预期，布什在2000年当选后，会开始军政双方友好合作的新时代。比尔·克林顿承受了双重折磨：他代表的民主党自乔治·麦戈文以来一直被认为是反军事的政党。另外，他还背负着与其军人下属之间的关系重负。一位空军将领曾对此做过简洁的概括，他在驻欧洲期间的一次餐后聊天中嘲笑克林顿是"抽大麻、逃兵役、泡小妞"的总司令。

在2000年的大选中，布什曾经试图拉军人的选票。他承诺说，经过克林顿政府8年的忽视之后，"（对军队的）帮助就要展开"。2000年8月接受了他所属政党的提名后，这位希望很大的共和党人警告说，"我军地位低、工资低、士气也低。如果今天受到总司令的召唤，陆军的两个满编师将会报告说……没有做好执行任务的准备。这届政府曾经春风得意，也曾有过机会，但他们没有担负起领导责任。而我们会。"[①] 与克林顿不同，布什至少在越战期间曾在美军服过役，并且看上去更适应军队的传统和文化。新一届政府里有两位前国防部长：副总统迪克·切尼与国防部长唐纳德·拉姆斯菲尔德，还有前参谋长联席会议主席科林·鲍威尔担任国务卿，应该能与军方高层领导建立良好的关系。然而，布什政府的军政关系

---

① Governor George W. Bush, "Acceptance Speech," First Union Center, Philadelphia, August 3, 2000, www.gwu.edu./~action/bush080300.html.

可能比克林顿时期还要糟糕。

布什提名的国防部长唐纳德·拉姆斯菲尔德刚一上任，就因其推动革命性军事转型计划的鲁莽与傲慢风格，令高级军官敬而远之。从竞选到伊拉克战争期间，拉姆斯菲尔德及其副手保罗·沃尔福威茨试图削减用于推翻萨达姆·侯赛因（Saddam Hussein）的军队数量，并寻求加快部署的进度，军政之间的冲突因而日趋激烈。到了2006年春天，文人干预战争计划制定所造成的灾难性后果在伊拉克变得日益明显，一些刚退役的将军开始公开发表讲话，要求拉姆斯菲尔德辞职，并批评布什政府的战争实施。布什与将军们之间的隔阂已十分巨大，以至于两党"伊拉克问题研究小组"公开建议，"新任国防部长应该尽一切努力创造一种良好的氛围，构建健康的军政关系。在这种氛围下，高级军官不但能自由地向五角大楼的文职领导层，也能向总统和国家安全委员会提出独立的建议。"① 除了这些轶闻式的资料外，还有更系统的证据表明，第二届布什政府的军政关系摩擦十分严重。根据《军事时报》（*Military Times*）2006年的一次民调，几乎60%的男女军人不相信五角大楼的文人们把他们的"最大利益放在心上"。

这种紧张的军政关系的确是一种令人困惑的演变。为了理解这种现象，可以把克林顿和布什均看作哈佛大学已故政府问题教授路易斯·哈茨所描述的"自由主义传统"的一部分。以哈茨的理论为基础，他的年轻同事塞缪尔·亨廷顿在《军人与国家》一书中提出了一个著名观点，亨廷顿认为，美国军政关系问题的核心是：美国的自由主义社会与美军军官团的保守现实主义之间的持续紧张状态。亨廷顿主张，为了处理这种持续的紧张局面以及平衡军事效能与文人优势之间的关系，关键在于建立正确的文人治军框架。亨廷顿的哈茨式论点在相当程度上阐明了布什政府的军政关系困境，尽管这种文化冲突早在冷战结束时就已经成为问题，并使文人自由主义与军人现实主义之间的冲突走向了前台。我也认为亨廷顿所称的"客观控制"制度能最好地调和军事效能与文人监督之间的关系，而布什及其新保守主义顾问们明确否定了这种观点。

---

① See James A. Baker III and Lee H. Hamilton, cochairs, "The Iraq Study Group Report," December 2006, Recommendation 46, http://bakerinstitute.org/files/pubs/iraqstudygroup_findings.pdf

"亨廷顿的哈茨"有助于我们理解布什政府与高级军事领导人之间令人费解的关系恶化问题。为了证明这一点，本章会首先概述一下自由主义传统的观点。其次将说明的是，布什政府与其内外的新保守主义知识分子怎样完全成为该传统的一部分。然后会明确自由主义传统与最近的美国军政关系问题之间的联系。最后的结论将说明，为了解决后冷战世界中美国自由主义文化与军事职业的保守现实主义精神之间的紧张关系，亨廷顿的客观控制框架仍然是最佳方法。

一、美国的自由主义传统

在美国的政治交往中，"自由主义"一词的含义甚多，因此，重要的是要弄清楚本章所说的自由主义到底是什么意思。以小写字母"l"开头的术语"自由"（liberal）或"自由主义"（liberalism）通常指美国政治领域左翼的那些人，比如"美国人争取民主行动组织"或"美国民权同盟"的成员，或诸如前马萨诸塞州州长及民主党总统候选人麦克·杜卡基斯（Mike Dukakis）或马萨诸塞州民主党参议员泰德·肯尼迪（Ted Kennedy）等政治人物。但本章所指的是以大写字母"L"开头的"自由主义"（Liberalism），或哈茨以英国哲学家约翰·洛克命名的"洛克主义"（Lockeanism）。这是哈茨对建立在个人自由、机会平等、自由市场及政治代表性基础上的一种政治制度或一套政治价值观的简称。历史学家阿瑟·施莱辛格（Arthur Schlesinger）有个著名论述，称此为美国政治的"核心中枢"。

世界上还有其他的自由主义政体，如19世纪以来的英国。但在哈茨看来，美国之所以独特，是由于它缺乏封建主义的历史。与大多数其他自由政体不同，美国生来就是民主的，并且从来不曾调和其自由主义与其他政治意识形态的关系，也不曾将其自由主义定义为其他意识形态的反面。得益于美国远离欧洲强大对手的优越的地理位置，这一点是完全可能的。美国自由主义因此内含一些独特的前提：政治和经济发展是容易的；"好事总聚首"（例如，我们从道德和意识形态上努力传播民主，使世界更加和平，同时也服务于我们的国家利益）；激进主义和革命是坏东西；以及政治民主比政治秩序更重要。当然，就其本身来说，这些信仰是十分良善的，但是，一旦聚拢到一块儿，则可能成为反自由主义的源头。

按照哈茨的观点，美国自由主义传统的问题在于其核心包含着"深刻的、不成文的暴政冲动"。这种冲动"把异己者（即非自由主义者）视为不可理喻者，阻碍了国外的创造性行为，同时，它会造成焦虑情绪，因而在国内激发歇斯底里。"① 哈茨称此为"洛克式专制主义"（Lockean absolutism）的问题。正如学者埃里克·麦基特里克（Eric McKittrick）所说的那样，"因为没有什么东西去反制它，（自由主义）就会以专制的方式去思考；偶尔经过其轨迹的影子很快就会长成怪物；每一个敌人都被描绘为魔鬼，并且当敌人比它强大或者与它不同时，就不知道自己该如何行动。"② 罗伯特·帕金汉姆（Robert Packenham）解释说，"前两个自由主义前提使美国极度乐观或产生空想；第三个自由主义前提经常使我们反革命或反动；第四个假定则使我们容易表现出一种特别的自负或傲慢。"③ 今天，人们已经普遍认识到，自由主义可能有这样的反自由的后果。例如，埃拉·卡兹尼尔森（Ira Katznelson）观察到，"自由主义的一般功能可能……提高并因此与各种非自由与反自由冲动相结合。"④

美国的自由专制主义不论是在国外还是国内均造成了不良后果。在外部，这种专制主义助长了许多美国人到处传播自由主义的欲望。其中一种做法是，主张在自由帝国主义内可以调解良善和自身利益的关系。自由帝国主义良善的一面可见于"仁慈霸权"思想，这种霸权有助于世界蒙昧地区的进步。自由帝国主义利己的一面，反映于在非自由主义的世界上自由

---

① Hartz, *The Liberal Tradition in America* (New York: Vintage, 1945), pp. 12, 285.
② Eric McKittrick, "Is There an American Political Philosophy?" *New Republic*, April 11, 1955, p. 23.
③ Robert Packenham, *Liberal America and the Third World: Political Development Ideas in Foreign Aid and Social Science* (Princeton, NJ: Princeton University Press, 1973), p. 173.
④ Ira Katznelson, "Review of Civic Ideals: Conflicting Visions of Citizenship in U.S. History," *Political Theory* 27, no. 4 (August 1999), p. 568.

主义将无法存活的前提之中。美国自由主义目前已经将这一观念完全内在化了。例如，在1974年的一次演讲中，参议员丹尼尔·帕特里克·莫伊尼汉（Daniel Patrick Moynihan）认为，"单是一国内的民主还是不够的，因为它将不能长存。"或者，像内森·格莱泽（Nathan Glazer）所说的，"对我们来说，如果其中有如此（民主）的社会，这个世界会更安全、更宜居，如果没有这样的社会，世界则将更危险、更令人沮丧。"①

哈茨在20世纪50年代从事著述时，自由主义传统在国内造成的后果是他最主要的关注点。他担心美国自由主义终将会试图消灭来自美国社会的非自由主义潮流。一战后的"红色恐怖"以及冷战早期的麦卡锡主义（McCarthyism）是这种冲动最露骨的表现。在哈茨看来，美国自由主义的自相矛盾之处是它在面对非自由主义思想和制度时的那种近乎歇斯底里的零容忍态度，这种自由专制主义的源泉在于其自以为"自身的规范是不言而喻的"。在这个前提下，就没有不接受这些规范的合理理由，并且，如果有人不赞同自由主义，那只能是他道德缺陷或邪恶意图的证据。门肯（H. L. Mencken）也有过略有不同的表述，自由主义者的"独特标志是：他总是攻击对手，不只是用武器，还用轻蔑和非难，他总是满怀道德义愤，他不能想象对手也有荣耀。"②

自由主义传统在美国政治文化中是如此根深蒂固，以至于它现在已经属于两党。那些看上去各具特色的政治人物，如西奥多·罗斯福、伍德罗·威尔逊、富兰克林·罗斯福、约翰·肯尼迪、以及罗纳德·里根等，均可纳入自由主义传统的羽翼之下。实际上，诸如理查德·尼克松和亨利·基辛格之类的非自由主义政客和思想家只是例外而非美国的通则。新保守主义权威罗伯特·卡根（Robert Kagan）准确地指出，"美国人从来没有接受欧洲旧秩序下的那些原则，从来没有赞成马基雅维利式（Machiavellian）的观点。美国是一个完全自由主义的、进步的社会，而且只要美

---

① Moynihan and Glazer quoted in John Ehrman, *The Rise of Neoconservativism: Intellectuals and Foreign Affairs*, 1945–1994 (New Haven, CT: Yale University Press, 1995), pp. 80, 108.

② H. L. Menchen, "A Blind Spot," in Alastair Cooke, ed., The Vintage Mencken (New York: Vintage, 1990), p. 77.

国人信仰实力,他们就会相信,实力必须是推进自由文明和自由世界秩序之原则的手段。"①

二、布什、新保守主义以及自由主义传统

布什总统以及那些在其外交政策制定上影响力巨大的新保守主义者均赞成美国自由主义传统的主要部分。许多人看到了布什和以前自由主义政治人物如伍德罗·威尔逊之间的一致性。劳伦斯·加普兰(Lawrence Kaplan)写道,"布什正在变成一个自威尔逊本人以来最威尔逊的总统",② 这个观点得到了某些历史学家的支持。即便是布什的原教旨主义新教信仰(在某些方面似乎与自由主义有差异),也与哈茨所谓的美国"希伯来思想"(即"我们是被神选中的子民"的观念)相容,而"希伯来思想"是美国自由主义传统的另一个突出特征。实际上,美国福音派救世主式的热情进一步强化了美国自由主义的圣战冲动。

欧文·克里斯托尔(Irving Kristol)有一句著名的论述,称他自己和同事们完全就是"被抢劫的自由主义者!"在当代美国,自由主义和新保守主义运动之间的联系有着比此深刻得多的根源。正如罗纳德·斯蒂尔(Ronald Steele)所得出的结论那样,"自由主义者和新保守主义者在自认为是威尔逊主义者的问题上,可能都是正确的。事实上,在其意识形态野心和道德辩护方面,他们比所承认的还要相似……在实践上,主张干涉的自由主义者与主张干涉的新保守主义者之间的差别只是程度问题,而非原则问题。"③ 仔细观察新保守主义的内容时,人们会发现,它与自由主义有

---

① Robert Kagan, "Power and Weakness," Policy Review, no. 113 (June 2002), www. policyreview. org/ JUN02/ kagan. html.

② Lawrence F. Kaplan, "Regine Change: Bush, Close Liberal," *New Republic*, March 3, 2003, p. 21.

③ Ronald Steele, "The Missionary," New York Review of Books 50, no. 18 (November 20, 2003), www. nybooks. com/articles/16797.

许多相同之处。

如表7.1所示，尽管新保守主义与自由主义不同，但在与美国外交政策有关的各类议题上的态度却有实质性的重叠。特别是，新保守主义者和自由主义者在8个议题中的6个议题（"个体还是群体"与国际机构的作用除外）上可找到足够的共同立场，使他们在增强美国的世界性行动主义角色的斗争中可结成联盟。然而，他们之间最主要的差异涉及到国际机构的作用问题：新保守主义者远比自由主义者倚重单边主义，而自由主义者相信，美国应该在国际机构的支持下，在多边架构内实施其外交政策。除了这种从根本上说是战术性的差别外，新保守主义者和自由主义者之间仍有足够的共性，使我们可以合理地把前者置于美国的自由主义传统之中。

表7.1 保守主义、自由主义和新保守主义的比较

议题	保守主义者	自由主义者	新保守主义者
个体还是群体	群体	个体	群体
人类的自然状态	冲突	合作	合作
人类的理性	几乎没有	多	各种情况并存
人类的本性	不可变，恶	可变	可变
社会是否可改进	否	是，从下到上	是，从上到下
规范还是实力	实力	规范	规范和实力
国际机构的作用	可忽略	核心的	可忽略
军队的作用	保护国家安全	实现理想，保护人权	实现理想，保护人权

第二届布什政府属于自由主义传统的最有力的证据是，本届政府完全赞成自由主义传统的四个关键前提：政治和经济发展并非太难的事情；美国可同时增进其国家利益及原则；必须抑制激进主义；以及民主比政治秩序更重要。

首先考虑自由主义传统的信仰，即发展是一个相对顺畅的过程。经济发展是世界大多数地区可以享用的，这一观念乃20世纪50年代末及60年代初的自由主义发展经济学家们的一个主要主张。布什政府对经济发展的前景也持乐观态度，尽管与国家指导和外国援助相比，它更倾向于依赖市

场和全球经济刺激来促进经济发展。在这一点上,《2002 年国家安全战略》表达了如下乐观的观点:"在自由贸易和自由市场支持下的经济发展,创造了新的工作机会和更高的收入。它使人们得以从贫困生活中解脱出来,激励经济和法律方面的变革,以及对腐败的斗争,它还巩固了人们在自由方面的习惯……历史的教训是深刻的:市场经济,而不是依靠政府强力之手的指令性经济,才是促进繁荣和消减贫困的最佳办法。"①

像以前的总统那样,布什相信,政治发展——特别是民主的扩展和巩固——可在几乎任何地方发生。他建议说:"不要断言民主必败。"关于这一点,他克服长期困难,兑现诺言,拿出了具体行动。布什在 2003 年 2 月指出,"有一段时间,许多人说,日本和德国的文化不支持民主价值观。然而,他们错了。有些人也这么说今天的伊拉克,他们也错了。伊拉克,凭借其引以自豪的传统、丰富的资源、以及技术熟练的受过教育的人民,完全可以走向民主,并生活在自由之中。"②

2005 年,副总统扬言:

> "事实是,本城(首都华盛顿)有许多人是纸上谈兵的指挥者,或者喜欢评论时事。但是,随着我们对恐怖行为发动的战争,随着伊拉克和阿富汗 5000 万人民被我们解放,那些曾预言我们自"9·11"以来的行动失败的人,一定不知道他们到底在说什么。我今天要告诉你们,我们将在伊拉克取得胜利,正像我们在阿富汗所做的那样。我们将根据伊拉克宪法草案建立一个新政府。我们将打败叛乱。并且,事实上,这将是一个辉煌的胜利,它不但将对伊拉克,也将对整个地区产生巨大的影响。"③

---

① George W. Bush, *National Security Strategy of the United States* (Washington, DC: White House, September 2002), p. 17.

② "President Discusses future of Iraq," February 26, 2003, www.whitehouse.gov/news/releases/2003/02/print/20030226 - 11. html.

③ "Interview of the Vice President by Wolf Blitzer, CNN," June 23, 2005, www.whitehouse.gov/news/releases/2005/06/print/20050623 - 8. html.

第七章 哈茨、亨廷顿和美国的自由主义传统

在相关的"好事总聚首"前提之下,布什政府似乎再一次很正当地属于美国自由主义传统。在20世纪50年代晚期及60年代早期,自由主义者乐观地认为,随着经济的日益发展,第三世界国家将会在政治上更加稳定。布什政府论证说:"美国的切身利益与我们最深层次的信仰现在已合二为一。"布什总统告诉鲍勃·伍德沃德(Bob Woodward)说:"我相信,美国是世界自由的灯塔。并且我相信,我们有责任推进自由,这与保护美国人民的责任一样的神圣,因为两者是并行不悖的。"布什把其政府使伊拉克民主化的努力看作两件好事——民主和美国安全——能同时到来的一个最佳案例,他说:"一个自由、民主、和平的伊拉克将不会用非法武器威胁美国或我们的友邦。一个自由的伊拉克将不会是恐怖分子的训练基地,或者是向恐怖分子输送金钱的管道,也不会提供武器给那些想用这些武器来攻击我国或盟国的恐怖分子。一个自由的伊拉克将不会破坏中东的稳定。一个自由的伊拉克可为整个地区树立一个充满希望的榜样,并引导其他国家选择民主。在中东,随着对自由的追求代替了仇恨、怨怒和恐怖,美国人民将会更安全。"[1] 与此相似,保罗·沃尔福威茨也说:"民主是一个普适性思想",另外,"让人民自己统治自己,恰好也是服务于美国人及美国利益的事情。"

自由主义传统的另一个关键前提,是美国必须积极反对激进主义和革命的信仰。对这一点的一个最佳阐释是伍德罗·威尔逊在1913年3月墨西哥革命期间的一次演讲,在演讲中,他解释了自己不与弗朗西斯哥·马德罗(Francisco I. Madero)的政府合作的决定:"只有不断得到正义政府之有序程序支持的时候,合作才是可能的,正义政府乃以法律而不是专制或非正规武力为基础的。我们认为……没有以法律和公众良心及公众赞同为基础的秩序,便不会有自由的。"[2]

布什政府认为,"对自由最严重的威胁,是处于激进主义和技术的危

---

[1] "President Discusses Progress in Iraq," July 23, 2003, www.whitehouse.gov/news/releases/2003/07/print/20030723-1.html.

[2] Quoted in Samuel Flagg Bemis, The Latin American policy of the United States: An Historical Interpretation (New York: W. W. Norton, 1943), p. 175.

险的十字路口之时。"正如布什的《2002年国家安全战略》所断言的："威慑的传统观念将不会对一个恐怖主义敌人发挥作用,因为它所宣布的战术是肆意破坏和瞄准无辜者;它所谓的战士寻求殉道,并且,它最有力的保护是它不隶属于任何国家。"国防部长唐纳德·拉姆斯菲尔德认为,美国与伊斯兰世界之间问题的根源在于后者日益严重的激进主义。他主张,并非美国要改变在该地区的政策或找到与伊斯兰原教旨主义妥协的办法,而是"穆斯林世界要取消其宗教——它已经被少数人绑架了"。

自由主义传统的最后一个前提是促进民主比维持稳定更重要。在冷战期间,正是这个信仰促使总统吉米·卡特敦促美国的那些威权主义盟友更多地尊重人权,组织选举,即便是这样做将削弱他们对权力的掌控。这种思维方式在布什政府处理后萨达姆时代的伊拉克发生的事件时,也表现得非常明显。有个事件最能反映布什政府之民主重于秩序的信仰,2003年4月,巴格达陷落美军之手后,拉姆斯菲尔德随便放任伊拉克大范围的抢劫和混乱。他说:"民主就是杂乱无章,自由的人民可自由地犯错、犯罪并做坏事。他们也可以自由地生活并做美好的事情。"后来,在"对外关系委员会"的一次演讲中,他比较了巴格达的无政府状态与美国革命后的混乱状态。联盟临时管理当局做出了两个最欠考虑的、将产生重大结果的决定,即解散伊拉克军队,并对伊拉克文人政府进行大规模的清洗;这些也是受到了民主重于秩序的信仰的激励。实际上,假如布什政府只关心在伊拉克建立一个亲美的政权,则只要用一个友好的独裁者来代替萨达姆·侯赛因就够了,而用不着敦促成立一个民选政府,况且成立民选政府还会造成诸多混乱。但是,沃尔福威茨在战前曾直率地说,"我们对用一个独裁者代替另一个独裁者不感兴趣。"

布什总统把同样的基本原则用于世界其他地区。例如,他在2002年主张,在巴勒斯坦被占领土上,民主比稳定更重要。他的国务卿康多莉扎·赖斯(Condoleezza Rice)相信,该标准应该适用于整个中东地区:

> "长久以来,西方国家,实际上是美国认为,可以对阿拉伯知识分子所谓的中东地区的'自由赤字'视而不见,而且这完全

第七章　哈茨、亨廷顿和美国的自由主义传统
/ 163 /

是可行的。我们这么做了60年。并且我们是在稳定的名义下这么做的，但我们既没有得到稳定，也没有实现民主的变革；……我们相信，这反而把一种恶性肿瘤放在了一边，结果产生了'基地'组织和极端主义哲学。此外，我们也相信，打击这种极端主义哲学的唯一方法是传播自由。"①

布什和赖斯对民主比稳定更重要的观念非常执着，甚至在伊斯兰原教旨主义政党"哈马斯"有可能赢得选举，并将对被占领土内外的稳定造成严重威胁时，他们依然不愿意呼吁取消巴勒斯坦当局2006年春天的选举。2006年夏末，赖斯喊停了民主的以色列和民主的黎巴嫩之间的边界战争，认为那只是"新中东诞生之前的阵痛"。关于第一届布什政府主要成员对地区转型的谨慎的现实主义与第二届布什政府的激进主义之间的鲜明区别，《华盛顿邮报》防务记者汤姆·里克斯（Tom Ricks）这样描述道："'稳定'并非他们的目标，而是他们的标靶。他们将其视为停滞的同义词。他们希望在中东进行激烈的变革。他们决心斩草除根，改变该地区的政治气候，这样，它就不会再对居住在此的恐怖分子如此友好。"在里克斯看来，第二届布什政府"愿意——有点像［1960年代激进的］杰里·鲁宾（Jerry Rubin）——抓住一次机会，然后在随后出现的碎砖瓦砾上尽情享受。"

总之，布什政府和它的新保守主义盟友很明显地属于自由主义传统；和许多美国自由主义者一样，他们完全赞成它的四个核心前提。

三、自由主义传统与美国当前军政冲突的联系

通过借鉴哈茨，亨廷顿找到了在两套不同心态（军事现实主义和文人

---

① "Interview with Arab journalists," March 1, 2005, www.state.gov/secretary/rm/2005/42853.htm.

自由主义)的冲突中,美国军政关系紧张的主发条:

"任何社会的军事机构均受到两种互相竞争的力量的影响:一是功能性需求,因对国家安全的威胁而产生;二是社会性需求,来自于社会内占主导地位的社会力量、意识形态和制度。军事机构若只反映社会的价值观,则可能无力有效地履行其军事职责。另一方面,社会中也不可能存在仅仅由功能性需求所塑造的军事机构。这两种力量间的相互关系是军政关系问题的节点所在。"[1]

亨廷顿认为,军事现实主义属于"功能性需求",是国际政治之无政府状态的自然结果,信奉一些独特的信条:相信暴力是国际关系的一个永久特征;认为国家在国际关系中具有优先权;为了专注于诸如物质力量之类的有形因素,而贬低诸如意图和意识形态之类的无形因素;不愿动用武力及发动战争,除非发生最紧急的情况,此时则愿意在不受手段方面限制的情况下动武及作战。

亨廷顿在学术上受哈茨影响最大的地方在于他对美国特定社会性需求的论述。通过含蓄地借鉴《美国的自由主义传统》(*The Liberal Tradition in America*)一书的内容,亨廷顿指出,美国文人政治文化完全是自由主义的,它有五个独特的要素与军事现实主义相冲突。第一,它在很大程度上对国际事务漠不关心。第二,当美国自由主义偶尔放眼海外时,它努力通过传播其国内制度来解决国际问题。第三,美国自由主义表现为一种专制主义立场,追求的目标要么是撤离非自由主义世界,要么是改变它,而永远不与之妥协。第四,美国自由主义对战争的看法充满矛盾,要么一概回避,要么打许多场战争来终止所有战争。第五,美国自由主义对职业军事机构满怀戒备及不信任感。

运用哈茨对自由主义传统的分析,亨廷顿认为,美国反复发生的军政

---

[1] Samuel P. Huntington, *The Soldier and the State: The Theory and Politics of Civil-Military Realtions* (Cambridge, MA: Belknap Press of Harvard University Press, 1957), p. 2.

第七章　哈茨、亨廷顿和美国的自由主义传统

关系紧张情势源于文职领导人试图使美军军官团的保守现实主义自由主义化。在哈茨的阐释中，这种社会性需求贯穿于整个美国历史。正如亨廷顿所承认的，分析性的问题之所以产生，是因为美国军政关系事实上在不断地发生变化。有时，双方关系相对和谐，而另一些时间则争吵不断。因为人们不能用一个常量（自由主义）来解释一个变量（军政关系），我们就需要一个变量，来解释自由主义何时起作用，何时无作用。通过借鉴亨廷顿关于社会性需求的观点，我在《文人治军》（*Civilian Control of the Military*）一书中主张，用于解释美国及其他国家军政关系之不同模式的关键变量是该国所面临的威胁环境。具高度威胁的外部环境容易使文人更有可能赞成对军队进行客观控制，并因此减少军政冲突。这将能解释，为什么在冷战期间，美国军政关系在绝大多数时间是和谐的。相反，不太具有挑战性的国际威胁环境，如后冷战时代甚至是全球反恐战争（从数量上看，在后者中被杀的美国人的数量远比以前任何一场战争为少），更容易造成军政冲突，部分原因是文人自作主张，并且试图把自由主义强加于军事机构。因此，美国的自由主义传统说明了克林顿和布什与美军之间的糟糕关系。

这两届政府具有一致性，具体表现为克林顿和布什均认同自由主义传统的许多核心前提。首先，自由主义传统主要关心国内政治，而克林顿和布什都是如此。例如，在1992年的竞选中，克林顿的班子曾经以"蠢货，经济才是关键问题"的著名竞选口号显示自己对国内重心的重视。布什对国际政治也缺乏关注，1997年，他向沙特阿拉伯的大使普林斯·班达尔（Prince Bandar）承认说："我对国际、外交政策一窍不通。"布什的外交政策顾问，包括科林·鲍威尔、康多莉扎·赖斯、迪克·切尼、保罗·沃尔福威茨和理查德·阿米蒂奇（Richard Armitage），在制定他的工作日程上发挥了巨大作用；布什政府外交政策的大部分内幕，从其团队成员试图影响总统思考的内部争斗中可见一斑。

自由主义传统还努力将美国的国内政治制度外在化，并以此来解决美国在海外的问题。克林顿和布什政府都致力于此，两者都把"民主的和平"作为其基本原则，认为民主的扩展将巩固美国的安全。克林顿的

《1996年国家安全战略》明确宣称:"民主与政治和经济解放在世界上扎下根来的地方越多……我国就可能越安全,我国民众亦越繁荣。"总统布什2004年的国情咨文也与之相似地宣布:"我们的目的是民主的和平。"国家安全顾问赖斯后来宣称:"总统布什的对外政策是一个大胆的新愿景,它从那些曾经最好地指导了美国外交政策的思想中汲取了营养,那就是,民主必须永远具备意志和手段去面对并击败自由之敌人;必须运用美国的力量和目标去捍卫自由;民主的传播将促成持久的和平。"①

克林顿和布什都是不妥协的理想主义者,他们拒绝在其看来是愤世嫉俗和限制性地解决世界政治问题的现实主义方法。总统克林顿认为,在后冷战时期的世界,"自由而不是暴政处于发展的态势之中,纯粹权力政治的愤世嫉俗式的算计就是不会有结果。"在作为候选人竞选时,布什试图把他的理想主义重塑为现实主义:

> "我们的现实主义必须给人类精神留出位置……有些人试图在美国理想和美国利益之间进行选择——在我们是谁和我们怎样行动之间进行选择。但这个选择是错误的。美国,不论是根据决定还是按照天命,均在推进政治自由——并且当民主取得进步时,获益最多。美国相信自由市场和自由贸易——并且当市场开放时,获益最多。美国是一个和平的大国——并且从民主稳定中得到最多红利。正是由于我们没有任何领土目标,我们的所得并非以他人的所失来衡量,而是以我们所避免的冲突、我们所分享的繁荣和我们所拓展的和平来计量。"②

当上总统后,布什就抛弃了企图混合理想主义和现实主义的任何矫

---

① "National Security Advisor Dr. Condoleezza Rice Discusses War on Terror at McConnell Center for Political Leadership," March 8, 2004, www.whitehouse.gov/news/releases/2004/03/print/20040308-15.html.

② Governor George W. Bush, "A Distinctly American Internationalism," Ronald Reagon Presidential Library, Simi Valley, California, November 19, 1999, www.mtholyoke.edu/acad/intrel/bush/wspeech.htm.

饰；他和其政府高级成员成为现实主义的直接批评者。诚然，克林顿和布什采取了截然不同的途径来达到他们的目标，克林顿更倾向于多边主义，而布什试图单方面地改造世界。但这些只是方法手段的不同，而非目的的不同。

自由主义传统厌恶战争成为国际政治的常态化特征这一事实。自由主义者或者完全避免使用军事力量，或者将其广泛用于再造国际体系。例如，比尔·克林顿并不能说是军队的"粉丝"，然而他却经常使用军队在世界各地实施"非战争军事行动"，比如，在索马里、海地、波斯尼亚和科索沃都是如此。乔治·布什批评克林顿在他与候选人及副总统阿尔·戈尔进行大选辩论期间，经常动用军队。他指出："我们军队存在的问题之一是我们在世界许多地区派驻了军队。"然而到了2002年，他却说，"在我们思考伊拉克问题时，我们可以发动攻击，也可以不发动攻击，我不知道怎么办。但不管怎样，其目的终将是创造世界和平。"没有什么比这更能反映自由主义传统的思维方法了。在这两人执政时期，军政冲突的根源是，在自由主义传统的激励下，文人试图让军队参与它并非全心全意拥护的军事行动。

正如亨廷顿所指出的，美国自由主义关于军事机构的态度极度矛盾，不论是克林顿还是布什均表现出这种戒备心态。克林顿曾承认自己在年轻时"厌恶"军事组织。他的一位参谋人员显然也有此思想，据报道，她曾告诉巴里·麦卡弗里（Barry McCaffrey）将军说，她"根本不和军方说话"。在担任总司令的整个任期，克林顿与军方人员关系的不畅都十分明显。

尽管布什在2000年的竞选中有公开的亲军事言辞，但很快其政府中的高级官员便明显地表现出不尊重军人的专业技能。担任国防部长后不久，唐纳德·拉姆斯菲尔德即明确表示，军队领导人迟钝、缺乏远见，他还经常以轻蔑和鄙视的态度对待他们。2003年1月，拉姆斯菲尔德在对五角大楼记者团讲话时，态度粗鲁，引起了人们的关注，对此他不予理睬，他宣称："如果这使人困扰或触动谁的敏感神经，那我非常遗憾。但这就是人生，因为我们正在做重要的事情。我们将把它做好，我们将把它做对。宪法要求文人控制国防部,而我就是文人。请相信我,这个地方正在成就宏伟的事业。在过去的两年里,我们做了很多事。要有所成就,就不能站在一边掏掏耳朵就指望所有人都赞同你的做法。"①

尽管并非每一个文职决策者都像拉姆斯菲尔德那样傲慢地对待军人,但布什政府内的主流风气很明显地是不尊重军人,甚至在通常要求职业军人专业技能的战术和军事作战议题上也是如此。

亨廷顿认为,自由主义者试图把自由主义价值观强加给军事机构,并以此"肃清"军事现实主义。比尔·克林顿的作为反映了这种做法。通过终止军队对同性恋者参军及女性参战的排斥性政策,克林顿试图把美国文人的思想观念植入军队。在据称更加亲军事的布什政府中,也一直进行着向军中灌输文人价值观的活动,此处的文人价值观指企业界的价值观。拉姆斯菲尔德在私营部门度过了一生中相当长的时间,是一个商业管理模型之优越性的坚定信仰者。他宣称:"在以盈利为目的的部门",人们必须要创新,"不这样是不行的……不这么做,你就要受惩罚,你就死定了。一件事情结束了,就过去了。那确实会使人精神集中。在这里(五角大楼)不存在这样的情况,因此,这里没有什么事情能使人精神集中,这是一个永远不会结束的工作。"②

总之,克林顿政府和布什政府对美国军事机构的看法,符合自由主义传统的主要部分。我认为,这能解释为什么这两届政府经历了极其紧张的军政关系。再者,正如前文所阐述的,布什政府全球反恐战略的指导思想即新保守主义,充分利用了美国的自由主义传统。正是这个自由主义哲学导致(美国)在伊拉克和其他地方犯了许多关键错误。正如汤姆·里克斯所说:

"理想主义思想在形成战争计划方面具有关键作用,因为它

---

① Quoted in Jim Garamone, "For Churchill and Rumsfeld, 'The Best Will Do,'" *American Forces Information Service News Articles*, January 29, 2003, www. defenselink. mil/news/newsarticle. aspx? id = 29513.

② "Secreatry Rumfeld Interview with Associated Press," Friday, September 7, 2001, www. defenselink. mil/transcripts /2001/t09102001_ t0907ap/html.

第七章 哈茨、亨廷顿和美国的自由主义传统

赋予了你战略假设。如果你认为,你会被人作为解放者来欢迎,那么你就不需要一支庞大的占领军。如果你认为你可以很快抽身,那么你就不用制定长期作战计划;于是你就不必为下面的结果预先做好规划:'哎呀,如果我们要在伊拉克进行2次、3次或4次部队轮换,那我们还要干什么呢?'……他们认为,如果可以通过对这个政权进行斩首而获胜,那么他们再给这个政权装上一个新的脑袋,然后事情基本上就搞定了。但是所发生的事情是,他们把一只鸡的脑袋砍掉了,而这只鸡开始到处跑,并且他们永远也无法真正抓住它。"①

很清楚,美军中的现实主义者早就质疑"9·11"之后进攻伊拉克是否明智。据报道,听到新保守主义者愈来愈高的呼声不断从国防部长办公厅和白宫传来,国务卿科林·鲍威尔曾斥责休·谢尔顿(Hugh Shelton)将军,他参联会主席的继任者:"你就不能给这些家伙一点颜色瞧瞧吗?"布什在2003年春天所宣布的"胜利"明显变成了泥潭,不久前退役的将军和布什政府的文职领导人之间的相互指责和争吵马上就暴露了美国军政关系中一直存在的裂隙。前联合参谋部主任格雷格·纽伯尔德(Greg New-bold)中将曾愤怒地写到他"真实的思想……我们部队参加的这场战争,是以一种随意和狂妄的态度进行的,这是那些从来不用执行这些任务的人的特权,他们也不需要去掩藏其结果。"纽伯尔德后来与其他五位刚退役的将军(包括前中央司令部司令安东尼·辛尼(Anthony Zinni)上将、前伊拉克人训练任务主管保罗·伊顿(Paul Eaton)少将、陆军转型特遣部队参谋长约翰·里格斯(John Riggs)少将、以及伊拉克战争期间的美军前师长查尔斯·斯旺纳克(Charles Swannack)少将和约翰·巴蒂斯特(John Batiste)少将)结成联盟,公开要求拉姆斯菲尔德辞职。在2006年《军事时报》进行的民调中,42%的官兵不赞成总统对伊拉克战争的应对措施。

---

① Videotaped interview with Thomas Ricks, "Rumfeld's War," Frontline, October 3, 2005, www. pbs. org/wgbh/frontline/shows/pentagon/interviews/ricks. html.

拉姆斯菲尔德对军事领导层的怀疑态度，再加上他对文人战略智慧的信仰，导致他对军队进行了微观管理。前陆军部长托马斯·怀特后来这样归纳拉姆斯菲尔德的风格特点：

"从本性上说，部长喜欢关注事物的细节。他一直抱有的看法是，我们在人力问题上总是粗心大意，派了太多的人，在还不需要时我们就派人出去，等等等等……他决定对追加的被派遣部队中的每一个人进行微观管理，这简直让人疯狂。他的论点是，他正在把我们从自身中解救出来。而我们则认为，'如果你让开，我们就会产生力量，并且我们将会指挥这次行动。'但它对所有人都造成了巨大的痛苦……在某些具体情况下，顺序给搞乱了，必须采取一些非常措施来修复。"①

布什政府想忽视职业军人有关伊拉克战争计划的建议，其根源在于，它相信，文人能够更好地理解高新技术和新编制形式有潜力使战争革命化。在1999年9月关于军事变革的一次讲话中，候选人布什曾承诺，他有意"使军队接受新的思考方式和艰难的抉择"，以保证其不错过"战争技术革命所创造的机遇"。在新政府上任的前几个月里，拉姆斯菲尔德试图在他和其幕僚预期将成为"军事革命"的行动中，实现美军的转型，这导致了他们与诸军种及其在国会山的盟友之间的摩擦，诸军种及其国会盟友对新部长的行事方式和其努力的实质持强烈的保留态度。可以肯定的是，军方的一些空想家，包括海军上将威廉·欧文斯（William Owens）和海军上将阿瑟·塞布罗斯基（Arthur Cebrowski），跳上了"军事革命"的贼船。但拉姆斯菲尔德不相信各军种会实施转型，认为只有在文人严密的督促和指导之下，转型才会发生。结果是，到了2001年夏天，拉姆斯菲尔德与高级军事领导及国会领导层的关系，已经坏到极点。事实上，许多人预测，他将是第一个离开布什内阁的人。"9·11"恐怖袭击之后，拉姆斯菲尔德

---

① Videotaped interview with Thomas Ricks, "Rumfeld's War," Frontline, October 3, 2005, www.pbs.org/wgbh/frontline/shows/pentagon/interviews/ricks.html.

在公众面前的表现暂时把他从一个坏蛋拔高成了一个英雄。此外，对阿富汗塔利班的快速、显著的胜利，似乎证明了新保守主义者的观点，即技术和编制形式现在可以代替战争中人员的数量。

然而，归根结底，亨廷顿所确定的自由主义传统的信条，使布什、切尼、拉姆斯菲尔德、沃尔福威茨、国防部长办公厅的文人以及他们在政府内外的新保守主义同盟者产生了一种天真的乐观情绪，这解释了军政关系的糟糕现状以及在伊拉克的灾难。实际上，正是自由主义传统的世界观使人得出一种假设，认为战争首先是必要的，而且还能轻松地取得胜利。自由主义传统强化了新保守主义者的主张，即：中东的政权变革是发展美国在该地区利益的关键，推翻萨达姆可能是地区转型的第一步。自由主义传统还使布什政府当局相信，正如肯尼思·阿德尔曼（Kenneth Adelman）所预测的，在伊拉克的战争将"易如反掌"，因为美军将会受到救星般的欢迎，民主的伊拉克政府在战后将很快掌权，伊拉克巨大的石油财富将很快为重建买单，以及民主在伊拉克将会防止种族冲突的出现。事实证明，所有这些自由主义的假设都错了。

拉姆斯菲尔德、沃尔福威茨以及国防部长办公厅的文人犯下了后果也许最为严重的战略错误，他们低估了伊拉克战争第四阶段（战后稳定和重建阶段）所需的部队数量。因为"人们相信战争将很快胜利，（布什）政府没有全力以赴"。实际上，拉姆斯菲尔德和沃尔福威茨认为，美国陆军高估了这些行动所需的部队数量。前陆军部长怀特回忆说："拉姆斯菲尔德一直是这样的观点：军方在人力要求上太过分了，他们所要求的人数总是比实际所需的多三到四倍，以获得绝对的胜利保证……因此，他的人生职责就是把他们从自身中解救出来，并说服他们可以用少得多的人，干成多得多的事。"美军中央司令部的战争计划在拉姆斯菲尔德看来过于保守，这让他愤怒，甚至一度回想起林肯于内战期间在乔治·麦克莱伦将军那里所遭遇的挫折感，于是他指责他的将军们"反应迟钝"。在至少六次不同的场合，拉姆斯菲尔德坚持削减行动所要求的部队数量。他本人还深深介入了战争计划的战术层面。他不但要限制所派遣部队的整体数量，还要修改"分阶段兵力部署表"（规定部队何时及怎样进入战区的战争计划附件)。拉姆斯菲尔德干预的最终结果是为第四阶段的行动留下的部队太少,并且使在战区的部队难以完全有效地部署,因为他们的具体部署是临时决定的,并不是按照一个周密制定的时间表来进行的。当然,也不能肯定地说,及时派遣更多的部队就一定能预先制止战后的混乱局面及正在酝酿中的叛乱。但可以肯定的是,文人的干预使这些问题难以避免。

四、对自由主义与现实主义之间长期紧张关系的管理

考虑到军事现实主义的功能性需求和美国文人自由主义的政治常态,亨廷顿认为,如何处理军政关系将是一个持续存在的挑战。《军人与国家》的持久影响表明,这个论断仍然在学者和决策者中广泛引起共鸣。

另外,为了对反复出现的军政冲突提出一个有说服力的解释,亨廷顿提出了两个可能的处理办法。他考虑的解决方案之一是文人和军事机构之间可存在意识形态上的趋同性。这种趋同性可围绕现实主义而发生,因为在存在严重威胁的时期,文人可能倾向于军人的世界观。美国历史上的确发生过数次类似情况,但亨廷顿担心,这只是一种临时性的权宜之计,因为美国文职领导人更倾向于通过"肃清"军事现实主义来推进向自由主义的趋同性。根据亨廷顿的估计,后一种趋同性会产生一个问题,就是它可能会损害军事效能,并因而危及国家安全。

意识形态趋同所存在的这些问题使亨廷顿更专注于处理长期紧张的军政关系的第二种途径:文人控制的方法。在《军人与国家》中,亨廷顿确定了两种截然不同的方法。"主观控制"旨在通过向军队灌输平民社会中占主导地位的群体的特定价值观,而使军队看上去更像该群体。"客观控制"则认可一种"自主性的军事专业主义"以及一个独立的军事专业技术领域。亨廷顿认为,这是平衡军事专业技能和技能与文人整体政治优势的最佳办法。为了维持这种平衡,文职领导人在战术和战役领域交给军事专业人员相当大的自主权,而军队则完全且无异议地服从文人政治控制。尽

管并未一直得到践行，但在文人应该怎样实施对军队的监控上，这种文人控制机制在半个世纪里都影响着美国人的思维，并且一般来说有助于营造良好的军政关系。

这正是布什政府及其新保守主义同盟者所拒绝的文人控制形式。布什的文人国家安全小组的关键人物相信，克林顿政府没有"抓紧军队的缰绳"。拉姆斯菲尔德、沃尔福威茨以及布什政府的其他国家安全高级官员在就任时相信，如果要克服军种狭隘主义和官僚主义惯性，并使美军转型，他们必须采取一种更具干涉性的文人控制形式。拉姆斯菲尔德著名原则的第一条就是把对军队的文人控制作为国防部长的主要职责；另一条是"保留参与和实施所有事情的权利"。"9·11"之后，那些鼓吹用战争来改变伊拉克政权的文人希望能快速发动一场战争且仅投入最少的兵力，但是他们很快意识到自己的目标面临一个关键障碍，那就是美国陆军的高级领导层。考虑到军事现实主义的保守主义信条，布什政府的文人得出结论说，他们必须进行艰难的斗争，克服在军方蔓延的对改变巴格达政权必要性的怀疑主义情绪，以及诸军种在考虑完成任务所需的兵力规模和编组问题时的官僚主义惯性。

布什政府决心强化文人控制，并且愿意参与诸如战争计划、部队规模甚至是部署时间具体安排等操作性事务之中。拉姆斯菲尔德决心"向体制内的每一个人表明，他在负总责，与其诸位前任相比，他在管理方面也许更注重细节，并且他自己也要参与行动细节。"这种干涉性的文人监督注定会导致与军方的摩擦，因为在传统上，正如伊顿少将所指出的那样，"战术是在现场的军人们的领域。"

布什政府试图采取一种其自认为截然不同于以往的文人控制形式。行政官员们担心，如果文人不积极严格地过问任何层级的军事政策和决策，他们将无法对军队进行彻底的转型，并以一种从根本上说前所未有的方式将其用于全球反恐战争。艾略特·科恩是布什"国防政策委员会"的一位成员，他为这种更具干涉性的文人控制管理体制提供了理论依据。他的《最高领导》一书在布什的高级国安小组成员中广受青睐，据报道，该书甚至摆到了总统在德克萨斯州克劳福德的官邸的床头柜上。科恩认为，无论是在战略层级还是在战术和战役层级,文人的干预都对军事胜利至关重要。他的论据有两个方面。根据克劳塞维茨的名言"战争是政治的继续",科恩十分合理地质疑了一种观念,即:在战争期间,"政治家(应该)走开",因为这"在经验上是不真实的,在理论上是不受欢迎的。"但更具争议的是,科恩对于军方有高级专业技能的断言不屑一顾,他的理由是,大多数军官在发动战争方面实际上并不比他们的文职同辈有更多的经验。法国总理克里蒙梭有一句名言称"战争太重要了,不能交给将军们自己去做",科恩对此进行了全新的解释,他宣称,"没有证据证明,作为一个群体,将军们能比文人做出更明智的国家安全决策。"为了克服军方的抵制或无能,科恩主张,文职领导者必须愿意深入"探索"军事事务。他称此为"不平等的对话"。科恩说,这需要"政治家与高级军事领导人进行非常密集的并且有时非常令人不快的互动,与其他任何方法相比,这种不平等的对话能让你获得更好的战略。"科恩这样赞美拉姆斯菲尔德:"一个非常积极的国防部长,竭力构建良好的军政对话"。直至 2006 年 4 月,他都持续地在为拉姆斯菲尔德的方法进行公开辩护。

似乎是从科恩那里得到了暗示,拉姆斯菲尔德和沃尔福威茨甚至是在干涉诸如"伊拉克自由行动"所要求的部队数量及其部署阶段划分之类的事务上,也没有表现出悔意。有一个例子可以最明显地证明文人试图在战术和战役问题上挑战职业军人,这就是沃尔福威茨以"太离谱"为名,傲慢地否决了陆军参谋长埃里克·辛塞奇上将的战前估计。当时,辛塞奇认为美国将需要超过"几十万人的部队"用于战后稳定行动。在国会作证期间,沃尔福威茨对辛塞奇的公开指责使其他陆军军官噤若寒蝉。在关于战争所需部队规模的辩论中,沃尔福威茨而不是辛塞奇占据了上风,这个事实证明布什政府成功地把其青睐的文人治军框架强加给了军队。

前陆军部长怀特总结了布什和拉姆斯菲尔德遗留下来的经验教训,他指出:"我们拥有的当过战士的上一任国防部长是乔治·马歇尔。按照规定,他们(国防部长)是文人。他们中有些人在年轻时可能有过军旅经历,但在所有事务中,他们的工作是听取军队向他们提出的明智建议,对建议进行思考并给予某种程度的信任,然后做出决策。问题是,我们是否

第七章 哈茨、亨廷顿和美国的自由主义传统
/ 175 /

已经失去了那种平衡。我认为，他们走得太远了。"① 考虑到因文人忽视军方建议而导致的伊拉克困境，假如总统在2002年夏天度假时读了亨廷顿的《军人与国家》的话，对我们的国家来说，就会比读科恩的《最高领导》好得多。总统如果当时这么做了的话，我怀疑，他就不会再愿意让他的部下在关键战术问题（如伊拉克战争第四阶段作战中使用多少部队）上否决军方的意见。鉴于布什政府的高级国家安全官员关心的是后克林顿时代重塑文人治军的问题，如果他们的做法反而对文人治军理念造成了损害，那就颇具讽刺意味了。

[编译自/《美国军政关系——新时代的士兵与国家》（American Civil-Military Relations: The Soldier and the State in a New Era）第五章；作者/迈克尔·C·戴思齐（Michael C. Desch）]

---

① Videotaped interview with Thomas White for "Rumfeld's War," Frontline, October 3, 2005, www.pbs.org/wgbh/frontline/shows/pentagon/interviews/white.html.

第八章
美国军事专业主义的意识形态根源

长期以来,军人心态一直是极端保守、非自由主义、明显非美国式意识形态的简称,这种意识形态在一个截然不同于其他职业的职业军事等级制度中是令人担心的。具有讽刺意味的是,恰恰是由于这个原因,塞缪尔·亨廷顿才认为这种意识形态对于保护美国民主制度非常重要。亨廷顿认为,不同于主流美国自由主义传统(源于对专制独裁的反对),职业军人经典的保守主义是防止军队篡夺民主政体,保卫美国应对严重的苏联新威胁必不可少的思想资源。传统的美国自由主义可以胜任前一项任务,却非常不适合担当后者。军事组织的根基是严格服从命令、克服艰难困苦、完全献身于团队,自由主义思想无法满足军队的功能需求。按亨廷顿的观点,美国需要的军事领导人应当具有更适合其任务需求的意识形态,一种不那么自由主义的思想。因此,亨廷顿指出,军事效能、军事专业主义乃至健康的军政关系与一套对公共生活经典保守的信念密切相关,并取决于这套信念。

亨廷顿认为,军事专业主义不可避免地关系到一种连贯、独特、功能强化的意识形态框架,但是,这种理论模型并不符合我们所理解的对公共生活深层理念的本质。新近出现的对此类信念的理解表明,在个人对公共生活的观点和专业功能之间并不存在单一或线性的关联。相反,通过叙述,人类拥有令人称奇的能力,可以把各种各样的行为选择(如职业,甚至选举等)与广泛的信念联系起来。本章中呈现的实验数据已经证实,这种功能与思想之间的联系很容易受其他因素影响,实验结果表明,并不存在统一的经典保守主义信念,意识形态反而令人吃惊地显示出异质化现象。

这种明显的保守的意识形态与军事专业主义的分离削弱了亨廷顿的立论，即将职业军官挡在主流自由主义政治之外的是一种外来的、军队独有的、能够确保文人控制的意识形态。对于在一个日益多元化的美国社会中努力招兵买马的军队而言，这是幸运的，单一化的意识形态既不是军队服役的前提，也不是一个自然结果。相反，在对军官的实验抽样调查中，只有两种基本的意识形态特征是几乎共同具备的：一是对公众服务的普遍承诺；二是调和多元化公众信念与军队公共服务需求的能力。

一、军人心态与军事专业主义的关系

亨廷顿在《军人与国家》一书中论述了一个在民主政体中长期存在的主要困境：一个国家如何建立一支必要的军事力量，它能够抵抗外来威胁，同时又不会过于强大而威胁到国内的政治控制？亨廷顿的解决办法是，通过使军事专业主义最大化，就能确保军事效能和持续的政治控制。根据亨氏的界定，专业主义意味着掌握规定领域的专业知识、对其他同行具有集体认同感并能彼此忠诚、具有服务国家需要的社会责任感。对最后一项标准，亨廷顿把专业主义界定为国家内军事和政治领导间的一种协商。假如军事领导者想拥有自主权来实践专业知识和培养集体认同感，就必须绝对服从国家的要求。由此可见，亨廷顿实际上认为文人治军需依赖双方的共识，即军队为取得在军事专业管辖权这个独特领域的自主权，就要保持对国家的忠诚。针对维持强大军队和文人控制的双重要求，唯一的答案就是培养军队强烈的专业主义。

亨廷顿把确保文人控制的所有责任系于对军事专业主义的严格界定，这个理论招致了人们的批评。首先，对国家忠诚并不一定表示对现任政府忠诚。塞缪尔·费纳指出，军队远不能保证不对政治事务进行干预，历史上军队往往以社会责任和国家忠诚为借口干预现存政治秩序。此外，仅靠职业内部自律来解决文人控制问题无法保证使一个可疑政体满意。亨廷顿把文人控制的所有影响力都放在专业主义的界定上，也就是说，如果文人控制和军事专业主义是同义的，那么一支专业军队就不可能挑战这种控制。根据定义，一支挑战文人政治控制的专业军队就会变得不再专业。因此，要确保文人控制，只需使军队最大程度地体现专业主义，同时尊重文人控制。就定义而言这是正确的，所以不可能反证亨廷顿的理论。为了避免武断，亨廷顿的模型需要职业内部自律之外的其他因素来承担一部分责任，确保军队服从政治当局但又远离政治。这就是亨廷顿模型中意识形态的作用。

军队特有的意识形态起源于其独特的功能需求，通过强化军事专业人员与文职政治领导人之间的区别，有助于理解亨廷顿的理论。这种自然的概念区分使军事专业人员不太可能成功地在截然不同于自己领域的文职政治生活中产生影响力。

正如《军人与国家》第四章所述，意识形态是亨廷顿模型中一个重要的干预因素。他认为，首先，有两种基本的意识形态类型，赞成军队的意识形态支持军队的职能任务，而反对军队的意识形态则不然。法西斯主义被排除在赞成军队的意识形态之外，因为它相信可以使人类事件合理化并加以控制，这种观念与战争领域的不确定性和高度不合理性相矛盾。久经沙场的军事专业人员坚信人性的卑鄙，而马克思主义对于人类本性过于积极的看法与这种观点不能调和。因此，任何具有上述两种非军事意识形态的军队都不可能在战场上取胜。亨廷顿认为，自由主义思想也是反军队的，因为它对个体的关注削弱了军队凝聚力和对团队的必要忠诚。所以，美国军队必须一直捍卫自己的作战效能，绝不能受反等级制度、极端个人主义、不信任权力的美国自由主义思想的影响。亨廷顿认为，古典自由主义思想是美国的灵魂，但是它永远都不会成为美军的灵魂。

亨廷顿认为，唯一适合军事服役需要的思想是古典保守主义意识形态。对此他做了准确的描述："在关于人类、社会和历史的论述中，保守主义承认人类关系中权力的作用、接受现存体制、设定有限的目标、怀疑宏大的设计，这些思想与军队伦理完全一致。"① 在被长期遗忘的欧洲贵族的公共哲学中，亨廷顿发现了一种非常符合军事服役和军队职能的思想体系。保守主义思想提供了支持战争需求的思想资源，而美国自由主义共识却无法做到这一点。偏离这种保守主义思想就会危及军事效能。

问题的意识形态脉络已经明确。军事领导者需要保守主义思想来打造高效的军队。如果他们想得到能威胁文人政治控制的公共合法性，就得挥舞美国自由主义思想的旗帜。这种对政治世界和军事世界公共哲学的清晰划分意味着军官和政治领导者都不可能成为对方领域内有效的行为体。军政双方如果要在对方领域有效行动，就需要抛弃使自己成功的思想和信念。对于军人而言，这意味着军官团要抛弃领导力、等级制度和纪律等原则，转而信奉自我实现和最大程度的个人自由等原则。军官要取得政治成功，就得被迫放弃军事专业主义、抛弃服从国家的意识、背弃高效军事领导力相关的专门知识。通过这样的论述，亨廷顿指出，在主流的自由主义政治文化中，军人心态中必要的保守主义有助于确立军政双方角色的分工。

本章以下内容拟考察这些关系。意识形态是否如此密切地关系到军事经验和军队职能？军事专业主义是否能够依靠一种特别的意识形态来确保其远离自由主义国家政治的非专业化影响？这种区分能否得到实证，或者是否不少军官并不认同保守主义意识形态？如若如此，这些军官是否会影响军事专业主义？他们是否会危及健康的军政关系？亨廷顿依靠意识形态强化其通过军政分离实现文人控制的理论所引发的问题实际上并不止这些。

二、功能与思想：公共观念与个人行为相关联

《军人与国家》面世十年间，美国政治学的其他领域也开始更好地理

---

① Samuel P. Huntington, *The Soldier and the State: The Theory and Politics of Civil-Military Realtions* (Cambridge, MA: Belknap Press of Harvard University Press, 1957), p. 93.

解观念与思想的本质。有些研究者基于大规模调查后得出初步结论,受试者表现出的巨大观点差异清楚地表明,普通美国公民并没有一致的意识形态。例如,菲利普·肯沃斯(Philip Converse)曾试图寻求一种信念体系,即"一种思想和态度框架,其中的元素通过某种形式的制约或功能性相互依赖而联系在一起"。① 但是调查数据显示,普通公民的信念并没有这样一种连贯的体系。肯沃斯的结论是,拥有连贯清晰的意识形态是例外而非常态。思想观念之间不存在"内部制约或功能的相互依赖",人们关于世界的态度是随意和混乱的,并没有一种连贯清晰的意识形态。受此启发,其他研究者开始更努力地寻求思想、态度和行为之间在功能上的相互依赖,以反映意识形态或信念体系实际上比初步的调查数据所表明的更为广泛。他们的研究结果改变了人们对公共信念本质和作用的看法,对我们理解意识形态和军事专业主义的关系也有重要的启示。

罗伯特·雷恩(Robert Lane)是首批提出质疑的学者之一。质疑者认为,调研者所寻求的一致性不过是关于信念"应该"如何联系在一起的现存社会偏见和期待之结果。当对调查问题的不同回应不符合传统观点所预测的结果,研究者就认为调查对象仅仅是不一致而已。雷恩的研究表明,仔细观察个体如何调整自己的观点,可以反映出各种观点之间以及个体观点与行为之间存在更大的一致性。这并不仅仅是因为个体持有互不关联或前后不一的观念,而是他们把这些观念与日常经历和行为联系起来的方式更为个性化,远不是主流调查工具所能涵盖的。更多更深入的定性分析越来越清楚地表明,人们能够调和各种表面上看来互不一致的观念,将之整合成个人的连贯一致的世界观。重要的不是个体的信念是否容易与公众接受的意识形态适应的程度,而是观念之间的联系以及观点满足个体心理需要的个性化方式。在这项任务中,个人表述证明是把观念整合成功能上相互依赖的整体的重要方式。随着对意识形态实证研究定性分析的成熟,大家越来越能接受,个体自己的"故事"或"道德故事"提供了一种灵活的方式,把信念组织起来并与行动相联系,这些联系往往不能符合外部

---

① Philip E. Converse, "The Nature of Belief Systems in Mass Publics," in David E. Apter, ed., *Ideology and Discontent* (New York: Fress Press, 1964), p. 207.

期待。

　　这些结论至关重要，因为它们使亨廷顿式的从功能到理念的军人心态论述失去说服力。信念和基于叙述的信念持有方式以及把信念与现实联系起来的方式易受外界影响而改变，这意味着任何仅从军事服役的功能要求来推导其意识形态的尝试都会导致不确定的结果。例如，我们不能这样推定，因为军事服役需要等级纪律，所以军中的个体就必须接受符合等级制度的政治信念。实际上，这种易变的意识形态观说明，军队中的个体必须调整自己的观念，适应军队维持等级制度和纪律的需要，他们不会简单地原封不动地把军事要求融入自己的意识形态中。此外，由于这种调和符合个体的心理需求，可以通过不同的路径实现。要承认个体的意识形态与实际经历之间的关联是个性化的、不准确的，这样便可以使亨廷顿力求建立的保守主义的意识形态和军事服役之间的联系产生分离。如果个体实际上能够调和广泛的个体公共信念与军事服役的要求，那么地方社会和军事专业人员之间的意识形态分离就不是不可避免的了。这便削弱了一种观点，即清晰的意识形态区分可以使文职领导和军事专业人员专注于各自的领域。

　　对于这个批评，有人或许还会辩称军事服役的本质完全不同，军事职业是独特的，或许能以跟其他职业领域不同的方式转化个体关于公共生活信念的很多方面。即使对人类信念和思想的理解不断成熟，提醒我们不要划出泾渭分明的界限，或许军事经历能够产生亨廷顿以及军人心态支持者所预测的效果。

　　不过，我们可以验证这种观点，考虑两个针锋相对的观点。第一，如亨廷顿所言，军事专业主义与保守主义思想密切关联，保守主义思想有助于使军事专业人员远离完全自由主义的美国政治。第二种观点与此相反，认为军事专业主义和意识形态的关联并不是如此密切，军事专业人员可能会持有多种不同的观念和思想，倘若如此，意识形态并不能提供军人干政的可靠防范。问题是，在军事专业人员和一种清晰一致的意识形态之间是否存在一种可验证的关联，如果有的话，那么这种意识形态是否符合保守主义思想，因为亨廷顿认为后者与美国政治生活在根本上是不相容的。

三、功能与思想：检验军人心态

要检验军事服役与政治信念的关系，典型的办法就是诉诸民意测验和调查工具。但是由于一些原因，这种方法无助于探讨军队保守主义意识形态和军事专业主义之间的关系问题。首先，民意调查主要是看所处时代的政治形式，如左倾与右倾或者民主党与共和党。但是使用这些问题进行调查，会错误描述亨廷顿及早期研究者通过自由主义和保守主义视角对军队和意识形态的观察。亨廷顿并不是说美国军队处在美国政党政治生态的一端，而是说美国军事专业人员共同持有一致的保守主义意识形态，完全脱离于美国政治生态。与主流的美国公共生活信念不同，美国军队意识形态并不是基于广泛的、古典自由主义立场，其哲学渊源可回溯到埃德蒙德·伯克（Edmund Burke），而非约翰·洛克。如果要在军队和政治领域构筑一道思想防线，就需要这种独特性和疏离性。有效的验证应当能确定军事专业人员确实持有一种独特的意识形态。

传统调查方式不可行的第二个原因是，军人心态并不仅仅是与典型的美国人相比而言。军人持有的个体信念是独特的，而是他们作为一个整体所持有的世界观传统上就是独特的。这种整体的信念系统或意识形态就是菲利普·肯沃斯在谈论信念系统中观念的功能相互依赖时所提到的。意识形态并不仅仅是不同观点和信念的简单集合，还涉及这些观念之间相互联系、相互依赖、相互支撑的方式。由于问题涉及意识形态，检验时必须考虑这种思想之间整体的功能相互依赖性。

考虑到各种思想观念的优先次序及其相互关系与信念本身同等重要，有效的测试应当允许受试者自己去识别这些关系，以他们自己认为合适的方式构建和解释其世界观，而不是勉强他们从研究者提供的有限选项中做出选择。这对于本议题而言尤其重要。军人会因为大家有这样的期待而去选择保守主义的标签吗？或者这种特征自然存在吗？必须允许受试者独立

第八章 美国军事专业主义的意识形态根源

地、尽量不受限制地构建自己的意识形态,而且研究者必须要能够把这些建构与军人心态论进行系统对比。

这就是我在2004年到2006年间做的一个军地公共生活信念研究的目标。这项公共信念研究使用了两种工具:公共信念排序测试辅之以部分访谈。排序测试包括50项观点,来自以往的政治观点和军政关系研究以及更广范围的政治意识形态文献。选择这些观点时,主要看它们与现有的军人心态描述的符合或矛盾程度,这类军人心态是对立于古典自由主义的:传统的、反个人主义的、专制主义的、民族主义的、总是视武力为保障安全的途径等。在所谓的Q-方法中,排序测试要求受试者按照从最认同到最不认同的顺序排列观点(按正态分布)。根据排列结果所显示的规律,可以识别意识形态类型并根据不同的回复把受试者分为不同的类别。

排序测试之后再进行面谈,以了解观点的优先次序及其之间的关系。如果真的存在一种军人心态意识形态原型,那就应当可以通过这种方法来验证。如果亨廷顿的理论是正确的,那么通过足够规模的军事专业人员和文职领导的取样,应该可以发现军人相对一致的价值观优先次序及其理由。这种一致性将符合文献资料中保守主义军人心态的古典描述,并将军人隔离于主流美国政治生活之外。

一份取样来自宾夕法尼亚州卡莱尔营美国陆军战争学院和华盛顿特区的国家战争学院的高级陆军军官,另外还有临时任职于纽约西点军校的中级军官,共计45名。文职对比组来自纽约、芝加哥、里奇蒙等几个美国城市共45位中高级文职领导。为评估亨廷顿所说的以商业为导向的自由主义和支持军队的保守主义之间的区别,文职取样主要是来自大小公司的商业领导者。军地两份取样中的民族、种族及性别分部基本与其在总人口中的分布相当。除了以上限制,受试者基本是随机抽取。目的不是为了选取一个足够大的样本以反映整个美国人口或军队的一般情况,而是提供一个合理的实际验证,看是否存在一种不同于地方的、独特的、一致的、古典保守主义的军人心态。如果军事专业主义需要非常独特的意识形态资源,那么此方法应该可以识别这种不同之处的性质。或许地方取样控制组中会存在广泛的自由主义或显著的异质性信念,但是,如果意识形态正如军人心态论所言与功能相关，那么45名美国陆军中高级军官的回答应该会呈现很强的一致性倾向，可实际上并非如此。

不论是分为两个大的意识形态类型或细分为四个小的类别，样本中都没有显示出明显的军人主导的保守主义倾向的世界观。相反，90人的样本表现出了各种各样的公共视角，基本上符合早期当代美国意识形态理论和实证的描述。这些视角五花八门，既有更以社会为中心的观点和自由主义的观点，也有对社会政治秩序和社会秩序更加等级化的观点和完全分权化的观点。在这种多元化态度表征中，美国陆军军官与地方人员并没有明显的不同。军事服役并不能很好地预测个体在意识形态频谱中的位置。不管是保守主义的还是其他的意识形态原型，都未反映在这些陆军军官公共信念和价值观的异质性中。

根据受试者的回答，我们可以把90人的样本分为两个大的意识形态类型：一种是典型的左倾导向，另一种是右倾导向。第一种类型强调外交政策中的国际合作、服务共同的社会目标、通过集体讨论和辩论解决公共问题、在公共领域持宗教中立立场、相信大多数人基本上是好的、重视公正和平等等诸如此类的价值观。第二种类型强调传统价值观、勤奋的工作以及道德品质是解决公共问题的关键，主张惩罚犯罪行为，认为有活力的消费社会益处良多、对外政策中应使用武力先发制人、在军事和经济占主导地位的前提下国际合作有利于美国。按军人心态论的预测，军事和意识形态应该由此开始分离，但实际上并未出现这种现象。第一类或者左倾的意识形态类型包括18名陆军军官和22名地方人员。第二类右倾的意识形态类型包括21名陆军军官和20名地方人员。这里军人虽然表现出轻微的右倾思想，但这远远不能反映一种自然、孤立的军事保守主义特征。

即使再把意识形态类型进一步细分，还是不能明确区分军人和地方人员的政治态度。90个人可以分为四种意识形态类型，分别是共产主义倾向、自由主义倾向、传统保守主义倾向和更为活跃的亲政府的保守主义。这里同样会表现出与军人心态论的相似和不同之处，但是几乎没有什么证据证明最基本的观点，即存在一种独特的、一致的军人心态。

第八章 美国军事专业主义的意识形态根源

表8.1 四种意识形态类型的分布

	自由主义	共产主义	传统的保守主义	更积极的、亲政府的保守主义	四种类型都不明显
陆军中级军官	3	6	6	7	6
陆军高级领导者	2	5	5	1	4
陆军军官总数	5	11	11	8	10
大公司商业领导者	1	8	3	5	8
小公司领导者	1	10	1	6	2
地方人员总数	2	18	4	11	10
总计	7	29	15	19	20

总之，要求陆军军官与地方领导对比样本对自己的意识形态进行重构时，就每位受试者在最终的意识形态架构中的位置而言，军事服役并没有表现为一个显著的预测因素。这一发现与以往的意识形态实证研究文献相一致，表明信念之间、信念与经历之间、信念与行为之间并不受某种大家普遍接受或承认的蓝本所约束。人们发现，有无数的方式可以把自己的思想与信念和不同的公共和私人行为相联系。信奉和行为都与观念存在着特别关联，在政治领域尤其普遍。正如罗伯特·克莱夫斯坦（Robert Grafstein）所言，政治领域的基本概念本身"并不具有可分离的事实内容，与独立世界不存在客观联系"。以沃特盖里的话来说，诸如自由、公正等概念"本质上是可以争论探讨的"。在言辞上大家可能广泛一致，但这些概念的意义则是可以永远争论的事情。

例如，我们来考虑一下本辩题中的两个中心术语：自由主义和保守主义。长期以来，美国政治思想的研究者（包括亨廷顿在内）都认为美国的政治传统深深根植于一种强烈的自由主义共识。不过，美国自由主义共识的捍卫者必须面对一系列的矛盾现象。如果美国存在一种自由主义共识，那为什么美国人对公共政策中存在严重分歧的事务争论不断？如果美国是自由主义的，那为什么还存在奴隶制度，有时还存在种族歧视？戴维·格林斯通（J. David Greenstone）认为，自由主义是美国的语言传统，它为美国政治生活提供了语法框架，有效地限制了什么是可接受的、什么是不可接受的，根据某项公共行为或政策能够在多大程度上用自由主义的核心信条来描述。格林斯通认为，用广泛接受的自由主义语言来解释自己的思想和信条是美国自由主义的实质，在这种语言或名义上的共识范围内，就会一直存在深刻重要的意义争论。如果我们把自由主义理解为公共语言的共识，那么问题就变为军事专业人员是否与其他美国人持有相同的名义上的自由主义共识。答案毫无疑问是肯定的。

格林斯通的结论并未被这项公共信念研究中受试者提供的排序和解释所证伪。排序测试表现出很大的多样性，但是当被要求解释各自排序选择的原因时，无论是军人还是地方人员都使用了相同的古典自由主义词汇。我们看一下后续面谈中的几个例子。一位陆军上尉准确地使用了自由主义语法表述自己的信念，"每个人都最了解如何做好自己的事情；每个人都最了解什么能使自己开心；每个人都最清楚自己想过什么样的生活"。类似的语言和概念如自由、个人权利、法律面前人人平等在所有受试者的语言中都很重要。即使像公共利益这类概念也要协商认定，而且语言必须体现出对个体的尊重。在描述自我利益如何推进公共利益时，前面那位陆军军官说，"我的理解是，当个体努力为自身利益工作时，公共利益才会最大化"。另一位陆军上尉的回答则明显属于更倾向于保守主义的意识形态类型，他不同意会有任何个人利益所得，但强调个人选择在所有事务中的中心作用，关心"公共利益，如何改善社会，而不只是我自己的利益。这是好事。但是我看到更多的是个人主义思想。是的，这是我的看法。个体本身应该致力于公共利益。我不认为应当被强制"。结果显示，从态度的多元化和描述信念所用的共同的自由主义语言来讲，样本中的陆军军官并没有表现出任何军人心态论所支持的整体的观点特征。

保守主义这个术语也是有问题的。克林顿·罗希特（Clinton Rossiter）称"保守主义"为"政治思想和演说词汇中最令人困惑的词语之一"。这也是一个"本质上具有争议性的"领域内的词汇。亨廷顿使用该术语描述英国国会议员埃德蒙·伯克的哲学思想，在一个自由主义思想为资本主义扩张保驾护航的时代，这位旧世界的贵族议员渴求回归传统秩序。然而，在当代美国，"保守主义"和"自由主义"的含义都已颇为不同。保守主义往往指主张对社会或道德问题实施管制的一套信念体系，同时也赞成在经济事务上放任自由；自由主义则倾向于经济管制而非社会管制。"保守主义"的多重含义会导致混乱。军人心态领域最新的研究文献大多关心军事专业人员是否已偏向美国政党政治的一边。这是一种有趣同时又可能令人伤脑筋的现象，不过它还是不能解释这种宏大观点，即，军官这个职业截然不同于其他行业，因为他们一致认同更为深刻的保守主义思想，完全置身于美国政治争论之外。考虑到最近几十年政治保守主义的美国右派声名鹊起，对这种当代保守主义联盟的认同本身似乎不太可能说明军人心态论所预期的军人的孤立角色。不过，这一观点也基本上没有切中问题的要害。

　　该项公共信念研究显示，陆军军官的信念和态度之间存在更深刻的异质性特征。因而，即使"保守主义"最宽泛的当代解读也不能作为军人心态的有用代名词。近年来的公开民意测验都表明军官以压倒性多数认同共和党的政见并具有保守主义特性，而且在我们的公共信念研究项目中，对陆军军官的有限取样调查显示，37位军人中的23位（62%）在自我描述政治观点时选择了与"保守主义"或"共和党"类似的词语，与民意测验数据相仿。但是，在这23位自认为是保守主义者或共和党派的人军官中，有7人的意识形态排序属于更为左倾的类型。在细分为四种类型时，这23位军人在各个类型中的分布如下：2位自由主义的，6位共产主义的，6位传统保守主义的，5位具有更积极的、亲政府的保守主义倾向。由此看来，军人心目中的保守主义包含了各类不同的公共信念。相反，在地方人员样本中，保守主义反而具有更为准确的含义。17位自认为是保守主义者或共和党派的人中只有1位不属于右倾的意识形态类型。总之，虽然保守主义思想的自我认同在军人中极为普遍，但是该标签的含义高度多样化，因此，与其说这样的阐述是清晰的，倒不如说常常令人一头雾水。

　　从上述讨论可以看出，为了解释清楚军人心态论中的自由主义和保守主义等术语的用法，还需要探讨这些存在较大歧义的用语，这也是重申本章提出的论点。首先，经历和行为并不像军人心态论的逻辑所认为的那样简单地与意识形态相联系。个体诠释含义、建立关联、并抱持信念（也许还会用相似的自由主义语法描述互不相同的信念）的方法通常比军人心态论模型所提出的复杂得多，且特别得多。其次，这项公共信念研究的 Q-分类法部分证实：军事服役并不能很好地预测个体的意识形态频谱位置。再次，该测试的所有参与者都具有显而易见的古典自由主义用语，并不存在某些描述规则的变体能把军人纳入独特的或者反自由主义的立场。最后，军队受试者的保守主义政治自我认同倾向确实反映出一定程度的关于军人的共识，但这只是一种微弱的共识，其中存在很大的态度差别。这使我们回到亨廷顿所说的意识形态作用，更重要的是回到当代军官应当如何思考军事职业及其与深层公共信念的关系这个实际问题。

四、意识形态与军事职业

亨廷顿指出，由所谓军事服役塑造的古典保守主义思想证实了军事专业人员与彻底的自由主义国家政治（如美国）之间互不相容。正如水中之油，或者如亨廷顿所说，正如"巴比伦的斯巴达"，意识形态的不同将确定军事与政治领域行为之间的健康分离。一个领域取得成功所需的信念和信奉并不能运用于另一个领域。因此，在一个自由主义的民主国家内，健康的军政关系需要我们接受甚至培育这种差异性。

然而，根据我们的研究，意识形态并不是文人治军的有力保障，意识形态并不能完成亨廷顿赋予它的职责。并没有一种非常一致和非常特别的意识形态能防止军事专业人员染指政治领域。信念与军事职能之间的联系存在过大的不确定性，军人的态度和价值观优先次序等在差异性、不统一、不协调的程度上与地方公民并无显著的不同。因此，军事职业比军人心态论所指出的更能够融合多样化的意识形态和公共信念。

这就必然会导致一个问题：如果军队并未反映出功能驱动的意识形态原型，我们该怎么做？公共生活信念是否能在构建更高效的军政关系中发挥一定的作用？要回答这些问题，需要重新思考军事专业主义和多元化美国民主制度中的标准信念领域之间的关系。

我们希望为当代军人设计一种军事职业伦理或共同的价值观基础，这个愿望促使我们更加仔细地审视那些可能是高效军事服役真正基础的标准信念。支持全频谱军事使命的任务凝聚力的信念是什么？什么信念可以为一支多样化的职业军队提供共同的标准基础？当代民主理论本身也面临类似的难题，如何在一个高度多样化、思想多元化的现代自由主义国家内找到一种共识基础或共同点，并以此为基础采取集体行动？现代国家的极度多元化使得许多自由主义政治理论家不抱有任何希望，认为不太可能找到一种对实际事务的广泛共识。但是，罗伯特·戴尔（Robert Dahl）认为，现代自由主义国家所需要的不是公民对公共生活拥有共同的标准信念，而是公民，尤其是掌握公共决策权的公民共同接受民主的标准和程序。玛丽博斯·彼得逊·乌尔里奇（Marybeth Peterson Ulrich）在评估民主的军政关系时提出了类似的观点，"军官的忠诚……不仅是对国家的，还是对国家的民主制度的。"她认为，军事专业发展过程应当包括"把民主价值观融入军官的整体内在价值观"的计划，灌输"一种职业义务感，把民主国家服役的特殊要求与军官的整体专业主义联系起来"。这样就把公共信念和价值观的研究重心从确认一种综合的、潜在排他性的意识形态（如军人心态）转向更为宽泛的视角，注重灌输对民主程序的信奉，强调重视这种程序，并能为民主程序而参与军事服役。

这种方法已经受到参与调查的军人的广泛支持。虽然90人的样本中并没有"一致的观点"，也即统计上相似的观点（接受或排斥），但是当样本缩小为仅包括军人时，却出现了一种共识：当个体致力于公共利益、服务于共同的社会目标时，社会的运行达到最佳。这是受试的军事领导者唯一共同的标准立场。虽然对于"公共利益"和"服务于共同的社会目标"到底涉及哪些因素意见不一，但是大家持有这种共同的观点这一事实的确有助于形成一种专业军事标准共识，对民主社会公共服务的信奉是这种共识的基础。

这样一种观念基础也能更好地支持军队维持军事效能的功能性需求，

也有助于实现广泛代表社会核心特点的社会性需求。即使有可能将军事职能与一种共生的意识形态划出清晰的界线，过去半个多世纪以来军队的使命任务不断拓展，使我们不能确定这样的意识形态究竟会是什么样子。仅仅在1991年到1999年期间，西方国家就实施了54项军事行动。除了传统的作战行动之外，美国参与的行动还包括禁毒行动、恢复国内秩序、维和行动、基础设施建设、救灾行动、外国人员救援等。日益增多的多国联军和多军种联合行动导致军事职业的职能和背景比过去要复杂得多。仅仅源自传统高强度地面作战的规范性军事职业伦理并不一定产生亨廷顿所描述的军人心态论，但是却不可能满足一支适应性强、以能力为基础的全频谱军队的需要。对那些试图寻找经历、意识形态和行为之间关系的学者而言，在当前全频谱行动环境中，意识形态的统一性可能既不可证也无必要。适合当代军队的军事职业伦理反而需要源自军事服役所需的价值观。

同样，以更合适的理念为基础的类似观点也支持社会性需求。考虑到将来军队征召的人员日益多样化，成功的军事专业主义可能更少地以对某种狭隘疏离的意识形态的专注来衡量，而更多地看能否把多样化的信念系统与民主国家的军事服役进行调和。过去，人们认为适应社会性需求总以牺牲职能性的军事效能为代价。然而，随着征兵难度的增大以及专业人才竞争的日益激烈，如包容性之类的社会性需求方面问题具有直接的职能意义。吸收了所有美国人中最优秀和最聪明人员的高素质军官团就是一种功能性。为达成此目标，应该清楚观念信奉对高效的军事服役非常关键，必须认识到这样的信奉不仅是可以调和的，而且对于美国人最深层、最广泛的共同标准信念而言也是核心的。

五、结　论

总之，对美国军事职业伦理而言，最好的不是寻找一种所有军人都接受的综合的意识形态，而是认识到军事服役可以兼容广泛的政治观点。军人必须把自己的各种观念和思想与军事服役需求进行调和，幸运的是，军队已经开始行动。本研究中参与调查的职业军人对各种价值观的优先次序和观点立场兼收并蓄，运用多元化的公共哲学理念来支持他们自己对军事职业的共同信奉。在多样化的观念中显示出的一种共同信念是，献身于民主国家的公共服务，受试者不时提到这一点。"我认为我们国家的美好之处是，人们，特别是有些人愿意将自我利益置于更大的共同利益之下"。这一观点来自于一位属于左倾意识形态的陆军上尉。另一位右倾的陆军上尉也说，"我认为军官必须要无私服役，全心全意服役，因为过于关注自我利益就不配做军官"。将来应该以此为基础去理解、描述和传授美国军事伦理。

有一种不断宣传的观点是：军事专业人员共同拥有某种特别且满足职业需求的意识形态，可以使军人有别于甚至高于其他行业，但是这种观点并未经过实证，也不利于满足21世纪军队的军事职能和民主社会要求。不去理清职业军人的职责和角色，而是试图去寻找一种特别的、独立的军人心态，恰恰使职责和角色产生混乱。当今的职业军事教育系统必须强调观念原则，纠正这些错误的做法。

因此，重要的第一步就是开始重新塑造"军人心态"形象，不再视自己为基本的美国自由主义的对立面，而是转向更为现实的多样化的军人观念，共同致力于公共服务主题。这些主题深深植根于美国人的经历：个人主义、商业主义以及亨廷顿根据路易斯·哈茨等人所指的美国自由主义传统中的社会个体论与拥有市政厅会议、谷仓聚会和公民士兵的美国是共同存在的。对于许多历史传记作家而言，后一类传统表明仅仅自由主义并不能完全说明美国的政治经历。近来的美国政治文化历史已经凸显了这种以社区为中心的公民共和传统的中心作用。大家以不同的方式、不同的角度去描述这些传统，但是核心是注重公共利益、社区服务和公民承诺的一套价值观体系。本研究的发现说明，当今的职业军人虽然不是共和传统中所说的公民士兵，但他们对于社区服务的专注、对美国公民共和传统的理解阐述与他人不相上下。把军事专业主义和意识形态的争论引导到这个方向，虽然不能提供一种单一的军人—保守主义理论，但是可以使21世纪的军事专业主义更容易对接现实，为其提供更有用的理念基础。

附：公共价值观排序测试中所列出的观点陈述

（本附录列举了排序测试中的50项陈述，军官和文职商业领导者各45名参与了本调查。）

1. 多数人是可以信任的，并愿意帮助别人。
2. 与别人交往时要倍加小心，因为多数人是为自己考虑的。
3. 当个体都致力于自我利益最大化时，社会运行最佳。
4. 当个体致力于公共利益和服务共同社会目标时，社会运行最佳。
5. 公民权不是给予的，必须通过服务社区来赢得，责任产生权利。
6. 公民权是人的固有权利，不需要做什么事情来获得公民权。
7. 投票是一种民主义务，不管支持的党派获胜的几率有多大。
8. 如果一个人不关心选举是怎么回事，就不应该参加选举。
9. 传统价值观的衰落导致美国社会的很多重大问题。
10. 每一代人都需要界定自己的价值观和生活方式。
11. 道德植根于社会标准和信念，因此是不断变化的。
12. 道德是恒常不变的，不以人们的道德判断而改变。
13. 社会和政治变革必须缓慢谨慎，以免毁坏前人的成功和业绩。
14. 社会和政治变革必须聚焦于实现公正和平等之类的重要的核心价值观，即使这会导致现状的重大改变。
15. 泛滥的自私自利和消费主义是对美国社会未来的严重威胁。
16. 应当鼓励活跃的消费者社会，因为它能维持美国经济的繁荣。
17. 如果我们有非常强大的意志力，就不会有任何的弱点或困难阻挡我们。
18. 许多人生活中遇到不少的社会和经济障碍，没有取得成功不怪他们。
19. 一些坚强的领导者比所有的法律和言谈更能改善这个国家。
20. 集体讨论和辩论是国家进步的唯一途径。
21. 商业专业人员和制造商比艺术家和教授对社会要重要得多。
22. 科学非常重要，但是许多重要的事情永远不能被人脑所理解。

23. 美国有理由对可能发展大规模杀伤性武器的国家使用武力，即使这些国家当前并未对美国构成威胁。

24. 如果不对美国构成眼前的威胁，就应避免对他国动武。

25. 美国的对外政策首先应聚焦于通过联合国加强国际合作。

26. 美国对外政策应当主要关注资本主义和自由市场的拓展。

27. 美国对外政策应当主要关注在他国推进民主政府。

28. 美国对外政策应当首先维持美国的经济和军事优势。

29. 世界和平的最大希望是一个强大的美国来维持和平。

30. 世界和平的最大希望是民族国家之间的紧密合作。

31. 面对威胁时，民主国家经常放弃协商和审议，将决策权交给一位强势领导者。

32. 面对威胁时，协商和民主决策是最重要的。

33. 多数时间大多数美国人不能决定什么最符合自己的利益，更不要说什么最符合国家的利益。

34. 就管理和公共行为而言，普通美国人通常能稳定和理性地引导决策。

35. 我们应该取消成人之间自愿的性行为限制。

36. 对性的管制，即使是成人之间的自愿行为，对一个良好社会而言是必要的。

37. 关税对于保护国家经济和就业的重要领域是必要的。

38. 自由贸易比实施关税更容易致富。

39. 最低工资法律导致失业，应该取消。

40. 最低工资法律可防止对弱势群体的剥削。

41. 平权行动无异于反向种族歧视，因为它使某些人仅仅因为肤色而处于劣势。

42. 平权行动是确保健康的多样性的必要措施，必然会惠及所有美国人。

43. 我们对待罪犯过于严厉，应当改造他们，而不是惩罚他们。

44. 暴力犯罪应当严厉惩罚，这是制止大多数犯罪的唯一途径。

45. 未来美国将很好地避免任何特定宗教的。

46. 未来美国仍然是一个基督教国家,对此必须小心。

47. 政府行为是解决当前美国面临的主要问题的关键。

48. 提高道德品质和个人勤奋工作是解决当今美国的主要问题的关键。

49. 民主就是公民参与政府管理。不应当变成社会公正和相对的资源平等等其他问题。

50. 民主应当根据其产出结果来判断,如平等分配公正和资源的程度。

受试者按照最认同(+6分)到最不认同(-6分)对以上陈述进行排序,并将它们归为13个独立的类别。就每个类别的数量而言,依据以下限制进行分配:+6=2项陈述;+5=2项陈述;+4=3项陈述;+3=4项陈述;+2=5项陈述;+1=6项陈述;0=6项陈述;-1=6项陈述;-2=5项陈述;-3=4项陈述;-4=3项陈述;-,5=2项陈述;-6=2项陈述。每位参与者所选的分值呈正态分布,能够用因素分析法进行统计学比较,然后根据受试者排序选择的相似度与差异度将它们分为不同小组。本测试运用了这种方法来判断军人心态共识的存在性和倾向性。

[编译自/《美国军政关系——新时代的士兵与国家》(American Civil-Military Relations: The Soldier and the State in a New Era) 第九章;作者/达雷尔·德赖弗(Darrell W. Driver)]

第三篇 "9·11"之后的美国军政关系

　　本篇在考察了"9·11"之后美国的文人治军和军队对社会的影响的基础上，对军队在美国的合理职责以及军事机构的效能进行了研究，本篇最后从冷战后非常规战争和维稳行动需求的角度，分析了稳定行动在军事技能中的重要地位以及对军政关系中决策的影响。

　　第九章里，马可宾·托马斯·欧文斯讨论了在美国谁控制军队的问题，还探讨了什么程度的军队影响力是可以接受且合适的。自由主义社会通常认为文人控制军队是理所当然的，但文人治军涉及另外的一些问题：文人控制是不是简单地指行政部门里文官（总统或国防部长）的主导地位？立法部门在控制军事工具上又起什么样的作用？军方的建议具什么样的性质？军队领导是否应该坚持自己的建议必须得到采纳？军队领导认为文人当局正在制定不良决策时，可以采取什么样的行动方案？本章解决的第二个问题与第一个问题密切相关，那就是，什么程度的军队影响力是恰当适宜的？在一个社会中，军队最极端的影响形式就是军事政变；另一种军事干预内政的形式是执政官制（军人专制主义）。美国虽然避免了军事干预，但仍有必要明确军队事务的恰当范围。什么构成了军事专业技术？是否超越了塞缪尔·亨廷顿在《军人与国家》中所称的"暴力管理"？应该如此吗？军队应该对外交政策有什么程度的影响力？美国的外交政策是否已经"军事化"？作战司令部的指挥官们是否权力过大？他们是否已成为新的"总督"或"地方总督"？关于军队和内政什么才是合适的？现役军官是否应该撰写专栏支持一些特殊计划或政策？退役军官应该参与党派政治吗？在资源分配的影响方面，什么才是军方的合理作用？针对上述问题，本章给出了观点和建议。

马可宾·托马斯·欧文斯接着在第十章里研究了军队的合理作用以及军事机构的效能问题，军事机构的任务是为国家作战并赢得战争，还是参与安保行动？军队应该准备打什么样的仗？军队的重点应该放在国外还是国内？美国在不同情况下不同的时间里对这些问题做出了不一样的回答。例如，在历史上的大多数时间里，美国陆军就是一支安保部队，仅在20世纪30年代时，才在抗击外敌时参与了大规模战争。冷战的结束和"9·11"袭击已经给出了新的答案，既将军队开放性地应用于国内事务，又将重点放在"不规则战争"（反叛乱和反恐行动）上。这些问题对军政关系带来的影响值得思考。本章还探讨了军政关系的一种既定模式与军事工具效能之间的关系。如果军事工具无法保证国家的安全，所有其他问题就失去了意义；如果没有宪法，宪法权力制衡问题也就无关紧要。战斗效能是否要求军队拥有在某些方面异于社会的一种军事文化？社会结构对军事效能有何影响？政治结构又会产生怎样的影响？军政关系的模式对战略决策过程的有效性又有什么影响？这些都是第十章所探讨的问题。

第十一章考察了美国自冷战以来所参与的稳定行动，以此为视角，纳迪亚·谢德洛（Nadia Schadlow）和理查德·拉克蒙特（Richard A. Lacquement Jr.）认为，亨廷顿把职业军官的角色定义为"暴力管理者"的这种观点在后冷战时期过于狭隘。按亨廷顿的观点，军官以及他们领导的专业军队关注的主要是常规的动能战争，这是一支"强调战役而非战争的军队"。从通过使用军队来实现政治目标的意义上来讲，赢得战争的胜利需要在非常规战争和维稳行动中表现出更强的专业技术，美国在伊拉克和阿富汗的经历已经证明了这一点。文章认为，战争的本质决定了军事职业的界定需要更宽泛、更包容的视角，应将稳定行动完全融入军事专业技能中。从本质上讲，不论是常规战争还是非常规战争都是尖锐的政治斗争，军队必须主动承担起稳定行动的责任，将稳定行动有效融入军事职业。必须对军事组织进行变革，同时革新军事职业的教育和训练理念，明确稳定行动是国家安全需求和战争胜利中的一种力量倍增器，培养把稳定行动固化为核心军事技能的意识，增强军队应对稳定行动的战备能力。稳定行动对战争胜利至关重要，军队必须为实现国家总体政治目标继续在稳定行动中发挥作用，维护国家安全利益。

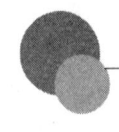

第九章
文人控制与军队对社会的影响

20世纪90年代以来，对美国军政关系的争论大多集中于文职领导对军事组织的控制问题。有些观察者相信，对文人控制的过度关注掩盖了军政关系中其他同样重要的因素。

这一时期，"危机"一词是大家频繁议论的话题。有人将90年代这种所谓的文人控制危机归因于克林顿总统与参联会主席科林·鲍威尔将军之间的权力抗衡，前者欠缺军事事务上的可信度，而后者则得益于1986年《戈德华特—尼克尔斯国防部重组法》给予的参联会主席的更大权力，是很受欢迎的活跃分子。

也有人认为"文人控制危机"言过其实。如果说"文人控制的最好标志是军政领导发生分歧时谁占上风的话"，那很明显，美国的文人控制并未削弱。事实是，即使在克林顿主政期间，多数时候也是文职领导的意见占上风。譬如，军队参与安保行动（巴尔干和海地）、大规模裁减兵力结构、放弃一些武器系统以及向女性开放许多军事职位等，文职领导的这些倾向都与军方的意见相左。还有一些观察者认为，即使鲍威尔将军影响了军政关系平衡中的文人控制，其继任者还是恢复了这种平衡。

其实文人控制问题比一些人所想的要更为复杂。绝大多数美军官兵对文人控制的原则没有异议，但是美国政体的三权分立使文人控制在实际操作时更为困难。许多研究者似乎把文人控制问题完全局限于行政领域，全然忽略了国会。但实际上，行政部门对军队的控制固然重要，国会的作用也不可忽视。过去，在涉及军事事务，至少是关系到军事工具的使用时，国会有时会尊重行政部门，但它一直保留强力发声的权力。国会主要是通过监管和预算过程来控制军队,一直是最终的"兵力规划者"。

查尔斯·史蒂文森发现,文人控制既是描述性的,又是规定性的,既是可测量的条件,又是一种准则。"作为一项解决争议的原则,文人控制提供了一条简单的规则:文职领导负责制定目的,而军方只能就手段做出决策,但目的和手段之间的界限由文职领导划定"。

30年前,艾伦·米莱特(Allan Millett)确立了四项标准,用以检验文人对军队的控制程度。第一,武装力量不能主导政府或者将其独特的功能价值观强加于文职机构;第二,军方没有独立获取资源的权力;第三,军方在招募、训练、教育、晋升等方面的政策不能与基本的公民自由权产生矛盾,除非是为了保证纪律和战斗效能而做出一些妥协。第四,对军事力量的使用不是由军事机构自身决定的,但是,文职领导在制定相关决策时,不应忽视军队的组织特征。

根据这些标准,美国文人控制的程度还是较高的。不过,虽然"9·11"以后的军政关系危机被夸大,但是也确实存在对文职当局的一定程度的抵制,如规避伎俩、扯皮推诿、泄漏信息等。

近年来的文人控制有所减弱吗?军政双方的分界线何在?为什么"9·11"前后公众对美国军政关系有这么多诟病?过去几年文人控制原则如何在实践中发挥作用?下文我们将回答这些问题。

一、文人控制的削弱?

对伊拉克战争的认识以及战争的实施存在着相当尖锐的争议,而且军方一直积极地抵制文职当局关于军事力量使用的决策,于是,人们相信美国的军政关系已经失衡。事实上,美国军方与文职政府之间一向关系紧张,在"9·11"事件和乔治·布什主政期间发动两场战争之前早已有之。

理查德·科恩一直认为近年来文人治军已经弱化,其他一些学者如彼得·费弗、鲁塞尔·威格力（Russell Weigley）、迈克尔·戴思齐及艾略特·科恩等也都持这一观点。持该观点的人并不是害怕会发生政变之类的情况，他们担心的是军方频繁地阻碍或规避文职权威，反对军队自己不喜欢的政策。科恩认为，这样一来，文职当局的控制权严重削弱，以至于到了"改变美国政府的性质，削弱国家防御"的程度。科恩认为：

"从坏的方面讲，就是近年来美国文人对军队的控制已经减弱，文人控制受到威胁。问题不是政变般的噩梦，而是美国军队的影响力日益增强，甚至可以把自己的立场强加于许多政策和决定。我发现的不是阴谋，而是武装力量频繁地试图挫败或规避文职当局权威，阻止军方不愿看到的结果出现。"①

科恩接着说：

"如果不以表面的由谁来签署文件或通过法律，而是以军队和文职决策者在事关军事事务的两大领域中的相对影响力、国家安全政策以及使用武力保护国家、在海外投射力量等方面来衡量文人控制力，那么可以说上一代的美国文人控制大幅削弱。理论上讲，文职当局有权签发几乎任何命令，并选择以任何方式组织军队。但在实际上，二者的关系要复杂得多，二者经常出现意见分歧。军方可以通过制定其他选项、改变建议、预测不好的后果等方式规避文职权威，泄漏信息，或诉诸公众舆论（通过各种间接渠道如游说团或退休将官等），或者求得国会朋友的支持。他们甚至不执行决策，或者在执行过程中曲解文职领导的意图。现实情况是，文人控制并不是一个事实，而是一个过程，需要以各种因素来衡量。这些因素会依势而变，取决于人员、事件以及相关的政治、军事力量等。我们讨论的并非是政变或者任何不合法

---

① Kohn, "The Erosion of Civil Control of the Military in the United States Today," *Naval War College Review*, Summer 2002, p. 9.

的事情。我们关心的是当今美国军事事务中谁能说了算。"①

科恩认为，美国文人治军传统上有四大基础，这四大基础都已削弱：法治与尊重宪法；和平时期的小规模军队；依赖公民士兵；军队本身对文人治军内化于心。科恩援引约翰·潘兴（John J. Pershing）少将在1916年对乔治·巴顿中尉的指示，"你必须记住，我们加入陆军，意味着我们的首要任务是对政府负责，任何情况下都跟我们的个人观点完全无关。只有在被要求时我们才能自由发表个人观点，否则只能私下对朋友讲，但必须是私下，而且要完全明白这些观点决不能支配我们的行为"。或者如第一任参联会主席奥马尔·布莱德雷所言，"我在和平时期在陆军服役32年，学会了做好本职工作，三缄其口，使自己的名字远离报端"。②

科恩承认，军政关系紧张并非新鲜事，但当前军方不服从领导的威胁比以往大得多：

第一，1986年的《戈德华特—尼克尔斯国防部重组法》使军队空前统一。过去，各军种常常因各自的作用、任务、预算及武器系统等发生争执，而如今他们团结起来，试图影响、反对、规避或者阻止文职当局的决策。

第二，当今的许多问题已经远远超出了狭隘的军事范畴，不仅影响到更广范围的国家安全领域，还会影响到对外关系领域。在某些情形下，军事事务甚至会影响美国社会本身的特征和价值观。

第三，军方建议和立场比以往更为公开，而且经常涉及非军事领域的政策和决策。科恩认为，这种扩大的职责极大地影响了文人治军。

第四，现在的高级军官所领导的是一个大规模的永久性的和平时期的军事组织，与他们的前辈有着天壤之别。一方面，军队与地方社会日益疏远异化。另一方面，军队正成为一个明显的利益集团，"规模更大，更为官僚化，更具政治色彩和政党倾向，更具目的性，比美国历史上任何时期

---

① Kohn, "The Erosion of Civil Control of the Military in the United States Today," *Naval War College Review*, Summer 2002, pp. 15, 16.

② Ibid., p. 23.

都更有影响力"。①

科恩认为，文人控制的削弱导致了"有毒的"军政关系，而且至少会在三个方面损害国家安全：破坏国家安全政策；阻碍甚至破坏美国干预国际危机的能力或者施展国际领导力；削弱军队作为一个机构对自身领导层的信任。克林顿政府试图通过各种方式避免与军方发生冲突，大部分是向军方让步，如对于女性在战斗岗位服役以及公开的同性恋者参军等社会问题，以及有关在巴尔干、非洲及海地等地的兵力使用问题，还有军队兵力结构调整决策等问题。

但是，正如安德鲁·巴塞维奇在1999年指出的那样，"美国军政关系中的那点小秘密，并非克林顿政府所独有，就是武装力量总司令并不能指挥武装力量，他需要劝诱军队，与其协商，必要时还得安抚一下"。② 作为历史学家，科恩当然知道美国军政关系紧张并非新问题。在谈及鲍威尔将军对克林顿总统的所作所为时，他认为这是"自新堡演讲之后美国军方对文职当局最公开的反抗和抵制，在美国史无前例。"③ 我们只能说，他为了说明问题在夸大其词。但是他的观点依然是错误的。

墨西哥战争期间，詹姆斯·波尔克（James Polk）总统作为民主党人，不得不应对他的两个将领扎克里·泰勒（Zachery Taylor）和温菲尔德·斯科特对其政策的公开抵制。乔治·麦克莱伦少将积极抵制林肯总统对叛乱战争所采取的行动。当然，还有杜鲁门总统和麦克阿瑟将军。

科恩承认文职和军职之间的争议早就存在，立场亦有缓和。考察一下建国以来的军政关系历史就会发现，军政关系是"混乱的，经常是对立的，军方反抗文人的事情时有发生，文人控制因势而定"。科恩认为，有四个因素使当今的军政关系更为紧张。

第一，一支规模庞大、团结一致的军队比以往更有能力影响、反对、

---

① Kohn, "The Erosion of Civil Control of the Military in the United States Today," *Naval War College Review*, Summer 2002, p. 21, 22.

② Andrew Bacevich, "Discord Still: Clinton and the Military," *The Washington Post*, 3 January 1999, p. C1.

③ Kohn, "The Erosion of Civil Control of the Military in the United States Today," *Naval War College Review*, Summer 2002, pp. 10.

规避甚至阻碍文职决策。而以前文职当局可以用一个军种来牵制另一个军种。第二，军政关系争论的核心已超出纯军事范畴，影响到国家安全和对外政策等问题。第三，高级军事领导人的职责比以往更为公开，而过去军方的意见和立场大多是在较私密的场合提出。第四，高级军官所领导的是一个永久的、专业的、和平时期的军事组织，有人认为它与地方社会关系疏远，甚至有些异化。

与其他军政关系学者一样，科恩仅从狭义的角度来界定军政关系，即军队与行政部门的关系。他把国会看作一个边缘部门，而实际上国会在军政关系中扮演着重要角色。

不过很明显，虽然从最广义的角度看，"9·11"后的文人控制并没有危险，但是军政之间的平衡关系又开始重新协商，这使得军政关系的所谓标准理论受到质疑，也使军事领导人的异见限制问题受到关注。

二、军政关系标准理论

艾略特·科恩把那种认为文职和军职有着明确的职责划分的理论称为军政关系标准理论，即文人政府确定战争的目标，然后由军人来实施具体的作战行动。这是自越南战争以来多数美国总统的默认立场，并且基于一种观点，即林顿·约翰逊总统和国防部长麦克纳马拉不尊重军事自主权是越战失败的原因。

标准理论可追溯到亨廷顿的《军人与国家》。亨廷顿寻求一种军政关系问题的解决方案：即如何确保文人政府对军队的控制，与此同时还要保证军队保卫国家安全的能力？他的解决方案是创建并维持一个专业的、政治中立的军事机构，即"客观控制"机制。这样一支职业军队将聚焦保家卫国而不会危及文人控制。

迈克尔·戴思齐支持标准理论。他认为，美军在伊拉克面临的问题是由于混淆了政策与战略、战役和战术的界限所造成的。对于布什任期内最后两年接替拉姆斯菲尔德任国防部长的罗伯特·盖茨，戴思齐认为，他应该认识到，拉姆斯菲尔德插手军务的方式在很大程度上造成了伊拉克及其他领域的问题。最好的解决方案就是恢复以往的责任分工，即文职官员在战役战术领域充分尊重军方的专业建议，而军方则在大战略和政治领域中完全服从文人政府的决策。盖茨在五角大楼的成功与否将取决于他是否能重建恰当的军政关系。

但是，正如科恩所指出的，军政关系的标准理论几乎是站不住脚的。的确，有许多有关民主国家的领导者如温斯顿·丘吉尔和亚伯拉罕·林肯，都曾想当然地"侵入"军事领域，不仅影响战略战役，也影响了战术。文职领导之所以不能让军方自主决定战争行动，是因为战争是一种涉及意志力较量的反复的过程。随着战争的进行，战争初期的形势也会发生变化，政治目标和军事手段也会随之发生变化。实际上，我们不是为战争而战争，战争的目的是为了达到政治领导者所设定的政策目标。

同其越战后的几位前任一样，布什总统开始时也认可军政关系的标准理论，而且他一直坚守着这种制约，直至开始增兵伊拉克。虽然总统可能已经接受标准理论，但国防部长拉姆斯菲尔德却非如此。拉姆斯菲尔德与军方摩擦的根源在于他插手了戴思齐所说的纯粹性的军事事务。虽然拉姆斯菲尔德可能犯过一些严重的错误，但是在预测形势发展方面，其错误并不比其他人更严重。考察一下战争初期拉姆斯菲尔德与军方的行为可以看出，如果认为军政关系的"标准"途径总是比文人"插手"效果更好，那是一件危险的事情。

比如，虽然拉姆斯菲尔德没有预见到叛乱行动以及由常规战争向游击战争的转变，其军方的批评者也没有预见到。2004年12月，据《华盛顿邮报》的汤姆·里克斯报道，虽然许多军方人士指责拉姆斯菲尔德及其他五角大楼高级文职官员造成了占领伊拉克后令人难以预料的形势，但是陆军少校以赛亚·威尔逊三世（Isaiah Wilson III）（该战役的官方历史学家，后来成为伊拉克战争的计划者）认为责任完全在军方。在一份未公开出版的报告中，威尔逊指出，军方高级指挥官没有抓住伊拉克的战略形势，因而并没有很好地为胜利做好规划，军方规划者"不善学习，不愿适应"，

2004年的军事指挥官仍然误解了他们面临的战略问题,因而依然在实施一种错误的方式。

批评者指出,五角大楼没有向伊拉克提供足够的兵力,部分原因是没能提供装甲悍马吉普车。不过,研究一下军方提交的预算请求就可知道,军方并没有马上要求配备装甲吉普,其优先重点是获取"大单"项目。只是在叛乱活动开始以及简易爆炸装置开始威胁美军时,陆军才开始要求补充预算装甲车辆。

诚然,拉姆斯菲尔德不重视为冲突后稳定行动做好准备,但是另一方面拉姆斯菲尔德这么做仅仅是在迎合军方的偏好。军方只是在最近才开始放弃"温伯格主义",一套早已被美国军方内化的原则,它强调对"退出战略"的需求。但是,将军们在考虑退出战略的时候,关注的并不是"结束战争",即如何将军事胜利转化为政治胜利,而这才是冲突后计划与稳定行动的目的。这种对稳定行动的文化上的厌恶心态反映在这样一个事实上:伊拉克自由行动的作战计划耗时18个月,而针对战后稳定行动的计划只是在入侵伊拉克前两个月才心不在焉地开始进行。

还应该注意到的是,从军方来看,最常被引用的军人预见力的例子是埃里克·辛塞奇将军2003年2月在国会的陈词,即"战后的伊拉克尚需要几十万名士兵"。事实并非如此。正如约翰·伽罗法诺(John Garofano)所言,"辛塞奇的数字并未经过广泛的分析证实,而是在卡尔·列文参议员的反复质问下才说出来的"。伽罗法诺注意到,这些数据是基于"不同环境的直接推断"。陆军军事历史中心给出的数字是47万,其依据是波斯尼亚和科索沃的经验,当时的主要任务是维和。以这种方式来评估所需兵力是不恰当的,批评者称之为天真、不切实际,更像是战争学院的演习,而非严肃的计划。

最后,就算辛塞奇是对的,其理由也是错误的。他当时关注的焦点是人道主义因素,而不是美军要在伊拉克实施的社会重建工作。伽罗法诺认为,拉姆斯菲尔德因为辛塞奇的正确而对其进行惩罚,他自己也因此遭到了指责,这种指责是没有依据的。战争计划"需要仔细分析,反复修正,提供明确的选项,体现政策目标"。整个军方,特别是辛塞奇,都没能做到这一点。

以上事例说明，坚持军政关系标准理论并不一定能确保最好的结果。为改变伊拉克局势，布什总统最终放弃了标准理论。这个过程始于2007年1月，当时布什总统宣布增兵伊拉克战争，撤换国防部长以及负责战争行动的将军，这是自内战时期林肯总统发布《解放宣言》以来未曾有过的。一直到提名彼得雷乌斯为美国中央司令部司令为止，布什自己负起了战略和战争行动的责任。

当然，批评者指责他用唯命是从的人来替换跟他意见相左的将军。但是，布什总统所做的实际上也正如当年林肯总统所做的那样，撤掉那些无法取得胜利的将军。1862年秋，林肯意识到麦克莱伦少将不接受打击南部邦联社会制度核心的战略，反而在削弱此战略，他毅然解除了麦克莱伦的指挥职务。《解放宣言》使内战成为林肯的战争，直到1864年初，他发现了能够执行胜利计划的将军格兰特。

通过控制战争行动，提拔认同其战略眼光的将军，林肯最终挫败了叛乱，拯救了联盟的统一。2007年1月，布什总统在伊拉克复制了林肯的做法。提拔彼得雷乌斯表明布什找到了自己的格兰特。

2008年1月10日参议院以压倒性多数通过了任命，彼得雷乌斯取代了威廉·法伦将军，法伦如麦克莱伦一样喜欢公开发表言论。正如林肯相信格兰特能够复制自己先前在维克斯堡（Vicksburg）和查特努加（Chattanooga）的成功并取得最终的胜利，布什也确信彼得雷乌斯将军能够复制自己在伊拉克战区层面的胜利，包括在伊拉克和阿富汗行动的胜利。

三、公众的争议

"9·11"之后的军政关系问题，特别是文人控制问题，引发了空前的公众争议，伊拉克战争期间尤其如此。这种公众争议的一个最明显的例证便是2006年所谓的"将军的叛乱"事件，当时六名退役的陆军和海军陆战队将军公开批评布什政府的伊拉克战争行为，并要求拉姆斯菲尔德部长辞职。他们所使用的语言有许多是过分的，甚至带着鄙夷的语气。例如，退役海军陆战队上将安东尼·辛尼（美国中央司令部前司令），对布什政府的描述包括"真正的玩忽职守、粗疏大意、不负责任"以及"撒谎、无能、腐败"等字眼。陆军少将保罗·伊顿（Paul Eaton）称拉姆斯菲尔德"在战略、战役和战术上都是不合格的"。这些现役或退役军官的公开责难在近年来的军政争议中是史无前例的。

虽然并没有法律限制退役军人或新近退役者公开批评公共政策或政策制定者，但是，这种军人对文职政府的公开指责会损害健康的军政关系。很明显，许多人相信这些退役将官不仅代表他们自己说话，也是代表现役军官在发表议论。正如科恩所言，退役将官在地位上类似于罗马天主教的红衣主教，他们的言论举足轻重。

这种公开的争议部分是由于伊拉克战争的政治化，即使是越南战争也没有像伊拉克战争那样被政治化。确实，要找到一种能引起类似党派积怨的冲突，就必须回到美国内战或墨西哥战争。实际上这种敌对早在伊战开始前就已存在。这种积怨的产生源于拉姆斯菲尔德的国防转型计划，即利用新兴的信息技术改革美国兵力结构。美国陆军往往被视为信息技术投资的买单者，陆军也由此对拉姆斯菲尔德产生怨恨。

争议也来自许多现役军官对拉姆斯菲尔德的个人怨恨。就伊战而言，主要指责包括肆意忽视军方建议，用一支规模过小的军队开战，没能适应不断变化的新形势，没能预测到萨达姆·侯赛因倒台之后叛乱活动的爆发，没能为冲突后的稳定行动做好准备，等等。

军官的这些批评基于两种假定：第一，军人在军事工具的使用决策中有发言权，而且他们有权坚持文官接纳军方的建议。这一假定源于对一本书的严重误读，即麦克马斯特所撰写的《玩忽职守：林顿·约翰逊、罗伯特·麦克纳马拉、参联会以及导致越战的谎言》一书。该书的主题是参联会没有切实反对国防部长麦克纳马拉的越战政策。许多现役军官认为，该书很好地阐明了参联会应该更为公开地反对约翰逊政府的渐进战略，然后辞职，而不是执行政策。

但这并非本书的真实意思。麦克马斯特确实令人信服地说明了参联会没能向其文职上级坦率地、坚定地表明自己的意见，但他并没有明说，更没有暗示，参联会应当通过泄漏信息、公开发言或辞职来阻碍约翰逊总统的命令和政策。

对该书的误读危险地强化了军官的一种普遍观点，即他们应当倡议某种特定的政策，而非仅仅充当传统的建议者角色。例如，根据奥勒·霍尔斯蒂1998至1999年为三角安全研究所（Triangle Institute for Security Studies）所做的一项对军官和文官态度和观念的调查，"许多军官相信，当涉及海外用兵问题时，他们有责任将自己的观点强加给文人决策者。"当被问及"军职领导在用兵决策中是否应当保持中立，提出建议，提出倡议，或者坚持自己的观点"时，50%甚至更多的精英现役军官的回答是，领导者应当在以下问题上"坚持"自己的观点："设定交战规则，确保清晰的政治和军事目标，制定退出战略"，"决定使用何种部队完成所有任务"等。在调查问卷中，"坚持"的含义是军官应当强力推进自己的军事建议被接受。

这种观点往好里说是存在问题，而实际上是违背美国军政关系的原则和实践的。在美国的体制中，军人不具有对政策的否决权。文职领导者反而有权对纯粹的军事事务做出决策。如前所述，艾略特·科恩已经明确，成功的战时总统如林肯和罗斯福往往"大力插手军事行动，甚至到了令将军们发狂的地步"。

第二个引发对拉姆斯菲尔德进行批评的假定是，就军事事务而言，军方的判断和专业知识本来就要强于文职领导，在战争期间，军人可以违抗文职领导。该假定也值得怀疑。历史已经表明，即使涉及最严格意义上的军事事务，军人也不见得比文人决策者更具预见性。林肯总统就一直敦促乔治·麦克莱伦于1862年向弗吉尼亚发起进攻。麦克莱伦也同样经常抱怨兵力不足。虽然二战期间美国军政双方都相互尊重，但是并非没有分歧。华盛顿以来最伟大的军人政治家乔治·马歇尔就曾反对在1940年向大不列颠运送武器，他认为，应当在美国准备好之前发动跨海峡攻击。历史证明，林肯和罗斯福是正确的。

同样，许多观察家，尤其是军方观察家倾向于把越战的失败归咎于文职领导。而实际上美国在越南的作战方式来自军方。如今的共识是，威廉·威斯特摩兰的作战战略起到了反作用。在一场"广阔地域的战争"中强调越南人民军的消耗是没有意义的，即在偏僻的丛林地区用优势火力扫荡以发现并摧毁敌人。当威斯特摩兰的继任者开始采用更有效的方式时，为时已晚。

在规划1990年底1991年初的沙漠风暴行动期间，中央司令部司令诺曼·施瓦茨科普夫将军提出从科威特南部正面攻击伊拉克阵地，然后挺进科威特城。问题是该计划不能实现地面作战的首要军事目标：摧毁萨达姆共和国卫队的三个师。文职领导层驳回了最初由中央司令部提出的作战计划，要求重新制定。经过修订的计划更富想象力，更加有效。这进一步说明，战争期间，军方不见得最懂行。

四、军方"反弹"

公开的争议成为后"9·11"时期美国军政关系的主要特征，特别反映了军人有不同意见时应当反对文职领导的观点。虽然实际上并不多见，但这种有悖于美国军政关系理论的观点在军官中显然大有市场，这导致某些观察者质疑美国军方对文人控制的服从意愿。

我们来看一篇由戴维·伊格内休斯（David Ignatius）于2005年3月为《华盛顿邮报》撰写的专栏文章，内容是关于谁可能接替空军上将理查德·迈耶（Richard B. Myers）担任参联会主席。伊格内休斯写道："当你问军官们谁会担任该职位，许多人首先提到的就是军方需要一位能勇于抵制拉姆斯菲尔德的主席……对拉姆斯菲尔德领导行为的抱怨部分原因是军方抵制变革但又不愿挑战一位出色却固执的文职领导。在伊拉克，拉姆斯菲尔德给各军种施压，尤其是陆军，使之几近崩溃。"[①]

[①] David Ignatius, "Rumfeld and the Generals," Washington Post, March 30, 2005, p. A15, http://www.washingtonpost.com/wp-dyn/articles/A11309-2005Mar29.html.

伊格内休斯得出结论："军方是对的，下一任参联会主席必须是一位敢于提出不同意见的人。"实际上，军方提出异议的频率比我们想象的还要高。提出异议是20世纪90年代军政关系问题中重要的部分，然而如今却在损害着健康的军政关系。

公众对90年代军政关系的认知主要集中于女性参与作战岗位和公开的同性恋者的服役问题。而真正的异议是军方对文职政府的对外政策和国防政策的抵制。这反映在不同形式的"逃避职责"上，如"拖后腿"、"故意拖延"以及向媒体泄漏信息，其目的是破坏政策或损害政策制定者。

例证之一就是时任参联会主席的科林·鲍威尔将军曾为《纽约时报》写过一篇文章，警告干涉波斯尼亚的危险。之后不久，鲍威尔又在《外交事务》上发表文章，被许多人批评为高级军官试图影响未来总统对外政策议程的非法举动。批评者认为，鲍威尔的行为构成了对文人领域的严重侵蚀。高级将领公开反对总统的对外政策和军队使用，这种行为是史无前例的。

另外一个例子是，在90年代军方积极抵制执行维持治安任务。这种抵制反映了后越战时期克林顿政府任内军方的主流观点，即只有依靠职业军官才可以制定军力使用的指导原则。根据所谓的"温伯格主义"，20世纪80年代制定了一系列有关兵力使用的规定，美国军方竭力避免被错误地称为"非传统任务"的行动，即维持治安任务，如维和和人道主义任务等。军方主要寻求军政关系决策过程的军事化，而非政治化，主张文人在如何实施行动以及在何种情况下使用军事工具上应该听取军方意见。

虽然军方对克林顿政策的抵制早于波斯尼亚行动，军方抵制任务的最明显的例证是，陆军认为自己的中心任务是打传统战争，并坚持要求政府在波斯尼亚、科索沃及其他地方的干涉计划考虑军方对"优势兵力"的偏好。据称，《达顿协议》（Dayton Agreement）关于在波黑建立一支维和部队的内容，受到了军方的深刻影响。根据克林顿政府官员称，该协议"仔细推敲以反映军方要求……军方不但没被忽视……作为文职当局获得军方支持的代价，军方基本上得到了想要的一切。"①

---

① Warren Strobel, "This Time Clinton is Set to Heed Advice from Military," Washington Times, December 1, 1995, p. 1.

军方不但试图影响军事工具使用的政治决策，还想在国防与战备资源问题上拥有发言权。这里的目标是国会和总统。比如，克林顿政府早期，各军种参谋长多数时候默认了总统提出的削减国防预算的计划，但是到1998年，参谋长们改变了调门，作证称国会拨款不足。一直支持提高国防费用的官员大为光火。双方争论变得极为尖刻，"军种首长和参议员互相指责对方作伪证、缺乏支持。"

五、布什政府期间的文人控制

不顺畅的军政关系所造成的真正危险可以从入侵伊拉克前夕看出。军政关系紧张的主要原因是，拉姆斯菲尔德在任国防部长期间始终认为，克林顿政府时期的文人控制被削弱，而他为重新确立文人控制所做的努力往往由于其个人风格而变得复杂化。

拉姆斯菲尔德认为，如果陆军不想做某件事（比如90年代在巴尔干半岛），它就会夸大兵力需求。（回答是35万兵力，这有什么问题吗？）因此，当埃里克·辛塞奇将军在2003年作证称入侵伊拉克需要比国防部文职官员所设想的更多的兵力时，拉姆斯菲尔德将其解释为拖后腿的又一个例证。战争期间拉姆斯菲尔德决定不向伊拉克部署第一骑兵师，也反映了类似的判断，指导兵力部署的"分阶段兵力部署表"，就像"两场大规模战场作战"规划标准一样，仅是各兵种用来保护自己的国防预算份额的官僚工具。实际上，伊拉克的部队很可能确实需要更多的兵力，但是军政之间的相互怀疑导致拉姆斯菲尔德做出了不明智的决定。

有些评论者指出，自从罗伯特·盖茨取代拉姆斯菲尔德任国防部长以来，军政关系保持了相对和谐的状态。一方面，美国国防机构内的文人控制似乎已经重新建立起来。盖茨不仅辞退了陆军和空军部长、空军参谋长、一位作战指挥官、两名驻阿富汗部队指挥官，他还不顾参联会的反对，签署了一份国家防御战略文件。

但有证据表明,拉姆斯菲尔德离职后军方继续削弱了文人控制。比如,根据鲍勃·伍德沃德的观点,军方不仅反对布什政府的伊拉克增兵计划,坚持自己的主张,后来在总统做出决定后还试图弱化之。一方面,军方反对增兵的行为,如前面提到的拖后腿、故意拖延及选择性泄漏信息等,是近15年来美国军政关系的典型特征。但是伍德沃德描述的情景更令人担忧。即使增兵政策已尘埃落定,许多高级军事将领,如参联会主席迈克·马伦(Mike Mullen)海军上将,其他联合参谋部主官,约翰·阿布扎德(John Abazaid)将军的继任者中央司令部司令威廉·法伦海军上将等都消极地实施总统的政策。

如果伍德沃德所述为实,那就意味着自从1862年乔治·麦克莱伦将军试图抵制林肯总统的战争政策以来,美国军方的领导者从没有如此公然地削弱总统的宪法权威。很明显,如此积极地反对总统的政策会威胁到健康和平衡的军政关系,威胁到美国达成军事目标的能力,最终也会威胁到美国本身。

六、奥巴马政府时期持续紧张的军政关系

理查德·科恩在2008年总统选举前曾经预言:"如同前任一样,新政府将会对自己实施文人控制的程度感到困惑。如果历史规律不变的话,新政府会做出笨拙的举动,或者过度反应,在建立自己权威的过程中引发更大的不信任。"① 最近的事件表明,他的预言完全正确。

奥巴马不想与军方发生冲突。第一夫人米歇尔·奥巴马首次华盛顿之外的官方出访地选在新康涅狄格州的布莱格堡。新总统还保留了上届政府的两位官员:国防部长盖茨以及被提名连任参联会主席的海军上将迈克·马伦。奥巴马这样做是为了表示对军方高层领导的尊重,同时也是为了确

---

① Richard Kohn, "Coming Soon: A Crisis in Civil-Military Relations," *World Affairs*, Winter 2008, http://www.worldaffairsjournal.org/2008%20-%20Winter/full-civil-military.html.

保战时政策的连续性。

奥巴马总统还通过任命几位前高级将领以使自己免于受到有关军事事务的批评。如退役海军陆战队上将詹姆斯·琼斯（James Jones）任国家安全顾问，退役陆军上将埃里克·辛塞奇任老兵事务部部长，退役海军上将丹尼斯·布莱尔（Dennis Blair）任国家情报局主任。用科恩的话来说，奥巴马选用这些人是"有意为之，以身边的琼斯将军及其他高级将领为掩护，使自己可以忽视军种首长和作战指挥官的建议。"与此同时，奥巴马还可以表明自己在向军方示好，表示自己愿意听取军方建议。

不过，奥巴马使用的竞选辞令或许在无意之中种下了目前军政不和的种子。他把伊拉克问题作为攻击共和党及其候选人约翰·麦凯恩的武器。奥巴马声称，阿富汗成为一场"好的战争"和"反恐的中心前沿"，伊拉克战争只是分散大家注意力的不幸事件。但是一旦当选，面对该立场造成的政治困局，他随即变卦。

为履行加强阿富汗行动的承诺，奥巴马总统于2010年3月宣布了一份"新的综合战略……以逆转塔利班的攻势，建立一个能力更强、更负责任的阿富汗政府"，① 许诺为这场"必要的战争"提供充足的资源。新的行动战略需要采用平叛的方式（正如在伊拉克增兵所采用的方式）并聚焦于保护人口安全，排斥使用特种部队和无人机实施空中搜寻和打击基地恐怖分子的所谓"反恐方式"（布什政府期间北约曾经使用过）。奥巴马甚至还撤换了驻阿富汗的司令官戴维·麦克吉尔曼（David McKiernan）将军，任命斯坦利·麦克里斯特尔将军为新的司令，后者曾是彼得雷乌斯将军在伊拉克成功实施平叛战略时的左膀右臂。

但是当麦克里斯特尔在一份完成于8月份的机密研究中表示，要实施总统的战略需要派驻更多的兵力时，奥巴马无动于衷。参联会主席迈克·马伦告诉国会，需要部署更多的兵力，专家也建议实施新战略还需要3万~4万名士兵。不过，这很可能是奥巴马不想听到的事实。2007年的乔治·布什在自己的决策不受欢迎的情况下依然实施他认为正确的伊拉克

---

① President Barack Obama, "Remarks on a Strategy for Afghanistan and Pakistan," March 27, 2009, http://www.cfr.org/publication/18952#.

战略，相比之下，奥巴马却开始重新考虑自己的阿富汗强硬路线，因为他担心自己的阵营不支持增兵计划。

军方感到总统的阿富汗政策是基于政治因素而非战略因素，这种看法损害了健康的军政关系。奥巴马政府的几个愚笨的错误举动更是火上浇油。时任国家安全顾问的退役陆战队上将詹姆斯·琼斯公然威胁阿富汗的军事指挥官把兵力要求减少到政治上可接受的水平；白宫指示五角大楼不要提交增兵需求；据《华尔街日报》报导，最严重的错误是，白宫命令麦克里斯特尔不要在国会作证。这进一步证实了军方的认知，即政府正试图封住军方的嘴。

据报道，麦克里斯特尔将军的班子及其他人员对总统的行为感到沮丧，他没有就阿富汗的进一步行动做出决定，而且还试图阻止麦克里斯特尔去国会作证的合法权利。他们不明白，总统既然宣称阿富汗的冲突是一场"必要的战争"，为何又不能提供打赢战争所必需的资源。他们不明白，总统既然选择麦克里斯特尔去扭转阿富汗颓势，为何又不能像布什总统支持彼得雷乌斯在伊拉克的行动一样支持他。

科恩的预测是正确的，政府的愚笨举动在军人中播下了不信任的种子，由此加剧了军政之间的紧张关系。但是军方某些人的举动进一步恶化了这种关系。首先有人把麦克里斯特尔将军的战略评估透露给了《华盛顿邮报》的鲍勃·伍德沃德。然后麦克拉齐发表文章引用不具名的军官言论，说如果总统不能提供实施战略所需的资源，麦克里斯特尔将会辞职。这种行为反映了持续的军政关系问题的症候，即军官普遍认为，他们应当成为特定政策的倡议者，而不仅仅是传统的建议角色。

这种军政冲突预示了要发生的大事。2010年6月底，媒体报道美国阿富汗最高军事指挥官麦克里斯特尔及其参谋人员批评了奥巴马政府高层官员。《滚石》杂志（Rolling Stone）发文称麦克里斯特尔手下的军官对副总统、国家安全顾问及总统本人使用贬损性语言。麦克里斯特尔随后被召回华盛顿，提出辞呈，总统接受了辞呈。

看来由于《滚石》杂志的文章，麦克里斯特尔别无选择，只能辞职，总统也只能接受辞职。麦克里斯特尔营造了一种不好的风气，即不阻止军人对文职权威发表不敬言论。有人认为这种结果很不幸。比如，安德鲁·巴塞维奇认为，这说明"长期的战争对民主制度是不利的。久拖不决的战争必然会腐蚀民选政府的价值观。最危险的是可能损及尊重文人控制原则、保持军官免受政治污染的军事行为准则"。

巴塞维奇指出，真正的问题是，在过去"这种情形会产生军事执政官现象"，使军人"迷恋自己的道德优势，对于被捍卫者的失败失去耐心。麦克里斯特尔及其下属军官沾沾自喜地随意发表对高层文职官员的鄙视性言论，以及这些军官所自称的'美国团队'，正勇敢地面对一群愚蠢和腐败的家伙。这说明，美国的军官团也未能免于这种困扰"。①

抛开对军官执政的恐惧不说，布什和奥巴马政府任内发生的事件说明，共和国面临的真正的军政关系威胁不是对文人控制的威胁，而是军政之间缺乏信任。这在两届政府内的军政双方都是问题。媒体曾报道，奥巴马政府的文职班底对军方持有很深的怀疑，指责他们就阿富汗政策评估问题故意通过一系列合谋的泄漏事件令奥巴马陷于困境。而军方则认为，一旦阿富汗行动失利，奥巴马政府试图将责任推给军方。

以后我们还将讨论，军政关系模式会影响到军事效能。要取得战争胜利需要健康的军政关系，而健康的军政关系则取决于信任。幸运的是，两位新任命的将领，美国中央司令部司令詹姆斯·马蒂斯（James Mattis）和阿富汗战争的指挥官彼得雷乌斯将军都明白职业精神和信任在构建良好的军政关系中的重要作用。

七、军人异见

文人控制的另一面是军人的服从。当军人不同意文官政府的政策时，是否有责任"服从"？军人建议的本质是什么？军人是否应当坚持自己的

---

① Andrew Bacevich, "Endless War, A Recipe for Four Star Arrogance," *Washington Post*, June 27, 2010, p. B1.

建议受到重视？当军职领导认为文官做出了错误决定时有哪些可选的行为方案？

一个有关军人异见的极端观点出现在《联合部队季刊》上的一篇文章中。作者认为"在某些情况下军官不仅可以而且有义务违抗一个合法命令"。这篇文章特别引人注目，因为联合部队季刊是国防大学出版的由参联会主席指导的官方刊物。

虽然如此，美国的军事文化具有尊重文人政府的传统。这可以追溯到华盛顿总统以及美国军队的建立基础。《武装力量军官》是军方的一份官方出版物，列出了军官的道德伦理要求，其中对军人尊重文人政府作出了严格的说明。"坦诚地提出专业建议，然后根据誓词尽可能有效地执行文人政府的合法决策，即使根本不同意这些决策，否则必须要求离职，或完全离开现役，要么辞职，要么退役"。[1]

某些著名的评论家对此提出质疑。他们认为，美国没有辞职的传统，更有甚者，"以辞职做威胁，把争议公开化，直接损害了文官对军人的控制权"。这种行为"相当于拿军官的专业知识和经验、军人职业在公众中的地位、以及军人中立的爱国声誉来削弱军人所反对的某种事业或概念"。[2] 在理查德·科恩看来，军人的职责就是"提出建议，然后执行合法命令……如果各级军官以自己的个人道德伦理系统来衡量政策、决定、命令及行动的合理性并据此采取行动，军队的良好秩序和纪律将会崩溃"。[3]

其他人则认为，《武装力量军官》中列出的选项太狭隘了。他们指出，以阿尔伯特·赫斯曼（Albert Hirschman）针对公司、组织或国家的衰落的经典研究而言，《武装力量军官》仅为军官提供了"忠诚"和"退出"两个选项。但赫斯曼认为，在某些情况下，更大"声音"（异见）的体制化有助于防止大规模的退出。

---

[1] Department of Defense, The Armed Forces Officer (Washington, DC: Department of Defense, 2006).

[2] Kohn, "The Erosion of Civil Control of the Military in the United States Today," *Naval War College Review*, Summer 2002, p. 32.

[3] Kohn, "Building Trust: Civil-Military Behaviors for Effective National Security," in Nielsen and Snider, *American Civil-Military Relations*, p. 282.

第九章　文人控制与军队对社会的影响
/ 217 /

例如，莱纳德·王（Leonard Wong）和道格拉斯·拉芙雷斯（Douglas Lovelace）撰文称，除了"盲目的服从、辞职或退役"外，还有其他的选项。他们提出了一系列的可选行为，供高级将领在遇到自己不认同的文官决策时发出"声音"。如图9.1所示，垂直轴代表文官对军人建议的排斥程度，水平轴代表政策给国家安全造成的严重程度。

文官对军方建议的抵制程度
高

退役	辞职
等待	与他人合力
要求辞职	在国会作证
	撰写学术文章
拒绝晋升或任职	参与公众信息

低　　　　　　　　　　　　　　　　　　　　　　高
对国家安全造成威胁的程度

	进行合作性分析
妥协	
默认	建立共识
	确保经常互动

低

图9.1　在政策异见中的选项

当文官对军方建议的抵制程度和对国家安全造成的威胁程度都为"低"时（左下象限），军方的选择为"妥协"或"默认"。当文官对军方建议的抵制程度为"低"而威胁程度"高"时（右下象限），选项包括军政之间的频繁互动、建立共识、以及合作性分析。

当文官对军方建议的抵制程度"高"而威胁程度"低"时（左上象限），军官的选项包括拒绝晋升或任职、请求辞职、等待文官离职以及退役等。当文官对军方建议的抵制程度和对国家安全的威胁程度都"高"时（右上象限），作者给出的选项包括公开信息、撰写文章、在国会作证、与他人协力以及辞职等。

唐·斯奈德同意扩大军官在面对文官的不当决策时的行动选择范围，但是他质疑作者所使用的两个变量（文官对军方建议的抵制程度和对国家安全造成的威胁程度）并不能为美国军事职业战略领导者在提出异见时提供恰当的指导。斯奈德认为，军事职业的需求以及军队与美国社会和政府中的其他实体间的信任关系也必须发挥作用。

斯奈德提出三种信任关系，从理想情况下的"充分信任"到"不可信"。三类信任关系包括：（1）军队与美国人民之间的信任关系；（2）军队与民选代表（包括行政与立法机构）之间的信任关系；（3）军队高级领导与下属领导之间的信任关系。

斯奈德根据亨廷顿的理论提出了军事领导者的三种责任：一是"代表功能"，"代表国家机器内的军事安全要求"，即"就武装力量的创建、维持、使用或设想使用提出专业意见"；二是行使"建议功能"。即"从军事立场分析并报告其他行动方案的影响"，也就是向"民选及任命的文官"提供"坦率的军事专业建议，不管文官有无要求，也不管建议是否受欢迎"。这种建议不包括政策倡议，亨廷顿和斯奈德都认为这超出了军官的法定职责；三是行使"执行功能"。这要求职业化军队"实施国家安全决策，即使该决策与自己的军事判断严重悖逆"。

斯奈德详细引用亨廷顿的话说："军事职业存在的目的就是为国服务。要实现最高的服务，整个职业及其领导的军事力量必须成为有效的国家政策工具。政治决策来自上层，这意味着军事职业要成为一种分层级的服从组织。要行使自己的职能，每一层级必须能够获得下属层级随时的、忠诚的服从。没有这些关系，军事职业是无法想象的。因此，忠诚和服从是最高的军事美德"。[1]

提出三种信任关系和三种责任后，斯奈德又探讨了信任关系中的另外

---

[1] Samuel P. Huntington, *The Soldier and the State: The Theory and Politics of Civil-Military Realtions* (Cambridge, MA: Belknap Press of Harvard University Press, 1957), p. 73.

一方，即美国人民、文官及下级军官是如何看待和理解高级军事领导的异见行为。他认为，这种道德伦理分析要考虑五个方面的因素。

第一是相关问题对国家以及军事职业服务的对象的重要程度。第二是战略领导者在引起异见问题方面的专业性。相关问题是否恰好在异见者的军事专业知识范围内？第三是异见者的牺牲程度。异见者是否单纯基于服务国家的无私因素，还是涉及自我服务的因素，如为实现异见者的职业或政治野心？第四是提出异见的时机。军官是否在合适的时机提出异见以影响自己反对的行为或政策？最后，异见者的行为与其先前长期的行为和信念是否相符？该异见在异见者熟人看来是否典型？斯奈德还认为，对异见者的完整评估需要从三类信任关系的角度分析这五个因素。

当然，斯奈德认为，在实践中有些因素要比其他因素更为突出，涉及国家安全的因素都是最重要的。"从逻辑上讲，重要性越高，异见者发声的诱惑和理由就越大。"确实如此，因为建立军队的唯一理由就是保卫国家安全，这是军事职业的主旨所在。不过，不管重要性如何，异见行为都违反了军人服从文官的神圣原则。斯奈德认为，当今美国政治的极化严重，有人相信军队作为一个组织过于认同共和党，这使得解释异见行为变得复杂化。

斯奈德指出，最近的研究发现军队思想保守并认同于共和党的观点过于夸大，公开异见行为反映了"一种积极的进展，说明（亨廷顿所称的）军事观念并非局限于单一党派立场。"而且，异见行为有助于推动公众就国家安全问题展开对话。里萨·布鲁克斯提出几种方法，军方藉此可以在不违反军人参与政治这一限制的前提下提供专业观点和政策偏好。这些方法包括：接触行政部门的文官；与国会和国会人员非正式交流；与记者、商界领导及其他公众人物交流。斯奈德警告称，"当异见行为干扰了政治活动，或有此嫌疑，异见者可能会被认为是军方游说者，是代表自己的利益集团倡议政策，这对双方都是极大的损害。"[1]

异见的道德考量还需要考虑异见者的专业知识的相关性。我们为何要

---

[1] Don Snider, "Dissent and Strategic Leadership of the Military Profession," *Orbis*, 52（2），Spring 2008, p. 271.

听异见者的话?"如果所涉问题不在异见者的专业知识范围内,或仅仅是勉强相关,那么观察者可能会认为异见者乃无立场的自由职业者,正如好莱坞演员获奥斯卡奖后以国防领域权威的身份来开设店铺。"[1]

该标准的部分问题出在,自亨廷顿时代以来,专业军事知识的含义已经发生了变化。哈罗德·拉斯韦尔认为,亨廷顿所说的职业军官的专业知识是指"暴力管理"。但是现在看来,这种界定显得狭隘。事实上,当今的军官是"国家安全专业人员",其专业知识涵盖了许多相互关联的领域,如战略理论、战略思维、战略规划以及外交、国家建设和国土防御等。所以,在实践中有时很难区分军职和文职国家安全专业人员的职责分工。正如前述历史事实所表明的那样,即使涉及纯粹军事事务,职业军官并不见得比文官更懂行。

我们必须从常识的标准来判断异见者所承受的牺牲以及提出异见的时机问题。"对于真正的专业人员而言,对忠诚的正确理解总是会把忠诚置于个人之前。因此,如果没有个人牺牲,这种异见很快会被认为有不可告人的目的之嫌疑。"

提出异见的时机也是同样的道理。"如果某事值得提出异见,那就是有价值的。因此,一旦战略领导者发现问题并作出决定,就应立即实施。"如果出现长时间的延误,信任关系中的其他各方,特别是其下属军官,可能会怀疑该领导缺乏道德主动性以及是否存在不可告人之动机。

最后,关键的一点是,实施异见的战略领导者应当是一位真正能干和正直的人,且此前一直表现出坚定的品格。下属军官,尤其是那些认为领导者愤世嫉俗、缺乏道德的军官,不太可能将领导者这种行为视为是公正无私的。

乔治·马歇尔将军就是一个令人信服的例证,他能遵守异见的制约。如果军事领导者对某项政策持有保留态度,就必须告知文职领导。但是一旦决策已定,就必须将质疑放在一边。正如盖茨在西点军校所解释的那样,"德国人(于1940年中)刚刚踏平法国,不列颠之战就要开始。罗斯

---

[1] Don Snider, "Dissent and Strategic Leadership of the Military Profession," *Orbis*, 52 (2), Spring 2008, p. 271.

福认为，为挽救盟国，重中之重就是向不列颠运送武器装备，包括美国一半的轰炸机。而马歇尔认为重新武装美国应当是首位的。罗斯福否决了马歇尔及其他人的建议，做出了被多数历史学家认为是正确的决定，采取必要措施拯救英国。"

"重要的是接下来所没有发生的事。当时美国国内有马歇尔的强力支持者，如报纸、国会及游说团等，但马歇尔并没有利用它们。他没有向国会委员会主席示好，没有向支持自己的报刊记者泄漏信息，没有写匿名的报纸社论，也没有拉拢支持者建立联盟。马歇尔及其同事执行了罗斯福的政策，拯救了英国。"①

马歇尔事件说明，如果军官认为某项政策有问题，就有义务勇敢面对文职领导。他们必须向文人决策者真诚坚定地传达自己的担忧。如果认为五角大楼或白宫向他们关闭了大门，还可以诉诸国会。但是一旦做出决策，军人就须全力执行，不管自己的建议是否被听取。

根据斯奈德的框架，我们如何来看将军叛乱事件中那些公开批评拉姆斯菲尔德的行为？从问题的重要性和专业知识而言，他们有权威，而且确实有责任说出来。但恰当的地方应该是国会，而不是媒体。

关键是，退役的军官即使公开发表言论也无需承担什么代价。从提出异见的时机看，他们的做法也是不合适的。大家都认为，他们的行为旨在削弱布什政府在伊拉克的政策并对拉姆斯菲尔德进行贬损。

对斯奈德的各项标准的相对重要性，理智的思考者可能会有不同意见。然而，批评这些异见者的人都强调一个事实，即他们在可能付出个人及职业代价的时候并没有公开自己的意见，或者他们选择的时机恰好是公众开始反对战争之后，这种行为被视为落井投石。

美国军官理论上接受文人控制的原则，也认可对异见行为的限制。但是上述讨论说明，在现实中军人服从原则被许多因素复杂化。一是组织和制度上的因素，即行政和立法机构就军事事务的分权制。更重要的是，军人的忠诚和服从与其军事判断和道德信念之间存在一种张力关系。从

---

① Secretary of Defense Robert M. Gates, "Evening Lecture at the U. S. Military Academy at the West Point," April 21, 2008, http：//www.defenselink.mil/speeches/speech.aspx? speechid = 12.33.

"9·11"前后的军政紧张关系不难看出这些复杂因素。

八、军队在美国社会的影响力

文官对军事工具的控制的另一面是军队对美国社会的影响问题。军队是否对社会施加了超出其自身范围的影响力？这当然不是一个新问题。美国革命之后的一段时期内，许多美国人对辛辛那提学会的成立表示担忧。这是一个由独立战争老兵创建的继承性组织，其中包括华盛顿本人及其他一些著名人物。默西·奥蒂斯·沃伦（Mercy Otis Warren）认为，该学会是对年轻的共和国的一种冒犯。她写道，人们可能希望这些自命为辛辛纳特斯（CINCINNATUS）的美国军官效仿"古罗马人谦卑、公正的美德，退役后满足于自己拯救国家的功劳，国家赐予合适的奖赏，而不是公然地享受传统世袭的名声和高尚的荣誉。但是悬挂在每个曾在部队任职三年的年轻人纽孔上的雄鹰和丝带，使之傲然鄙视渐渐老去的为国服役的爱国者。"[1]

内战后军队直接支持参与整个南方的重建政府的工作。但军队在西部大开发中也曾修建道路、建筑堡垒、保护定居者。西点军校主要是一所工程学校，这意味着不断拓展的共和国的许多基础设施都是由西点军校毕业生建设的。

叛乱战争后，南方邦联老兵促成了共和国大陆军学会，该组织强化了老兵在整个地区的影响力。学会的著名成员之一约翰·罗根（John A. Logan）于1867年推动建立了纪念日。其他邦联将领于1871年建立了美国步枪协会，后来改名为国家步枪协会。该协会的历任主席包括尤利塞斯·格兰特（Ulysses Grant）、费尔·谢里登（Phil Sheridan）以及安布罗斯·伯恩塞德（Ambrose Burnside）等。

---

[1] Mercy Otis Warren, *History of the Rise, Progress and Termination of the American Revolution*, vol. 2 (Indianapolis: Liberty Fund, 1988. Reprint: Originally published in three volumes, 1805), p. 618.

第九章 文人控制与军队对社会的影响

此外，军事领导者还在美国社会中大力传播军事思想。例如，美西战争老兵、前总统西奥多·罗斯福及其同事莱纳德·伍德少将（古巴"强硬骑士"成员之一、陆军参谋长任期至1914年）一起说服美国公民，需要为肆虐欧洲的大战做好准备。"备战运动"力求表明，一个不为战争做好准备的国家注定要遭受比利时的命运。罗斯福为此还写了两本书，《美国和世界大战》（*America and the World War*）（1915年）和《畏惧上帝做好自己》（*Fear God and Take Your Own Part*）（1916年）。

罗斯福和伍德都支持全民募兵制，伍德还推动发起了普莱茨堡运动，一种自愿的非招募性的夏季项目，旨在培训未来军官。1915年和1916年夏季，普莱茨堡训练营（Plattsburg camps）为主要来自商界及各行业的2万名人员完成了基本军事训练。美国开始实施动员后，普莱茨堡训练营变得可有可无，但是它成为美国1920国防法案授权的公民军事训练营的样板，该法案是反对全民军事训练的折衷方案。

美国军队对社会的影响力在二战开始后到越战期间达到顶峰。这一期间，美国拥有一支募兵制的大规模常备军。1961年，艾森豪威尔在结束总统任期前3天发表演说，警告同胞要当心"军工复合体"的危害。他指出：

> "直至最近的世界冲突，美国都没有自己的军工企业。制造犁铧的人在需要时也可以打造利剑。但是现在，我们不能再去冒国家防御应急之险，我们不得不创建大规模的永久性军工企业。由此，350万美国人直接参与国防工业。我们每年花在军事安全上的费用超过所有美国企业的净收入。
>
> 这种大规模的军事组织和武器工业的联接在美国历史上是全新的。其影响不仅仅是经济的、政治的，甚至是精神上的，联邦政府的每个办公室、每个家庭、每个城市都能感受得到。我们承认这种迫切需求。然而，我们必须要清楚其严重的影响后果。我们的劳动、资源及生活都牵涉其中，包括我们的社会结构也是如此。

在政府的各类委员会，我们必须警惕那些军工复合体实施的有意或无意的未经授权的影响行为。灾难性的权力错位可能会迅速崛起并持续存在。"①

当今军队的规模比艾森豪威尔发表告别演说时要小得多，但仍然具有强大的影响力。有些人认为军队影响力过于强大了。詹姆斯·伯克提出一个有用的框架，用于分析军队在社会中的影响力。他的框架基于"制度性存在"的概念，也即"某个组织的社会意义"。伯克认为，有两种制度性存在的维度，有形的和道德的。有形的维度涉及与该组织社会接触的可能性，即该组织作为社会的一分子被接纳的程度。道德维度涉及该组织融入社会规范性秩序的程度，换言之，该组织如何理解一个良好社会的构成。

伯克根据这两类社会的存在维度，并以组织在社会中的存在特点为基础，提出了一个组织分类框架。当某个组织在两个维度的地位都很高的时候，那该组织处于社会的中心地位。当某组织具有较高的道德融合度但较低的有形存在，则被视为边缘性组织。伯克称高有形存在但低道德融合的组织为掠夺性组织。如果一个组织在两个维度地位都较低，则被称为孤立的组织。

根据伯克的框架，我们可以把美国军队界定为社会的中心组织。在某些时期，军队曾经是边缘的，如1812年战争到一战之间（墨西哥战争和内战除外），两次世界大战之间，但是从来没有成为孤立的组织。最令人担忧的是，军队变成一个掠夺性组织，被社会视为非法，享用过多的社会资源，或者成为影响社会的主流组织。有些人认为艾森豪威尔的告别演说就是要我们警惕这种结果，冷战时期很多人也撰文讨论过此问题。

"9·11"以来，有些人也表示过类似的担忧。比如，理查德·科恩就担心，"长期的反恐战争"会导致一个军事化的美国。他认为，美国自20世纪30年代以来在政府、经济、社会及文化等方面都呈现军事化特征。他警告说，"全球反恐战争可能持续一代人或更长，这会继续甚至强化军事

---

① Public Papers of the Presidents, Dwight D. Eisenhower, 1960, pp. 1035 - 1040, http：//coursesa. matrix. msu. edu/~hst306/documents/indust. html.

化特征。这种战争甚至有造成军国主义的可能性,即战争价值观和理念在美国人的思维、公共政策、制度和社会中占主导地位,达到一种主导而非仅仅影响美国对外关系和国内生活的程度。"①

安德鲁·巴塞维奇更进一步指出,"一种新美国军国主义"已牢牢扎根。这表现在几个方面:一是越来越推崇军事力量本身,军事力量成为国家强大程度的真实衡量标准。二是日益倾向于使用武力,导致战争的常态化。三是出现新的战争美化观,传统的视战争为野蛮、残酷、丑陋、纯粹的浪费等观点被代之以高科技、外科手术式的、非接触的、后现代的、虚拟的战争观,换言之,战争被视为一种表演,可以在安全的距离内实施。四是军事组织地位的增强以及对军人产生浪漫化的观点,导致社会认为不支持军队就是最大的罪恶。

与其他批评"9·11"后美国国防和军事政策的著作不同,巴塞维奇并没有把实施军国主义化方式的责任归咎于乔治·布什政府。"早在2001年9月11日之前,以及在小布什当选总统之前,美国政府官员及美国大众已经表现出了军国主义的倾向。因而,"9·11"不能算是一个转折点,只是强化了这种本已存在的趋势。布什总统本人也应当被视为一位背诵台词的演员,而不是起草全新剧本的作家。"②

巴塞维奇认为,这些因素已经改变了美国军政关系的基础,削弱了美国公民士兵的古老传统,摧毁了公民与军事服役之间的联系。把军事服役作为一种个人选择而非对公民的要求,造成一种讽刺性后果,即在美国社会和军队之间出现了一种文化隔阂。

巴塞维奇提出几种步骤以恢复表面的平衡以及美国人看待军事力量的方式。其中包括:更新分权的概念;把使用武力作为最后手段;增强美国的战略自足;将美国军事力量用于国家防御而非更宽泛的国家安全,减少不必要的海外行动;制定一种标准来确定美国合理的国防经费;强化国家

---

① Richard Kohn, "The Danger of Militarization in an Endless 'War' on Terrirism," *Journal of Military History*, January 2009.

② Andrew Bacevich, *The New American Militarism: How Americans are Seduced by War* (New York: Oxford University Press, 2005), pp. 4, 5.

的非军事工具；重塑公民士兵理念；使美国军事职业和社会保持和谐等。美国人是否愿意接受这些原则仍然存疑，但是这些原则确实属于"9·11"后重新协商美国军政关系时需要探讨的相关问题。

争论的要点之一是美国对外政策的军事化问题。许多观察者认为，军队在塑造和实施美国对外政策中的作用过于强大。军事化对外政策的批评者认为，美国作战指挥官的影响力巨大，在特定地区的影响力远远超过任何一位外交官。即使某些地区的作战司令部有意弱化军队的作用，如在拉丁美洲（南方司令部）和非洲（非洲司令部）所做的那样，但是当地人仍然感觉是军方在发号施令。

作战司令部是根据1986年《戈德华特—尼克尔斯国防部重组法》的规定建立的。《戈德华特—尼克尔斯国防部重组法》是国防统一化进程的顶点，这个进程开始于第二次世界大战结束前，但快速发展期则是在20世纪80年代。三种因素的合力迫使国会开始行动：几次军事失败（至多是几次较小的成功），从越南战争到伊朗人质营救事件，贝鲁特轰炸以及格拉纳达等；高级军官公开批评现行国防架构；国防分析师和智库的批评意见等。国会两院开始了一系列调查和听证，旨在通过立法实质性地改革国防部。

国会力图通过《戈德华特—尼克尔斯国防部重组法》解决两大中心议题：（1）各军种过大的权力和影响；（2）作战指挥官的权威和责任之间的错位问题。一方面，改革者相信，四大军种的影响力与其法定的正式职责严重脱节，难以有效整合各军种能力并建立高效团队遂行现代战争所需的联合行动。另一方面，1958年国防部重组法的主要目标是建立真正一体化的作战司令部，"不分军种，作为整体实施领导和战备"，这一规定不但没有得到实施，反而常常被违反。

1970年，尼克松总统成立的"蓝丝带国防调查小组"（Blue Ribbon Defense Panel）发现，"司令部或兵力的一体化更多是限于字面的而非实质性的"。通过详细规定作战指挥官的权限，《戈德华特—尼克尔斯国防部重组法》纠正了这个问题，把大部分美国武装力量置于作战指挥官的权力之下。

第九章　文人控制与军队对社会的影响

《戈德华特—尼克尔斯国防部重组法》颁布以来，虽然军事行动的质量有所改善，但是该法令实际上确立了地区总督，其法定权限比以往的军官要大。一位观察家曾说，"当今军队的真正权力在五大（现为六大）地区司令部司令手中"。

当然，美国军人过去也在占领区充当军事管理者。美国军官在结束敌对及签署和平条约将新墨西哥和加利福尼亚并入美国之后在墨西哥承担过这一职能。以詹姆斯·波尔克为首的民主党派为这些军政府辩护，认为是必要的，而辉格党则对不受国会控制的"席卷西部的美国庞培"（American Pompeys roaming the West）表达了担忧。美国军人还在美西战争后的古巴和菲律宾以及二战后的日本充当过军事管理者。

但是以前的军事管理者并没有法定权力。由《戈德华特—尼克尔斯国防部重组法》创建的作战指挥官则具有这种权力，超越了传统上属于外交官责任的外交政策权。此外，他们拥有华盛顿的官员所不具备的优势。作战指挥官"在前方部署，具有比华盛顿官员更大的灵活性，具有充足的差旅预算，可以频繁出入自己责任区内的国家。"由一个指挥官负责整个地区使之能够与责任区的所有国家发展对外政策关系。

虽然具有高效的优势，但某些美国军政关系观察家怀疑，让高级军事将领拥有确立和实施对外政策的权力是否是一件好事。使美国用一个声音说话，"为整个地区提供清晰无误的政策"。

作战指挥官的权力及其对美国对外政策的影响会削弱总统传达连贯的对外政策的能力。海军上将威廉·J·"狐狸"法伦（William J. "Fox" Fallon）便是例证之一。他曾担任美国中央司令部司令，该地区作战司令部包括伊拉克和伊朗。他于2008年3月11日辞职，声称公众"误解"了他与布什在中东政策，特别是伊朗政策上存在的分歧。在写给时任国防部长的罗伯特·盖茨的信中，法伦写道："当前令人尴尬的情形、公众对于我和政府政策存在分歧的感知、以及由此所造成的对任务注意力的分散使辞职成为正确的选择。"[1]

---

[1] Quoted in Tim Reid, "Admiral William Fallon quits over Iran policy," *Times* Online, March 12, 2008, http://www.timesonline.co.uk/tol/news/world/us_and_americas/article3534102.ece.

法伦离职的直接原因是托马斯·巴奈特（Thomas Barnett）于2008年4月在《绅士》（Esquire）杂志上发表的一篇文章，标题是"夹在战争与和平之间的人"。文章开篇写道："作为美国中央司令部首长，海军上将"狐狸"法伦负责世界上最为动荡地区的美国军事战略。如今，白宫正在升级与伊朗的口水战，似乎日益坚定地打算在任内实施军事打击。法伦则敦促政府保持克制，诉诸外交手段。谁将占领上风，总统还是将军？"[1]

在巴奈特看来，法伦"大胆挑战"布什总统的伊朗政策，反对"他所认为的不明智的行动"。当然，理智的人可以不同意布什政府的伊朗政策，令人担忧的是，一位作战指挥官竟然抛开总统，自说自话地制定和传播政策。法伦的做法违反了自美国革命以来确立的军政关系传统。

尽管有相反的观点，但是法伦与政府之间的分歧确实存在，而不是"误解"的结果。很明显，法伦试图通过推动兵员裁减来阻止伊拉克增兵，这在伊拉克地面指挥官彼得雷乌斯将军看来是不谨慎的。他试图消除"长期战争"的提法，因为这"预示着一场法伦无法接受的长期行动"。

法伦也动摇了布什政府伊朗政策的基础。该政策要求，为迫使伊朗放弃核项目，所有选项（包括使用武力）都可以使用。布什的政策具有外交的意义。弗雷德里克大帝（Frederick the Great）曾说过，没有武力为后盾的外交正如没有乐器的音乐。但是2008年11月，法伦告诉半岛电视台："对冲突的大肆鼓吹……是无益的，也是无用的。我认为不会发生战争，而这正是我们应该努力的目标。我们应当竭尽全力创造不同的条件。"同月，在去埃及之前，法伦告诉《金融时报》，军事打击伊朗"不会发生。再来一场战争不是我们想要的"。[2]

不可否认，作为中央司令部指挥官，法伦的行为超出了自己的权限。他的公开言论与其他高级军事将领形成巨大反差，无论其他将领对于深陷伊拉克和阿富汗的美国同伊朗开战持何种观点，他们并没有试图，即使是

---

[1] Thomas P. M. Barnett, "The Man Between War and Peace," *Esquire*, April 23, 2008, http://www.esquire.com/features/fox-fallon.

[2] "Fallon: Iran Strike 'Strategic Mistake'" Press TV, November 12, 2007, http://www.presstv.ir/detail.aspx? id = 30790.

间接地像法伦那样去制约美国对外政策。事实上，即使法伦没有辞职，总统也有充分理由将其解雇，正如林肯解雇乔治·麦克莱伦少将，罗斯福解雇詹姆斯·理查森（James O. Richardson）海军少将，杜鲁门解雇道格拉斯·麦克阿瑟将军一样。

对司令部指挥官，特别是法伦的权力提出批评的人认为，问题症结不在于法伦反对自己不喜欢的政府政策，而是在于，在决定做出后，一名军官还在积极破坏政策。他一方面负责实施政策，另一方面又在公开反对该政策。指挥官的公众言论是受限制的。他们有责任支持下达的任务，无权公开评论政策的好坏。这样的评论也会削弱其下属参战的信心。

多数美国军事将领理解这一点。例如，丹纳·普里斯特（Dana Priest）在《使命》（*The Mission*）一书中指出，克林顿政府曾想让禁飞区的美国飞行员向伊拉克挑衅，使其攻击美国飞机。当时的中央司令部司令安东尼·辛尼将军认为这会引发与伊拉克的战争，坚持要求白宫直接向他发出命令，实施这次行动。由于担心会留下书面记录，白宫改变了主意。

不幸的是，如果战场作战指挥官的权力超过文职政府内除总统和国防部长外的所有人，他就会越过执行政策的雷池，转而试图制定政策。那些想如此行动的人，特别是公开行动，对军政关系和共和国政府构成了威胁。

第二项对美国安全政策产生重要军事影响的国防重组措施就是美国特种作战司令部的成立。震惊于营救德黑兰美国使馆人质的"鹰爪行动"（Operation Eagle Claw）的失败，国会改革者推动变革，改善美国特种作战部队的表现，提高其在国防部内的地位。国会的目标包括：对特种作战和低强度冲突实施密切的文人监督；确保就特种作战和低强度威胁向总统和国防部长提供真正的专家意见和多样化的观点；改进特种作战和低强度冲突的跨部门规划和协作；增强在某些领域的特种作战能力，如联合条令与训练、情报支援、指挥与控制、预算权力、人事管理、以及任务规划等。

尽管五角大楼强力抵制，参众两院还是通过了1986年特种作战部队法案。该法案修正了《戈德华特—尼克尔斯国防部重组法》，为各军种特种部队建立了统一的特种作战司令部，由一名四星上将或海军上将统领，一名助理国防部长负责特种作战和低强度冲突，在国家安全委员会中设立低强度冲突协调委员会；增设一个新的主要兵力项目，即专为特种作战部队设的预算项目。最终的法案被称为《南姆—科恩 1987 国防授权法案修正案》（Nunn-Cohen Amendment to the 1987 Defense Authorization Act），于 1986 年 10 月签署生效。

特种作战司令部的设立大大提高了行动效率，在 20 世纪七八十年代，特种作战行动战备低迷、指挥与控制薄弱且缺乏重点。如今的美国特种作战部队行动质量举世无双。几年前，特种作战司令部被指定了一项反恐战争中的支援性指挥。

特种作战司令部对军政关系造成困扰的原因是其行动的保密性。具体而言，就是缺乏监督的问题。美国一直拥有许多秘密行动者，如中央情报局的行动很多都是保密的，但是这些长期的情报职能受到国会特别委员会的监察。然而，对于特种作战部队的"直接行动"，国会并没有类似的监督机构。结果是，对于该司令部并没有真正的文人控制。

九、结　论

美国军政关系的基础简单而直接：军人应向文官提供最好的建议，而文官则全权负责政策制定。虽然有观察家表示担忧，但是自"9·11"以来的文人控制一直是强大的。在文人决策者和军方产生分歧时，多数都是文官占上风。

对文人控制的许多关注忽视了一个事实，即国会在军政关系中也发挥着作用。军官有义务真实且完整地回答国会的质询。把军队与国会的互动看作绕过行政部门的"迂回战术"有失公允。立法部门拥有对军队的预算和监督权力。国会可自主决定对这些权力的使用，但美国军政关系的研究者有时感觉这些权力似乎不存在。

查尔斯·史蒂文森提醒我们，美国建国者"创立了一种文人控制的双

第九章 文人控制与军队对社会的影响

重制度,总统在行政部门进行直接控制,立法部门则通过法律和经费实施间接控制"。虽然这种双重制度效率不高,却使美国避免陷入困扰其他国家的许多陷阱。

虽然文人控制占据上风,"9·11"以后的军人服从却一直时强时弱。令人不安的军人抗命现象时有发生,如在布什总统做出授权后某些军官试图破坏伊拉克增兵计划、海军上将法伦与布什总统就伊朗问题发生公开分歧等。许多评论家相信,拉姆斯菲尔德任国防部长时,军方对其过于言听计从。

如前所述,越来越多的学者试图建立一种"异见框架",以提供除"盲目的服从"或者辞职之外更多的选择。唐·斯奈德及其他学者就尝试使异见框架成为军人职业伦理的明确内容。

自"9·11"以来,军队对美国社会的影响力似乎并没有增强。一般认为战争期间军队影响力可能会增强,如第二次世界大战期间,但多数时候,并非如此。当然,谈到军队的影响力,事实是,美国国防机构的规模、预算、人力以及态度使军队能担负其他政府部门无力承担的任务挑战。

最后,我们一定不能忘记,战争总是自由政府的巨大破坏者。事实总是如此,战争的需要、意外及激情威胁到自由。20世纪导致德国、俄国、中国及日本的自由政府崩溃的力量与修昔底德在《伯罗奔尼撒战争史》中所描述的摧毁古希腊自由政府的力量是一样的。

相比之下,在其200多年的历史中,美国发生过许多大大小小、正式宣战或未经宣战的战争、以及热战和冷战,但美国一直是一个自由的政府。美国这种在发动战争的同时保持自由的空前能力来自建国者的遗赠,他们创立的制度使美国战争的需要和自由政府的要求之间无法避免的紧张关系得以最小化。

[编译自/《"9·11"后的美国军政关系》(*US Civil-Military Relations After 9/11: Renegotiating the Civil-Military Bargain*)第二章;作者/马可宾·托马斯·欧文斯(Mackubin Thomas Owens)]

第十章
军队职能与军事效能

本章讲述军政关系中另外两个基本问题：第一，什么是美国军队的目标？美军条令和军队预算应重点关注哪些安全问题？相关决策会如何影响军政关系？第二，什么模式的军政关系能使军队机构的效能达到最大化？有关军事效能的判断在很大程度上取决于人们对军队职责的期望，因此将这两个问题放在一起进行探讨。

《军人与国家》一书的作者塞缪尔·亨廷顿在之后另一部著作中提出：军队事务的相关决策发生在内部和外部两个方面。

"军事政策中最特别、最奇妙、同时也是最麻烦之处在于其两面性。的确，军事政策不仅面向两个方向，而且存在于两个世界中。一个世界是国际政治领域。在这个世界中强调平衡各方力量，有战争与盟友、微妙的外交斡旋与无情的武力使用等。这个世界的主要通货是实际或潜在的军事力量，包括军队、武器和战舰等。另一个世界是国内政治领域。这个世界由利益集团、政党、各社会阶级构成，他们的利益诉求和目标互相冲突。这个世界的通货是社会资源：人、钱和物。军事政策的任何重大决定都会影响到这两个世界，同时也被这两个世界所影响。根据一个世界的通货所做的决策往往可以在另一个世界中获得回报。然而，以何种利率进行交换则通常不能确定。"[1]

---

[1] Samuel P. Huntington, *The Common Defense: Strategic Programs in National Politics* (New York: Columbia University Press, 1961), p. 1.

第十章　军队职能与军事效能
/ 233 /

"两个世界"理论引出了亨廷顿对军队"功能性"和"社会性"两大职能的划分。前者指军队在发动战争和发挥威慑力方面应具备的效能；后者则要求职业化军队要努力符合美国的自由原则，并坚持文人控制。

亨廷顿曾在四年前的著作中指出："以前，什么模式的军政关系最符合美国自由主义民主价值观是主要问题；而现在，什么模式的军政关系能最好地维护美国国家安全则显得更为重要。"① 这正是军事效能的问题。

尽管亨廷顿提出了警告，但是那些考察军政关系的人自 20 世纪 90 年代以来就一直将关注重点放在了文人治军的问题上，因此常常会弱化军事效能的问题。其实，文人控制固然十分重要，尤其是在美国这样的自由社会，但是文人控制仅仅是"军政关系问题群"中的一部分。军事效能同样很重要，因为如果在战场上失败了，军队宣誓保卫的政体就会受到直接威胁。当然，军队的效能在很大程度上取决于其承担的使命。遗憾的是，只关注文人控制是一种缺乏远见的做法，常常会削弱军政关系对军队机构效能的影响力。

在介绍两次世界大战各种军事效能的经典案例研究时，艾伦·米勒特、威廉姆森·穆雷（Williamson Murray）和肯·沃特曼（Ken Watman）将军事效能定义为"军队将资源转化为作战能力的过程。一支高效的军队能够从现有的物质资源和政治资源中获取最大化的作战能力……。作战能力既指摧毁敌人的能力，同时也指反过来控制自身所受损失的能力。"②

这几位学者认为，军事效能分为以下四个不同层面：政治层面，即国家政策和国家目标的层面；战略层面，指运用军队机构追求国家目标的层面；作战层面，该层面综合了为达到作战战场上战略目标所需的各项作战要素，包括行动和对抗等；战术层面，指整场战役中的战斗实施层面。"每个范畴都不是独立存在的，而是彼此交叠的，因各自的行动、程序和目标不同而各具特色"。他们认为，任何军队机构都很难在四个层面同时

---

① Samuel P. Huntington, *The Soldier and the State*: *The Theory and Politics of Civil-Military Realtions* (Cambridge, MA: Belknap Press of Harvard University Press, 1957), pp. 2, 3.
② Allan Millett, Williamson Murray, and Kenneth Watman, "The Effectiveness of Military Organizations," in Millett and Murray, eds., *Military Effectiveness*, vol. 1 (Boston: Allen and Unwin, 1988), p. 2.

完全发挥效能。战术和作战层面的效能可能因为政治和战略层面的失败而被抵消。例如，人们普遍认同，在两次世界大战期间，德国军队在战术和作战层面比其对手更有优势，但是这些优势却因其在战略制定和政治方面的严重失策而被削弱。

讽刺的是，这就意味着军事效能并不总是等同于"胜利"。胜利是一个结果，"不是一个军事组织在战斗中的表现。胜利不是一个组织的特性，而是组织活动的结果。对效能的判断则应当参考成本比和组织过程。"① 当然，军事效能是胜利的必备要素，但并非唯一要素。

米勒特、穆雷和沃特曼提出了若干标准，以明确军事组织在各个效能层面的特点。在政治层面，军事组织的效能体现在：能够稳定地获得国家财政预算拨款以满足军队的重大需求；有途径获得企业和技术资源的必要支持以生产所需装备；能够得到保质保量的人力资源。

在战略层面，军事组织的效能体现在：军队战略目标的实现能够确保国家政治目标的达成；预期战略目标的相关风险与有关利益和失败的影响保持一致；军方领导人能够就国家目标的军事考量对政治领导人施加影响；战略目标和行动进程与军队的规模和结构保持一致，并符合国家的工业和技术基础；战略目标和同盟国的目标一致；战略计划与目标制定的原则是以己方军事组织的优势对抗敌人的致命弱点。

在作战层面，军事组织的效能体现在：具备职业精神，使其能够切实处理作战问题；整合他们的作战方法，达到优势最大化和弱势最小化；在脑力和体力两方面都能做到"灵活机动"，尤其在脑力方面，当面对克劳塞维茨所谓的"不确定状况"时能够及时进行调整；作战理念和理论与现有的技术保持一致；支援行动与作战理念和理论相结合；作战理念和理论与战略目标保持一致；作战理念和理论能够突出对敌方弱点的优势打击。

在战术层面，军事组织的效能体现在：军事组织的战术手段与其战略目标及作战能力相一致；战术体系整合所有军事力量；战术概念重视应激反应和对机会的快速把握；战术体系与军队的士气、单位凝聚力、军官一

---

① Allan Millett, Williamson Murray, and Kenneth Watman, "The Effectiveness of Military Organizations," in Millett and Murray, eds., *Military Effectiveness*, vol. 1 (Boston: Allen and Unwin, 1988), p. 3.

士官—士兵三者的关系以及培训保持一致；战术体系与支援能力保持一致。

尽管米勒特、穆雷和沃特曼三位是在大规模常规战争的背景下讨论军事效能问题，但他们设立的标准适用于"全频谱冲突"。然而，不应该就此理解为军事手段的效能有通用的标准，因为作为工具，军队的效能只能根据其是否达到原定目标而进行评判。换言之，军事组织的效能取决于人们期待它承担的使命。

例如，没有人会怀疑美国军队在常规作战行动中的卓越性。事实上，传统上人们似乎一致认可美军是世界第一的军队，在可见的未来也将所向无敌。但是"9·11"事件之后，在军政关系的讨论中，争论的焦点多集中在美军执行"小规模战争"的作战能力：包括"不对称战争"、反叛乱行动、打击恐怖主义以及维稳行动等。还有人呼吁在国内事务中增加军事力量的作用，如应对恐怖主义威胁、自然灾害、以及边境安全问题等。

一、军队职能范围内的军事效能：军种文化的限制和军政关系

随着冷战的结束，各军种开始着手重新定义各自的"战略理念"。根据亨廷顿的观点，"战略理念"是构成"一个军种的核心要素"，是对"在执行国家政策中的作用和目的的基本阐述"。一个清晰的战略理念对一个军种是否有能力组织并运用国会分配给其的资源至关重要。

一个军种的战略理念同样在很大程度上决定了该军种的组织文化。若干年前，兰德公司已故的卡尔·比尔德（Carl Builder）在《战争的面具》(*The Masks of War*) 一书中提出：各军种有着不同的组织文化，其重要性在于能够创造不同的"个性"、身份和行为方式。他指出：每个军种有自己偏好的作战方法和"独有的军种意识，这一现象可能会持续很长时间。"

反之，一个军种的组织文化也会对军政关系产生很大的影响，常常限制文职领导人的行动，并对变革和创新构成阻碍。尽管1986年通过的

《戈德华特—尼克尔斯国防部重组法》修订并简化了军队指挥结构,但军种文化依然继续存在,并仍然影响着军政关系。此中的关键就是本章开始提到的问题:不同模式的军政关系会对军事机构的效能产生什么影响?谁来判断军事机构是否高效,是制定政策的文官还是军方自己?职业军人在提供有关军事效能的判断意见时应起什么作用?

美国陆军近来正在努力将反叛乱理论系统化,这种现象有一定的启发性。这项任务很困难,因为陆军更喜欢大规模的常规战争,尽管实际上陆军历史上参与的大部分冲突行动都是非常规战争。陆军大部分安保工作是在国内进行的,与印地安人的作战就是最重要的例子。但是,美西战争之后美国陆军同样还成功地实施了在菲律宾的安保军事行动,其中就包含了反叛乱作战和国家建设两方面。

根据莫里斯·简诺威茨的观点,这类冲突"主要是在文明的轨道内,对违反法律规则和秩序的人予以惩罚……关于通过有组织的暴力行为来完成某个特定的政治解决方法或达成某种新的权力平衡,几乎没有人会质疑这一理念。设计军事行动的目的是为了促使全面融合,或者仅仅是为了'惩罚'不守法的行为。"[①]

尽管有这样的历史,美国陆军的战略理念和由此生成的组织文化还是一直强调"大型战争",而不是非常规战争和安保行动。这种偏爱很大程度上归因于内战时期的一位名为埃默里·厄普顿(Emory Upton)的军官。此人是西点军校1861年的毕业生,在内战期间战功卓著且富有创新精神。战争结束时他晋升为少将,后来成为威廉·特库姆塞·舍曼(William Tecumseh Sherman)的门徒。当舍曼成为主管陆军的将军后,他派厄普顿到世界各地担任军事观察员。

厄普顿相信,把军队的重点放在安保行动上的做法已经过时。他特别研究了普鲁士的军事政策、普鲁士与其他军事强国对抗作战的能力、以及该军队对职业化的重视。当然,普鲁士在1864年至1871年间的德国统一战争中对丹麦、奥地利和法国的压倒性胜利使得普鲁士陆军成为欧洲军事

---

① Morris Janowitz, *The Professional Soldier: A Social and Political Portrait* (New York: Free Press, 1971), pp. 260, 261.

卓越性的新典范。

回到美国后，厄普顿建议开展多项激进的改革，包括放弃公民士兵模式，转而依靠一个职业化的军队形式，减少文人"参与"军队事务，弱化19世纪军队主要承担的安保行动的重要性（除了美西战争和美国内战以外），赞成要做好准备应对与国外敌人冲突的可能性。由于与当时的主流意见相左，所有这些建议都被驳回了。厄普顿因健康原因辞去了军队职务，后于1881年自杀身亡。

然而，进步主义开始兴起。这是一种政治性活动，重视科学的专业技能和职业化。随着陆军在西部边界安保任务的结束，以及美西战争的动员和作战的相关问题的出现，厄普顿提议的改革变得更有吸引力，在陆军军官团内尤其受欢迎。1904年，陆军部长伊利休·鲁特出版了厄普顿的《美国军事政策》一书。尽管当时共和党执政的美国仍然不能接受厄普顿其他许多更激进的建议，但人们还是普遍认为，应该让陆军远离安保职能，并转向对其他国家常规军队进行制胜打击。

第一次世界大战后陆军又回归安保职能，但厄普顿的精神现在已经渗透至职业化陆军的文化中。厄普顿观点的合理性在二战中得到了证明，而且在冷战的整个过程中继续主导着美国陆军的思维。在越战中，尤其是在威廉·威斯特摩兰将军的指挥下，它依然主导着军队但同时也存在着问题。

威斯特摩兰的作战战略强调削弱越南人民军的军队力量：它依靠多个营甚至多个师，用更强大的火力发现并消灭敌人。威斯特摩兰强调摧毁敌军而不是试图控制关键区域以保护南越人民。不幸的是，这种"搜剿"的作战行动往往并不成功，因为敌人通常能避开战斗，只有他们认为对自己有利时才会迎战。而且这类行动对参战的美军士兵和作战区域内的越南平民都造成了惨重损失。此外，威斯特摩兰将军忽视了叛乱的严重性，把南方越南民众推到了一边。

在"春节攻势"（Tet Offensive）战役后，克莱顿·艾布拉姆斯将军接替威斯特摩兰担任驻越美军总司令。他采取了一种和海军陆战队类似的新办法，几乎赢得了战争。他强调通过控制重点区域而不是摧毁敌军本身来保护南方越南民众。然后，他集中打击了敌方预先设置的补给点，使北越进攻的时间表被中断，为战争越南化争取了时间。根据"战争越南化"计划，美军将撤出并让南越承担更大的战争职责。另外，和之前威斯特摩兰将军的做法不同，艾布拉姆斯不再忽视叛乱或驱赶南越人，而是采取了一项名为"同一个战争"的政策，即整合了各个方面的力量来对抗共产党。

1969年至1974年，尽管安全形势有了改进，但是国会停止了对南越的支援，西贡沦陷。在战争中损失惨重的陆军得出结论：未来陆军应当避免参与类似的"非常规"冲突行动。20世纪70年代，陆军放弃了在越战中发展起来的小规模战争和反叛乱作战理论，再次选择将重心放至大型战争。

重心转换进行得非常彻底。自20世纪70年代后期开始，陆军采用"战争的作战层面"观念作为其中心组织概念。就如休·斯特拉坎（Hew Strachan）所称，"战争的作战层面对陆军的吸引力在于：它作用于一个不受政治干扰的区域，且最注重专业技能。"

美国陆军战争学院战略研究所曾在一篇论文中指出，战争的作战层面已经成为"吞噬"战略的"异类"：

> "作战艺术并没有达到其最初目标，没能促成实现战略作战目标，而是作为一个'战争的层面'实施——承担的是作战规划的职责。这种政治领导力被削弱至'战略后援'的作用，很大程度上明显扩大了政治和战争之间的隔阂。结果充分证明，赢得战争的能力并非总是有益于战略上的胜利，由此产生了一种'战斗的方式而不是战争的方式'。
>
> 一个国家的政治领导层不是仅仅为战争设置目标、提供必需物资，然后就袖手旁观，并坐等胜利降临。同样，国家及其军队也不应该在这种前景下被缩减。政治家应当参与战争的每个时刻，正如克劳塞维茨提醒我们的那样，政治考量'在战争、战役甚至战斗中常常都具有影响力'。"[1]

---

[1] Brigadier Justin Kelly and Dr. Michael James Brennan, *Alien: How Operational Art devoured Strategy* (Carlisle, PA: US Army War College, Strategic Studies Institute, 2009), p. viii.

这里存在着军政关系的问题:对战争作战层面的重视造成了战斗和政策两者的脱节,一方面在战斗中要实现作战卓越性,另一方面政策决定了要打某场战争的原因。用科林·格雷(Colin Gray)的话说,这就是为什么"总是存在着一个使美国战略会消失不见的黑洞。"①

但是文职领导人不能简单地放任军队在战争中自行其是,因为战争是一个主观意愿相互影响的循环过程。战争开始时呈现的状况会随着战争的发展产生变化,不断地修正政治目标与军事手段之间的关系。事实上,战争的目的不是为了打仗本身,始终是为了达到由国家政治领导层所确立的政策目标。

美国军队重视战争非政治性的作战层面,这意味着战争产生的结果常常与战争的目标无关联。在其他方面,美国关于作战艺术和战争作战层面的概念破坏了作战艺术的初始目的,不仅没有促进战略和战术之间的对话,反而形成了一个独立的指挥层,该层面影响了战略的作用,并因此损害了文职领导者在战役规划中的职能。

但是伊拉克和阿富汗两场战争证明,我们并不能总是只打我们所希望的战争,而且各军种部门必须要能够超越各自的文化和偏好发挥功能。陆军不仅要继续规划常规作战,同时还必须有能力进行非常规作战,因为未来的敌人会尽可能地努力避开我们常规作战的优势。彼得雷乌斯将军在伊拉克的成功表明陆军已经开始了必要的改革。当然,问题是陆军能否内部消化这些经验教训,以前埃默里·厄普顿领导的陆军就并不愿意这么做。

不管怎么说,这是已经迈出了重要的一步。根据威廉姆森·穆雷的看法,军官如果只准备在常规军队的作战框架内打仗,在战争开始时为文职领导者提供的建议很可能是有缺陷的,此后在参战时也很可能无法适应行动中发生的实际情况。越南战场上的威斯特摩兰将军、伊拉克战场上的凯西将军、以及阿富汗战场上的麦基尔南将军都曾遇到过此类问题。

有迹象表明国防部长盖茨已经在着手解决这个问题。值得注意的是,

---

① Colin Gray, *Another Bloody Century: Future Warfare* (London: Orion, 2005), p. 111.

他尝试将小规模战争或反叛乱作战思维形成制度，由彼得雷乌斯将军和其他持相同观点的人负责陆军的发展政策。当然，被认为是最优先考量的各军种预算也同样会根据军队对新形势的适应程度而提供相应的支持。

然而，尽管陆军已经开始更加重视小型战争，但这种转变却引起了有关军种构成的热烈争论，这场争论的结果很可能对军政关系产生重大意义。争论的一方被称作"改革派"，他们推崇"长期战争"，认为伊拉克战争和阿富汗战争是美国未来要面对的典型战争，这类战争的特点是延续时间很长且情况不明确。因此，他们觉得陆军应当朝着打恐怖主义长期战争的方向进行发展设计，主要的方式是为打"小仗"和打击叛乱做准备。

争论的另一方被称作"传统派"或"保守派"，他们认为，尽管在未来非常规战争将会比国家间战争出现得更为频繁，但这样的冲突并不像大规模冲突一样威胁美国的战略利益。他们担心注重长期战争、小型战争和反叛乱作战将会使陆军转变为警察式的安保部队，其维稳行动和国家建设能力的提高可能需要付出高昂的代价：大规模常规战争的作战能力会由此削弱。

这场争论对于美国军政关系有着重要意义。有观察家指出，"传统派"的目的是希望通过限制行政部门在战争中使用武力的能力来构建陆军的力量结构。这种可能性提出了一个重要问题：文官权力范围内的政策和战略问题应在多大程度上受到军事决策的约束？换言之，军事理论和军队结构能否严格地交由军队自己把控？

过去，美国曾经在军队结构问题上做出过错误的选择，挫伤了国家应对各种各样威胁和偶发事件的能力。选择某一种军事规划战略而排除其他战略是危险的举措，20世纪50年代艾森豪威尔政府提出的"新面貌"国防政策就是一个典型案例。"新面貌"政策将远程核能空中力量变成了军队结构中的核心，导致美国缺乏应对低端冲突频谱威胁的能力，严重地影响了战略机动性。结果是，美国的对手发展了应对美国主导核能力的不对称手段——"人海"战争和"民族解放战争"。由于"新面貌"战略存在明显的缺陷，20世纪60年代被"灵活反应"战略替代。灵活反应战略要求军队具备处理从核战争到常规战争到反叛乱作战等各种威胁的能力，越战正是这样一个例子。

当"新面貌"战略表现出缺点时，当时的当选总统就有责任换一个新的灵活性战略。但是，当一个军种的力量结构决策束缚了国家领导层时，这就变成了一个军政关系问题。而且有人认为陆军在越战后恰恰就做了这样的事。

由于在越战中严重受挫，陆军得出结论，未来陆军应当避免进行非常规作战，而将重点置于"真正的"战争：即大规模常规作战。20世纪70年代，陆军摈弃了小规模战争和反叛乱作战的理论，这些理论是陆军为了越战很不情愿地开发出来的。利文沃斯堡的美国陆军指挥与参谋学院大幅削减了有关反叛乱课程的课时。再后来，陆军对真正的战争愈加重视，到了后冷战时期，陆军领导人甚至不愿意将陆军部队用于"除战争以外的任何行动"。

更为重要的是，克莱顿·艾布拉姆斯将军在其1972年至1974年陆军参谋长任内进行了一项具有深远影响的军队结构改革。一方面，他计划"充实"现役师，为每个师增编一个国民警卫队旅，达到三个旅的编制，使陆军实际上装备16个师而不是之前的13个半。另一方面，这样的举措产生了实际效果，在很大程度上限制了总统动用陆军参与冲突的权力；为了使陆军参战，文职领导人需要动员国民警卫队和后备役两方面的力量，而林登·约翰逊总统正是由于缺少这种制约才使得越战能够轻易打响。而且，除了用国民警卫队旅来充实陆军现役师外，陆军作战部队的大部分支援保障功能被移交给后备役部队，这意味着，有意外事件发生时，即使只是动用极小规模的陆军部队参与军事行动都需要征召后备役的支援。

艾布拉姆斯采取这样的举措是否为了有针对性地限制未来总统利用陆军参与战争的权能？此后的里根政府参联会主席约翰·维西将军认为正是如此。他曾报告说他听艾布拉姆斯在多个场合说起"除非先征调后备役，否则他们再也别想把我们拖进战争了"这样的言论。艾布拉姆斯的传记作者记录了当他就这个话题提出疑问时维西的反应：

"关于将后备役部队深度整合进陆军现役部队结构的考虑，

部分目的是否是为了让总统很难（甚至压根不可能）在不征调后备役部队的情况下进行实质性的军队部署？维西说：'正是如此。有了这样的提前准备，部分或整体实施艾布拉姆斯重组计划就是要让任何人都不能不征召后备役就发动战争'。"①

这个观点获得了另一位陆军历史学家的支持，他引述艾布拉姆斯的观点，坚信"未经美国人民的默认和参与，陆军不应当参战"。

前国防部长詹姆斯·施莱辛格的态度更为慎重一些，但他在原则上也赞同这种说法："毫无疑问，艾布拉姆斯就是用这种方式将后备役和现役部队有意地整合在了一起"。当艾布拉姆斯的传记作者问他，艾布拉姆斯的行为是否产生了"强制作用"，限制了行政机构的行动自由？施莱辛格回答说："这不是艾布拉姆斯的真正意图。他主张军队必须服从文职领导，甚至达到了超乎寻常的程度。我猜测军方的考虑在于修正动机从而使文职领导人的行为能够恰当有度。"②

也有观察家并不赞同所谓艾布拉姆斯理论的目的是为了"给总统采取军事行动的权力额外制造一个制度上的钳制"。他们认定艾布拉姆斯的陆军力量结构改革计划的主要目的是为了找到足够的钱来装备16个师，因为陆军规划者们认为，万一同华沙条约国开战，16个师是陆军所必需的最低配置。如果没有这个扩充理念，从财政上看陆军根本不可能拥有16个师。这些专家认为，艾布拉姆斯的理论从逻辑上源自理查德·尼克松总统时期的国防部长梅尔文·莱尔德（Melvin Laird）确立的"整体力量"（total force）概念，并没有试图要限制总统使用军队参与冲突行动的权能。

正如对许多历史事件都会有不同解释，对于艾布拉姆斯整合现役部队和后备役部队的动机，人们有着各种争论，但是其中暗含的军政关系是很明确的。对行政力量的约束很可能是件极好且很有必要的事情，但是具体怎么进行约束则不能由陆军或任何其他军种来决定。在当前的争论中，如

---

① Lewis Sorley, *Thunderbolt: From the Battle of the Bulge to Vietnam and Beyond: General Creighton Abrams and the Army of His Times* (New York: Simon and Schuster, 1992), pp. 361 - 366.

② Robert H. Scales, *Certain Victory* (Washington, DC: Brassey's, 1993), p. 364.

果传统派真的试图通过弱化发动小规模战争的能力来钳制行政部门，并达到限制使用美国军事力量的目的，那他们就完全做错了。

根据法律，各军种有责任组织、培训并装备其部队，有责任制定作战条令并决定如何作战。但是，各军种需要对文职领导人负责，保障其军队有能力推进美国利益，同时对抗全频谱冲突中可能出现的任何威胁。良好的军政关系有利于打造这样的军事工具。

二、军队在国内事务中的使用

反游击战（COIN）与常规战争的对抗核心不仅仅是"9·11"事件后该如何使用军队的问题。恐怖主义袭击和飓风"卡特里娜"（Hurricane Katrina）的危害，加上之后各地区、州和联邦机构未能及时应对，有人开始呼吁，要求将军队的作用延伸到国内事务甚至法律实施等领域。丹尼尔·亨宁格（Daniel Henninger）在《华尔街周刊》撰文说，"卡特里娜飓风造成的惨重损失提出了一个问题：来自狂热分子和自然的威胁是否具有足够大的潜在恐怖性，是否会造成令人无法接受的损失，我们是否应该修改现有的司法权力体系使五角大楼能够在第一时间做出反应？"[1]

卡特里娜飓风发生之后，布什总统也开始赞同这个观点。2005年9月布什总统在全国讲话中要求国会考虑让美国的武装力量在面对国家灾难时发挥更大作用。"显然，美军在应对恐怖袭击方面做得很好，但是当出现某种规模的全国性灾难时，能否让国防部作为主导部门来协调和领导各种应对措施？这将是国会需要考虑的一个非常重要的问题。"他还指出："很明显，这个领域现在面临着挑战，要求联邦机构具有更大的权力，而军队则要承担更广泛的职能，因为军队是目前政府中最有能力进行大规模保障

---

[1] Dan Henninger, "Who Calls the Cavalry? The Pentagon was Prepared for Hurricane Katrina," *Wall Street Journal*, September 9, 2005.

行动的机构。"①

国会中有些人也持同样观点。在总统讲话之前，时任参议院武装力量委员会主席的共和党议员约翰·沃纳（John Warner）就曾写信给国防部长拉姆斯菲尔德，称委员会将检视"管理总统权力的整个法律框架，确认总统在大规模持续紧急状况下能够如何使用常规部队来恢复国家秩序"。他请求国防部长对此予以认真考虑。拉姆斯菲尔德在回复中告知约翰·沃纳参议员国防部当时正在对1878年《地方保安队法案》（Posse Comitatus Act）等相关法律进行审查，并决定是否需要修改，以便在国内发生灾难等情况时赋予军队更大的职能。

一方面，关于增强军队在国内事务中作用的呼吁是可以理解的，因为通过使用地区、州和其他联邦机构无法采取的手段，军队有能力应对大规模灾难。但是人们在要求军队承担更多国内职能的同时，必须考虑到迈出这样一步对美国军政关系会产生怎样的影响。而且，人们还必须考虑到，持有传统观念的军官会担心军队参与国内事务会降低其作战能力，并导致"战斗精神"的削弱。

大约20年前，一位空军军官描绘了一幅场景，来说明未来军队参与国内事务对军政关系可能产生的令人不安的影响。文章题为《2012 军队政变溯源》，刊登在《美国陆军》专业杂志上，作者查尔斯·邓拉普（Charles Dunlap）将此文称为"神秘想象中的未来旅行"。此文采取了书信的形式，讲述了一位军官因为反对在美国发生的军事政变正在等待着死刑，他写来一封信，称早在1992年就有迹象表明未来可能会发生政变，因为军事力量被大规模地运用于各类民事领域。

邓拉普文中的这位军官认为，20世纪90年代，美国民众开始对当选政府无能解决困境感到失望。"我们开始寻求某种可行的解决方案。如果民众还能信任哪个政府机构的话，那就是军队。"看到了军队在第一次海湾战争中的卓越表现，公众对它有了更多的依赖，认为只有军队才能解决国家问题。

---

① Bill Sammon, "Bush Offers Pentagon As 'Lead Agency' In Disaster," *Washington Times*, September 26, 2005, p. 1.

"尽管当时并不明显，但军队承担这些新职能的影响逐渐累积，前所未有地将军事和政治进程融合在一起。任务的增加同样也带来了不良的后果，使军队重心和资源利用偏离了战斗训练和打仗的中心使命。"①

邓拉普文中描述了一种称作"腊肠切片"式的瓦解政府的方法：不是用一场阴谋政变一下子掌握整个政府，而是将政府当作一根腊肠，每次切一片地逐步掌控。随着人们对军队在国内舞台上的需求越来越多，军队会因此认为自己完全可以运作整个政府，所以这个颠覆阴谋是军队权力逐步增加的结果。但是文章最后给出了一个必然的结局：军队特别善于维护自身权力，却没有能力打败外敌。

许多评论家反对军队更多地参与国内事务。他们认为：如果改变法令法规允许军队更多地参与国内事务，所有这些紧张关系都会加剧。即使邓拉普描述的那种极端状况并不会发生，军队政治化也完全有可能达到极其危险的程度。事实上，1878年通过《地方保安队法案》的主要原因就是担心军队会过多地涉入政治。

不可否认，多数时事评论者并不了解《地方保安队法案》。该法案并不是要禁止在国内事务中使用军队，其真正目的是确保军队的使用必须经由最高宪法机构（国会和总统）批准。

与许多美国人所想的不同，宪法本身并不禁止在国内事务中使用军队。事实上，自建国以来军队大约有167次介入国内事务。在美国人的盎格鲁传统中，执行法律的第一道防线就是《地方保安队法案》，其字面的原意是"郡的权力"，可以理解为所有组成郡治安力量的人。当秩序受到威胁时，"郡长官"或治安官会发出通缉令，或号召民众依法抵抗。所有听到号召的公民都有义务帮助追捕罪犯或维持秩序。美国西部的州治安官还会"组织地方保安队"来抓捕违法者。

如果"地方保安队"不能维持秩序，最先求助的力量就是各州的民兵，也就是今天的国民警卫队的前身。1792年，国会通过了《民兵法》（*Militia Act*）和《召集法案》（"*Calling Forth*" *Act*）两项法律，允许国会

---

① Charles Dunlap, "The Origins of the Military Coup of 2012," *Parameters*, Winter 1992/93.

实施宪法权力"为执行联邦法律、镇压起义和击退入侵而召集民兵"。这两项法案赋予了总统一定权力，可以在国内紧急状态时使用民兵。在应对1806—1807年伯尔发动的阴谋时，托马斯·杰斐逊总统曾因为不能调动常规部队及民兵而深受困扰。于是1807年，在杰斐逊总统的命令下，国会宣布陆军也是联邦法律的执行者，陆军不再只是一支单独的军队，而是保安力量的一部分。

相应地，过去在南北战争之前军队常常被用于执行逃奴法和镇压国内暴力活动等。1850年的《逃奴法》（Fugitive Slave Act）允许联邦执法官召集保安队帮助将逃奴归还给主人。1854年，福兰克林·皮尔斯（Franklin Pierce）的司法部长凯莱布·顾圣（Caleb Cushing）曾表达过要将军队纳入保安队的观点：

"美国的执法官在行使职责时如果受到非法团体的反抗，则有权召集辖区内所有有效力量作为地方保安队使用。召集的对象不仅包括普通公民或不相干的个体，还包括所有有组织的武装力量，从各州的民兵到美国的军官、士兵、海军和陆战队员都包含其中。"[1]

1851年，波士顿的联邦执法官逮捕了17岁的乔治亚州逃奴托马斯·西姆（Thomas Sims）。西姆在警察和士兵的看守下被关押在法院内9天，后来交由联邦行政长官裁处。行政长官在找到西姆的主人后，派了200名武装人员和士兵在黎明前将其从州法院押送至波士顿海军码头，码头上另有250名士兵候命将其押送上船送回奴役。

1854年5月，还是在波士顿，一名助理治安官逮捕了弗吉尼亚州的逃奴安东尼·彭斯（Anthony Burns）。联邦行政长官在裁决彭斯命运的过程中，废奴主义者试图解救他。福兰克林·皮尔斯总统派了联邦军队到波士顿维护和平，敦促区法院要"不惜一切代价确保法律得以实施"。在"血腥的堪萨

---

[1] James McPherson, *Battle Cry of Freedom: The Civil War Era* (New York: Oxford University Press, 1988), p. 83.

斯"（Bloody Kansas）事件中，也出动了军队来镇压因为亲奴隶制和反奴隶制冲突而造成的国内暴力行为。此外，1859 年在哈泊斯费里镇（Harpers Ferry）抓捕约翰·布朗（John Brown）时也有海军和陆军士兵参加。

内战结束后，美国陆军参与了南部各州的政府重建，当时陆军的职责是防止在南部投票地出现胁迫黑人选民和共和党成员的情况。正是陆军的这类行动导致了《地方保安队法案》的通过。在 1876 年的选举中，尤利塞斯·格兰特总统派陆军部队作为"保安队"支援联邦治安官在投票点维持秩序。卢瑟福·海斯（Rutherford B. Hayes）在那场选举中击败了塞缪尔·蒂尔登（Samuel Tilden），但是南卡罗莱纳州、路易斯安那州和佛罗里达州等地的选票存在着争议。南方人声称军队被错误地用来"操纵"了选举。

《地方保安队法案》常常被认为是民主党在重建结束时的胜利，但是陆军也同样欢迎这项法规。让军人充当保安队使他们脱离了自己的指挥链并听命于地方权力机构，这让陆军很不舒服，因为地方机构热衷于参与各种纷争，会首先引发动荡局面。由此，许多军官开始认为，军队参与地方政策事宜是军事组织的堕落。

这正是问题的症结所在。《地方保安队法案》禁止将军队用于协助文人权力机构执行法律或镇压民间骚乱等，"除了宪法和国会法案明文授权的情况以外"。作为一份关于在国内事务中使用军队的最初的官方文件，其中写明：

> "《地方保安队法案》的真正目的是要废除一条理论，该理论的唯一实质基础是司法部长凯莱布·顾圣的个人观点，而且其观点从未在法庭上获得认可。《地方保安队法案》并未干扰到总统对常规军队和民兵武装的使用权……但是法案确实意味着'除了总统，其他任何下级权力机构都不能调用军队'，且总统在这么做之前也必须先发布一个'终止'通告。战场指挥官不再拥有任何自由决策权，而必须等待来自华盛顿的命令。"[1]

---

[1] Robert W. Coakley, *The Role of Federal Military Forces in Domestic Disorders*, 1789 – 1878 (Washington, DC: United States Army Center of Military History, 1988), p. 344.

支持军队职能向国内事务扩展的人需要扪心自问，是否真的想要回到从前，让总统之下的"各种小机构"都能在国内事务中使唤军队？《地方保安队法案》的意义不在于法案本身，而在于美国军政关系的质量以及军事机构的健康。

三、军政关系模式与战略的形成

理查德·科恩曾质疑，除了大规模常规战争的相关作战行动，美军在其他行动方面能否发挥效能？"冷战结束将近20年，美国军队得到的财政拨款超过了全世界所有其他国家的军费总和，但在人口不到美国十分之一的伊拉克和阿富汗这两个至关重要的国家，在用了几周时间颠覆其政府后，却没能彻底打击叛乱并镇压由宗派主义引发的内战。"[1]

他认为是美军在战略规划方面专业能力的下降造成了这种效能的不足。"实际上，美军在专业技能的最重要领域，如战争与政策的联系、作战行动与达成国家目标的联系等方面，被认为是有所欠缺的。长期以来，美国军队在作战行动、后勤、战术、武器装备、以及战斗方面的卓越性已经得到充分展示，但在战略方面却并非如此。"[2]

战略方面的不足具体表现在近年来美军未能适应不断变化的安全形势。在新形势下全球稳定的挑战"不再是大规模军队，更多地来自恐怖主义威胁、经济金融环境的动荡、失败的国家、资源（尤其是石油和饮用水）的匮乏、大范围流行性疾病、气候变化、以及国际犯罪（如海盗、走私、非法毒品买卖等）和其他有组织的非法行动等。科恩指出，当美军在内外安全政策的制定上施加强大影响力时，这种战略能力的下降就已经出现了。

不仅是军外评论家，军队机构内部人士也有人认为，是领导层的失误

---

[1] Richard Kohn, "Tarnished Brass: Is the US Military Profession in Decline?" *World Affairs*, Spring 2009, p. 73.

[2] Ibid., p. 76.

才使得美军没能为当前面临的各类冲突做好充分准备。《武装部队月刊》在2007年4月刊文对美军陆军的领导力进行了严厉批评。现役美军陆军中校保罗·英林（Paul Yingling）在文中写道：

> "美国又一次面临着反叛乱战争的失败前景，这已经是同时代内的第二次了。1975年4月美国逃离越南战场，将我们盟友的命运交到了北越共产党的手上。2007年，伊拉克不断恶化的形势和黯淡前景渐渐消磨了美国胜利的希望，预示着这场地区战争将会规模更大而且更具破坏性。
>
> "这些溃败不应该归咎于个体的失败，而是源于整个美军军官团中存在的危机。美军将领们在伊拉克战场重蹈了越战的覆辙。第一，在20世纪90年代将领们没能对未来作战的条件进行预想并做出相应准备；第二，在伊拉克战争开始前美军将领们没能正确预估完成政策目标所必需的方法和手段；第三，美国的军方高层没有向国会和公众提供对伊拉克行动的精确评估。"[①]

"9·11"事件发生以来，军政关系一再博弈的中心问题是：美国公众期待军队行使什么样的职能？在行使职能时军队能否达到公众期望值？以及哪种模式的军政关系最能确保军事机构的成功运作？

四、军政关系模式与军事效能

塞缪尔·亨廷顿提出了一个既能避免军队对美国国家产生威胁又能确保军事效能的解决方案。他的建议是建立一个"客观控制"军队的模式，

---

① Colonel Lieutenant Paul Yingling, "A Failure in Generalship," *Armed Force Journal*, May 2007, http://www.armedforcesjournal.com/2007/05/2635198.

创建并维持一个职业化、无政治倾向的军事机构，其中心任务就是保卫国家，而且不会对文人控制构成威胁。艾略特·科恩将亨廷顿的这个模式称为军政关系的"标准"理论。

对亨廷顿而言，文人控制和军事效能两者间的关键是"专业主义"，在军事效能方面尤其如此。亨廷顿在著作中解读克劳塞维茨的理论时，提到"战争具有自己的法则，这一事实要求职业军人可以在法则的制约下发展专业技能，同时不受外界影响。一个军事机构的内在质量只能按照独立的军事标准进行评估。"另外他还写道："军官的特定技能在某种程度上是普遍通用的，即其核心本质不受时间或空间变化的影响。"①

但是，正如苏珊娜·尼尔森（Suzanne Nielsen）等人所指出的那样，亨廷顿提出的专业主义可以完全保障军事效能这一观点是有问题的：

第一，根据他的观点，存在着一套在任何时间地点都有效的军队独立标准，这似乎有悖常理。有效军事力量的特点取决于诸多因素，因情势的变化而不同。军事组织的效能最终只能结合军事手段服务的政治目标来进行评估。

第二，亨廷顿认为产生最大军事效能的军政关系模式对军事领域的自主权侵犯最小，但历史记录表明这个论点是错误的。艾略特·科恩提供了大量历史案例，说明在战争中自由民主体制下的文职领导人常常会为了获取胜利而侵犯军队的"地盘"。虽然人们普遍认为伊拉克战争的错误是由布什政府的文人领导层造成的，也有学者认为，可以简单地把这个问题归咎于军队。

历史记录告诉我们，和平时期如果没有文官的介入，军事组织的发展就会趋于停滞，常常不能适应不断变化的局势。其后果就是，需要动用军队时，他们不能满足国家政策和宏观战略设定的要求。抵制变化常常是组织文化的一个功能。

---

① Samuel P. Huntington, *The Soldier and the State*: *The Theory and Politics of Civil-Military Realtions* (Cambridge, MA: Belknap Press of Harvard University Press, 1957), pp. 13, 57.

五、唐纳德·拉姆斯菲尔德与伊拉克战争的战略评估

完善的战略评估是军事效能的部分保证。战略评估的质量很大程度上受到国内主流的军政关系模式的影响。里萨·布鲁克斯提出,战略评估的质量受到两个变量相互作用的影响:一是军政双方偏好的强度;二是军政双方权力的平衡。

两个变量相互作用,对构成战略评估要素的四套制度性程序产生影响。这四套制度性程序分别为:第一,信息共享的常规程序;第二,战略协同程序,包括对各战略选项(如风险和成本)的评估,以及对政策(包括政治和军事政策)和战略整合情况的评估;第三,军队进行健康网络评估的结构能力;第四,投票批准政治军事行动的授权程序。

布鲁克斯模式在"9·11"事件后被有效地应用于军政关系。例如,伊拉克战争期间美国战略评估的一个明显重大缺陷是未能为后冲突阶段进行完备的规划。许多专家总是将这方面的失败归咎于国防部长拉姆斯菲尔德生硬粗暴的领导风格,或者归结于布什政府"目光短浅"、不愿放弃对伊拉克战后局势的错误假想、固执己见拒绝接受其他不同观点。

但是,布鲁克斯持相反的看法,她认为真正的原因是不断恶化的军政关系。当时的军政关系模式始于伊拉克战争之前,拉姆斯菲尔德试图对军队进行"改革",引发了美军尤其是陆军的激烈反对,军政关系由此进一步恶化。

"9·11"事件后在军政力量平衡方面,文人一方占据了主导。而军方则缺少像科林·鲍威尔一样强势的领导人。在军政对立双方中,军方没有人能够挑战文职领导层,面对拉姆斯菲尔德这样一位说一不二的国防部长时尤其如此。

同时,双方在偏好上存在高度的分歧。起初时情况并非如此,因为军方以为乔治·布什会比阿尔·戈尔更加支持军队。毕竟,大多数美国民众

和军官团都曾以为自越南战争以来民主党在国家事务上是相对"软弱"的。在布鲁克斯模式中，政治优势和较高程度的偏好分歧相结合只能产生"较好的"战略评估，原因主要是监督机制会削弱战略协同。

双方偏好的分歧起源于如何"改革"军队，这是布什总统最关注的问题。事实上，军队改革问题是布什2000年总统竞选的基石。陆军是受影响最大的军种，但其他军种同样因为可能失去一些项目而深感不快，他们切实地认为这些项目都是各自的战略理念所必需的。

海军认为自己的航空母舰可能成为砧板上的鱼肉；空军担心自己将失去下一代战斗机F-22；而陆军和拉姆斯菲尔德之间的分歧才是最深的。依照总统的政策指令，拉姆斯菲尔德开始大刀阔斧地对陆军进行改革。国防部长和陆军的争执会对军政关系整体上产生不良影响，尤其对伊拉克战争的战略评估会有负面影响。

拉姆斯菲尔德在许多方面的做法只不过是反映了20世纪90年代和21世纪初期国防分析家们的传统观点。专家们认为美军改革有三个构成要素：(1) 情报、监听和侦查（ISR）技术；(2) 先进的指挥、控制、通信和计算机（C^4）系统；(3) 精准打击装备。由于军队改革后信息、速度和行动的灵活性将替代战场上的大规模部队，许多人相信，对大部分地面部队而言，最好的情况是被逐渐废弃，最差情况则是被彻底废弃。

同样，由于C^4、ISR和远程精准打击等能力有助于未来作战行动，那些提供这类能力的项目被认为是"高需求/低密度"（HD/LD）项目，意味着现有的系统还不够，还不能满足多样化战场上的用户需求。传统观点认为，高需求/低密度项目应当获得资金支持，而出资者应该是诸如陆军传统重型部队之类的"低需求/高密度"军队和系统。遗憾的是，伊拉克战争后来却证明，"拉姆斯菲尔德的改革意见'完全就是自我表彰'，只关注我们自己能做什么，却不知道敌人能做什么。"

在所有军种中，尽管陆军和海军陆战队被认为技术含量最低，但事实上陆军在许多领域都开展了"军事事务的革命"。陆军并不反对改革。相反，陆军参谋长埃里克·辛塞奇将军推行了一项计划，目的就是结束陆军的冷战时期目标，转而创建一支更具战略机动性和远征能力的军队。

比尔·克林顿的国防部长威廉·科恩选择了辛塞奇将军担任陆军参谋长，并在他1999年就任时交给他一项任务：推进陆军的现代化发展，使之能够更快速地部署到全球任何冲突地区。这项任务并不容易，因为科恩交给辛塞奇将军任务，却并没有增加资源来帮助其完成陆军的改革。尽管如此，辛塞奇还是重新调整了陆军内部的优先项目，并说服国会增加资金支持陆军的改革。然而，辛塞奇的陆军改革观点并不符合拉姆斯菲尔德的观念。

在2001年的"四年防务评估"中，拉姆斯菲尔德表达了自己对改革的看法，其观点的核心是高科技系统、以网络为中心的战争观、信息时代的情报采集、以及弹道导弹防御等。2001年6月在国会听证会上拉姆斯菲尔德明确表示：陆军将在这方面承担有限的职能。

辛塞奇反对拉姆斯菲尔德裁减四个陆军师的计划。尽管结果是陆军占了上风（只丢了两个师），但却让拉姆斯菲尔德认定陆军是死板的、抗拒变革的，而且作战方式过于保守。拉姆斯菲尔德还认为，克林顿政府时期文官减弱了对军队的控制。而辛塞奇对他改革方式的反抗更是验证了他的看法。

"9·11"袭击发生后，布什总统下令对阿富汗境内的"基地"组织和塔利班政权发动报复性进攻。美国中央司令部要求组成大型联合部队的提议被驳回，拉姆斯菲尔德认为集结和部署这样的军队将耗费数月时间。后来，美国派遣了美国特种作战部队（SOF）的一个轻型突击队以及空中力量与阿富汗盟军的战斗机合作共同击败了塔利班政权，这让许多人相信拉姆斯菲尔德对改革的观点是正确的。很明显，此时轻型军队、精准武器，以及"基于效果作战"的战斗理念已经取代了行动缓慢的重型地面编队，正在成为未来的军队选择。

与之相应的是，任何项目只要不符合拉姆斯菲尔德的构想都是可以被牺牲的。陆军"十字军自行火炮"项目就落得如此结局。辛塞奇本人对早期版本的"十字军自行火炮"也并不满意。为使该项目免予被撤销的风险，他曾指示大幅度减轻火炮重量，使其变得更加便于配置。根据这个指令，原本重达100吨的"十字军"火炮成功瘦身至40吨。

令人遗憾的是，对国防部长、陆军参谋长和美国军政关系总体而言，"十字军"事件进一步破坏了拉姆斯菲尔德和陆军的关系，也为伊拉克战争埋下了隐患。尽管很明显军政力量平衡的主导方是拉姆斯菲尔德，但是他面对的军队对他心存不满，而且无论是观点还是优先考虑事项都与他意见不一致。

如果用布鲁克斯的战略评估框架来评估伊拉克战争，唯一明确的程序就是授权程序。这主要是因为拉姆斯菲尔德自己保留了决策权，自己制定日程，自己批准或否决军事政策和行动。事实上，他还收回了原先授予军方的特权，包括批准向科威特和伊拉克部署军队的规划和步骤等，这些行为引起了很大争议。尽管他的各项决定会遭到批评，但事实是，这一切都完全属于他的权限范围，可以充分利用明确规定的授权程序，确保达成明确的决策。

同样，信息共享程序也不必受到质疑，因为拉姆斯菲尔德能够监控并监管军队。问题并不是信息共享程度低，而是他得到的信息是经过筛选且具有选择性的。这样的授权程序和信息共享程序破坏了争论的全面性，很可能使其他观点根本无法呈现。

因此，拉姆斯菲尔德主要依靠那些与他观点一致的军官，如参联会主席和副主席、中央司令部司令等；排斥其他与其意见相左的人，如各军种领导人，尽管他们同样也是参联会成员。虽然自《戈德华特—尼克尔斯国防部重组法》颁布以来，指挥链由作战指挥官、国防部长、总统构成，各军种领导人/参谋长联合会并未包含其中，但是他们同样可以起到重要的咨询作用。

拉姆斯菲尔德还把那些与他意见不一的人换成跟自己持相同观点的人。他会接见二星或三星将军，而不仅仅是那些四星上将。和人们一般认为的不同，拉姆斯菲尔德从未将辛塞奇"解职"，而是让他顺利完成了整整两个两年的陆军参谋长任期。但是在辛塞奇第二届任期结束前14个月，拉姆斯菲尔德却"漏出口风"，暗示要让陆军副参谋长约翰·基恩（John Keane）将军接任辛塞奇的职位。尽管基恩最后并没有真的上任，但这种消息泄露实际上是对辛塞奇的排挤。

后来真正取代辛塞奇的是彼得·斯库梅克（Peter Schoomaker）将军。他是一位特别精明圆滑的人，比起其他有着传统背景的将军，他的观点更加符合拉姆斯菲尔德的看法。而且，斯库梅克为了接任辛塞奇还获准延迟退休，这等于告诉所有现役军官：拉姆斯菲尔德无法接受任何一位现役三星或四星上将。

任命那些与领导人观点更一致的人不失为一种强有力的手段，有利于在组织内部进行有效变革。但同时，拉姆斯菲尔德的行为破坏了公开辩论，完全排除了其他不同意见。布鲁克斯总结指出："从2002年到2003年初，战略协同程序在国防部内严重受困。除了汤米·弗兰克斯和其他极少数能让拉姆斯菲尔德看对眼的人以外，军方和文官彼此疏远，军队没有完全参与评估程序。拉姆斯菲尔德为了保护共同利益而采取的监督方法却损害了处于军政关系顶端的战略评估的总体质量。"①

2002~2003年的战略评估程序对伊拉克战争的规划有着深远影响。从积极的方面说，战略评估程序提供了一个作战方法，明显优于之前中央司令部和国防部长办公室提供的方案。构成讨论基础的"1003作战计划"（突发事件的应对计划）体现的是1991年海湾战争中采取的作战方式：召集一个大约33万人的军队，设想在地面打击之前先进行漫长的空中作战。与此相反，拉姆斯菲尔德设想的是一个"晴天霹雳"式的打击，用一个5~7.5万人的军队对巴格达进行突袭。授权程序在反复循环中产生了一个折中方案：使用约20万人的军队与特种作战部队配合，从空中和地面同时发动打击。拉姆斯菲尔德在审核方案时只跟与他观点相同的人商讨，因此很容易达成一致意见，并由此避免了各军种关于如何打仗的反对意见。

然而，战略评估的负面问题远远超过其积极方面。首先，拉姆斯菲尔德获取意见的范围不广泛，没有包含对战后可能出现的极端状况的预想。他不征求圈外人的意见，甚至参谋长联席会议都没有参与磋商过程。许多专家都注意到，参联会在战争计划过程中几乎没有发挥作用，"被挤到了战争规划的边缘地带"，"被隔阻在规划进程的一臂之外"。

---

① Rica Brooks, *Shaping Strategy*: *The Civil-Military Politics of Strategic Assessment* (Princeton: Princeton University Press, 2008), p. 239.

而且，由于整个程序明显地不容任何"干扰"，这似乎促进了军队高级领导的自我检查。考虑到提供不同意见需要付出人员和机构两方面的代价，军队领导者也就不愿去费心整理这些不同的意见并提出相应的合理依据。其后果是打压了自由辩论。海军陆战队退役中将保罗·范·里佩尔（Paul Van Riper）曾经说过这样的话：这样的环境意味着"你得不到必要的后推力来进行对话、理解和讨论，而要综合更好的观点这些都是必需的。"

但是有些自我检查与文化有关。《纽约时代周刊》引用一名匿名陆军将军的话说："'如果对拉姆斯菲尔德施加后推力，他会接受的。'但是军队高层领导人所受的训练使他们不会对文职当局施加太大的压力。相反，他们会变得沉默、牢骚满腹且意志消沉。五角大楼的运作越来越不顺畅。"[1]

根据布鲁克斯的观察，伊拉克的战争计划还存在着第二个问题。拉姆斯菲尔德把那些原本与战后稳定最相关的人员排除在了计划进程之外，并因此错过了对那些不关注战后稳定的人施加影响的机会，这其中包括了大部分陆军领导层。陆军领导人有责任维持战后的稳定，但是组织文化让他们先入为主地认为这种任务偏离了他们真正的作战使命。

所以，陆军军种文化也需要对失败负一定责任。如前所述，陆军条令重视战争的作战层面和国与国之间的常规冲突。而且，陆军像所有美国军队一样，一直信奉"温伯格主义"，重视明确的目标、决定性力量、以及退出战略。陆军坚信其理论已经在第一次海湾战争中得到了验证。

我们还看到，陆军曾竭力避免参加某些作战行动，如克林顿时期在巴尔干半岛的行动等。在陆军看来，自己的目标是打仗，而不是维持和平或"国家重建"。20世纪70年代，陆军放弃了对反叛乱作战的理论研究，部分原因是陆军相信正是这些理论将其拖入了越战。因此，陆军的军种文化造成了他们不乐意将重心放在诸如战后维稳这样的行动上。据此，弗兰克斯"倾向于将巩固国家建设的工作视作不重要的事后补充。"

---

[1] Fred Kaplan, "The Professional," *The New York Times Magazine*, February 10, 2008, p. 41.

如果国防部长办公室的文人能与一个更广泛的圈子进行磋商，让那些重视战后稳定的人也参与其中，他们就有可能向弗兰克斯施压，促使他为战后阶段早做规划。然而，"由于那些人对战争维稳阶段确实持有不同意见，所以并没有让他们参与规划，而且文官中大多数人认为不会产生战后安全问题，没有必要逼着弗兰克斯做战后规划。"①

最后，军政关系的结构模式和恶劣的磋商环境使伊拉克战争变成了拉姆斯菲尔德和将军们的官僚主义斗争。拉姆斯菲尔德没有利用其他途径来说服军队领导层接受他的改革观点，反而利用伊拉克战争作为验证自己方法的试验场。因此，无论他个人还是官方机构都采用了特别的方式为这场战争投资，目的就是为了"证明"他关于改革的构想是正确的。

拉姆斯菲尔德的改革设想中包含了对军中广受欢迎的"温伯格主义"的修改。例如，他没有否定需要用"决定性力量"来达到明确的目标，但是他修改了那条原则，提出了后来被称为"威慑力"的概念，即运用精准空中力量，减少对地面部队的依赖。

拉姆斯菲尔德有关如何作战的观点尽管表面上看不属于"温伯格主义"，但是暗含着类似内容，同样强调"退出"战略。问题是：如果战略规划者在制订战争计划时考虑的是退出战略，他们就不会考虑如何将军事上获得的成功转化为政治上的成功。这种观点还增强了军队对自己偏好的坚持，且在很大程度上使其对战后规划的需求缺少关注。当然，战后规划的需求与拉姆斯菲尔德利用伊拉克战争展示自己改革构想的意愿是相互冲突的。前陆军部长托马斯·怀特曾指出，"战后维稳的要求立足于地面行动，和改革没有多少关系。"所以拉姆斯菲尔德没有兴趣为分析战后重大维稳行动进行投入，因为"国防部的首要目标就是军队改革，维稳行动不符合拉姆斯菲尔德和国防部的整体核心利益。"

有三个程序上的问题对美国对伊作战行动规划产生了极大的负面影响。第一，战后维稳行动规划的制订不完全。第二，只聚焦于重大作战行动，仅将战后规划当作一个事后补充，意味着维稳行动时没有足够的军事

---

① Rica Brooks, *Shaping Strategy*: The Civil-Military Politics of Strategic Assessment (Princeton: Princeton University Press, 2008), p. 242.

力量。第三，拉姆斯菲尔德切断了对战场后续部队的补充，而如果增加部队，至少可以在某种程度上缓解重大作战行动结束后出现的各种严重问题。

从2001年11月起，中央司令部用了18个月时间进行重大作战行动的战争计划。然而直到战争开始后整整一个月后的2003年2月才开始真正的战后计划制订，用时不过两个月，直到4月完成时还只是幻灯片，并未形成正式文件。而且，计划制订的基本构想还与作战行动计划中的重大作战行动部分相冲突。

例如，战后计划的构想是将安全事务很快地移交给伊拉克军队和警察。但是，按照战争计划，要破坏伊拉克的指挥控制设施以加速摧毁伊拉克军队和推翻萨达姆政权。然而，萨达姆倒台后，要在伊拉克恢复并维持秩序，指挥与控制是必不可少的。此外，为了赢得战争必须要部署军队，这却为重大作战行动结束后的安全行动增加了困难。布鲁克斯认为，"计划活动产生问题的根源在于：对作战计划以及作战计划与战后维稳的联系缺少概念性的思考。"

战后维稳行动计划的不当对军力水平产生了明显的影响。前文说过，在重大作战行动开始阶段的军队集结人数是一个折衷方案，但这个方案的依据却是忽视了战后形势的一种设想。尽管有学者指出辛塞奇对军力水平的评估模式是有缺陷的，但和拉姆斯菲尔德和弗兰克斯不同，他至少对战后阶段有所考虑。而拉姆斯菲尔德的设想却是：萨达姆一倒台，反对萨达姆的伊拉克人很快就能承担起治理国家的责任，然后美军就能马上脱身。基于这样的情况分析，他认为没必要在军力水平上增加投入。

基于同样的考虑，拉姆斯菲尔德决定在重大作战行动结束后中断对伊拉克的军队补充。尽管补充军队对稳定战后局势可能有帮助，但是军队的增加却会破坏拉姆斯菲尔德对改革前景的构想。布鲁克斯把他的决定归因于当时占主导的军政战略评估程序的功能失调。"拉姆斯菲尔德没有同各军种领导人（尤其是陆军领导人）进行过建设性对话，就试图证明自己的作战理念是有价值的。他不愿意和将军们言语沟通，而是想用事实让他们明白：我们在伊拉克获胜不需要大型的重型武装部队。而允许增派部队则会淡化（他希望给将军们的）教训效果。"①

据布鲁克斯模式预测，2002—2003年间不正常的军政关系模式导致了糟糕的战略评估，对战场产生了负面影响，也造成了恶劣的国际影响。第一，对军队能力和可用资源的净评估不足是导致失败的部分原因；第二，在管理国家间冲突中的军队使用时，要预先设定政治约束变得困难起来；第三，削弱了美国计划制定者融合政治目标和军事战略的能力，使战争时间延长且耗费巨大；第四，没能区分逊尼派叛乱分子和基地组织，也没能分化这两方力量，2007年增兵时则成功做到了这一点。

从本质上讲，战后环境规划的不足造成了巴格达沦陷后伊拉克境内的权力真空，给伊拉克民众和潜在叛乱分子释放了不良信号。大面积的无序状况和肆虐的抢劫案件给伊拉克民众带来了强烈的不确定感和不安全感。而且由于美军数量有限，不可能面面俱到，只能考虑哪些设施应得到优先保护，例如，美军选择为石油部提供安全保护但放弃了伊拉克国家博物馆。然而这种优先选择令许多伊拉克人质疑美国的动机，更无助于赢得伊拉克人"全心全意"的支持。所有这些因素更为叛乱行为火上浇油。

战后维稳行动计划制定不充分，加上军力部署不足，意味着美国没有能力将叛乱遏制在萌芽状态。根据某名情报官员的观点，"第一，我们军力不足，不能通过足够的作战巡逻获取可靠的情报并绘制完整的地面敌情图；第二，我们需要更多的军队才能根据生成的情报来展开行动。而叛乱分子正是利用了我们军力不足的弱点。"②

布鲁克斯认为，拉姆斯菲尔德对军队改革的关注造成了军政关系的不正常模式，而不正常的军政关系则是2002至2003年战略评估低效的原因之一。虽然布鲁克斯的这个观点是正确的，但是军队自身的偏好也是造成这些问题的原因。当叛乱状态开始扩散，美国军队有三个选择：第一，在费拉杰之后安巴尔省的战线上继续展开进攻行动；第二，采用反叛乱作战

---

① Rica Brooks, *Shaping Strategy: The Civil-Military Politics of Strategic Assessment* (Princeton: Princeton University Press, 2008), p. 254.

② Michael Gordon, "The Strategy to Secure Iraq Did Not Foresee a Second War," *New York Times*, October 19, 2004.

的方式；第三，加强对伊拉克军队的培训，早日将军事行动的控制权过渡到伊拉克人自己手中。在拉姆斯菲尔德和参联会主席理查德·迈尔斯将军的支持下，中央司令部司令约翰·阿比扎伊德将军和驻伊多国部队（MNF）司令乔治·凯西将军选择了第三个选项。

从长远看，将控制权移交给伊拉克人是个合理选择，但是这对于解决当前的叛乱状态和派别暴力活动却几乎没有作用。由于阿比扎伊德等许多高级指挥官相信美国军队是伊拉克文化的"抗体"，美国人加固了大型"前线作战基地"（FOBs），只进行摩托化巡逻，而这样的行动极易受到简易爆炸装置的袭击。这种所谓的"往返式镇压叛乱"（commuter counterinsurgency）使领土和民众都被叛乱分子控制，这种方式遭到了许多批评。时任第三装甲骑兵团指挥官的麦克马斯特上校曾在 2005 年成功指挥了伊拉克北部塔阿法市的反叛乱行动，他就认为这是一个错误的方法，因为保护民众安全是任何反叛乱战略成功的根本。

美军向"前线作战基地"回缩还造成了军队在同伊拉克人互动时的一种"破门而入"的心态。这破坏了美国平定伊拉克局势的努力，而且完全不符合有效的反叛乱方法。直到 2007 年 1 月戴维·彼得雷乌斯将军被任命为驻伊多国部队司令，并且为配合军队"增兵"政策开始实施一项新的反叛乱作战理论，伊拉克局势才开始好转。

六、罗伯特·盖茨与军政关系

与布鲁克斯模式相符，罗伯特·盖茨接任拉姆斯菲尔德当上国防部长后，军政关系得到了改善。尽管权力的平衡仍然牢牢地掌控在文人手里（盖茨在任内解除了两位军种部长和一位军种参谋长的职务，迫使一位和他政见不同的作战指挥官辞职，拒绝提名参联会主席和副主席的第二任期，还监督替换了两位驻阿美军司令），但军政领导间因偏好差异产生的紧张局面在很大程度上得到了缓解。西点军校专家、胡佛研究所研究员科瑞·斯卡克（Kori Schake）指出："盖茨部长使国防部恢复成一个运作良好的大型机构。他的优先任务很明确，就是伊拉克战争，这一点在国防部内部得到了充分理解，还获得了国会的支持。他重视战略，让下属执行他的决定，放开了前任部长拉姆斯菲尔德对军官在计划进程中的限制，这是一个颇受欢迎的决定。他尊重军队的专业意见，同时坚持自己运作国防部的特权……在自己的非专业领域，盖茨部长会咨询外部人员的意见，他就核安全问题成立了'施莱辛格委员会'，就后备役事务成立了'普纳罗委员会'，还使国防政策委员会发挥更大的作用。"①

当然，这并非是说军政之间不再存在分歧，而是说在盖茨取代了拉姆斯菲尔德后分歧变得不再那么尖锐了。

拉姆斯菲尔德时期的文人优势/较大的偏好分歧向盖茨时期的文人优势/较小的偏好分歧转变，这表明战略评估的质量有所改进。在布鲁克斯的模式中，前者能产生"较好"的战略评估，而后者则会生成"最佳"的战略评估。

拉姆斯菲尔德时期军政偏好分歧较大的主要原因是这位前国防部长过分强调改革，即使在伊拉克和阿富汗战争战况严重时期也不肯作出改变。而盖茨则态度鲜明地表示，他关注的是赢得当前的非常规战争，而不是为了未来的常规战争去推行军队改革。他曾在《外交事务》杂志发表文章说：

"《2008国防战略报告》的主要结论是：尽管美国在常规战争中的主导优势也受到了一些挑战，但就当前趋势而言，在中期内依然是可持续的。确实，如果美国短时间内再在其他地方打一场大型传统地面战争压力会很大，但是正如我之前所问的那样，我们究竟会在哪里打仗呢？美国的空中和海上力量储备了足够的打击能力，在需要时完全能够阻止或惩罚诸如朝鲜半岛、波斯湾、或台湾海峡等地区发生的侵略行为。所以，尽管当前的战略

---

① Kori Schake, "Choices for the Quadrennial Defense Review," *Orbis*, Summer 2009, p.440.

刻意地设定了这些高风险地区，但是这类风险并不严重且完全可控。"

盖茨将重点放在所谓的"混合型"威胁上。

"在区分威胁的类型时，通常将其分为"高端"威胁和"低端"威胁，传统威胁和不规则威胁，如一方是装甲师，另一方则是手持 AK-47 的游击队武装分子。然而正如政治学家科林·格雷（Colin Gray）所说，现实中的战争分类是模糊的，不能用简单规范的标准——套用。我们可以看到，在混合型战争或形式更复杂的战争中，各种破坏性武器和战术（无论是复杂的还是简单的）都会被使用。

"俄罗斯对格鲁吉亚的进攻是一场简单、野蛮、却有效的常规作战。但这场战争因为复杂的网络攻击和高度协作的宣传攻势而升级了。美国在进攻伊拉克时见识了各种不同手段的组合：如萨达姆·侯赛因曾派遣他密集的准军事武装敢死队同共和国卫队的 T-72 式坦克一起行动。

"与之相反的是，民兵组织、叛乱团体、其他非政府活动分子、以及发展中国家的武装力量正在对科技、致命杀伤力和精密武器有着越来越高的要求。2006 年'黎以冲突'中黎巴嫩的宣传优势以及给以色列造成的损失都表明了这一点。现在黎巴嫩真主党重新储备的火箭发射器和导弹使很多单一民族国家相形见绌。而且，中国和俄罗斯的武器销售使更多国家和团体掌握了攻击性或防御性的先进军事能力。防务学者弗兰克·霍夫曼（Frank Hoffman）指出，这些混合型的场景将'国家冲突的破坏性和对非常规战争狂热且持久的热情'结合在一起。另一位防务专家迈克尔·埃文斯（Michael Evans）描述说，'在战争中，微软高科技与旧式大弯刀共存，隐身技术与自杀式炸弹袭击交会。'

"既然我们可以预见未来会面对高端低端相结合的对手以及

各种类型相混合的冲突，美国也应该更好地平衡各项能力，如派驻战场的部队种类、购买的武器，以及完成的培训等。"①

关注重点的转变表明盖茨不再拘泥于拉姆斯菲尔德的改革构想，因而减少了国防部长办公室和各军种间偏好的分歧。众所周知，这种分歧正是拉姆斯菲尔德时期军政关系不正常的一个主要原因。

此外，盖茨还改变了拉姆斯菲尔德时期参联会被边缘化的状况。这种改变既源自人事变动的影响，也是国防部长和各军种参谋长互动合作的结果。2007年6月，盖茨拒绝再次提名海军陆战队将军彼得·佩斯（Peter Pace）担任参联会主席，因为许多观察家认为佩斯过于消极。盖茨这么做的目的是为了避免在国会批准任命听证会上的"消极争吵"，希望能向前看，即聚焦伊拉克战场。他后来提名海军上将迈克·马伦替代佩斯，事实证明迈克·马伦确实是一位更加积极的参联会主席。

就程序而言，盖茨通常与参谋长联席会议一周会面一次。"以前拉姆斯菲尔德很少去参联会的会议室，如果他想见参谋长们，就在自己办公室召见他们。"盖茨和参联会改进了工作关系，同时也没有破坏与战斗指挥官们的融洽关系。他同各主要战区的指挥官一直保持着密切联系，如前中央司令部司令戴维·彼得雷乌斯将军、驻伊前最高指挥官雷·奥迪耶诺（Ray Odierno）将军、驻阿富汗前最高指挥官斯坦利·麦克里斯特尔将军等。

盖茨任职的五角大楼和拉姆斯菲尔德时期相比，最大的不同在于盖茨对待军方建议的方式。盖茨强调军官需对文人决策者提供坦率的建议。2008年4月，在对美国陆军军官学校（西点军校）的学员们演讲时，他说：

"未来我们仍然需要所有军人坦率表达自己的看法，让下属和上级知道他们需要知道的内容，而不只是说他们想听的话……更广义地说，如果军官不能直言不讳，或者不能创造一个鼓励直言

---

① Robert Gates, "A Balanced Strategy: Reprogramming the Pentagon for a New Age," *Foreign Affairs*, January / February 2009, http：//www.ciaonet.org/journals/fa/v88il/03.html.

不讳的环境，那将会损害军官个人和军队机构。

"今天的军队领导者终会遇到这样的场合：你必须独自站出来，做出一个不被众人看好的艰难决定，或者质疑上级的意见，并且告诉他们在现有的时间和资源条件下你们不可能完成所交付的工作⋯在这种时候，你的整个职业生涯将面临着风险。"

他认为，"与上级意见不同时，尤其是与依法控制军队的文官有意见分歧时"，军官的职责是"始终提供直率坦诚的意见，不公开个人的不同看法，并且忠诚地执行与自己意见相左的决定。"[①]

仅仅一个月之前，由于与布什政府战争政策尤其是伊朗政策存在着公开分歧，盖茨接受了美国中央司令部司令、外号"狐狸"的海军上将威廉·法伦的辞呈。在演讲中，盖茨指出：

"任职国防部长期间，因为一些将官不赞同我的看法，而且为我提供了更好的行动方案，我曾经改变了一些重要的决定。例如，有一次我本来决定对某个指挥部进行人事重组，任命一位没有此类岗位经历的其他军种的人担任指挥官。一位资深的军种参谋长说服我改变了主意"。[②]

盖茨用自己的行动证明了他给学员们的建议并非只是空话。

七、结 论

"9·11"事件后美国国防建设的主要失误是未能形成战略，将在战区

[①] Robert Gates, Evening Lecture at west Point, April 21, 2008, published as Robert M. Gates, "Reflections on Leadership," Parameters, Summer 2008, pp. 9, 11 – 13.

[②] Ibid., p. 10.

内的战役和作战行动与政策关联起来。前文提到，科林·格雷曾写道："总是存在一个使美国战略消失的黑洞。"

三个因素综合在一起致使战略无法生成。第一个因素是长期占主导地位的军政关系"标准"理论。根据这个理论，负责确定战争目标的文人和实际参与作战的军队之间存在着明显的界限划分。

第二个因素是被军政关系标准理论强化了的各军种组织文化的影响。如上所述，军种文化能反过来对军政关系产生很大的影响力，制约文职领导人的行动，经常会构成变革和创新的阻碍。例如，在伊拉克战争中陆军在向反叛乱作战方式转变时反应迟钝，而且陆军的很多问题都源于其对"战争的作战层面"的偏爱，表现为更倾向于参加大规模常规战争的战斗。尽管从历史上看，美国陆军参与的大多数冲突行动事实上都是非对称战争。

根据休·斯特拉坎的观点，"对陆军而言最有吸引力的是战争的作战层面：因为它作用在一个无政治地带，聚焦于专业技能上。"这形成了战斗中的作战卓越性和政策的分裂。由于政策决定了为什么要打一场特定的战争，这正是与军事效能相关的军政关系问题。军政关系标准理论在美国占主导地位，加上美国军队重视非政治的战争作战层面，两者的结合意味着战争产生的结果与战争的目的常常是相分离的。

前文还提到，美国战略黑洞长期存在的第三个因素是1986年的《戈德华特—尼克尔斯国防部重组法》。具有讽刺意味的是，这个方案的本意是想改进美国战略规划。参联会的职责是整合战区战略和国家政策，但是如果他们被边缘化（例如在布什政府的大部分时期），这样的整合就根本无法实现。

军政领域的割裂造成的后果是：战争计划不能和国家政策相结合，而且尽管口头上都说战略是重要的，实践中战略却处于孤立无援的地位。在战略缺乏的情况下，其他因素会迅速填补空白，导致战略偏移。

为纠正这种状况，需要军政关系博弈双方（指军方和文人决策者）都调整自己的行事方法。一方面，军方必须重新获得在战略制定领域的发言权，同时也要明白，由于政治贯穿战争实施的整个过程，所以文官无论对战争目标还是战争实施方法都具有决定权。另一方面，文官必须明白，为有效地执行政策和战略，适当的军事手段是必需的。而且，他们必须保证军人在整个战略制定过程中能够坦率坚定地发表自己的观点。值得赞扬的是，国防部长盖茨似乎比他的前任更好地理解了这一要求。

［编译自/《"9·11"后的美国军政关系》（*US Civil-Military Relations After 9/11: Renegotiating the Civil-Military Bargain*）第3章；作者/马可宾·托马斯·欧文斯（Mackubin Thomas Owens）］

第十一章
将稳定行动融入军事专业技能

在《军人与国家》一书中,亨廷顿用"管理暴力"把军事职业与其他职业加以区分。亨廷顿对军事职业专门知识的界定聚焦于一点,即"一个人类组织的指导、行动与控制,其主要功能是暴力的运用,这是军官的专业技能"。① 该界定虽然清楚明白,但过于狭隘。它没有包括一些基本的军事任务,如旨在恢复政治与经济秩序的稳定行动。

稳定行动涵盖了"在美国本土以外执行的各类军事任务和行动,与其他国家力量工具协同,目的是维持或重建安全稳定的环境,提供基本的政府服务、紧急基础设施重建以及人道主义救援等"。② 这包含了为恢复政治秩序和稳定以及"赢得和平"而采取的政治和经济任务。

本章考察了美国自冷战以来所参与的稳定行动,并以此为视角来评估亨廷顿对军事职业的狭隘界定所面临的主要问题。重新评估是必要的,因为亨廷顿的观点"影响了整整一代军人的自我认知"。我们认为,战争的本质要求一个更宽泛、更包容的军事职业界定,应将稳定行动完全融入军事专业技能中。

美国的军事行动由联合部队实施,各军种军官共同组成的联合总部统率。因此,美国的军事行动效能是来自各军种专业判断和领导力的一种职能。不过,稳定行动主要由地面部队来负责实施,尤其是陆军与海军陆战

---

① Samuel P. Huntington, *The Soldier and the State*: *The Theory and Politics of Civil-Military Realtions* (Cambridge, MA: Belknap Press of Harvard University Press, 1957), p. 11.

② Joint Publication (JP) 1-02, *Department of Defense Dictionary of Military and Associated Terms*, as amended through June 13, 2007, www.dtic.mil/doctrine/jel/new_ pubs/jp1_ 02. pdf. DoD Directive 3000.05.

队将一直为塑造持久和平创造条件提供地面力量，并维持有利条件以达成最终的政策目标。陆军和海军陆战队拥有悠久的历史经验，基础坚实，最适合在稳定行动战备中冲锋陷阵。我们认为，这些战备能力可以推广到整个美国武装力量。

一、军事职业与专业技能

亨廷顿基于两个关键前提把军事职业描述为一种相对狭隘的职能领域。首先，他把军队视为一种专注于管理暴力的组织，这种观点反映了美国军队尤其是美国陆军自一战以来对自身的定位。一战后，陆军弱化了自己过去作为一种安保部队的特征，当时陆军的大量时间和精力都用于守卫边疆、维持地方治安。如今，陆军看重一战的教训，即现代军队需要使用大量弹药攻击重型敌军。这种观点强调战争的机动本质，打败敌人的作战力量被认为是美国军队的主要任务。二战期间及之后也是如此，对德国、日本和意大利的占领还算成功，也因此巩固了在这些国家的作战成果，但是美国军队几乎未对其现役部队做出改变，以备战稳定行动。

其次，亨廷顿对军事职业的独特描述，旨在回应美国人长久以来的担忧，一个民主、自由的国家需要保持对一支大规模常备军的制约。为了保证文人政府对军队的监督，他提出一种军政关系理论以确定军政双方不同的专业领域。强调"军队的军事化"要依靠军事专业领域内的广泛的自主权。这就是亨廷顿所称的"客观控制"。

亨廷顿对军事职业的描述来自他的主要担忧，即如何在维持民主的文人控制的同时允许大规模高效能军事机构的存在。二者之间的张力关系塑造了亨廷顿对于军事职业的描述，忽略了武装力量在战时为维护美国安全利益而承担的许多实际任务。

这种理论要求军队只关注战役，不关注战争。战争中的政治、战略及战役因素互相重叠，客观控制的概念界定与现实产生了冲突。客观控制论不适合战争的战略和战役维度，这其实需要融合军政判断。亨廷顿的抽象建构将政治因素从军事专业领域剥离了出来，压缩了军事领导者对战役和战术的关注范围。亨廷顿的框架把军队的注意力从战略和制胜理念引开，而这恰恰是将军事行动与全局性的国家政策目标联系起来的纽带。

这一理论的缺陷在稳定行动问题上表现最为明显。有效的稳定行动要求来自多领域的复杂的专业判断，无法轻易区分军事和文职部门。军政重叠的例证包括恢复城镇的政治秩序，这往往与军事行动同时进行；制定政治策略，恢复驻守当地的政治行为体的合法性；对于基础设施的目标决策（如电力和供水系统），这会影响到敌人及当地居民；实施军事管制的性质和期限；当地重要资源的分配（食物、燃料、房屋、基础设施等），这会深刻影响到对当地政治行为体的支持。

在对内战后美国军事历史的研究中，亨廷顿发现，美国陆军在内战后南方重建、印第安战争期间保护西部边疆的安保任务、20世纪占领古巴和菲律宾、对德国和日本的战后管理等事务中很难专注于纯粹的军事任务。亨廷顿担心这类任务会影响军事专业视角，他认为在这些任务中，陆军充当了"政府的忠实杂活工，毫无置疑、绝不犹豫地完成分配的活计"。陆军就像"机器"一样执行命令，试图摆脱所有的政治责任和争议，"虽然经常被命令去干一些带有政治色彩的任务"。

亨廷顿不认可二战中的战后占领是巩固美国胜利果实的中心任务，认为军事管制行为是军队职责的不当扩展。军队在战后的占领中"日益公开地处理政治问题"，亨廷顿对此极不赞成。他认为，美国和英国对待战争行为的不同之处是，美国的军事首长被迫"接受一种更为宽泛的政治观点"，而英国的军事主官则能"坚守专业的军事观点"。

《军人与国家》一书把同恢复经济及政治秩序相关的任务（稳定行动的基本任务）与战争本身区分开来。它持有一种狭隘的战争观，认为稳定行动并不属于"对暴力的管理"。战争（亨廷顿意指战斗）应当与占领和重建等具有内在政治色彩的任务区别开来。在亨廷顿的框架中，稳定行动不属于军事职业范围。

长期以来，亨廷顿的军事职业理论为军队提供了合理的理由，使之倾向于把本来频繁参与的稳定行动排除在其战争观和军事安全理念之外。亨廷顿理论的局限性使美国军队对于如何看待战争中必不可少的各种行动时存在"盲点"。威廉姆森·穆雷指出,美国战略文化中的军事职业主要是围绕战争与和平的截然区分建立起来的。亨廷顿的战争观恰好反映了这种文化和历史的割裂。《军人与国家》随后的广受欢迎更加强化并塑造了这种状况。

特别是越战结束以来,美国军方领导一直强调亨廷顿所提倡的狭隘的作战职责观,他们特别关注常规战争。这反映了过于强调苏联作为一个传统威胁的论调,以及军方想把越战的经历和复杂问题抛诸脑后的打算。一个明显的表现是20世纪70年代美军提出了空地一体战理论,强化了重型战斗的观点。它关注同他国类似体制的军队进行作战,特别是通过势均力敌的传统战争在战场纵深击败苏联地面部队的进攻。这种战争理念成为持续至今的联合作战理论的基础,并受到了20世纪80年代的"温伯格主义"的强化。该观点在军界广为接受,这种理论试图就美国武装力量的使用以军队喜欢的方式来塑造军政之间的对话。不过,这种理论原则并不能很好地指导军事专业建议,尤其不适合稳定行动问题。

亨廷顿在形成自己的军政关系理论时考虑到了一个切实紧迫的挑战。冷战主导了国家安全环境,而亨廷顿明确地关注了军队应对苏联威胁的要求。冷战开始后,他以批判的眼光看待二战,批评军政双方领导没有充分关注更广泛的国家安全威胁,认为这影响到了事关苏联的美国国家安全问题。他指出,美国过于关注对德国和日本的军事胜利,对战后世界的军事安全形势则太不重视。

亨廷顿的理论强化了军队的传统战争观,强调战斗的中心地位,而不追求更广泛的战略结果。该理论主要关注"在战术上击败对手",而不是"采取整体的冲突观,包括战前的环境塑造直至最终达成国家战略目标"。自一战以来美国的战争就一直强调歼灭和消耗战略,这种狭隘的方式没有考虑到军队可以把战斗和稳定行动结合起来以取得战略上的胜利。军人参与政治规划过程以及巩固和平的任务被亨廷顿视为军队过度参与非军事事务。

要求武装力量代表国家掌握有组织、守纪律的暴力仍然具有核心地位，因为强大的作战效能可以慑止并在必要时击败其他武装对手，这一点至关重要。不过，我们认为，稳定行动也完全属于军事专业技能的范围，原因有二：

第一，军事力量是有效整合作战与稳定行动的关键工具，这对于达成预期的战争政策目标至关重要。战争是出于政治目的展开的，而稳定行动是达成战争政治目标的基本工具，是战争一贯和常规的特征。取得战略成功要求不仅关注与敌人武装力量的斗争，还要面对和平状态的挑战，而军事行动仅仅是工具性的。正如利代尔·哈特（Liddell Hart）所言，"战争的目的是取得更好的和平，即使仅从你自己的观点而言。因此，实施战争的同时不要忘记你要取得的和平目标，这点很重要。它符合克劳塞维茨对战争的界定，即'战争是政策通过其他手段的继续'，通过战争延续政策直至达成后续的和平，这点一定要牢记在心"。[1]

取得战略成功要求领导和组织采取必要的行动恢复基本的安全秩序，塑造符合美国利益的政治环境。作为战争图景的内在特征，稳定行动影响作战的决策，如交战规则，也会影响对当地人各派别的影响行动，如当地各宗派或团体对武装对手持有不同程度的友好、敌对或中立的态度。稳定行动的成功可以影响美国在某个国家或地区的存在时间，如果不能成功恢复政治稳定，从政治上而言，美国军队会更难撤离。这种状况在当今的伊拉克和阿富汗表现很明显。无法恢复政治稳定使得关于美国撤兵的事宜变得极具争议。使一个国家更易陷入持续的暴力让人质疑美国武力介入的最初依据。

第二，稳定行动是整个战争的一部分，因为在很长时间内，军队必须控制暴力工具，以便恢复秩序，塑造环境，达成政策目标，最终在部署国家或地区减少军队数量或完全撤离。因此，即使是严格遵守亨廷顿狭隘的军事专业观，也不能把稳定行动排除在军事领域之外。此外，国家法要求武装力量应当承担起作战控制区域内居民的保护和福祉责任。地区安全

---

[1] B. H. Liddell, *Strategy* (New York: Praeger, 1954), p. 366.

（即在某地确保行动自由，使部队和人员能安全移动）是稳定行动的基本要素。这是确保敌军不能攻击美军的必要安全水平，也是确保当地居民安全离家或从事日常事务所必需的安全。一位驻伊拉克的陆军特种兵军官说道，"我认为安全是重中之重，安全和管制是不可分的"。缺乏地区安全比一次成功的作战行动更受人关注。正如在伊拉克和阿富汗所发生的那样，地区安全的缺乏使敌人能够建立落脚点，并运用暴力开展一系列破坏行动。

进入20世纪以来，地区安全被认为是军事行动的关键组成，而且是一项只有军队才能很好完成的任务。20世纪初，战争部的官员指出，在不稳定事件面前，战争部是唯一有能力恢复地面秩序的部门。过去有许多次由于"不可预知的紧急事件"而"突然临危受命，实施对被占区域或骚乱区域的军事管制"。例如，美国拓展时期在北部边疆的活动；内战后在美国南部的占领和重建活动；在国内支援政府应对起义、骚乱、罢工等；美西战争期间及之后在古巴、波多黎各和菲律宾的行动等。

安全和重建以及作战都与战争的政治目标相关联，因而稳定行动也是军事专业技能的核心和必要领域，这为军事领导实施此类行动提供了依据。我们同意，战争以及稳定行动的总体政治方向要由文官来掌控，但在主要战斗结束后的一段时间内，军队必须承担起必要的行动任务。

二、冷战后及"9·11"后的军事行动

20世纪90年代初，随着苏联的解体，美国军队由准备应对苏联威胁转向为两个主要战场的战争或主要区域性冲突做准备。但传统的、以国家为中心的大型国家威胁的观念仍占主流。但是，随着冷战后世界形势的变化，美国军队实际上参与的任务与其系统准备并认为恰当的任务相差甚远。索马里、海地、波斯尼亚和科索沃等地所发生的冲突暴露了美国面对的新兴国家安全挑战与军队所准备的传统作战任务不相匹配。

美国军队不止一次地面对类似的维稳和重建挑战，不得不做出调整，经常是事后反应，去完成诸如恢复基本秩序和地区安全、重建基础设施、重整当地安全部队、以及塑造新的政治和管理体制等任务。尽管此类任务反复出现，实际上自19世纪中期以来美军就经常面对这种需求，但是军队并没有做出持久的组织改革以系统地应对稳定行动带来的挑战。最终，受索马里和波斯尼亚危机的部分影响，国防决策层开始更多地关注武装力量不得不承担的"非标准任务"。20世纪90年代后对诸如和平行动、人道主义援助、小规模冲突、非战争军事行动、维和行动、以及稳定和支援行动等不同的任务进行了讨论。

围绕这种讨论的一个主要特征是，一般认为，此类行动及相应的准备"较少被计入任务"，是训练有素、纪律优良的传统军队可以有效执行的任务。它没有区分战争期间的行动和其他在更友好的安全环境中发生的暴力冲突，如自然灾害或停火局势中等。虽然开始引起了新的关注，但有人担心执行非作战任务会削弱军队的战斗力。这实际上反映了亨廷顿的军事职业观所产生的持续影响。

20世纪90年代制定和更新了非战争与和平行动的相关新条令，但是并没有从根本上提高军队的稳定行动表现。对稳定行动条令及组织准备的不充分导致美军在阿富汗和伊拉克面临困境。不确定性和优柔寡断妨碍了对诸如重建当地防御部队、建立区域安全及重建关键城镇的政治秩序等挑战的反应。由于在各个国家的进展都需要依赖于帮助当地民众做出政治安排，同时还要管理不断出现的暴力活动，显然伊拉克和阿富汗战争很快就会变成一种激烈的政治斗争。两场战争表明，我们的对手能够使用动力和非动力优势，以非对称手段对付美国军队。

在美国入侵阿富汗和伊拉克之前，军方和文职官员都没有切实进行实质性的组织变革以确保持续关注稳定行动。20世纪90年代的条令变化尚不够深刻，并没有将稳定行动列入战争的核心内容。阿富汗战争和伊拉克战争使得决策者对冷战后国家安全面临的全新挑战有了深刻的认识，开始质疑军队对传统作战行动的偏重。这些战争表明，诸如"基地"组织等非国家行为体造成的威胁有一部分来自他们对中立群体的争取和支持。因此，在失败国家，日益需要军队实施有效的稳定行动。美国武装力量不是唯一的美国政府部门，但是在面临暴力威胁的紧急事件中，在相当长的一段时间内军队仍将是关键的工具。

伊拉克和阿富汗的行动使很多人意识到，稳定行动也是整体军事行动不可或缺的组成部分，是每一个冲突阶段中作战行动的必要补充，因而需要具体的规划和准备。各类不同政策文件，包括一些半官方实体如国防科学委员会，特别是陆军和海军陆战队，都承认稳定行动是军事任务的核心部分。

例如，2004年夏国防科学委员会报告敦促各军种对稳定行动实施"纪律管理"，稳定行动应当有跟作战行动同样的准备和规划。该报告指出，一些关键领域，如紧急事件规划和战略传播等，需要军方和美国政府作为一个整体去实施，尤其是国务院。一年后，该委员会又发布了一份报告，考察了有效实施稳定行动的体制要求，如高层组织领导的明确认可和资源配置，制定衡量和报告战备状态的标准等。这份报告指出，美国无力负担两支不同的军队，一支用于大型作战，一支用于稳定行动。作为回应，经过广泛调研，国防部于2005年11月发布了第3000.05号指令（DoD Directive 3000.05）。该指令一反过去的理念，宣称，"稳定行动是美国军事任务的核心组成，需要国防部做出准备和支持，应当给予同作战行动一样的优先度。应当明确宣布，并融入所有国防部活动，包括条令、组织、训练、教育、演习、物资、领导、人事、设施及规划等"。

最近对联合条令、陆军条令、海军陆战队条令的修订也更多地将稳定行动理念融入其中。2006年9月发行的重要条令联合出版物《联合作战》（JP3-0）也将稳定行动融入军事行动各个阶段的联合规划。最重要的变化是从"分离"到"融合"的转变，以往稳定行动被当作与作战行动不同的类别来考虑，作为作战行动的补充，如今稳定行动成为作战行动中不可或缺的组成，必须在和平、危机或战争中的每个行动阶段都加以考虑并配备资源。

陆军和海军陆战队的训练也发生了变化，对计划轮换到伊拉克和阿富汗的部队实施更多的平叛和稳定行动训练，陆军国家训练中心将训练重点做了调整,强化城市战和游击战能力,学习对付擅长小规模和难以预测行动的敌人。路易斯安那州普克堡的陆军联合战备训练中心和加利福尼亚州海军陆战队空地作战中心也做出了调整,减少了传统的部队对部队的作战训练,更多地采用了涉及战斗与非战斗人员的角色扮演和模糊的训练场景。

虽然在提高稳定行动和平叛技能方面有一些积极的进展,但是这些变化可能不具备战略意义。这只是战术层面的改变,还需要做出更大的变化,如延长部队的在岗时间,因为频繁的换防会导致士兵在巡守期间建立的联系和信任不断流失。战术层面的改进和提高并不能弥补更广泛的战略缺陷。

美军在伊拉克的经历表明,在针对类似体制编制的国家级武装力量的传统作战规划和针对非传统和非常规对手的规划之间缺乏有机联系。需要制定一种更为综合的方法,把作战行动和稳定行动整合起来,而不是将它们视为分离的和不同的行动。在伊拉克,这两类行动是不可分割的,需要同时采取一体化行动。军方没有吸取稳定行动的历史教训,结果造成一系列困难:关键地区缺乏安全秩序;战场指挥体制混乱,有军队司令部如美国中央司令部,有文职机构如重建与人道主义援助办公室,还有联军临时权力机构(Coalition Provisional Authority)等;解散伊拉克军队的决定;训练和装备新的伊拉克军队面临的问题等。在主要战斗行动期间和之后没有立即实施稳定行动让对手有机可乘。过于重视打败或摧毁国家的武装力量,而忽略了宗派矛盾,这才是伊拉克更难解决的问题。当地民众的不满为叛乱活动和武装分子建立据点提供了沃土。没能在摩苏尔和阿尔鲁特巴等地区巩固早期的战果、过于重视武力行动("kinetic" operations)等都影响到随后的努力,并置美国的战略目标于危险之中。

2007 年初布什政府采取新的伊拉克战略表明其认可了战争中的安全、维稳、管理和重建应融为一体的观点。总统宣布美国伊拉克战略的"重大变化",重点是帮助伊拉克领导人"稳住民众",让伊拉克人享有基本的安全保障。白宫承认,在做到这一点之前,很难取得政治和经济上的进展。向伊拉克增兵的关键依据是,实施一项旨在"向伊拉克人民提供安全和机会"的新战略,随后安全和稳定就会向外扩展,最后就能形成"一个不断扩展的根据地"。不管增兵最终是否成功,至少表明美国军政领导人已经承认稳定、安全和最终的胜利是不可分割的整体。

三、仍然存在的挑战和机会

虽然阿富汗和伊拉克存在需求,条令发生了重大变化,教育与训练方面也进行了变革,但是,要把稳定行动完全视为军事职业不可或缺的一部分,则还有一些障碍,其中许多是思想障碍。军队要提高实施稳定行动的能力,需要在三个主要方面做出改变:克服美国军事文化中对稳定行动的观念障碍;改进训练与职业教育;进行组织变革。这三个方面相互联系、相互支撑。

四、克服观念障碍

美国武装力量,尤其是军官领导者,必须主动负起稳定行动的责任,这是将稳定行动有效融入军事职业核心的前提。虽然近期的高层政策和条令表述都在向这个目标发展,但是许多军方部门仍然非常抵制将稳定行动作为普通军事行动,特别是战争的组成部分。陆军最新的条令《作战纲要》(FM3-0)较深入地讨论了全频谱作战。"指挥官同时采取进攻、防御、稳定及民事支援行动,作为相互依赖的联合力量的一部分,夺取、保持并利用主导权,接受审慎的风险,创造机遇,获取决定性结果"。[1] 然而,还是有一种趋向,认为稳定行动不属于军队的主要"作战功能"。除

---

[1] Department of the Army, Field Manual (FM) 3-0, *Operations*, February 2008 (quotations are from the forward by General William S. Wallace, Commander U. S. Army Training and Doctrine Command, and p. 3-1).

非把稳定行动看作像情报或指挥与控制一样不可或缺，否则就不会把这类行动视为军事职业的核心部分。

蕴含在稳定行动中的战争的政治因素并不是平叛行动所独有的，但是大家往往倾向于把战争的政治维度归到平叛领域。过去两年中，陆军和海军陆战队花费大量精力更新《平叛行动条令》（FM3-24）。该条令探讨了平叛作战的总体特征，以及军队需要准备应对的特定挑战，其中的许多任务，从安全到对当地民众的基本控制等，实际上也是稳定行动的特点。很难想象未来陆军会参加一场不涉及政治问题的大规模传统作战。这是所有战争的内在特征，并不仅仅是平叛行动和非常规战争所独有的。

那种把稳定行动排斥在全维作战行动之外的倾向容易产生稳定行动分散精力或浪费资源的观点。实际上，稳定行动应视为一种力量倍增器。军方的模糊态度导致大家在训练和组织变革上缺乏共识，而要把稳定行动固化为核心军事技能则需要这种共识。

五、训练和教育

稳定行动不是一门科学，很难预测其时间节点和转移过渡，尤其是在冲突开始时期。不过，可以明确其中关键的技能领域以塑造组织能力的发展。可以从士兵及其所受的训练中收集相关专门知识和技能，以提高应对各类挑战的能力。在对伊拉克经历的叙述中，大家经常抱怨的是美国未能对战争安全挑战和政治环境塑造做好准备。一位陆军少校曾说道："普通伊拉克人并不关心盟军取得的战略进展，也不关心从巴加（Baji）的油管里流出多少油。他们真正关心的是有没有足够的丙烷来烧饭，或足够的电力驱动电扇。我们很快发现，如果我们想说服伊拉克人相信我们是来帮助他们的，就必须回应这些关切，他们需要看到行动，而不是言辞"。[1]

---

[1] Major Paul T. Stanton, U. S. Army, "Unit Immersion in Mosul: Establishing Stability in Transition," *Military Review* 86, no. 44 (July-August 2006): 63.

稳定行动所涉及的主要挑战包括建立和维持安全与公共秩序、提供基本公共基础设施、提供管理、重建基本的经济能力等。军官团应当深入了解这些技能领域，恰如对战斗力各要素的理解一样。

对于个体在这些领域要达到的熟练程度，肯定是需要讨论的。每个士兵都要学习步枪射击，但并非每个人都要成为熟练的狙击手。各军种也承认，并不是每个人都能"在所有训练任务中都达到并维持高水平状态"，由指挥官负责"确认完成战时任务所需的基本能力"。因此，对于稳定行动的基本技能要求，要在全军范围内达成一致是很困难的。

好消息是，军事组织所培养的许多技能和特长可以直接运用于稳定行动。例如，稳定行动和平叛行动的要求有许多相似之处，只不过稳定行动在平衡或重点方面有所不同。在许多稳定行动的历史案例中，军事领导者及其组织都做出了必要的调整和适应。比如，二战后对德国和日本的成功占领就是由军事领导者实施的，军事总部做出广泛的调整以指导稳定行动，改编军事单位以执行安保职责。在越南战争中，民事行动和革命发展支援项目通过改编军事领导者及其组织来执行稳定行动。同样的改编还有阿富汗和伊拉克的城镇重建小组。当前的挑战是把这些改编制度化以适应当代国家安全需求。

稳定行动中首要的最基本的任务是安全。使用有组织的武力慑止暴力，在暴力发生时掌控局面，在暴力升级时维持局面，这是达成稳定的最基本的特征。安全功能早已是军事职业技能的核心。通过运用已有的并被证明是强大的美国军事技能，这种安全技能需加以拓展，涵盖为当地民众提供地区安全，而不仅仅是传统的武力保护。在混乱地区控制大片的领土和大规模的人口需要很强的能力，特别是当武装团体与军方夺取控制权的时候，尤其如此。夺取控制权的军事技能是军队本来就具备的，主要是确定特定环境中恰当的运用规模和界定问题。

军队面临的挑战是，要综合运用政治、经济、社会及军事等各方面的网络，打败敌方武装力量，说服当地的政治领导和民众朝着符合美国战略目标的方向行动。军队可能不一定掌握在如此复杂的环境中争取主动所需的所有类型的技能，但是必须具备在经常性的重要稳定行动中需要的基本组合技能。比如，要重建安全秩序，就必须能重建当地的防卫和警察力量，适应不同的交战规则，采取新的情报收集和整合方式，使用战略传播和信息作战，重新确立基本的政治功能等。这些步骤在建立安全环境的初期是非常必要的，在该环境中，美国政府其他部门如国务院、支援机构及非政府组织等可以协助重建任务。

训练和教育最重要的聚焦点是美国武装力量的领导者，即军官团。军官必须接受教育和训练，学会在军事和政治的交叉地带有效行动。这是军官面临的典型的军政关系挑战，因此需要对各军种军官进行持续的教育，从委任前阶段直到战略领导阶段，都是如此。

作为军事专业人士的军官领导者必须依据国家政策做出正确判断，运用组织能力达成国家政策目标。为了多种多样的目的，军官代表国家运用暴力工具，但暴力并非最终的目标。因此，军官必须判断暴力或潜在暴力是对国家目标的促进还是损害。实施稳定行动的能力同样也代表武装力量达成国家目标必须使用的一种补充能力。鉴于军官代表国家承担着多种责任，仅仅狭隘地关注作战手段是不够的。为了使军事行动有利于达成国家目标，领导者必须接受军事教育和训练，掌握复杂的知识技能，整合作战行动和稳定行动。

训练的第二个重要方面是，把稳定行动融入基本任务清单以及所有联合总部的训练活动中。这些联合总部负责将作战和稳定行动融入军事行动以推进国家政策目标的达成。只强调战役的做法损害了美国的利益，这在主导美国海外军事行动的指挥与控制机制中表现最为明显。一个突出的、有代表性的例子是，伊拉克自由行动主要战斗开始时，弗兰克斯将军领导的中央司令部总部及其下属军事部门与杰·加纳（Jay Garner）领导的重建和人道主义援助办公室之间的联系和工作关系极其糟糕。中央司令部与后来保罗·布莱莫（Paul Bremer）领导的联盟临时当局之间也存在着类似问题。

稳定行动所涉及的许多任务，尤其是管理和经济学方面的问题，并不是军人的专业知识领域，令关键系统顺利运转的专门知识（下水、电力、法院等）恰恰来自文职人员。但是，军人适当掌握一些这类技能也是很重要的。原因有二：一是行动中与国外居民接触，需要立即识别居民需求；二是虽然最好有专业文职人员参与，但是他们的能力也有严重局限。可部署的文职人员能对军队行动区域的居民产生影响，但其规模和影响力远远不及军队。近年来，有多人撰文要求培养更多的政府文职人员并部署到暴力或动乱地区。美国国务院于2008年初公布了文职维稳计划，打算建立三类可部署的文职单位：一支小型的战时反应队，由250名政府文职雇员组成；一支从更大范围内选拔的后备反应队；一支由非政府人员组成的文职后备队。

不过，有一点尚不明确，即在没有大量军队存在的情况下这些文职团队如何在不安全的环境中执行任务。在多数稳定行动中，尤其是在不稳定的环境中，武装力量提供支援，文职人员则提供管理、经济及其他社会运作方面的知识和指导。军队为文职人员提供的支援包括安全部队及其行动，使文职人员可以在不稳定的战乱地区工作，还包括更普通的如运输、通信、甚至是纪律严明组织有序的劳动等方面的服务。但是，武装力量必须做好替代这些文职专门人员的准备，至少是作为一种权宜之计，直至确立更合理的长期安排。

进一步而言，稳定行动还可为战争的其他方面提供信息。譬如，战争规划者必须考虑核心作战功能，比方说为了达成更大的政治目标而进行的情报活动等。就像在平叛行动中一样，在稳定行动中，所有士兵都是军队的"耳"和"目"。此外，"民众提供有价值信息的可能性意味着公众对安全部队及其活动的形象感知将会带来特定的后果"。作为对某个城镇或地区情报搜集的一部分，了解当地民众的想法和需求以及对安全部队的看法等对任务成功至关重要。

六、组织变革

稳定行动包含各种各样的任务，而美国军队已经具备了胜任其中许多任务的基本能力，这是高效率地达到稳定行动训练要求的一个优势。例如，在严酷和混乱的环境中执行任务时，武装力量能够满足食物、水处理和通信等自身实际的需要，这种能力也可使战区居民受益。另外一个有价值的能力是组织有序、纪律优良的作战部队可以为特定地区提供安全，免除暴力。军事警察、工程师、民事、医疗及后勤部队都可直接用于支援当地居民。在有效指挥、控制和支援一个规模庞大、纪律严明的团队的过程中，一些内在固有的能力可以形成一种有价值的资源，满足当地民众的需求。领导复杂军事组织的能力也为武装部队与当地民众及民间组织互动提供了技能基础，如邻国协会、部落议会、当地政府、商业团体、教育管理及各种利益团体等。虽然具体的任务和结构体制会有较大的不同，但稳定行动的许多方面都能充分利用这种睿智的领导能力。

最近有一些新的尝试，训练军事人员担任顾问去支援伊拉克和阿富汗军队，但是尚不清楚，这些做法是长期性的变革，还是仅仅是为应对当前需要的权宜之计。当前陆军和海军陆战队的做法是训练现有部队额外承担稳定行动任务，而不是特别成立专门的或优化的稳定行动部队。虽然这反映了对稳定行动重要性的认识，但这种修修补补的训练还不能满足稳定行动日益增长的需要，必须专门打造优化的稳定行动部队以满足现代战争经常性的复杂要求。

美国特种部队已经认识到，既需要技能娴熟的作战编制，也需要专注于外军训练、民事事务及支援当地民众的具备文化意识、灵活机动的团队。这种认识应当推广至全军，创立或重新定位一部分部队单位专门执行稳定行动。总部及参谋机构的重组应当包括更多的稳定行动技能以促进整体的军事行动。我们提倡所有编制都具备更多的专业技能，但是这还不够。应当创建完全一体化的稳定行动团队，包括在每个地区作战司令部有至少一支远征部队总部，专注于特定地区的具体环境和需求，每个地区司令部融合多支旅级联合作战部队，包括安全部队、顾问团队、外区专家、工程队、军事警察、基本管理机构、公共通信和外展、以及其他民事专能。各个部队依据不同任务进行组织，如果需要，可以包括传统的作战部队（如步兵、装甲兵、炮兵或飞行部队）应对特定战区的威胁。远征部队总部和旅级部队为联合编制，可随时融入机构间合作者和多国伙伴。总部内应包含美国及盟国政府部门间伙伴；建立军民行动中心或其他机制来协调文职机构和多国组织代表、其他政府部门、非政府组织及战区当地居民代表等；还有训练有素、组织有序的部队为民事活动提供安全支援。一个有效的军民融合做法是在伊拉克和阿富汗建立的城镇重建小组（PRT）。就使用军事手段和文职专业技能支援关键的稳定行动任务而言，城镇重建小组虽然没有越南战争时期的民间行动与革命发展支持部（CORDS）项目广泛，它仍然是一种很有价值的机制。

要成功打造和完善稳定行动能力，需要对获得这些专业技能的人员进行奖励。为了做到这一点，军队只能改变其组织理念，明确其重视的任务。在组织结构内，如果某些任务的地位与其他任务相同，这些任务就是有价值的。只有当一个组织结构像奖励军队重视的其他作战技能一样去塑造、推动并奖励参与稳定行动的人员，才有可能建立并维持一种一贯的、强大的专业技能。自第一次世界大战以来，美军，尤其是陆军所实行的所有重大创新都曾在组织、人事、训练和教育方面做出变革。组织变革中应当建立奖励机制，鼓励那些在伊拉克和阿富汗实战中培养训练了稳定行动专业技能的军团，否则，这些辛苦获得的技能又将会失去。

七、融合需求

这些建议是相互关联的。因此有必要进一步澄清概念，明确稳定行动在国家安全需求和战争胜利中的重要地位，以便拓宽军事职业的基础。教育和训练是向武装力量，特别是捍卫军事职业实质的军官团注入这种理念的主要手段。为了提升军队绩效、培养对稳定行动迫切性的意识和熟知度、增强军队应对稳定行动中最艰难部分的战备和能力，必须进行组织变革。组织的改进应当为个人的发展和晋升提供通道，并且应当予以其他奖励，使组织保持长期的创新力，并始终适应稳定行动的国家安全需求。

八、结　论

当今的军队正拥有最好的机遇，能把稳定行动成功融入其职业当中。如果军方领导愿意，他们可以利用一些现存的有利条件。一些关于组织适应力和创新力的文献研究表明，内部驱动加之外部文官引导的变革是创新的重中之重。戴维·法斯特本德（David Fastabend）将军指出，"文化的转变始于行为以及领导的支持"。伊拉克和阿富汗问题、以及受其影响的一代军事领导者也许为组织变革提供了前所未有的机遇。成千上万的军事人员亲自见证了伊拉克稳定行动的关键作用。二战后占领德国和日本军事政府的相对成功并未促进变革，而近期战争的要求和军事人员对稳定行动各类领域的广泛参与表明，今天也许是一个实现真正创新的更为理想的机遇。

此外，军队外部也日益认识到变革的迫切性。文职领导者必须做出决定（包括经费决策），建立一个由政府人员、承包商或非政府组织人员组成的文职团队。军队能够也应该通过塑造军队在稳定行动中的角色地位来促成这种努力。许多军方领导仍然认为军队"不参与国家建设事务"。其实，军队不应该抵制这种任务或担心如果做得太好，就总得去做这种事。相反，军队应该认识到，在"国家建设"标签下的某些任务本质上是战争的内在组成，应该把它们视为军事职业实践不可或缺的部分。

如今，军队能把非战争状态下大量的人道主义援助和国家建设任务跟作为几乎所有冲突和战争一部分的稳定行动加以区分，这是一个确定国家建设行动范围的机遇。稳定行动中总是存在一定程度的不稳定和不安全因素，在必须先恢复稳定才能进行政治和经济重建的情形下尤其如此。通过塑造稳定行动的决定因素和要求，军队可以更坚定地反对参与人道主义援助和国家建设任务，即，那些并非明确关系到国家安全的任务。如美国国务院正在考虑的一样，这种人道主义和国家建设行动可以也应该由文职团体实施。军中的许多人还在希望美国政府的其他部门站出来解决这个问题。这不仅是不现实的，而且从职业而言是不恰当也不负责任的。军队必须继续在稳定行动中为维护持久的国家安全利益发挥作用。稳定行动对于赢得战争有着举足轻重的作用，军队不应该仅依靠他人去完成获得战争胜利的中心任务。

顽固地坚持半个世纪之前亨廷顿过于狭隘的军事职业界定和相关方案将会阻碍美国军队充分转型以应对当前挑战。《军人与国家》虽然提供了一种有用的军政关系理论，但它深深扎根于冷战语境。如今它已不适合美国军队面临的挑战，尤其是稳定行动挑战。不论是常规战争还是非常规战争都是尖锐的政治斗争。军队执行稳定行动是战争本质的内在要求，军队必须做好准备，成为实现国家总体政治目标的切实工具。

［编译自/《美国军政关系——新时代的士兵与国家》（American Civil-Military Relations: The Soldier and the State in a New Era）第六章；作者/纳迪亚·谢德洛（Nadia Schadlow）、小理查德·A·拉克蒙特（Richard A. Lacquement Jr.）］

第四篇　当代美国军政关系的构建

第四篇聚焦于如何构建当代美国军政关系，既有从案例出发，以史为鉴指导军政双方构建良好合作信任关系的行为规范框架，也有以法令修改、机构改革为基础的多元化的麦迪逊军政关系模式。最后从国际国内形势变化的视角思考了美国未来军政关系的重构问题。

在第十二章里，历史学家理查德·科恩（Richard H. Kohn）先是研究了军政关系冲突的两个案例：唐纳德·拉姆斯菲尔德和罗伯特·S·麦克纳马拉这两位国防部长在各自的任期内造成了军政双方极为严重的冲突摩擦。在分析了军政领导人个人特质的基础上，科恩指出，诸多因素导致军政领导之间难以维持互信的合作关系。一是文人控制可能会导致职权滥用；二是政界和军界需求、目的、职责与方法上的差异性不可避免地造成双方固有的观点分歧；三是军事事务在美国的重要性更加凸显；四是国际国内局势的变化促使职业军队力量的增强。本章为军政双方提出了一套行为准则以构建良好的合作关系。一方面，军官在与政治领导人合作互动时，必须抵制追名逐利、机构至上主义、政治化、操纵控制以及辞职等五种压力。另一方面，文人领导也必须承担职责，促进双方信任。有效的军政合作关系有赖于他们的一些行为和态度规范，文人必须了解军人、军事职业和军事机构；尊重并理解军人对行政当局的忠诚；支持和保护军队免受不公正的批评指责，反映并重视军队的需求及主张；确保军队遵循各军种及国防部正规合法的程序。文章最后指出，为了使文人控制最优化，同时保障军方能对决策充分表达意见并发挥影响力，军政双方高层领导人之间还需形成良好的人际关系。

第十三章探讨了军队应该怎样处理与国会和行政部门的关系,应该培养何种程度的良好关系。克里斯托弗·吉布森(Christopher P. Gibson)提出了一种称为麦迪逊式的方法,可以作为客观控制或主观控制的替代模式。麦迪逊的军政关系方法是多元化的,其首要原则是强化宪法条款。文人治军由总统和国会共同实施,文人领导始终掌握政策决定权,而军人则必须在公共生活中保持无党派性。在这种模式下,需要制定新的人员培养规范标准,军官应通过相应的培训教育储备充足的专业知识,在军政双方共同参与的国家安全决策流程中发挥自己的作用。吉布森特别关注了军队在国家安全政策制定与执行期间提出建议的方法,他认为,军政领域的领导和国家安全专家应该各自提出独立的、甚至是竞争性的计划供行政审议,以促进一种有效规范的军政间的互动关系。除此之外,军队与国会的关系也应加以改善,使政治体制里的行政机构和立法机构共同负责国家安全和军队。在选择任何军事战术和战略时,领导人必须更积极有效地考虑他们的选择将会给美国政治后方带来怎样的影响。国会和军队必须由国会牵头一起努力,促成更密切、更有效的军政关系,避免造成权力的集中和滥用。因此,需要对国家安全体系进行长期的结构上和文化上的变革,改善国家安全决策流程中的军政关系,确保国家安全。

马可宾·托马斯·欧文斯在第十四章里重点关注了未来美国军政关系的重新调整。随着国内和国际环境的不断变化,军政关系的紧张态势仍有可能继续。从国内政治环境看,一方面,随着越来越多的伊拉克战争和阿富汗战争的老兵回归日常生活,政党关系和国内政治环境将受到较大影响;另一方面,战功显赫的高级将官有可能涉足政坛。从国际安全环境看,随着军事技术的扩散和信息技术的发展,在面对恐怖分子和其他采取"非对称手段"的对手时,美国正逐渐失去优势。基于这样的形势,美国需要对军政关系的新的平衡进行探索。此外,"后现代"军队将面临一种特殊的多维战争样式带来的严峻挑战,遭遇的威胁也将是混合型的。而文职决策者倾向于把军队视为全能工具,实现其对外和国内政策目标。军队的主要任务不是常规的国家间战争,而是安保行动,高素质的专业军人既要能快速灵活地作战,也要能熟练地承担管理职能。未来的美国军政关系将不可避免地受到这些因素的影响。本章最后指出,健康的军政关系需要双方形成一种新型机制,制定严谨程序,形成有利的决策环境,并确保战略政策的有效落实。

第十二章
信任：构筑有利于国家安全的军政关系

20世纪50年代中期，亨廷顿的著作《军人与国家》出版，对军政关系研究提出了革命性观点，关注重点从军事政变转向对军队在社会中，尤其是美国社会中的角色与功能的考察。亨廷顿指出了这一关系的核心困扰：如何在保持文人政治权威性的同时确保足够的军事影响力，保护国家安全？书中指出，"人们经常从'文人控制'的角度讨论军队在社会中的角色问题，但是，一直都没有对这个概念做出令人满意的解释。可以假定，文人控制与军政集团双方的相对权力有关。定义文人控制最基本的问题是：如何使军队的权力最小化？"① 亨廷顿最大的贡献也许就是，他认为军政双方的关系是一种内在固有的矛盾，这种矛盾源自于双方价值观和意识形态的差异性。在一种"功能性需求"下，军队不管以什么样的方式思考和行动，都能获得军事效能；与之相对的是亨廷顿所称的一种"社会性需求"，这种需求反映自由主义社会的规范、价值观和行为。为解决这种矛盾，亨廷顿提出了"客观控制"，给军队尽量大的自主权，成功发动战争，相应地，军方必须尽量避免参与政治。这其中隐含的就是军政双方之间永恒的争斗，文人试图明确应该给军队多大的自主权，而军人则拼命想使自主权最大化，以履行职责。

亨廷顿指出了一种整体现象，即美国军政关系中的矛盾是固有的，并

---

① Samuel P. Huntington, *The Soldier and the State: The Theory and Politics of Civil-Military Realtions* (Cambridge, MA: Belknap Press of Harvard University Press, 1957), p. 80.

认为这种冲突主要源于一支保守主义军队的意识形态与自由主义美国社会的价值观之间的差异，但是他的这种解释一直都没有说服力。相反，本研究认为，军方最高层领导和政界高层领导之间的矛盾来自于双方在和平时期和发动战争时不同的需求、观点和目的。本章先是研究了军政关系冲突的两个案例：两位国防部长在任期内造成了军政双方最严重的摩擦，甚至可以说是仇恨；然后对这种矛盾进行了分析，考察了亨廷顿理论的缺陷以及这种矛盾的起因；最后，给军政双方提供了一份行为指南，尽量降低双方的猜疑程度，促进有效合作关系的构建。本章指出，要使军方最大程度地影响政策与决策（一种最能保证安全的方法），同时又使文人控制最大化，解决的方法不在于理论或社会的结构，而在于军方与美国政府最高层的文人之间形成的更世俗、更情景化的人际关系。

一、《军人与国家》

《军人与国家》在学术界久负盛名，但是，自其出版之日起，就存在大量的矛盾和错误，影响了其理论发展。第一，亨廷顿的"客观控制"理论假设了政策与战略跟另一方面的战术、作战、训练以及军事管理之间的鲜明界限，但是实际上，随着核武器和有限战争的开始，这些界限正在逐渐淡化。第二，军队自主权事实上限制和削弱了文人对军队的控制。第三个问题在于亨廷顿对美国宪法的解释。他承认，因为宪法把对军队的控制分权于政府各部门，并使军队领导能接触最高层的文职当局，这样就明确地把军队引入了政治领域，结果导致"客观控制"无法实现。第四，虽然亨廷顿的研究是基于大量的文献资料的，兼收并蓄、见地独到，但是，他主要通过对军事机构职能的抽象分析，描述了军事思想、价值观和观点，并未对美国的军事专业进行全面的研究。而实际上美国的军事专业根本称不上是同质的，即使是在当时，美国军队在很多方面也不同于亨廷顿指出的保守主义类型。与他的论点完全相反的是，高级军官们支持那些符合美国基本价值观和思想的观点。因此，用一位学者的话说，"专业军人"并不反对，反而是分享了"自联邦党垮台到新政实施期间主导着美国人生活的自由主义民主传统"。① 第五，即使是在其著作问世时，亨廷顿对美国历史的描绘就已遭到了历史学家的质疑，而且直到今天仍然遭到该学科领域的批评。在亨廷顿撰写其著作的20世纪50年代，美国编史界的"舆论学派"正处于巅峰时期，最引人注目的是亨廷顿从事研究和写作的哈佛大学，当时该学派的领军人物政治科学家路易斯·哈茨就执教于哈佛的政府系。他们的学说特别强调统一基本价值观和思想体系，也就是亨廷顿所称的自由主义。在亨廷顿的著作发表不到十年的时间，他们所描绘的没有深刻矛盾的美国社会就发生了变化，取而代之的是对群体、地区、阶级、种族、少数民族、观念及思想流派之间政治、经济、文化和社会分歧及斗争的重新关注。

随后进行的历史学调查结果与亨廷顿对美国军队的一些最重要的特性描述相矛盾。19世纪的大部分时间里，尽管陆军主要以较小单位部署在西部前线，军队却并未与社会脱节。军队职业化并非出现在内战后，而是在内战前。当时西点军校的毕业生开始在陆军占据主要力量，他们把自己看成是各个行业中穿着军装的社会公务员，并与党派政治隔绝，虽然当时他们中也有一些并非西点军校毕业的高层领导人谋求较高的政治职位。海军早在1812年战争时期就有一个专业的军官团，作为一个机构远离党派政治，致力于为国家服务。不同于亨廷顿的观点，至少在那几代美国人的心中，"19世纪20年代到20世纪40年代"的安全问题并不是"自然界和环境中的一个既定事实"，是一种继承而非创造物。美国的确面临着对外战争的可能性，并且一直维持着一个国家军事机构，其中包括一个海岸军需品系统、兵器库、一支陆军和海军、以及动员适龄男性入伍的规章制度。在与欧洲强国比较时，美国的军费开支属于中等程度，国家的力量强弱也处于中等水平。

亨廷顿对宪法的分析，尤其是对制宪者的思考，几乎完全是错误的。

---

① Allen Guttmann, The Conservative Tradition in America (New York: Oxford University Press, 1967), pp. 109, 110, 115.

1787年夏，在费城制定宪法的那些人对常备军具有戒心，但同时又对民兵的军事效能缺乏信心，结果，他们设置了一个国家军事机构，并明确规定由文人控制。其目的在于，一方面使军队服从于文人控制；另一方面，防止任何个人或政府的某个部门否决宪法，建立独裁政权。当初的军官团是通过买卖以及个人影响力来任命和晋升的，实际上，即使是以这样的贵族军官团为基础，宪法制定者也预想到会有一个独立的军事专业，而18世纪的欧洲社会已经非常熟悉这种理念。制宪者对文人控制的关注贯穿于整部宪法，甚至到了一种执迷的程度。

亨廷顿的另外一些理论概括也未能经受住时间的考验。例如，亨廷顿宣称，"公众很少以同样的眼光来看待军官"和其他职业，"自然也不会像服从文职专业人员那样服从军官"。但是，20世纪80年代末以来公众对军官、士兵这个群体以及军队这个机构本身表现出了很大的尊重，充分说明了事实与亨廷顿的观点恰好相反。

如果亨廷顿的历史分析已经被证实在很多方面存在着缺陷，而美国社会确实又极具多样性，其军队也契合许多基本的社会观念，那么，军政冲突源于保守主义军队与自由主义社会之间差异的论断就不成立了，而为了调和军事专业主义与文人控制的"客观控制"也就没有存在的必要。如此一来，又该如何解释两者之间固有的内在矛盾，又该怎么做才能缓和这种矛盾呢？

二、军政冲突的原因

2006年11月，国防部长唐纳德·拉姆斯菲尔德辞职，当时，国防部的历史办公室刚好出版了关于20世纪60年代罗伯特·麦克纳马拉任国防部长期间史实的两卷书中的第一卷。在公众的眼里以及国家安全领域，没有哪两位国防部长被如此频繁地加以比对。虽然他俩之间的大多数相似之处已经非常明显，他们在军政关系处理方面的一致性看起来还是很令人吃惊：两位都对国会和军队比较疏远、轻视，甚至在一定程度上漠视其存在。他们都充满活力、干劲十足、勤奋努力、野心勃勃、善于掌控一切，同时又争强好胜（都会无情地打压别人）、专横傲慢、盛气凌人、飞扬跋扈、目空一切、具攻击性，而且会恐吓羞辱他人。他们都曾被指责说谎，但是谁也没被发现过弄虚作假的确凿证据，两个人都会通过忽略、推诿、重新定义，或其他夸张的伎俩来进行误导。他们都喜欢事必躬亲，而且在国防部里的权力或权威至高无上。在对政策或战争特别重要的领域，他俩都没有授予各军种亨廷顿眼里"客观"文人控制所需要的那种自主权。两位国防部长都喜欢参与细节问题——选择和指派包括两星上将的将级军官、战略和作战行动、以及在他们自己看来比较重要的一切事情。两位都是极端以自我为中心的人，剥夺了他们的军种部长以及参联会的权力。他们都以恐惧来统治下属，在身边紧紧地拉拢了一群文职官员，这些人对他们俩以及相互之间都很忠诚，关系密切，凝聚力强，但对军队则持怀疑和不信任的态度。两位都以坚定的决心维护对军队的文人控制，经常独断专横，执着地相信在他们前任的带领下，文人治军已经遭到了严重的侵蚀。

在处理军政关系问题上，这两位带有传奇色彩的人物表现出的问题是他们维持的这种极端文人控制是否具功能性，也就是说，这种做法能否产生有效的政策和明智的决策。他们对国防部的管理存在着很多争议，但是从战略和战争决策方面来说，一般的共识以及亨廷顿关于军政关系的论点表明，这种专横霸道的文人控制并不具功能性。实际上，拉姆斯菲尔德任内的军政关系糟糕至极，所以，一个重新评估伊拉克战争的两党委员会伊拉克研究小组呼吁拉姆斯菲尔德的继任者"不遗余力地构建良好的军政关系，创造氛围，使高级军官能毫无拘束地向文人领导提供独立建议。"

但是，这两位国防部长的批评者和支持者都认为，在任何情况下，都应该实施文人控制。鉴于这种对文人控制的坚定拥护，我们必须考虑两个主要问题：军人应该如何应对这种类型的领导？文人领导又应该怎样对待军方以获得最理想的政策和决策效果？

这些问题特别重要，因为有效的军政关系对国防来说是不可或缺的。无论是在平时还是战时，军政双方高层领导之间无法正常维持的关系，特别是在双方缺乏坦诚的沟通、磋商、协调和合作时,对政策和决策制订可能会产生灾难性的影响。糟糕的军政关系过去已经损害了军事专业主义,形成了危险的军队政策,造成巨大的财政浪费。双方沟通不佳可能会导致美国陷入不必要的战争,造成不合理的战争行动过程,导致成百上千或成千上万美国军人的伤亡,更不用说受此影响伤亡数量几倍于此的敌人和无辜平民。无法正常运作的军政关系会损害美国在世界上的地位,甚至会危及国家的命运。二战以来的美国国防史充斥着代价高昂的错误,这些错误全部或者说一部分是由破裂的军政关系引起的,这一点在越南战争、阿富汗和伊拉克战争中表现得尤为突出。每个人都笃信并支持文人控制的理念,那么国家应该如何协调文人控制与麦克纳马拉和拉姆斯菲尔德这样的文人领导之间的关系,并且依然能够制定成功的国防政策和决策呢?回答是"困难重重"。

许多因素导致军方与美国政府官员之间很难构筑相互信任的合作关系。美国历史上曾经有过良好的军政关系,虽然那段历史也掺杂着时不时的双方冲突。但是,问题的主要症结在于美国军政关系中一些长期性的因素。

第一,文人控制有可能是绝对的,因此会导致职权滥用。艾略特·科恩称这种互动是"一种不平等的对话"。[1] 如果他们愿意使用的话,行政部门和国会的文官几乎掌握着所有的权力。当年麦克纳马拉的集权领导在陆军内部引起很大的不满,冲突最严重时有一位参谋军官曾这么说过,"我们应该把他(国防部长)看成是一个手握500多亿美元可调动资金的商业经理人吗?或者把他当成一名重点关注军务,能指挥调度大量资源的政客,就像是总司令的一位代理人一样?"这位军官总结道,麦克纳马拉"试图把这两种角色都扮演好"。[2] 唐纳德·拉姆斯菲尔德也是如此。文人决定军队的职责范围、权力范围以及委托授权的程度,甚至决定是否听从

---

[1] Eliot Cohen, *Supreme Command: Soldiers, Statesmen, and Leadership in Wartime* (New York: Anchor, 2002), chap. 7.

[2] "Exercise of Power in the U. S. Government," enclosure in Lt. General V. P. Mock, DCSOPS, "Memorandum For: Chief of Staff, U. S. Army," n. d. (circa March 1966), Harold K. Johnson Papers, U. S. Army Military History Institute, Carlisle, PA.

军方建议或进行磋商。他们只受制于他们自己因种种原因设定的限制；接受意见不同的其他政府部门的法律审查。此外，在某些特定的时候，军队和政治环境可能会使文人害怕、拖延或听从军方观点和建议。因此，文人控制意味着，当选的领导人以及他们任命的那些官员都有犯错的权利和权力，而且军队既没有职责也没有职能去阻止他们犯错，军方唯一能做的就是提出自己的建议。实际上，军队试图让文人负责是完全不合适的。同时，学者、政府官员以及军队自身几乎都没有认识到一个不言而喻的事实：没有任何一个个人、机构、或组织能"控制"美国政府的任何事情。换句话说，军队领导人对他们自己反对的决定，以及做出这些决定的程序都几乎没有权力去反对。譬如，当年五角大楼内部非常反对在越南的轰炸政策，矛盾分歧最激烈时，时任空军参谋长的约翰·麦康奈尔（John P. McConnell）向其新上任的准将们解释了总统的想法，他说，"总统在参考参联会的建议时必须考虑许多非军事因素。"麦康奈尔非常坚定地维护这种制度："我一定要让你们都明白总统已经充分考虑了参联会提出的建议和意见……国家政策的制定不会不考虑参联会的建议……但是一旦总统做出了决定，我们的职责就是尽力去执行。你要么支持它，要么脱了这身军装。"[1]

20世纪30年代担任富兰克林·罗斯福陆军部长的哈里·伍德林（Harry Woodring）曾是堪萨斯州银行家，他坚信，在专业技能领域应该一直尊重军队，但是文人领导中已经很久没有出现像伍德林这样的人了。实际上，麦克纳马拉和拉姆斯菲尔德这样的文人领导并非个案。更典型的例子是美国第二位国防部长路易斯·约翰逊（Louis Johnson 1949~1950），他的激情主要来自个人野心及其政治抱负。"他几乎总是在做他认为政治上有利可图的事情，考虑的是怎么有助于实现其个人抱负。"他是"一个很难相处且相当复杂的人，他的傲慢专横广为人知，他骄傲自大、自以为

---

[1] "Extract of Remarks by General J. P. McConnell, Chief of Staff, USAF, New General Officer Orientation, Headquarters, USAF, Tuesday, 2 May 1967", enclosed in W. W. Rostow to the President, May 11, 1967, folder Walt Rostow, May 1–15, 1967, box 16, NSF memos to President, Walt Rostow, item no. 44, Lyndon Baines Johnson Library, Austin.

第十二章 信任：构筑有利于国家安全的军政关系

是、飞扬跋扈。他很少提高嗓门，但是常常用冷冰冰的目光和令人紧张的沉默使一房间的人不敢出声，或吓倒来访者。"但是，"他有一种不寻常的能力，不仅能与总统保持亲近，还擅长与成百上千的商界和政界有权有势的人物打交道，他重视这些人是因为他们能帮助他成功。"①

1949年，作为国防部长的约翰逊未与海军或海军部长商讨就取消了已经开始动工的一艘新的"超级航母"的建造，此举引发了"海军上将叛乱事件"。在这次抗议活动中，海军部长辞职，海军的公开抗议极其激烈，甚至引起了国会和媒体对空军 B-36 轰炸机计划的质疑。结果，在对海军违抗命令的一大片谴责声中，海军作战部长被解职。

总统也有可能是很难相处的。众所周知，罗斯福与各军种部长的关系很好。但是，1934 年关于陆军预算的一次意见冲突让当时的参谋长道格拉斯·麦克阿瑟愤怒无比，以至于他不得不当场向总统递交了辞呈。会议结束后，麦克阿瑟感觉非常不舒服，甚至在白宫的台阶上呕吐了起来。罗斯福曾在伍德罗·威尔逊任内出任海军助理部长八年，与海军建立了密切的关系，但他并不完全信任海军。同样，德怀特·艾森豪威尔非常不信任他的那些军种部部长，在其执政初期就把他们全都撤换了，也没有任命陆军参谋长马修·李奇微（Matthew Ridgway）续任第二个两年任期，并要求李奇微的继任马克斯维尔·泰勒（Maxwell Taylor）听从命令（但他并未服从）。1960 年时艾森豪威尔还想撤换掉空军参谋长，并且把一些高级军官的态度和言论描绘成"几乎称得上是叛国罪"。约翰·F·肯尼迪上任后也很快对参联会失去了信心，他任命已卸任的马克斯维尔·泰勒（就是不服从艾森豪威尔命令的那位参谋长）为参联会特别助理，后来又任命其为参联会主席。林登·约翰逊则在 1965 年的一次秘密会议上严厉批评了其参谋长们。一位碰巧在总统办公室亲历了这次会议的海军陆战队军官回忆说，"他大声嚷嚷着脏话、诅咒、奚落他们，用很难听的词汇称呼他们——笨蛋、狗屁、可耻的家伙——说脏话比海军陆战队的新兵还随心所欲……这些话都很伤人，很侮辱人……发了一通脾气后，约翰逊恢复了几分钟前平

---

① Keith D. McFarland and David L. Roll, *Louis Johnson and the Arming of America*: The Roosevelt and Truman Years (Bloomington: Indiana University Press, 2005), pp. 360-61.

静、放松的状态，好像他已经惩罚、威吓了他们，现在就可以控制他们了。他又用和缓的语气说了几句脏话，大意就是现在他们应该都明白，他不关心他们提出什么样的军事建议，但是确实希望得到他们的帮助。"然后他问他们每个人，假如他们是总统的话会怎么办，等到那些参谋长说完自己的想法，他"突然又爆发了，叫喊着、诅咒着，再次使用了那种连海军陆战队员都很少会用的恶俗话语，"告诉他们"他讨厌他们提出的天真幼稚的方法，不会听一些军事白痴的话去开始第三次世界大战。"最后，他大声喊道："滚出我的办公室！"就此结束了这次会议。[1]

第二个影响美国军政关系信任度的因素是：政治和军队领导人这两个不同圈子存在着的固有的意见分歧，这是由双方的目的、责任、职业和方法的差异造成的。把矛盾冲突完全归结于相关的人是错误的，这一点很重要。无论是麦克纳马拉或拉姆斯菲尔德的性格特点，比尔·克林顿对军队的恐惧心理以及他的个人名声问题（逃避兵役、玩弄女性感情、年轻时吸食大麻），还是艾森豪威尔在军事方面的丰富经验，都不足以解释他们任期内的军政关系。军官们希望得到迅速及时、清晰明确的命令，希望文人领导能实施坚强的领导，特别是希望他们能给予最大的物力支援和公众支持；但同时，军官们又希望获得最大的自由和自主权来执行这些命令。政治家则希望拥有灵活性和选择性，他们希望弄清楚成本开支，以使目标与手段相匹配。他们通常在行动成本和意义更清晰、风险有可能降低的情况下才会做出决策。有一位颇有见识的参谋军官在1966年时说过这么一段话，"很好理解为什么总是在最后一分钟才做出重要的决定：因为没有哪位总统愿意做重要决定，除非情势所逼；他希望有尽可能多的方案可供自己选择，且有尽可能长的时间可供考虑；而且过早的决定有可能会被泄露给媒体，可能没等行动实施，政府的意图就会暴露，因此可能只好废弃决定。"此外，"如果文人领导做出的决定得取决于未来的事态发展，那么赞成此行动计划的一些人就会努力推进事件的发展以使他更早地采取行动；

---

[1] Lieutenant General Charles G. Cooper, U. S. Marine Corps (ret.), with Richard E. Goodspeed, *Cheers and Tears: A Marine's Story of Combat in Peace and War* (Victoria, BC: Trafford Publishing, 2002), pp. 4 – 5.

而那些反对此决定的人也会尽力去影响事件的进程,旨在使已批准的这个行动计划永远不能付诸行动。两者都会使总统批准的政策遭到破坏。"①

不管是战略还是军事行动,就文人领导而言,最重要的是确保一项政策或决定的实施能与目标、成本以及风险相称,同时,他们希望能有多种选择,以便检查、修订自己的目标,节约成本、降低风险。政治家在决定目的时必须既了解其可能性,又了解其人力物力成本,因而很自然就会形成这种功能性的紧张局面。就军方而言,不管行动的代价如何、文人领导的性格怎样,将军们必须按照国家目标和政策来设计自己的行动,即使那个目标或政策突然发生了变化也义不容辞。因此,军政关系不易协调、双方存在诸多的不信任感并相互猜疑也就很自然了,事实上,这也是美国军政关系历史上大部分时间的特征。假如军政双方能促使对方更精确、更认真、更客观、更严谨地去思考问题,这种相互之间的猜疑也可能是有裨益的。

第三个使军政关系复杂化的因素是:过去70年间军队事务在美国的重要性日益凸显。伴随着核武器、全球利益、以及各种威胁的出现,国家安全问题比过去更重要,而且是日渐重要的趋势。因此,从一般意义上讲,其政治性很强烈,而从党派意义上讲,政治性还在日益增强。美国军队的规模、构成、结构和使用在很大程度上影响了国家资源的分配、美国经济的性质、美国与其他国家的关系,最重要的是影响了美国人民的命运。因此,关于这些问题似乎自然而然地会出现很深的分歧,使军政双方虽然都觉得困扰,也不得不经常做出妥协与约束。而这反过来又驱使双方(特别是军方)采取官僚政治与政治行为来争取更多的资源和更好的政策,因为在军队领导人看来,资源和政策在军人履行任务职责时不可或缺。

军政双方之间很难构筑信任的第四个原因是:二战开始以后,情况的变化已经增强了职业军队自身的力量。20世纪40年代下半叶二战结束后,各军种之间关于职责、任务、预算和武器的竞争几乎一下子失控。随后,

---

① "Exercise of Power in the U. S. Government," enclosure in Lt. General V. P. Mock, DCSOPS, "Memorandum For: Chief of Staff, U. S. Army," n. d. (circa March 1966), Harold K. Johnson Papers, U. S. Army Military History Institute, Carlisle, PA, p. 25.

军政双方在美国是否应该在朝鲜打一场有限战争的问题上爆发了巨大分歧，道格拉斯·麦克阿瑟被撤职。在接下来的几十年时间里，军政双方领导层相互之间以及在各自内部因各种各样的问题冲突不断：20世纪50年代，因战略和预算问题充满分歧；20世纪60年代，因国防部的管理、武器装备、预算和战略而斗争不断；70年代和80年代，则因越南战争、外交政策、军备控制、武器装备以及军事干涉等诸多问题冲突频频。在几乎整个历史阶段，军方总是从自己的机构利益出发采取行动；文人与军队领导协议磋商，同样以自己的利益为重对军队进行领导、指挥或控制。这种关系还不可避免地涉及第三方——国会。为了议员们的利益，国会有时会削弱行政部门对军队的文人控制、在军队事务上阻碍行政管理，或者根据立法需求推动或阻止军费支出。随着越战的爆发，这些问题越来越带有党派特征（虽然有些问题早在杜鲁门执政期间就已如此），而军队自身也变得史无前例地趋向政治化，并且已经等同于一个政治党派。

越南战争在很大程度上破坏了军政双方相互间的信任，一整代的军人因此不再信任文人和文人控制，他们郑重宣告，如果没有足够的战争资源、能取胜的战略、美国人民的支持以及退出战略，他们决不会再上战场。后来，美国人民对军队的信任和尊重大大提高，自波斯湾战争以来，美军的声望达到了有史以来的最高点，唯一可与之媲美的可能是二战后的那几年。在过去的40年中，与那些级别相当的文人们相比，五角大楼的军官们已经具备更丰富的国家安全事务方面的知识和经验，使军队领导者既有能力也有兴趣去推动自己的计划。

简而言之，军人与文人之间的相对权力已随着时间的推移而发生变化，这种变化相当细微，有时甚至难以察觉。与此同时，军队对文人控制的理解却有所削弱，而且他们也不太愿意像以前一样一味地接受、服从文人制定的政策决定。这个问题是美国政治生活中逐渐发生的一个变化，并非一种政变或对美国政治的直接军事干预。职业军队既有盟友，又有很多团体，现在已经发展成为美国政府中一股强有力的政治力量。每届政府中的聪明人，特别是那些承担国家安全事务指挥权的人，都能认识到这一点，虽然由于政治原因他们不能公开承认。在半个多世纪的时间里，官僚

第十二章 信任：构筑有利于国家安全的军政关系

式操纵、对国会耍手段避开不利因素、巧妙地开展公关宣传、向媒体透露消息、与承包商、地方团体、以及退伍军人进行联盟合作等，军方的这些行为已经引起了政治领导人的怀疑，降低了他们对军队的信任度，虽然他们仍然会富有技巧地解释自己对军队和国防的支持。曾经担任陆军部长哈罗德·约翰逊（Harold K. Johnson）的专题研究主任的查尔斯·博恩斯蒂尔（Charles Bonesteel）中将早在1966年就意识到了这一点。在一份令人苦恼的专用备忘录中，博恩斯蒂尔告诉约翰逊，20世纪40年代各军种之间"恶性、狭隘的'两败俱伤的战争'已经开始损害美国对传统军政协商制度的信念"。博恩斯蒂尔认为，"最初的几步在很大程度上是由身在军中的我们自己"开始的。罗伯特·麦克纳马拉、梅尔文·莱尔德、卡斯帕·温伯格（Caspar Weinberger）、弗兰克·卡路西（Frank Carlucci）、迪克·切尼、以及唐纳德·拉姆斯菲尔德等都曾担任国防部长，他们差异明显、各有特色，但他们有个共同点，就是上任时都不信任军方，下定决心对国防部进行管理控制。

三、能促进信任的军队行为

鉴于这些历史背景条件将会在可预见的未来直接或间接地影响军人与文人的关系，军政双方各自应采取怎样的行为才能使相互之间的合作关系有利于形成理想的文人控制以及明智有效的决策呢？对军队而言，可以采取以下几个步骤：

第一，军队的最高层领导必须尽可能与文职政治领导构筑信任感，他们不仅应该与五角大楼和白宫的上级文官，而且应该与国会议员建立良好的互信关系。为了实现此目的，军人可以提出自己的建议，但必须远离其他一切可能造成误会的行为活动，以免让人觉得军方在按照自己的意愿操纵政策结果或决策。这就意味着军方必须避免许多行动，例如泄露信息、拒绝公布情况、无法执行或延迟执行命令或政策、对国会或指挥链中的上级部门要手段避开不利因素、或是通过精心设计来限制或操控各种选择等。无论在形式上还是实质上，军队采取的沟通方式都应该真诚坦率。军队领导必须假设，聪明的文人领导上任时通常会对军方抱持很大的怀疑，而且他们非常清楚军官们都有自己的个人观点、思想意识、理想抱负、对军事机构的忠诚以及看法，明白这些军官都曾追求过各种各样的军事目标。过去几年中军队的政治化倾向非常明显，只有那些迟钝麻木的文人才不会意识到这个问题。高级军官们还应该清楚，尽管许多政治家和他们任命的官员害怕军队的力量，有一部分人也会嫉妒军官们的成就、功绩、勇气、军衔、以及军人在美国社会中的声望，这种嫉妒也会引起某种不信任感。

构筑信任还需要有服从意识，就是要向文人领导解释清楚军队领导会尽己所能地去执行他们的命令和指示。正如詹姆斯·伯克指出的那样，可以给军方一定的空间对文人的决策提出有原则的反对意见，但是行动方案一旦决定，军队就必须坚决贯彻这些决定。军官们必须抵制文人操纵作战行动或干预战术情况，但是这并不是说要完全阻止他们的参与。有位研究过这种倾向的军人承认文人拥有权威性，但是他睿智地指出，要使军队的"作战自主权"最大化，最好的方法就是：公开地实施行动、"让文人参与创造性的合作"、同时尽一切努力建立互信关系。信任不仅仅是人际间的，而且必须是制度性的。必须使文人相信，军方理解并接受的不仅是决策，而且还有制定这种决策的思想基础，因此，军队执行命令时会注意方法，会使战略、作战行动、甚至是战术都与文人领导的意图保持一致。

第二，军队领导必须直言相告，坚决主张自己的军事建议权，但是，军人绝不能为了操纵或影响决策结果而随意粉饰或调整这种建议。军人应该按专门的指挥级别向上级提出清晰明了、成熟严谨的专业观点。当国会需要军官提供证言时，他们应该直率坦诚地做出陈述。在西点军校的一次演讲中，时任国防部长的罗伯特·盖茨如此告诫学员们："作为一名军官，如果你不能据实以告，或者说你无法营造一种利于直言进谏的氛围，那你就是在伤害自己、伤害军事机构。"[①] 将级军官则应该坦率地说出自己的想

---

① Secretary of Defense Robert M. Gates, "Evening Lecture at the U. S. Military Academy at the West Point," April 21, 2008, http：//www.defenselink.mil/speeches/speech.aspx? speechid = 1233.

法但有所保留，也就是说，他们不能在公开场合发表意见，而应该对自己的建议加以保密，应该防止他们的参谋人员泄露信息或建议。只有当国会要求这些将官们提供个人意见时，他们才能在证言中解释那些信息或建议，才能将其公之于众。如果文人领导希望公开军方观点，就让他们去公布。但是，面对国会时，军队领导人有义务保持彻底的坦诚和直率，并且要做到有问必答，即使这么做可能会遭到五角大楼或白宫高层的批评和惩罚。虽然高级军官应该避免违逆其上级的意见，但同时他们也有义务为国会提供建议。参联会成员未经国防部长同意就主动把自己的观点告诉国会，按照美国法典第10卷的规定，这种做法是合法的，可是实际上，这是一种不明智之举。但是，一旦被召到国会，高级军官就绝不能含糊其辞，或者说，当国会要求他们陈述自己的观点时，军官也绝不能刻意隐瞒自己不同于上级指挥官的意见。如果军官不坦诚，或看起来不坦诚，如果他们无法在公私场合保持一致，他们就会失去效能，损害自己在政治领导人甚至是公众眼里的信誉。

第三，不管哪个政党或派系执政，为了确保自己中立的国家公务员身份，军队领导人必须从专业角度出发做正确的事。文人会试图让高级军官或者任何一名军人不从军事专业角度行事，军队领导人必须坚决抵制。军官有责任帮助文人，帮助他们避免犯错。但是，假如经过双方的坦诚交流，文人领导仍然固执己见，那么即使会犯错，他们也有权力坚持自己的意见。一旦文人已经讨论并做出了某个决策，军方就没有职责、职能和义务去阻止那些错误。在特定的情形下，军方的判断不一定总是最好的。但是，如果军人的行为阻止了文人领导行使职权，而且这种行为有可能会影响文人控制制度，那么美国政府就会面临威胁。每位军官在接受委任时都会宣誓捍卫政府体制的完整统一性，这种完整统一性比任何能想象到的国家安全问题都重要。

第四个构筑信任的做法是：就变化、改革、调整、创新、以及对国家安全问题的思考而言，军人必须在军事政策上超越文人。不管是发展或者转型，变化始终在继续。一百多年以来，军方领导的一个主要职能就是应对变化，以适应不断变化着的国家优先事项、新的威胁、变迁的国际局势、不断发展的科技、以及社会变化等。国防领域的模式随时在变；变化发生的速度不一，原因各异，而且常常会突然地、毫无预兆地出现。如果军官是以国家和国防的最大利益出发而不是从军种、司令部或军队的机构利益出发来进行创新，他们往往能够给军种、司令部或军队带来好处，军队的影响力也会同时增强。如果一些新的事情看起来是有害的，那么公开直接地提出反对意见是唯一正确的程序。

在与文人领导建立这些相互合作、有时又有些紧张的关系时，军官必须抵制至少五种压力：追名逐利、机构至上主义、政治化、操纵控制以及辞职。

首先要抵制的压力就是*追名逐利*。顺从、保持沉默、附和意见、或做一些有利于个人职业发展的事情都是最常见的压力，但同时对有效的军政关系来说也属于最致命的行为。军官不能为了避免激怒文人领导而保持沉默或对重要问题的公开讨论进行压制。国防事业需要武装部队在其机构内坦诚沟通，不管他们是在考虑恰当的行动计划、研究战争以及当前和过去的作战行动、制定武器需求计划、制定条令条例以及战略和战术，或者是在处理各种各样其他的专业问题和关切。为了影响公众对那些具有明确政治或党派意义的高层政策或战争相关事务的看法，有些军官会向公众公开发表意见，这完全不同于在机构内部进行的专业讨论。虽然公众可能会通过媒体或军事专业期刊了解这些专业讨论的非保密信息，但这不应该成为一种威慑。如果这种讨论激怒了文人领导，那就会很糟糕。因为如果军官们需要在内部的专业讨论中小心谨慎地审查监察自己，面对自己保护和指挥的人们，他们将无法信守承诺，也无法为国家服务。军人这个职业比其他所有职业都更尊重、更需要生理勇气，但是所有职业都需要和尊重道德勇气。

第二种需要抵抗的压力也许可以称为*机构至上主义*，就是不管是否有利于更重要的国家利益，军官都有一种冲动，想做最有益于自己军种、司令部、单位或组织的事情。这种行为常常源于有限的或狭隘的地方性经验或者说是自发的，但是热切地追求军种利益时经常会忽视其他需求。几乎没有什么比这种行为更容易引起国会和行政部门的文人领导或者美国人民

第十二章 信任：构筑有利于国家安全的军政关系

的怀疑或不信任了。狭隘的官僚工作会降低军队的声誉，削弱其军事建议的可靠性，而且说明军队只不过是又一个追求自身机构需求的官僚机构。公众、甚至是军队中的相当一部分人看上去都同意这一点。1988年，三角安全研究机构进行了一项抽样调查，问了一些有影响力的文人以及普通民众这样一个问题，如果"文人领导命令军队去执行军方反对的任务，军队领导会想办法不去执行命令吗？"超过45%的文人领导和超过三分之二的民众说他们认为军队可能至少在"有些时候"会这么做；大约11%的文人领导以及29%的民众则认为军队"大多数"时候或"几乎所有时候"都会违抗这种命令。在军队内部，在专业军事教育机构常设课程中针对现役和后备役军官的调查显示，这些大有前途的军官中有超过四分之一的人回答说至少"有时候会"；各军种院校和后备军官训练团中将近一半的学员给出了同样的答复；甚至是在最高的军衔级别上，也有超过三分之一的现役准将和少将在抽样调查中表示不得已的情况下会违抗命令。毫无疑问，即使可能有利于一个军种、单位或司令部，那些妨碍、损害或者侵害文人权威的行为也是绝不能容忍的，而且这样的行为明显有悖于专业主义。

第三种会损害文人领导对军方信任度的压力是*政治化*。在过去的半个世纪里，与美国早期的军事职业规范相反的是，大量军官开始参加选举，投票选择自己支持的党派。实际上，他们比普通民众的投票率更高。军队政治化的发展趋势相当强劲，以至于国防部长罗伯特·盖茨第一次在海军和空军军官学校做毕业演讲致辞时，认为有必要提醒这些即将毕业的学员："作为军官，（他们）将有责任告诉其下属，美国军队必须是无党派的"；同样，在给武装部队的第一次讲话中，新上任的参联会主席（迈克·马伦）认为他必须明确承诺，向总统和国防部长提供建议咨询时保持"独立、机密、完全无关政治的方式"。如果政治家和公众怀疑军官受到自己意识形态的影响，或者怀疑他们对最好的政策抱有坚定的信念，这些军官所提出的专业建议的可靠性就会降低。为了履行职责，成为保持中立的国家公仆，军队必须不仅仅表现出无党派性（nonpartisan），而且应该是"非党派性的"（un-partisan），即，在党派政治之上，超越并完全忽视它。关于党派政治的讨论会损害专业主义，因为这本身就是一种政治化的表现。如果参加了投票，也应该是非常私密的事情。在古老的海军传统中，军官休息室禁止讨论三个话题：性、宗教和政治，这些话题被认为是私人性的，而且容易引起分歧。这些话题今天仍然可能会引起军官团里的冲突，破坏军队作为一个机构在存在争议的社会问题上应该保持的中立性和客观性。20世纪90年代中期，白宫人事办公室打算将一位资深将军调职担任文职高层，需要参议院的批准，当时在10天之内两次询问该军官的政治派属关系，该将军两次都让自己的助手告诉白宫他的党派关系"与他们无关"。虽说他的答复没错，但还是远远不够，因为这证实了人们的推测，军队与政治有关。如果他能这么回答可能更好，"作为美国武装部队的一位将军，我不属于任何党派。"

军官必须抵制的第四种压力是政治领导人对他们的*操纵控制*。政治领导人经常希望甚至迫使高级军官公开推动某些政策的实施、对军队专业领域以外的问题发表看法，譬如，明确敌人是谁、维护战争的必要性、支持某项特殊的政策或决定、或者在报告战争进展时为开展战争或实施干预提供政治支持。任何不从严格军事角度对战役或作战行动进行的阐释最终都会使军队政治化，降低武装部队的无党派性，使指挥官等同于某个特定的政府。这会使人怀疑这位或那位将级军官是"民主党"的将军或"共和党"的将军。所有的这一切都会破坏政治领导人和公众对军队的信心及信任。

高级军官必须注意，别让自己不经意间或不知不觉地附和政治领导人在党派问题上的意见。参联会主席理查德·迈尔斯（Richard Myers）将军就曾经有过这种表现，他称恐怖主义是美国有史以来面临的最大危险，无论从历史还是无党派的角度来看，这显然是一种值得商榷的夸张。反对意见或压力越大，政治家就越有可能想利用或躲在军队背后。譬如，1967年越南战争期间，总统林登·约翰逊让威廉·威斯特摩兰公开报告越战的进展，以稳定当时摇摆不定的民心，获得支持。在选举前高级将官应该远离公共媒体，也不应该发表引人注目的报纸文章。这一点上也有例子：1992年10月，时任参联会主席的科林·鲍威尔谈论了外国干涉问题；戴维·彼得雷乌斯在2004年时也公开报告了伊拉克安全部队的训练进展。

第十二章 信任：构筑有利于国家安全的军政关系
/ 305 /

军官应该避免像彼得雷乌斯那样卷入政治困境中。2007年初在出席任命听证会期间，他认为国会辩论可能会对敌人起到激励作用，负责国防的共和党参议员、议长约翰·沃纳回应他时几乎难以掩饰自己的愤怒："我希望这次讨论没有让你做出一些以后可能会后悔的答复。"除非职责所需，不然高级军官应该坚决避免政治性的争议。但是2006年初参联会却没有做到这一点，当时，参联会成员猛烈抨击了《华盛顿邮报》的漫画家汤姆·托尔斯（Tom Toles），因为后者画了一幅拉姆斯菲尔德的讽刺漫画，但是实际上他们无需为国防部长或军队去辩护。类似的事情还有：在联邦地方法院审理中央情报局秘密特工瓦莱丽·普莱姆（Valerie Plame）的身份泄密案中，参联会主席为副总统切尼的办公室主任利比（Scooter Libby）提供品格证词（character reference），而利比后来被判作伪证罪成立，参联会主席的作证也破坏了军队的无党派性形象。

正如2007年夏天发生在彼得雷乌斯以及他的一些下属身上的事一样，不管一名指挥官多么小心谨慎，战争进程的问题终究会使其卷入文人领导和战争批评者之间的纷争。当时，布什政府把他推为"增兵"战略（以绝对优势兵力集中于一两个特定战区以全面压制敌人的战法）的发言人，国会则要求他报告战略进程，彼得雷乌斯被夹在其文人领导和国会里的民主党反对派之间难以喘息。在提供证言时，他如履薄冰，在积极乐观地陈述伊拉克局势的同时，小心谨慎地力求自己的阐述与事实保持一致。但是从其履职指挥官开始，彼得雷乌斯就与媒体频频接触，并允许或鼓励下级指挥官公开讨论战争，他似乎很喜欢这种公众角色。他的种种表现不出所料地激怒了民主党和媒体，他们都质疑其政治中立性。有位记者称呼他为白宫"政治上的台前人物"；有位专栏作家称其为总统的"赋能者"；看了他在国会的表现之后，一位学者称之为"装腔作势"，而另一位则称其为"最糟糕的那类政治将军"。一些高级军官意识到了这个问题，据称，"五角大楼最高层的军队领导"担心，"对一名将军持续的关注"会导致"军队政治化，有破坏公众信任感的危险，公众将很难相信军队领导人会对战争进程作出真实的评估。"

随着分歧的加深，政客们更会紧抓住军队不放；虽然会越来越困难，高级将领还是必须抵制这种做法。1955年,马修·李奇微因为与艾森豪威尔在国防政策上的分歧没能续任陆军参谋长,他在给国防部长的告别信里明确阐述了高级军官应采取的恰当行为。李奇微把自己的角色定位为:"根据自己对国家利益的大胆、可靠、客观的判断,针对那些需要他提出参考意见的军事领域的问题为文人提供适当的、专业的建议,而且任何时候都不去考虑当局的政策。"如果文人领导所决定的"行动方案有悖于他以前提出的建议",谁"也不应该希望或要求他去表示公开的支持,因为他的职责应该仅限于忠实努力地去执行相应职权部门所做的决策。"①

第五种压力是对辞职的看法,这在今天的军队里似乎是根深蒂固的。除了提出坦率直接的反对建议,军官必须抵制那些他们认为错误或有问题的政策,特别是那些会无谓地牺牲生命或违背军官个人道德观念或职业伦理观的决策。他们可以而且也许应该要求退役或重新派遣任务,以回避执行这些政策、决定或命令。2006年,几位已退役的将军用充满人身攻击的言辞公开指责国防部长拉姆斯菲尔德,并表示自己很后悔没有更早地在现役时或刚退役时就这么做,他们还要求解除他的职务。在陆军战争学院,一位退役的将军三次谈到2003年时军方"许可"文人把美国带进了战争的漩涡,暗指当时军队既有权力也有责任去阻止战争的爆发。但是,在被问及在我们这种文人控制的制度下该如何合法地进行抵制时,该将军并未给出答复。

一位备受尊敬的退役中将曾写文章表示支持辞职,他批评那些身居要职的军队四星上将"没有在冲突后伊拉克充满分歧的司令部坚持自己的立场"。他还引用了两个例子加以说明,二战期间,艾森豪威尔将军和马歇尔将军都曾威胁说要辞职,虽然后来马歇尔自己曾说,在那种情势下,他自己的行为应该"受到谴责";该将军还举了拿破仑作为补充例子,但其实,对一个民主国家而言,拿破仑并不适合被当作高级指挥的典范。同样让人担忧的是,在国家军事学院2006年的校友会写作比赛中,一名毕业生

---

① "A Letter from General Ridgway to the Secretary of Defense," June 27, 1955, in General Matthew B. Ridgway, USA (ret.), as told to Harold H. Martin, *Soldier: The Memoirs of Matthew B. Ridgway* (New York: Harper and Brothers, 1956), pp. 330 – 31.

在其文章中公开主张这种抗议性辞职的正当性,并获得了伦理道德奖。在最近的一些文章中,有些知名学者或直接或含蓄地指出,在某些特定的情况下,如果高级军官认为文人在一些关键问题(按他们自己的标准判断)上漠视了他们的意见,就可以而且也许应该辞职。也许最令人不安的是参联会主席迈克·马伦的言论,他坚决主张军队必须在政治上保持中立,而且在给文人领导提供不带政治色彩的诚恳建议时必须"有道德勇气去坚持正确的事情";他认为如果无法接受文人领导的决定,就应该选择辞职。"我们预先提出最好的建议",2008年5月,他在安纳波利斯海军军官学校毕业典礼上致辞时对学员们说:"如果我们的建议被采纳了,那很好;如果没有,我们只有两个选择:服从命令……然后以应有的专业主义和忠诚去执行任务,或者离职表示反对。"

  现在的这种专业理解与过去截然不同。在美国军队中没有任何形式的辞职传统。如果军官觉得文人命令他的军种、司令部或部队采取的行动方式令人反感,并有可能是灾难性的,或者甚至是不道德的,个人尊严或职业荣誉不允许他提出重新派遣任务或退役的要求。军队的任务就是提出建议,然后执行合法的命令。关于什么是道德的定义,一个人可能会与其同龄人或社会的看法不一样。即使是指挥链中最高级别的军官(更不用说那些低级军官)也无法了解其中包含的所有更重要的国家和国际考量,这是那些当选以及任命的政治领导人应该考虑的事情,也没有任何历史证据证明军方的判断比政治家的决策更英明。乔治·马歇尔晚年时反思认为,"一项政治决策会涉及太多因素,而且这其实是一个军方对其了解程度的问题。"此外,如果各个级别的军官总是以他们自己个人的道德标准来衡量判断政策、决策、命令、以及作战行动,并且依靠这种评估来采取行动,那么军队的良好秩序和严明纪律就会崩溃。

  辞职——哪怕只是一丁点暗示,更不用说威胁或行动——是对文人权威的一个直接攻击,文人官员确实会这样去理解。从本质上说,辞职会侵犯文人控制,很少有其他事情会更直接地损害军政双方的相互信任了。那些扬言要辞职的军官是在行使一种与美国文人控制理论或历史实践不相符的权力。在其他行业,专业人员可以选择辞职,但是在军队里,军官都曾宣誓保卫国家，军官辞职就等于是出于个人原因抛弃美国人民、抛弃自己的部队。也许真的会有那种非同寻常的或是特别紧急的情况，使军官无法继续服役，例如，文人领导的决策会引发一场大屠杀，或者他们的决策确凿无疑地会危害国家安全，却缺乏能解释说明的正当理由。但即使是在如此严重危急的情况下，辞职也必须低调安静，以免侵犯文人控制、破坏军官对宪法的誓言。一方面，美国军队中没有辞职的传统，另一方面，在我们的政体下，政府的其他部门、归根到底是美国人民要求政治领导人而不是军队来负责的。有些军官认为安静地或抗议性的辞职也许有时候是可取的，但如果他们能意识到上面这两点应该就会花更多的时间好好考虑一下了。

最后，军队最高层将领退役以后仍然肩负着某些专业责任，尽管大多数的这类义务并未明文规定，但是大家都完全可以理解：不能玷污军装，言行举止也不能损害国防事业。同样，有些责任与文人控制相关：军官绝不能利用美国军队的声誉（无私的爱国心、公正的服役意识以及政治中立性）去参与那些有损于军政关系、使军事专业政治化的政治事务。

军官不会因为脱掉了军装就失去专业主义，就像律师、医生或大学教授一样。按规律来看，许多服役期间的责任会贯穿军官的退役生涯。退役军官支持总统候选人或者抨击自己服役时曾任高级军职、现在仍然执政的政府当局显然都是不合适的，因为这其实是利用军队的合法性及其公正独立性光环来做有失偏颇且实际上是党派性的事。而且这会给现役军官一种暗示：党派性是可以接受的；会给美国人民一种感觉：军队也只不过是一个有自己计划的利益集团而已，并非国家的中立公仆；也会让政治家觉得：在选择将级军官时，应该考虑的是他们政治上和思想上的相容性、奉承意识、以及顺从意识，而不是他们的专业成就、经验、坦率、品格、勇气、以及强大的履职能力。此外，还会使人感觉高级军官是不值得信赖的，他们无法坚守信心，会滥用坦诚交流的机会，也会在政治上损害其文人领导的权威。六位曾在拉姆斯菲尔德任内服役的将军在2006年4月对这位国防部长进行了公开抨击，这类抨击可能会有害于未来的军政关系。更糟糕的是，有一位退役的战地指挥官公开抨击他曾经服务过的政府，而该政府依然在位，战争也仍在继续。针对总统周六的电台讲话，他回之以反对党的答复，声称他"今天不是以民主党代表的身份，而是以一位曾经担任过驻伊拉克多国部队前司令的退役军官的身份对美国民众讲话"。这样的行为使军队政治化，有辱军人这个职业。

绝大多数退役军官都明白这一点。1992年，退役参联会主席、海军上将威廉·克罗以及其他退役的高级军官违反了这条准则，公开支持候选人比尔·克林顿竞选总统。随后，谋求连任的布什总统竞选负责人请克罗的前任、陆军上将约翰·维西支持总统乔治·赫伯特·沃克·布什。在与总统直接面谈时，维西表示他"愿意为布什堵枪眼，但是不能公开支持一名总统候选人"。詹姆斯·琼斯是一位备受尊敬的海军陆战队前司令以及北约前指挥官，他退役后也继承了这一传统。尽管他"公开表示"希望再次在政府部门任职，他拒绝参与党派派系。他说，"有人向我建议，是时候表明你的观点了，如果你想在这个城市（华盛顿）立住脚，你必须作出抉择……民主党或共和党。但是我不同意这种看法。"诺曼·施瓦茨科普夫将军退役后曾经与共和党走得很近，但是后来他似乎重新意识到了更重要的准则，当一家报纸的专栏作家问他伊拉克需要驻扎多少部队时，他回答道，"我曾听到过的最佳建议是：当将军退役时，他有时候必须保持沉默。"①

四、能促进信任的文人行为

文人领导也有维护军政关系的责任，虽然要求在不同时间因不同原因由不同的总统任命选择的一个团体遵守一以贯之的准则是不现实的。但是，文人官员热切希望能与军队的高层领导建立一种有效的合作关系，这就有赖于他们遵循某些行为和态度规范。

---

① "Walter Scott's Personality Parade," *Parade*: *The Sunday Newspaper Magazine*, April 8, 2007, p. 4.

第一，文人必须了解军队，具体指了解军人、军事职业、军事机构，即，包括其需求、想法、逻辑、以及观点等的整个军事世界，以便对构成国家安全的种种问题做出恰当、明智的决策。即使已经拥有丰富的经验，文人还需要通过阅读、旅行、非正式社会交往、以及最重要的——倾听军方建议来增长见识，正如拉姆斯菲尔德的继任者罗伯特·盖茨承认的那样，当时他上任后马上就开始了与参谋长联席会议每周一次的会面，与他们探讨军事领域的相关问题。虽然高级别的国防部官员以及国会议员必须授予军人许多权力和责任，但是他们不能错误地以为军队问题、武器、程序、行为、制度、战略、作战行动、甚至战术都是深奥难懂或技术性的，完全超出他们的理解能力，因此就需要他们做出权力方面的让步。尽管有些时候文人官员可能非常希望这么做，他们还是必须做到在其位谋其政。他们应该不停地向军方咨询提问，直至得到有价值的答复。同时，这种咨询关系需要双方进行对话沟通，对话既要开放、坦诚，又要遵循在上下级关系中提建议、问问题、以及做决策的礼仪规范。

第二，文人领导应该清楚，军人是忠诚的而且珍视忠诚，他们会忠诚于现在的领导，而非以前的领导。也就是说，既没有民主党的海军上将，也没有共和党的陆军上将。一位军官忠诚服务于上届政府中反对党派的文人领导不代表任何的意义，他应该可以很快就以同样的忠诚度转而效忠新一届政府。文人领导如果缺乏这点觉悟，就会冒犯军官和军队专业人员，反过来则会引起军方的不信任。

第三，文人应该以真正的尊重对待军人及军事机构。如果文人不能尊重军方及其行为，就应该在政府的其他部门任职，或者直接离职。像军事领导一样，文人官员也必须尽可能照顾到部队的需要，因为军事部门的一项优先任务是，领导者应该先人后己，关心官兵的身体和情感需求，包括那些最低级别的士兵和刚入伍的新兵。罗伯特·盖茨很好地诠释了文人对军人的这种关心，在每一封给伊拉克战争阵亡士兵的家人的慰问信中，他都会加注自己的个人评赞。有一次，他在为一位在战斗中牺牲的海军陆战队军官致辞时声音哽咽。在向参议院武装力量委员会提供其证词时，盖茨说，"我想，经过这段时间我所学到的另一个重要经验就是尊重专业人员……当你尊重那些认真履行组织任务的专业军人、倾听他们的想法、关注他们时,我想任何人都会更好地投身服务"。盖茨认为,"他们比你更早地进入军事领域,而且在你离开这个领域后,他们还会在那儿。所以,如果你不发挥他们的作用来解决问题,他们本身就会成为问题的一部分。"但是,这并不意味着对军人的判断和建议机械地言听计从。因为几乎没有多少军事领导,甚至是高级别军事将领,会考虑宽广的政治全景或者非军事因素,他们自己内部也经常会产生判断上的分歧。

第四,文人应该支持和保护军队免受那些毫无根据或不公正的批评指责,即使是在寻求、制定或执行如裁军或削减资源之类军方不喜欢的政策决策时,也应该在政府其他部门反映军队的需求以及观点。如果政客们弃武装部队于险境而不顾,作为回应,军队也不会忠心耿耿、坦诚无私地为政治领导服务,即使这是军人的专业职责。无论是针对个人还是机构,批评军队或军人都不是行政部门文人的工作。但是文人高层官员既有责任要求军队不参与党派政治,也有责任避免以自己的党派需要去侵蚀高级军官。1976年美国最高法院明确指出,"文人控制下政治上中立的军事机构是美国的一个宪政传统,这条政策体现在美国历史上众多的法律和军事条令上。"正如马修·李奇微在给国防部长的一封信中所说,"政治氛围不断变化",而且,"对一位参谋长应有的作用职责的评价也会有很大的不同,但是,不管是什么样的情况,他必须始终独立于党派政治。文人官员义不容辞,应该确保他不参与政治,并保护他不被卷入其中。"[1]

文人官员的第五个职责是:必须让军队对自己的行动负责,使其行动遵循各军种及国防部正规合法的程序。上任刚三个月,国防部长盖茨就迅速得体地解除了一些将军以及陆军部长的职务,事情的起因是沃尔特·里德医疗中心(Walter Reed Medical Center)的退伍伤兵的恶劣生活条件令人震惊,而且他们还必须忍受糟糕的官僚主义作风。经过认真慎重的考虑,用一种公正恰当的方式撤换那些不称职的人员,就能营造出一种军官们在

---

[1] "A Letter from General Ridgway to the Secretary of Defense," June 27, 1955, in General Matthew B. Ridgway, USA (ret.), as told to Harold H. Martin, *Soldier: The Memoirs of Matthew B. Ridgway* (New York: Harper and Brothers, 1956), p. 331.

其职业理想中奋力争取的责任意识和强大领导力的氛围。但是，除非急需树立一个反面典型警戒他人，否则不需要去羞辱或诋毁那些因犯错误或渎职而必须免职的军官，毕竟他们奉献了一生的服役时间，才具备了资格担当高级衔职。除非法律或规章制度规定了其他惩罚内容，否则就惩罚而言，解除职务已经足够了。

第六，文人也应该负起责任。他们无权躲在军人后面来掩饰自己或者其他文人的错误。鉴于任务繁重或复杂，资源却有限或不足，认真尽责的军官会不遗余力地寻求成功，但是在这样的条件下，即使是好的结果也几乎肯定会引起争议。文人试图避免陷入政治漩涡、逃避责任，就把事情结果都归咎于军方，这种做法会危害文人的合法性，导致军方不再尊重和信任文人。如果让军方来独自承担文人政治决策的后果或者无法预料的事件，就会有扭曲军政关系的危险，严重的话则会导致军政关系无法正常运作。如果文人控制意味着文人拥有最终权力，那也就意味着他们负有最终的责任。

第七，包括员工在内的行政部门和国会的文人官员必须得体、礼貌、有力地行使他们的权力，而不应该滥用职权，或专横地行使权力，或损害他人的个人或专业尊严。在这方面，盖茨树立了一个好榜样。参联会主席公开发表意见称同性恋行为是不道德的，盖茨没有直接加以责骂，但是他表达了自己的不愉快。在上任的最初半年，盖茨撤换了伊拉克和参联会的军方领导人，2008年他又解除了空军部长和空军参谋长的职务，整个过程都经过了冷静的深思熟虑和直言不讳的坦诚沟通，他还赞扬了他们每个人，没有丝毫的个人诋毁。军人尊重坚定强大的领导，他们希望得到的决策、指令、目标和指导都尽可能地清晰和全面。最重要的是，一定要及时，这样就不会因为犹豫不决或不确定性而浪费时间、牺牲生命。如果无法做到这一点，就应该对军人做出坦率诚恳的解释。文人应该注意时限、遵守时间表，并在各个方面以这种方式行动，那么军人就不会觉得与政治领导人打交道本身就是一场战争。

五、处理军政关系

当然，没有什么现成的军政关系指导手册，因为军政关系是复杂多变、难以预料的。借助历史经验，特别是过去半个世纪的经验，双方都能预想到这种关系的紧张性以及相互间的猜忌。如果这个体系运作正常，双方就能协力缓和相互间的不信任感。即使文人领导不愿做出努力，军队领导也绝不能采取不告知信息或不进行全面沟通、延缓履行政策或决策或"逃避职责"这样的被动抵制方法（彼得·费弗很有远见地使用了"逃避职责"这个词）。这种行为最终会导致不好的政策和决策。

因此，虽然形成有效合作关系的责任在于双方，最终必须使这种关系产生作用的则是军方。军队高层领导有专业职责去引导其上级文人领导，去塑造这种关系，就像是医生与病人的关系、律师与客户的关系、教师与学生的关系、以及所有专业人员与其服务对象的关系。军官是国家安全的长期管理员，从专业职责看，他们必须持续不断地思考和实践军政关系，而且必须明白研究军政关系的必要性，以便有效履行他们的社会职责。

对军人来说，共和党人和民主党人之间没有区别，两个政党都已证明，他们能操纵或者甚至毁坏军队以达到政党或政策的目的。两个政党都不是军队长久的同盟或保护者，也不是敌人。如果一个政党认为军队是其核心支持者，而另一政党认为军队是其敌人，不管是从个人的角度还是机构的角度，两者都不可能构筑相互信任的关系。最终结果是，军政关系可能被扭曲，也许甚至会糟糕到无法正常运作的地步。

在任职陆军助理参谋长和后来的陆军参谋长的七年时间里，乔治·马歇尔遇到了诸多这类尴尬的局面。对罗斯福总统、杜鲁门总统以及国会，马歇尔在沟通交流时常常是非常坦诚、有时甚至是对抗性的，但行动时则总会努力配合，而且从不盛气凌人。他会巧妙地去影响他的上级，有时甚至会与国会议员或参议员达成协议，但那一般都是在私下进行的。"我认为，从长远来看，让我自己很好地融入这个团队，并在其中尽量做好说服工作，而不是公然采取有悖于总统和一些国会议员要求的行动，这一点非常重要。"他反对总统的很多决策，如在美国急需重整军备期间运送军需品到英国和苏联；1941年占领格陵兰和冰岛；1942年入侵北非等。1948年作为国务卿的马歇尔反对承认以色列的独立，他对杜鲁门总统说，如果他"要违背自己一生不参与选举投票的承诺，我将投票反对总统。"但是马歇尔是个诚实又坦率的人，他从未对外泄露过只言片语，也没有破坏过上级的决策。他坚持维护陆军的需求，实际上，他一直致力于这个问题。有时候他反对总统的一些人员任命，但是马歇尔总是接受总统的决定。"我从来不跟总统打嘴仗，"马歇尔回忆道，"我在一些小问题上做出让步，以便在重大事情上发表自己的意见。我对所有事情都问心无愧，我也不会争强好胜。"他在与富兰克林·罗斯福的关系中一直保持着礼仪，避免自己被总统的魄力所左右。1938年任职助理参谋长时，马歇尔在一次会议上公开反对总统的意见，致使有些人猜测他的职业生涯可能就此结束。他与其他人保持距离，也不与军内同事维持亲密关系。他的行为举止使罗斯福无法亲密地称呼他为"乔治"，他经常避免去白宫，甚至不愿意附和总统的玩笑话。当罗斯福告诉他将被任命为参谋长时，马歇尔"表示了感谢，但是补充说，以后有些时候他会对总统观点提出不同意见。罗斯福说没关系。"马歇尔回答说，"你现在愉快地说没关系，但是到时候不一定会高兴。"罗斯福是个很难相处的人，外人常常不明白他在想什么，"很像是绕着一个空房间追逐飘忽不定的太阳光线。"陆军部长亨利·斯廷森（Henry Stimson）这么形容他。2002到2003年乔治·W·布什把美国卷入战争时，军方领导人表示了沉默。与此极为相似的是，1941年罗斯福曲解了美国在大西洋地区对德国的进攻态势，让美国部队积极地支援英国，当时马歇尔同样在公开场合保持了沉默。马歇尔不允许自己被他人操纵，成为具党派性或不恰当的角色。

马歇尔退役将近30年后，一位参联会主席的法律助手效仿马歇尔当年的方式为其上级明确地提出了建议。当时参联会主席问他，"如果在国会的听证会上，他们问我的问题是总统命令我不能回答或者讨论的，我该怎么办呢？"赞恩·芬克尔斯坦（Zane Finklestein）上校回答道，"将军，您可以翻眼珠，紧抓胸口，然后从椅子上摔下去……当您听到沃尔特·里德

(Walter Reed)的主席套房的门关上时,睁开眼睛,下床,走过去,然后拿起红色的电话机,您说'总统先生,我不想在美国国会前做伪证,请给我下达新的命令吧。'"

六、军人、国家以及亨廷顿的贡献

外交事务作家罗伯特·加普兰(Robert D. Kaplan)在2001年回顾亨廷顿的著作时指出,"《军人与国家》开创性地研究了军政关系的课题,凸显了其重要性。"毫无疑问,学术界和军事专业领域都从塞缪尔·亨廷顿该课题的著作上获益良多。但是今天,面对一位极具争议的国防部长和一场分歧巨大的战争,更有必要超越亨廷顿的研究工作,在他的学术成就的基础上进一步钻研军政关系的实质问题,最重要的是使军人和政治家们明白必须深入研究该课题并认真思考有助于政策和决策制定的准则和行为。《军人与国家》首次出版时,曾经担任过纽伦堡战争罪审判检察长、学识渊博的评论家特尔福德·泰勒(Telford Taylor)称赞亨廷顿在"一个急需打破传统旧观念的时代做出了具有深刻影响且极具挑战性的贡献"。遗憾的是,他下面的这句话放在今天依然正确:"文人控制已经成了政治家极度推崇的一句陈词滥调,但是他们对其知之甚少。"[①] 今天,我们可以改写一句长期以来被认为是马克·吐温(Mark Twain)所说的格言:没有一个人谈论军政关系,但是人人都在做与之相关的事。如果这种局面继续下去——特别是在军人与政治家中——国家就会有危险。

[编译自/《美国军政关系——新时代的士兵与国家》(*American Civil-Military Relations: The Soldier and the State in a New Era*)第十三章;作者/理查德·H·科恩(Richard H. Kohn)]

---

① Telford Taylor, "Review of *The Soldier and the State*," Yale Law Journal 67 (1957): 164, 167.

第十三章

运用麦迪逊模式构建美国军政关系

美国入侵伊拉克引发了广泛的争议：出了什么问题？谁该负责？怎样弥补？各界人士纷纷发表文章进行诠释和论述。可以说，美国在伊拉克困境重重的部分原因源自军政关系的核心问题。

功能良好的军政关系并不能确保政策的成功落实，但这个关键领域功能失调时，必然不能提供全面的选择，会导致政策实施无效。就2002年6月前后美国的情况而言，"功能失调"这个词汇恰如其分，因为当时国防部长唐纳德·拉姆斯菲尔德完全掌控了参谋长联席会议主席理查德·迈尔斯将军。美国没有汲取历史教训：五角大楼里政治领导人采用独裁式的文人控制，这并非首次，早在40多年前，国防部长罗伯特·麦克纳马拉就采用过类似的策略，对政策非常不利，效果也不理想。

美国为什么不汲取历史教训？部分原因在于美国缺乏一种有效的规范来指导军政间的互动关系。这种指导必须来自当选领导人，而非国防部长。像高层将官一样，美国的国防部长是总统和国会会员这些当选领导人的公务员或"代理人"，依据宪法规定，他们共同负责领导和管理军队。因此，军政关系不宜由高层将官来决定，指导定位军政互动关系的不应该是这些下属人员。

当选领导人无法选择他们与国家安全机构的关系。他们需要更多的帮助。学者们可以发挥重要作用，帮助当选领导人制定一系列合理的体系概念和标准来指导重要的军政关系。

自从冷战结束以来，军政关系的话题一直受到公众的极大关注。包括总统候选人在内的国家领导人在形成他们自己的"文人治军"思想理念及其实践内涵时，应该能够咨询那些致力于研究这些问题的专业学者们。这些学者能给这场大讨论带来成熟深刻的论证。本章提出一种"麦迪逊方法"以推动这场讨论。

在大多数文献中，论证较多的其实只有两种处理军政关系的方法：一种是麦克纳马拉和拉姆斯菲尔德采取的那种主观控制；另一种是由塞缪尔·亨廷顿首创并寄予厚望的客观控制。研究表明，客观控制是一种错误的选择，因为它没能提出有利于军政互动的见解。当军政领导需要共同负责协助当选领导人在决策之前了解战略环境，并对问题和方案进行分析整理时，客观控制的作用不大。因此，主观控制是唯一的、完全成熟的模式。然而大多数总统没有采用主观控制的方法，因为政治任命官员通常缺乏实际经验，他们在军事领域的微观管理可能会导致军事效能下降（在麦克纳马拉和拉姆斯菲尔德时代的情况就是如此）。

总统和国会通常没有一个明确清晰的模式和既定规范来指导军政关系，这常常会产生混乱和歧义。有时，批评人士指责军政界的一方或双方都没有充分有效地履行他们各自的职责，或者一方越权干涉另一方。但是因为没有明确规定的要求和标准，也没有双方认可的构架，又怎么能够确认什么是玩忽职守或不当行为呢？当前，由于主观控制刚刚饱受质疑，当选领导人需要一种明确论证的方法来处理军政关系。

一、塞缪尔·亨廷顿和客观控制模式

在《军人与国家》这本书中，亨廷顿试图提供新的规范性理论来帮助当选领导人有效地处理军政关系，解决国家安全问题。遗憾的是，他的政策性建议是有缺陷的。

在20世纪50年代初美国对抗苏联威胁时，亨廷顿认识到了美国的困境。在那之前，美国从未面临过生存威胁，因此缺乏一种一贯性的理论方法来合理组织国家安全机构。美国通常避免在和平时期拥有大规模常备军，也不主张扩大国防预算，以免对公民自由和其他国内重点事务构成威胁。庞大的军队和军费开支在战时是必不可少的，但是战后，就如亨廷顿所言，两者都被削减或"肃清"。然而共产主义威胁意味着裁军是不合时宜。这就造成了理论思想上的困惑。如果需要全副武装的军队来抵御共产主义的倾覆，有些人就会担心，美国可能无法维持其"美国性"。

亨廷顿认为需要一个规范性理论或指南来提供对抗苏联侵略的方法，同时又不会极大地改变美国的生活方式。他提出了"客观控制模式"，这种提法是因为它依赖军队自己回避政治，通过公开放弃政治派系斗争来保持职业客观性。亨廷顿断言，文职人员无法遵循文人控制来有效地管理军队的日常事务，因为他们的意见会折载在政府的行政机构和立法机构之间。领导和监管本质上是相互冲突、相互矛盾的，不管这是来自同一政党，来自相互对立的党派，还是来自国会和政府的行政部门。按照宪法规定，这些机构应该彼此抗衡，因此，在许多问题上，其中包括如何最大程度地限制军队在政治中的作用的问题上，可能会存在极大的分歧。少数派政党总是希望把军队拉入政治圈，改变权力平衡以利于己，至少在某些实际问题上会临时起意。

为了解决这一困境，亨廷顿主张可以通过让军队拥有战术和作战事务方面"有限的"自主权来提高军事专业主义——他认为军事专业主义本质上是非政治的，军队可以决定一些纯军事的问题，这种有限的自主权会激励军队全力以赴保持战备，同时不介入政治。亨廷顿阐述说，军方会从中看到裨益，因为军队如果与某种政治利益、政治立场或某个政党挂上钩，可能暂时会获益，但随着政治机遇的嬗变，结果可能会落得一场空。尤其是因为军方需要对明确规定的自己份内的军事领域负责，应该认清形势，避免政治陷阱。此外，鉴于军事专业主义的集体性质及其相关的固有职责，亨廷顿提议从内部监管那些违规者。

因此，亨廷顿提出了一种模式，既能维护国家安全，又能维护文人治军和美国的价值观。亨廷顿的客观控制模式大受欢迎，多年来广泛融于军中，美国军事学院和后备军官训练团都将其作为教学内容。这一理论在某些方面颇有些怪异，例如他把军官称为"暴力管理者"。但是，总的来说，他的观点很受军人的欢迎，特别是他强调专业主义，强调专业知识培养，并强调战争史研究。亨廷顿认为，获取专业知识需要通过培训和反思，需要终身努力学习。亨廷顿的客观控制模式深受士兵的喜爱，因为这一理论刻画了大多数士兵向往成为的那种军人。接受他的有关专业知识的观点，很可能也会接受他的政治观点，这似乎是顺理成章的。由于因冷战而大量扩充的军队接受客观控制，军政关系似乎有着规范化的指导；然而事实并非如此。

客观控制从一开始即存在着重大缺陷，因为它认为军事和政治可以被广泛而有目的地加以区分。这完全忽视了克劳塞维茨在一个多世纪前所提出的有关国家安全和战略的理论。诚然，二者确实可以进行一些清晰的区分。美国宪法和法律规定，当选领导人决定军队的规模、军队的组建、军费的额度，以及军队参战的时间。陆海空三军承担着战争的威胁、危险，但是他们如何备战，甚至是指导他们行动的交战规则都是由文职领导人——国会议员和总统精心策划和制定的。因此，亨廷顿的客观控制模式的核心问题是几乎没有什么行动是由一方或另一方独自完成。将官和政府任命的顾问会对公共防御事务进行分析，提出可选方案，并对当选领导人提出他们的建议，并共同承担职责，几乎所有的军政互动都是这样产生的。

一种仅仅论述参与者少量互动的规范性理论对处理关键时刻的日常事务并没有什么真正的帮助。在国家安全决策流程的上层，对于以各司其职、互不干涉为基础的军政关系的一种规范性模式来说，最高级别的军政领导人的许多职责都交叉重叠。

完全可以理解亨廷顿为什么会犯这种错误。在冷战初期，艾森豪威尔政府提出大规模报复战略，并把陆军改编成五群制师，以便在核战场上立于不败之地。当时普遍认为未来的战争不太可能是有限战争。人们认为，两个对立的世界、核武器的出现及其对军队和民众所造成的毁灭性后果意味着未来的战争会迅速升级，可能包括互掷原子弹。根据这些假设，完全可以认为，为决定战争与和平提供分析和建议的主要是文职人员，因为战术和作战的军事建议似乎与预期的局势无关。正是那些拥有广博的核物理知识和武器知识的文职国家安全专家为当选领导人的决策提供必不可少的支持。

然而，20世纪50年代以后的经历已经证实这些假设存在的缺陷。每一代人似乎都需要重新认识，战争的本质始终没有改变，即使随着时间的推移，发动战争的方式逐渐发生变化。保卫国土和人民仍然需要大规模的地面部队。核武器的出现也不排除需要准备常规战争和非常规战争。总统需要从他们的军事指挥官那里获取深刻的见解、分析和建议。在决策流程中，指挥官必须充分代表军政关系中的军事专业。这不仅需要有关于战争、制定战役计划和军队发展的专业知识，而且需要政治文化领域里的专业知识。运用这种专业知识超出了客观控制模式的范畴。（还有其他一些有关客观控制模式的问题，但为了简洁起见，本章仅探讨最重要的问题。）

二、莫里斯·简诺威茨和主观控制

亨廷顿促使人们开始思考用其他模式来替代客观控制模式；他把战时美国领导人运用的方法称为并归类为"主观控制"。当武装部队大规模扩军时，文官实施主观控制。他们广泛征兵，不经过后备军官训练或军事院校培训直接任命各级军官（甚至将官），仔细筛选高级军官使其符合文官的政治倾向，大规模使用国民警卫队（之前是民兵），此外，总统还在陆军部和海军部里任命官员介入管理。通过这一切，文职领导从根本上使军队平民化和政治化，使军队接受文人价值观、体现行政机构的立场和导向。亨廷顿不推荐把主观控制作为一个长期战略来使用，因为他认为在这种政体下，军队职业化和作战效能会下降。然而，简诺威茨却持有不同的看法。

与亨廷顿一样，简诺威茨也注重军队职业化，尽管他主要关心的是精英分子、军官社会化进展、精英与军事文化及其互动。简诺威茨从根本上讲，不同意亨廷顿有关最高级别的军政领导可以各司其职、互不干涉的设想。事实上，他在1971年出版的《职业军人》一书中阐述了一个重要观点。他称"军事"力量为"安保"部队,"一直在备战,尽量限制使用武力,寻求可行的国际关系,而不是追求胜利。"他还详细描述了军政职责的盘根错节。简诺威茨设想在冷战期间可适当地使用这样的安保部队,可以开展不规则战争和常规战以便在第三世界实现精心制定的有限目标,即超级大国在发展中国家的权力之争。

根据简诺威茨的方案,文职领导人有望参与军队的编制、条令、指挥官培养和选拔,甚至参与军事行动,这部分是因为只有通过不断的监督和约束才能达到有限的目标,军事领导人就不会毫无节制地去追求"胜利"。同样,军事领导人也有望介入政治圈,既可以参与使用武力前的全国大讨论,还可以参与评判正在进行的军事行动的效能。

简诺威茨的假设使他认为客观控制不能成为文人控制的一种手段,所以他另辟蹊径,赞成通过平民文化对军事文化的渗透来掌控军队,使其遵从文人指导。这种方法本质上是亨廷顿所谓的对军队的主观控制,但简诺威茨提议要永久使用,而不是仅仅在战时使用这种方式。如同简诺威茨所述,他的安保部队的军官团里有三种主要类型的指挥官:传统的"英雄领袖"、"军事管理者"和"技术专家",他们之间存在着固有的竞争和冲突。简诺威茨建议文官应该利用他们的这种分歧和差异来维持文人控制,并充分发挥军事领导人的作用。

简诺威茨把军队在越战中出现的意识形态斗争看作"极端主义者"与"实用主义者"之争的实例。从历史上来看,前者由麦克阿瑟——一个英雄领袖作为代表,后者由马歇尔——一个军队管理者作为代表。以麦克阿瑟为代表的英雄领袖渴望在亚洲扩大战争,并且打一场全面战争,直到中国无条件投降——这是极端主义的观点。作为军队管理者的马歇尔认识到超级大国之间的核战争会导致潜在的灾难性后果,因此需要限制冲突并制定现实的外交政策和战争目标——这是实用主义者的观点。

简诺威茨认为,越战刚刚结束那几年,军队里实用主义者占上风对国家有利。他认为对军队的主观控制将确保这一结果,因为文官确信只有那些具有正确的世界观和人生观的人才能晋级。此外,他还指出,政治领导人需要向武装部队的各级指挥官灌输文人控制的优点,并设立相应的文职岗位来监督他们在职责重叠领域里的行动。简诺威茨举了英国军队为例。苏联也采用类似的策略来维持文人对红军的控制：团和团以上部队的第二把手都是政治委员，他们负责政治培训和战术监督。

然而亨廷顿和其他人认为，从长远的观点来看这种主观控制会削弱军队职业化和军事效能。培养政治立场正确的军队往往会导致几乎没有什么军人去钻研军事专业知识，去琢磨如何战胜美国的对手。当前也存在着类似的担忧，例如，华盛顿有的智库不再努力把军队作为社会进步和实验的一种工具，或者说他们努力使军队"平民化"。

军人的主要职责是为国家赢得战争的胜利，这种职责决不能丢弃。军队历史悠久，贡献卓著，因为它关系到保护我们的生活方式，同时支持旨在积极推动改变的文化创新，二战后美军招募非裔美国人就是其中的一个例子。同样，在整个20世纪80年代和90年代，关于女性在武装部队里的作用也有很大分歧，一些激进分子因女性在军队里人数和作用的增加，对军队的效能表示了极大的担忧。然而在全球的反恐战争中，女性表现得非常出色，即使在意外地与敌人短兵相接时也是如此，尽管组织编制上已尽量采取种种措施防止发生这样的意外。我们可以从中得出结论，政治导向引领下的社会变革对军队的影响（主观控制的一个特点）并不会一直导致效能显著下降。但是决策者对这些举措应谨慎对待；每一个提案都应彻底审查，并且权衡其对军队首要职责和效能的潜在影响。亨廷顿评述了军队的自身职责（必须赢得战争）与军队的社会义务（试图让军队看起来像或更多地代表社会）之间的紧张关系。他说，在这一点上没有终极答案。从军政关系的角度来看，显然军队事务的任何决策都应来自国家当选领导层，宪法专门授予国会管辖军队的权力。军事领导人有责任向国会和总统递交提案，说明拟定的社会变革会对军队产生什么积极和消极的预期影响，然而一旦文官作出了决策，军队就应完全服从。

不管从哪个角度看，军政领导的角色职责各有不同。当选领导人必须予以引导并作出决策，而军人必须掌握战胜敌人的知识和能力，掌握有助于提高战斗力的，一切与指挥部和参谋部职能相关的知识和能力。在这一方面，亨廷顿正确地认识到，注重增强军事专业知识有益于军队。然而，简诺威茨还认为军人和文职顾问在军政关系中共同承担着许多职责,这也是正确的。

为了融合这两种观点,我提出一种麦迪逊方法:可以通过文职领导人,其中包括五角大楼的政府任命官员,对军队进行政治上的渗透。尽管文人密切监督,积极参与,军队效能和战斗胜利还是得指望军人。然而,不管是文官渗透还是同等级别的政治任命文官管理军队,我都不同意简诺威茨的建议。我的研究表明,采用一种更平衡的方法来处理国防部里的军政关系可能对当选领导人和国家更有利。

三、处理军政关系的麦迪逊方法

为了发展军政关系的有效模式,看看国家缔造者如何解决类似问题是大有裨益的。他们面临的艰难挑战在于设置一个既可以管理被统治者,又可以自我管理的政府。他们总是记得在人类历史上绝对权力不是腐败就是令人失望,这类实例比比皆是。因为这些建国者,即使是道德最高尚的人(当时普遍认为乔治·华盛顿就是这类人)也会因掌握无限权力而堕落。詹姆斯·麦迪逊(James Madison)得出结论说,解决这个问题的唯一方法就是立法。人们应该通过反对或减少专横暴虐来实现自己的雄心壮志:运用抗衡力量是防止暴政的一种方法。责任交叉的机构分享权力,并竭力为其服务对象效力,这是美国宪法提出的极具活力的理念。它可以给我们提供用于改善美国军政关系设想的基本原理。五角大楼运用这种方法可以防止任何一方的"代理人"——最高级别的文人领导或其军队顾问对权力的掌控和滥用。

军政关系的作用是加强国家安全,强化文人治军。文人治军被界定为国家当选领导层控制武装部队的实施意愿。因此,尽量加强五角大楼里最高级别的政治任命官员和最高级别的将军们之间的联系,使他们在重要的军政关系上支持国家领袖,这似乎是可取的。这种概念化思考军政关系的方式尽管显然不同于当前的范式，但实际上在美国历史上由来已久。美国历史上有两个军政关系的实例表明，伙伴式合作方法要相对优于五角大楼最高级别的政治任命官员在组织上的独裁，这里特别指乔治·华盛顿将军与大陆会议之间、马歇尔将军与陆军部长亨利·斯廷森（Henry Stimson）之间那种既实用又有效的关系。

在麦迪逊的军政关系方法中，首要原则是强化宪法条款。首先，当选领导人一直掌握决定权，不受权限限制。其次，军人必须在公共生活中保持无党派的身份。再次，就像美国宪法所规定的其他许多方面那样，文人治军由总统和国会共同实施，总统是三军统帅，而根据宪法第 8 章第 1 款所述，国会拥有管理军队的巨大权力。这些当选领导人共同控制军事机构、指导行动、提供资金，并实施监督。

该模式针对如何在国防部内进行互动加以特别指导。麦迪逊方法以一种全新的方式指导国防部加强高层领导间的关系，即总统任命官员和国家最高军事长官之间的重要关系。高级军政领导齐心协力为国家当选领导人提供最佳的军事咨询和信息用来指导其行政决策。尽管最高军事领导仍将向国防部长报告，但此方法摒弃了麦克纳马拉和拉姆斯菲尔德年代所使用的独裁模式，而赞成二战期间所运用的更具合作性的模式，同时指出处理军政关系的客观控制和主观控制模式存在各自的弊端。

这种模式的典范是马歇尔将军和斯廷森部长之间的关系。在顺境中任何关系可能都是美好的，因此关键在于双方如何应对逆境和分歧。马歇尔和斯廷森像其他人一样很好地处理了这些危机，并且彼此欣赏。相互尊重是双方关系能经受极大分歧的基础。斯廷森虽然不是军人，但尊重马歇尔对局势的判断，例如在二战期间如何充分扩大军官团和美国陆军。个性是这种关系的关键所在，但体制和规范也起着极大的作用。根据 1939 年 7 月 5 日的行政命令，马歇尔将军有权绕过斯廷森部长直接与罗斯福总统联系，但他几乎从来没有这样做。相反，马歇尔明智地选择了通过他的文职部长，一个反对党的党员展开工作，这既加强了他在国会里民主党和共和党中的地位，也巩固了他与斯廷森部长的密切关系。这个行政命令有助于产生这种关系，尤其在早期制定规范时更是如此。斯廷森和马歇尔共同组成一个优秀团队，协助罗斯福总统和国会在做出艰难决策之前评估战略布局并进行抉择。

在这个模式中，指导和指令来自当选领导人，大多数直接来自三军统帅——总统，但长期以来也同时来自国会和他们各自的司法管辖区。按照麦迪逊方法，国防部里的国家安全专家——不管是文人还是军人——都要为完成这些指令制定相互矛盾的计划。这些国家安全专家要评价对方的观点和看法，分析其利弊，以便总统和国会进行审查、评判和决策。这种军政关系不需要共识；鼓励对行政审议提出各自的、甚至彼此抵触的建议。斯廷森部长和马歇尔将军之间的关系提供了历史指导。

有时军政关系的问题可能需要有一个领导支持。例如，第一次波斯湾战争结束时终止冲突的行动中，国务院和国防部里的任命官员本应更多地参与并承担责任。结果诺曼·施瓦茨科普夫将军成了主要的参与者，尽管他后来说他需要更多的文人提供帮助。一般来说，任命官员应该处理政策问题，但是在这些问题递交到国家决策者之前，他们应该吸收并充分考虑军方的意见。尤其是在应对外国领导人时，国防部长应该统领五角大楼。这项工作的大部分涉及职责共负的军政关系。然而在麦迪逊模式下，通过全面审查所拟定的行动步骤、明确行动设想的合理性、确定所拟实施计划的可行性，以及分析二阶和三阶效应，这些情形中的专业知识通常有利于任命官员，而专业军事建议则能提供帮助。

有些情况下，军官应该承担领导作用，例如在制定作战计划时。这些活动也体现在军政关系之中：在评估军事计划、行动设想和实施可行性，并且分析二阶和三阶效应时，政治任命官员和他们的文职国家安全专家也发挥了极大的作用。麦迪逊方法对现有程序进行了改进，因为当选领导人会拥有经过仔细分析的更加成熟的提案，常常是多种多样的提案。经过这种调整的军政关系下，方案在提交到总统或国会之前无需折衷和整合。

这个规范性框架是在他人的研究基础上形成的。它起始于彼得·费弗的代理理论。总统和国会是委托人：因此他们提供指导，作出决策，然后选择最佳方式监督政策落实，以达到预期的目标和目的。费弗的代理理论详细论述一些委托人可以选择的监督方法；我把这些方法融入麦迪逊方法。费弗认为，在与军方的关系中，文官必须权衡严格控制或监督与利用诚信或士气高涨的团队合作之间的利弊，关注对忠诚度和效能所产生的二阶影响。

麦迪逊方法与费弗的代理理论的不同之处在于其"代理人"的概念。国防部长并非如总统和国会一样被视为委托人，而被认为是与军队在一起的"代理人"。双方都负责实现当选领导人的意图。

这样的设置有利于使用更多的非侵入性监督技术，如国防部内部的对抗行为，或者被费弗称之为内部"火警"，即内部成员有疑问的行为引起委托人注意的时刻。五角大楼里的这种军政关系的本质使军政领导竞相提出自己的观点，这有助于当选领导人更好地了解和掌握各不相同的更加成熟的提案，以便做出抉择。用麦迪逊方法来处理军政关系时，国防部就能平衡监督手段的侵扰程度、依从程度及有效性。费弗指出，这些方面彼此密切相关，直接关系到国防部的生机和活力。当委托人很难权衡依从性和关乎士气的效能之间的利弊时，麦迪逊方法或许能提供更佳的可能性。可以在五角大楼内设置抗衡力量，这样大家就能更具责任感（或按费弗的说法就是更加无法推卸责任），政策也能得到更有效的落实，因为在政策制定初期双方会更加自由地直抒己见，更加仔细地审核作战模拟和其他计划的制定。

麦迪逊方法也汲取其他学者的观点。亨廷顿和科恩都把军队的重点放在发展专业知识和军人技能，以及培养军人职业精神上，麦迪逊方法吸收了他们的这些观点。国会确立宏观导向，指导国家发展和维持武装部队。国防部里的国家安全专家，不管是文人还是军人，都会与国会一起充实军队发展的细节，具体说明所需的专业知识。实际上，大家齐心协力来规划这个职业的未来。麦迪逊方法把专业主义的定义扩大到联合军种的能力、多国部队的整合、管理技能、以及对美国国家安全决策流程的评估。亨廷顿将这些看作文人职责的范畴。然而，过去40年的历史经验和华盛顿将军与马歇尔将军的例子表明这些职责基本上属于军政关系的范畴。具有政治—文化领域专业知识的高级军官对美国、甚至是当选领导人而言都大有裨益。麦迪逊方法从亨廷顿那儿吸收的另一个观点是要求军官必须公开保持无党派立场。一旦违反这个原则,即使是最公正的行为也会饱受质疑。

在简诺威茨看来,麦迪逊方法承认试图在五角大楼里严格区分军政领导的作用和职责是徒劳无益的。① 军官必须具备各种能力素质:他或她必须能战斗,赢得大大小小战争的胜利,并且服从国家当选领导人的决策。如同简诺威茨所说,军队必须具备警察的能力:从使用有限武力的安保部队到大规模的武装部队的全方位能力。

四、法令修改

运用麦迪逊方法需要进行一些法规和规范的改革。需要变革组织结构来促进多元化的竞争,加强军事能力,以便在适当时候让人了解军队的诉求。仅仅标准规范的改革还不足以确保总统和国会得到他们需要的那种军事咨询。需要修改1986年《戈德华特—尼克尔斯国防部重组法》,以防止再度出现军政关系中的独裁现象和功能失调的局面。

各军兵种的最高军事领导人,也即参谋长联席会议,应该通过更加系统的、有效的方式参与商议和起草作战计划及全面的战备工作,例如军队的发展、规划和预算制定等,以便一旦当选领导人需要向他们咨询时,他们可以根据自己的专业知识表达观点。因此,作战司令部应该重新调整,受最高军事长官指挥。这个军官将被称为美国武装部队的总司令,这个职位可以取代参谋长联席会议主席的位置。总司令的职位将重新设置,高于参谋长联席会议及联合参谋部,是一个掌管美国武装力量的联合职位。

大约一个世纪前陆军就有总司令的职位,但1903年被取消,以支持陆军参谋长,这个职位被取消,或许这么做是为了加强美国陆军最高指挥官的权力。改组的催化剂是为了解决美西战争期间美国陆军部对野战军支持严重不力的问题。当时的解决方案是让总司令担任参谋长,使美国陆军最

---

① Morris Janowitz, *The Professional Soldier: A Social and Political Portrait* (New York: Free Press, 1971), pp. 422–23.

高将官有权指挥陆军部，这是此前总司令不具备的权力。实施这一改革是为了得到陆军后勤和保障方面的更大支持。同样，在麦迪逊的提案中，主席的职位改为总司令也旨在加强国防部对野战军的支持。

恢复总司令的职位，使他兼具参谋长联席会议及联合参谋部的权力，制定和审查行动方案，同时，要求所有作战司令都向他报告，这将确保这个将官有法定责任必须向总统和国会提出建议，并切实地参与作战计划的制定和评估。参联会主席的角色转化为总司令的角色和头衔，突出了国防部长考虑总司令建议的职责，有助于确保这份建议原汁原味地传达给国家当选领导人。当然国防部长有权不同意总司令的建议，并在负责政策方面的国防部副部长或其他将官的协助下，提出自己的独立分析意见。但国防部的文职领导人应该承认并接受，即使在军政关系有重大分歧时，高级将官的观点，其中包括总司令和参谋长联席会议的观点，总是能传达到总统，如果有权限，则会转达到国会。

为了增强总司令在各军种的权力，促进战争计划制定以及和平时期军队发展巩固中的"军种联合"，各军种参谋长直接向总司令报告，然后他再向国防部长报告。总司令是总统、国家安全委员会、国会和国防部长的首席军事顾问。参谋长联席会议也是总统、国家安全委员会、国会和国防部长的军事顾问。与总统和国家安全委员会举行的年度会议和定期会议将继续保持，各军种参谋长和各军种部长也继续在国会做出证言。总司令指挥管辖作战指挥官和各军种，但各军种参谋长的建议也与国防部长的观点一起送交总统和国会。当选领导人因此可以获得用于决策的各种各样的建议和分析，如果这些建议和分析并未达到他们的期望值，他们会指定一名指挥官来负责。

这一改革有助于作战计划和应急计划的制定与实施，有助于军队的发展、规划和编制预算，因为作战指挥官和军种参谋长能够把自己的建议传达到总司令手中，而总司令则可以通过联合参谋部来审查和检视他们的建议。当总司令向国防部长和国家安全委员会的其他成员，其中包括总统提出建议时，这些建议很可能反映出联合观点，而这在过去许多类似的讨论中是不可能出现的。

在这种模式下,军种部长和他们各自的军种参谋长一起成为与总司令和国防部长抗衡的力量。这种军政关系的模式就是陆军参谋长马歇尔将军与陆军部长斯廷森之间的关系。近年来参谋长们已经认识到在武装部队中军政合作的重要性。埃里克·辛塞奇将军在自己的退役仪式上提到之前去世的陆军部长托马斯·怀特时说:

"在任何职业里领导力都是至关重要的,但在军事职业里——对那些不管是穿制服的还是不穿制服的人来说,有效领导力最为重要。在陆军中我们有幸拥有众多的文职领导人——其中最突出的是上个月与世长辞的陆军部长托马斯·怀特。我们知道领导力不是穿制服机构的独有功能。因此如果有人认为我们陆军没有充分理解文人治军的重要性,并以为那是无用的,这是不正确的。陆军一直清楚地认识到文人治军的重要意义——我们还把这一理念灌输给与我们共同训练的世界各国军队。"[1]

一方面,麦迪逊方法采取作战指挥官和军种参谋长归总司令管辖的举措,能实行更大的集权化及统一性。另一方面,在国防部的最高领导层,麦迪逊方法使权力分散和平衡,以接受来自总司令和国防部长针锋相对的建议,以及来自部长们和国防部领导层针锋相对的建议。这会使总统和国会议员们获取来自军政顾问的多元化建议。

这并不是说内阁部长的能力无关紧要,我们更不应该放弃机会,而应完善所谓的内阁政府,提高效率和响应能力:我们需要最强有力的领导人来管理我们的政府部门。然而我们的组织结构和标准规范应该有利于内阁官员最大程度地发挥他们管辖下的各行各业的潜能;我们还应该设置有效的决策流程,以使当选领导人获得或利用最好的专业知识和经验。为此,学者们应该审视和研究重建内阁政府的方法,力求更好地结合专业分析和判断。我们需要一种平衡方法,能跨政府部门地为国家当选领导人提供政治方向,并在实际操作中体现专业性。

---

[1] General Eric Shinseki, remarks at the occasion of his retirement, June 11, 2003, www.army.mil/features/ShinsekiFarewell/farewellremarks.htm.

五、双方的专业储备大致匹配是至关重要的

麦迪逊的军政关系方法是多元化的，它要求军官具备适当的专业储备，接受相应的教育，并接受实战培训，能在军政双方共同参与的国家安全决策流程中发挥有效作用。而军政领导人作为国家安全的专业人员，他们双方专业准备的匹配程度也至关重要。不匹配可能会导致一方的独裁和军政关系恶劣，历史证明这会挫伤有创造性的建议和抉择。积极管理和反复检查军政双方参与者的专业知识储备是十分必要的。为了搞清楚军官是否像其文职同行那样经验丰富并受过良好教育（反之亦然），担负监管职责的国会应该跟踪了解国防部高层领导候选人的专业准备情况。

因此，麦迪逊的军政关系方法要求注重在军政官员中大力培养领导人。专业知识准备方面的失衡会对军政关系的活力产生有害影响。简诺威茨指出，注重高级领导人的选拔和培训是军队主观控制的关键所在。麦迪逊方法有别于简诺威茨的方法，其目的是为了平衡而不是独裁，它选拔人才的显著特点是能力而不是政治上的忠诚。

各军种已经在加大力度培养军官的领导能力。政府方面也必须有一个综合发展计划来培养国家安全专家；可以依赖一些诸如民间联合协会之类的效果显著的举措。还需开展更加广泛的项目，如为政治任命官员和高级行政官员定期举办军事专业培训课程，以及国家安全机构里其他联谊会和经验交流切磋活动等。应该为政治任命官员量身定制专业发展规划，让他们在国防大学至少学习4到6周时间，学习的课程包括军政关系、大战略、战略计划程序、联合作战和危机行动的计划程序，以及行动计划和预算流程。

各军种的高层领导发展办公室应该扩大规模，也纳入各部队高级文职行政官员。晋升人员必须到军事学院学习，接受联合专业军事教育，参加联合行动，就像高级军官晋升所要求的那样。这些举措可能会涉及无党派的智库——如外交关系委员会、美国和平研究所和一些其他机构所进行的

一系列学术研究。国家顶级研究院的安全研究项目可能通过综合而又规范化的课程得到完善。参加国家安全学术会议和获得研究院职位的机会可能会增加。一些著名的研发机构培养未来国家安全方面的文职专家，例如斯坦福大学国际安全与合作中心、哈佛大学奥林研究所和约翰霍普金斯大学高级国际研究学院，它们可能与国防部长办公室有联系，如同兰德的阿罗约中心协助陆军或兰德的空军项目帮助美国空军。我们需要投入更多的资金来开发我们国家文职安全专家的人力资源，然后随着他们在国防部和国务院承担越来越多的职责，发展和利用他们的专长。

六、麦迪逊方法中新的军官规范

除了修改法律和改革人员培养及人事管理，还需要制定一些新的规范标准。最高军事领导必须履行他们的职责，让当选领导人了解并考虑他们的观点和建议。

军事专业人员及其战略领导人关系到良好有效的军政关系，因此必须有些规范标准。业已退休的陆军上校唐·M·斯奈德（Don M. Snider）是一个致力于军事专业革新的著名学者。他认为，为了能够遵守就职誓言，正确而有效地发挥自己的专长，军官们必须具备四个领域的专业知识：军事技术、道德伦理、政治文化和个人发展。这些专业知识领域与军官团的自我认同相一致：战士（军事技术）、品德良好的领导人（道德伦理）、国家公务员（政治文化）和专业人员（个人发展）。学习和应用这些知识会使一个军官的工作更有效率、更加公正和更具荣耀——这也是职业军人与他们的平民客户之间信托关系的核心所在。因此，规范军官在军政关系里的言行举止属于专业知识的政治文化领域；作为国家公务员，军官应该运用这一知识和专长。[1]

---

[1] Don M. Snider, "The Shared Identity and Professional Practice of Army Officers," in Snider and Matthews, *The Future of the Army Profession*, pp. 143–45.

下面所推荐的一些规范可以作为一个起点来进一步研究和专业探讨军官的行为举止如何才能符合军政关系的新模式。这份列表只是抛砖引玉，并不详尽。

七、培养专业知识

为了确保在跨国、跨部门的联合协商时能充分体现自己的专业，军官必须培养专业知识，积累各种冲突的实际经验，同时了解军政关系中各方不同的作用和职责。

八、提供最佳建议

参与审议影响美国的政策和计划时，军官有义务提出自己的最佳建议。这个建议应该涵盖过去的经验和专业知识，同时不应受政治约束，尽管一个军官应该具有政治敏感性，并了解其局限性。军官的专业知识包括对政策流程的政治文化方面的理解。

九、做出公正而准确的评估

在审查正在实施的行动的效率以及已经公布的战略目的和目标的进展时，军官应做出公正的评估。内部会议应该突破原定的"讨论重点"，对正在实施的行动是否取得进展加以定量和定性分析，进行更广泛的交流。军官应该对可能的解决方案提出自己独特的建议或看法，不应该发表超越自己专业知识的意见,也不应该利用一个军人在战争时期所享有的荣耀来抬高军事观点的价值,压制文职决策者寻求其他观点。

十、军政双方都应具有团队精神

军官应该在跨部门会议中做一个具有团队精神的人;应该仔细聆听和帮助文职与会者制定有效的政策、计划和纲要;还应该促进文职国家安全专业知识的发展。麦迪逊方法的中心思想是提供一系列选择,并对各项选择的利弊提出详尽而公正的评估,以使当选领导人能够为美国人民作出最佳抉择。仅仅赢得官僚机构间的竞争或进行名利之争几乎毫无意义;相反,我们的目标是制定最有利于国家的行动方针。

十一、对国会和行政当局负责

军官的首要职责是维护宪法,为美国人民服务。为此,尽管军官为美国政府工作,但他们同时也必须对国会负责并效力于国会。平衡这两重文职领导的关系一直很棘手,但对那些寻求真理和共同利益并致力于履行自己职责的军官来说,良知和专业判断是他们行动的导向。

十二、理解和接受民主进程的微妙之处

军官应该提高对代议制民主的复杂性和细微差别的鉴别能力。建国者设置了一套政府机关彼此制衡的复杂系统,使既听从人民意志又尊重少数

人权利的政体仍然以自由为重。一些最重要的问题，诸如战争与和平的问题，必须在公众投票之前，由当选代表讨论协商。军官必须确保这种正式讨论信息充分且准确，美国最高军事官员对此直接负责。国家安全有时需要保密，但行动安全的需要并不能成为混淆或缩短有关发动战争和使用武力问题讨论的政治阴谋的挡箭牌。就此而言，一个军人的职责首先是效力于美国政府，其中也包括国会。

为了确保对重要问题进行充分而信息准确的正式讨论，一个自由社会里的媒体的作用至关重要。有些信息非常重要，足以影响公众对是否参战或使用武力的看法，如果美国人民没有充分了解这些信息，军官有责任通过行政机构和立法机构公开这些信息，尽管这么做可能会对自己的职业发展产生不利影响。这并不会从本质上影响军官提出自己的军事判断和建议，因为这些活动主要是在私下进行的。只要可能，军事领导人向总统、国家安全委员会和国会提出的建议也属于这些范畴。

然而，国会听证会通常是向公众和媒体开放的。如果讨论敏感话题，军事领导人可以请求在听证会之前召开一个双方领导人参加的非公开会议，更加谨慎地转达敏感信息。除了明确告知这类信息是否涉密，并评估这类信息公开后会产生的潜在危害，军官传递信息后国会议员如何处理这些信息与军官无关。在任何情况下都不允许向国会或媒体或其他任何人隐瞒真相，与此同时应适当地采取安全保密等级措施。

十三、为美国人民服务至上

美国人民是美国军队的最终客户，因此，军队的统一指挥原则仍然适用于麦迪逊的军政关系方法，即使他们通过行政当局和国会表达各种各样的观点，美国人民的利益和美国的利益依然是至高无上的。这很可能使军政关系在决策过程中产生更多的摩擦和争论，但一旦做出决策，假设这些决策是合理合法的，那么所有军官必须全力支持这些决策，竭力确保其顺利实施。军官如果完成了自己的服役义务，如果无法完全支持既选事业，那么他们就应退役，如不够资格退役就应辞职。否则，他们就必须全力以赴。

十四、远离党派之争

军官不能在党派斗争中偏袒一方，鲍威尔将军刊登在《纽约时报》上的评论文章就是一个反例。尽管有人会说这篇评论并不违法，因为其发表是经过指挥系统核准的，但这不符合规范。一方面，文章内容不合适（他支持乔治·赫伯特·沃克·布什总统的观点——一位刚结束总统竞选的候选人的观点）；另一方面，发表的时间也有问题（发表在克林顿的新政府即将上台之前）。军人的无党派性就像现实一样重要。现役军人都应该理解和遵守国防部2004年颁布的第1344.10号指令（DoD Directive 1344.10）所阐明的有关允许和禁止政治行为的法规。①

军官也受《军事审判统一法典》（UCMJ）第88条的约束，该法典禁止对被任命的高级联邦官员进行辱骂和人身攻击。在公共场合，军官应该永远尊重国家领导人，尤其是行政机构和立法机构的民意代表。

然而，这一切并不意味着军官在参与行动计划会议时，在决策制定和行动实施前讨论计划和建议的过程中提出反馈意见时，不能坦陈己见。《军事审判统一法典》（UCMJ）有些条款限制个人性质的评论，而专业知识方面的分歧不属于个人性质，也不属于冒犯。在国会面前，军官必须直抒己见。过去一直规定如果军官的观点与美国政府的基本观点不一致，他们就应该对国会隐瞒自己的观点。但是宪法规定国会有权指挥军队，而军官也有责任直抒己见，并运用专业知识和实际经验来分析支持自己的观点。坚持麦迪逊方法的军官在处理军政关系时可能要与国防部里的文职同

---

① DOD Directive 1344.10, dated August 2, 2004, Enclosure 3 (superseding DoD Regulation 5500).

行做斗争，但是一旦做出决策，不管自己的军事建议是否被采纳，他们都有责任坚持不懈地落实这些决策。在学术领域里，只要是为了努力完善将来的类似行动，军官应该可以自由批评和评判国家安全政策的制定和执行情况。

十五、仅仅出于国家利益利用新闻媒体

军官不能使用新闻媒体来支持不符合美国人民最佳利益的政策性主张。换言之，利用新闻媒体来谋求自己军种的利益——当这种利益并不符合全体美国人民的利益时——是极其不妥的，就像为了类似目的向记者发表非正式评论也是不妥的。这种限制总是模糊不清的，尤其是涉及预算或计划时。因此，在与媒体接触之前，不管是正式的还是非正式的，最好有一个"魔鬼代言人"（devil's advocate）提出质疑，确认是否符合相关的规范标准，这样做有利于公共利益，而不是让一个军种的利益超越另一个军种的利益。

军官不应该让人错以为他们在指导政策或者在政权交接时利用新一届美国政府。1933年处理"军队里同性恋"问题的方法导致了军政领导间的公开对峙，这对双方并没有益处，尽管此类对峙或许无法避免，因为当时正是媒体，而非军队，在选举结束后马上提出了这个问题。不过可以引以为戒的是：军官应该积极寻找方法来支持新一届政府的过渡。

在军官公开的声明和著作中，必须避免无意中破坏美国正在努力制定的政策和外交关系。在麦迪逊的军政关系方法里，军官有责任让当选领导人和民众知晓军事行动中潜在的利弊，但是一定要努力确保这类信息不会影响政府的政策和工作。即使军官的言行举止恰当规范，厘清这一点也可能是很难的，并且争议也可能无法避免。不过，决定美国外交政策方针的正是当选领导人，而军事领导人则必须服从领导并执行政策。如果让当选领导人和美国民众了解实情的过程使对手产生误解，例如以为军队回避使

用武力，这也会破坏政府的威慑性外交政策，这一政策的基础就是威胁使用武力而又希望不必使用武力。

十六、结　语

拉姆斯菲尔德—迈尔斯时期是五角大楼军政关系最糟糕的时期，一个直接后果就是美国与伊拉克冲突的准备行动受阻。美国国家安全机构放弃了制定作战计划的规定程序。相反，拉姆斯菲尔德控制着整个流程，导致递交给总统和美国公众的计划被当作是美国中央司令部司令官汤米·弗兰克斯将军的计划，但是这份计划被曲解，完全背离了初衷，无法再代表军方的最佳判断。军官们，其中包括弗兰克斯将军和迈尔斯将军，却对此表示默许。为什么？

这至少部分说明当时军政关系的基础是有缺陷的。弥补这一缺陷既需要改变组织结构，加强最高军事领导的地位，如《戈德华特—尼克尔斯国防部重组法》的制订，又需要设置新的规范标准来厘清和提高军政关系中的专业军事能力。在麦克纳马拉和惠勒或拉姆斯菲尔德和迈尔斯执掌五角大楼时期，最高军事领导认同这些理念：分歧等于背信弃义，在军政关系中军人的作用应该是受限制的，应该是回应式的。这使当选领导人获取的全都是五角大楼里文职官员控制的军事建议和分析，这种方法无益于美国人民。与此相反，根据华盛顿将军和马歇尔将军的原则，军事领导人在军政关系中应起到适当而又有效的作用，这有利于获得胜利。华盛顿和马歇尔都意识到最高军事领导在军政关系中所做出的贡献，国家安全决策过程中的咨询建议尤其如此。此外就是协助当选领导人对各种建议进行分类，并做出有效决策。华盛顿和马歇尔在制定一些有利于有效政策的规范标准方面做出了贡献。

相比之下，在拉姆斯菲尔德领导的五角大楼里，最高军事领导在处理军政关系时的行为只有极少数是合适的。在某种程度上来说，学者们给军官灌输了这样一个概念：文人控制的规范构架运作不力，概念不当。这种观点与那些曾被他们当作军官们言行举止楷模的军事英雄的观点不同。并不是只有学者们这么做；在我们近代历史上的不同时期，五角大楼里的政治任命官员越来越多地举着文人主观控制的招牌。但是这一次很特别，军官们达成一致意见，不再向当选领导人提供有助于决策的分析和建议。

最高级别将官在与文职官员打交道时，当然应该继续恪守礼仪，服从领导，但是在制定作战计划时他们也应该确保他们的观点、分析和最佳军事判断会传达至国家决策人，其中包括总统，不管他们的观点是否与国防部长或国防部里任何政治任命官员的观点一致。军官向总统递交的第一份简要提案应该是由职业军人所拟的一个概念，不能为了符合政治官员的意愿而进行大幅修改。国防部长总是有机会提交自己的提案。但是，总统也不必知道国防部长是从一个军官那里获得了体现最佳军事判断的想法，尽管实际上文职官员已经大量修改和充实这个想法。如果有必要或愿意的话，经过政治任命官员修改的提案应由国防部长或部长指定的代表递交。这使总统在做决策之前能对多种提案和分析进行正确又仔细的权衡。

另一个需要改进的地方是军队与国会的恰当关系。我们国家的创始人设置了一套制度，使政治体制里的行政机构和立法机构共同负责国家安全和军队，以免造成权力的集中和滥用。为了确保齐心协力，总统是三军统帅，国会也应该负责为武装部队制定政策，提供军费，以及决定他们何时去保卫自己的国家。此外，国会有权协助决定军队最主要的事务；国会的决策权力使其对军事知识的发展有司法管辖权。现在国会的权力常常被用来界定军队的"作用和任务"，但实际上，除此之外还包括与武装部队一起对美国该拥有怎样的军队做出明确的选择。军事领导人应该认识到国会所起的工具性作用，并与相应的国会领导人一起共同努力，构建一个更强大的国家安全机构。

美国仍在伊拉克和阿富汗艰难作战，或采取其他行动来保卫美国国土和美国生活方式，新的国防部长即将掌权，我们有可能会迎来军政关系的改善期，军政双方相互尊重、相互信任。然而，我们不能因为任何短暂的关系友好时期，就忘记我们的国家安全体系需要长期的结构上和文化上的变革。在国家安全决策流程的军政关系中，领导人的性格特点总会起到至关重要的作用，但是如果不以结构和文化改革来引导这种关系，我们将注定会重蹈过去40年来军政关系大动荡的覆辙。一个独裁者执掌国防部长办公室的大权，再一次信奉主观控制那种功能失调的模式，只是一个时间问题。如果历史可以为鉴，这将会以文人治军和官僚机构效率的名义出现，伴随而来的可能是漫长、痛苦和巨大的军事灾难。

现在需要采取必要的举措来为我们的军政关系打下良好基础，使其能够承受那些专横跋扈的领导者的猛烈摧残。我们应该通过修改《戈德华特—尼克尔斯国防部重组法》来改革国家安全决策流程中的军政关系，接受新的标准规范，并在五角大楼里用更加平衡的方法处理军政关系，这样我们就能更加确保我们国家的安全。这是刻不容缓的事情。

[编译自/《美国军政关系——新时代的士兵与国家》（American Civil-Military Relations: The Soldier and the State in a New Era）第十二章；作者/克里斯托弗·P·吉布森（Christopher P. Gibson）]

第十四章

重新调整美国军政关系

美国军政关系自"9·11"事件以来承受了巨大压力。鉴于国内和国际领域的趋势,未来这种紧张关系将加剧。当前的许多问题会对今后美国如何调整军政关系产生影响。

考虑到近期涌现的军政关系紧张实例,未来的发展走向如何?未来在重新调整军政关系时,应当考虑哪些问题?文官决策者与军事主官之间可能出现的问题是否会引发"危机",抑或两者之间只是基于不断变化的因素而在表面上寻求另一种新的均衡?未来主战的军官是否将会导致文官对军队的控制变得更加困难?如何形成未来军政关系的"标准"理论?未来是否能够塑造平衡、和谐、有效的军政关系?

在很大程度上,上述问题的答案取决于国内和国际环境的相互作用。从国内环境来看,巴拉克·奥巴马当选总统后,许多人认为美国政坛表面上将恢复一定的平衡,但事实是政治分化状况持续加深。未来可以预见到,对于经济、医疗改革和能源的担忧将主导国内政治格局。

从国际环境来看,针对美国本土发起的"9·11"袭击、伊拉克战争和阿富汗战争、中国的崛起,以及美国与其他国家,尤其是美国盟国之间在国际政治体系框架内的意见分歧,已经造成国际环境的动荡,这种情况在未来仍将持续下去。

第十四章 重新调整美国军政关系

一、未来军政关系调整的国内政治环境

鉴于军政关系需要在美国国内政治环境下进行调整，考虑军政关系时不能忽视政治领域的问题。如上文所述，医疗、经济和能源是主要的内政事务，军政关系和国际事务因而被放在次要位置。当前，在国内政治上，对于未来军政关系具有重要影响的问题尚未得到妥善解决。这个问题就是关于伊拉克战后的"论述"问题，存在"失败论"和"胜利论"两种意见。同时，还涉及回国老兵的地位问题，其中包括军官和士兵、现役和后备役军人。空军学院两名教授撰文指出，关于伊拉克战争的矛盾论述将影响到美国民众与军人相互之间的看法。"随着公众对于伊拉克战争的持续争议，当前军民之间建立的亲密关系将面临威胁。"

越南战争和美国南北战争后，老兵是战后讨论的直接参与者，为多年以来美国的政治文化塑造起到了推波助澜的作用。俗语云，知古可鉴今。

在南北战争中，温和民主党人（同情南方的北方民主党人）大肆批判亚伯拉罕·林肯、共和党、战争和北方联邦军。除批判之外，民主党还积极干涉征兵工作，并鼓励民众逃脱兵役。事实上，民主党对于征兵制度的极力阻挠，导致联邦军不得不数次从战场抽调兵力，用于维持民主党活跃地区的秩序。

然而，从长远来看，民主党因这部分人遭受了严重伤害。这些人的所作所为导致联邦军士兵的政治观念发生了彻底转向，许多士兵从原来支持民主党反对将解放黑奴作为战争目标，转而成为坚定的共和党人。实际上，相对于南方叛军，许多联邦军士兵更瞧不起同情南方的北方民主党人。爱荷华军团的一名助理医师曾表示，"我们常说，如果我们被击败，肯定是来自于北方的政治提案，而不是南方的子弹。士兵们认为，1862年

秋季的选举结果至少是延长了战争进程。"①

可以肯定的是，联邦军士兵已经厌烦了民主党人关于南方叛军不会被击败的言论。同时，也厌恶被民主党人说成是专制政府践踏民主的工具。

最终结果是，1864年美国总统大选时，绝大多数联邦士兵都将自己手中的选票投给了林肯，而抛弃了一度为人热爱的乔治·麦克莱伦，因为他们认为乔治·麦克莱伦已成为同情南方的北方人的工具。战争后的许多年里民主党人仍能记起，同情南方的北方人才是联邦老兵的强大敌人。

相同的情景在越战后再次出现。"许多越战老兵在战争争议声中回国后感受到了背叛"，他们相信"美国国内的反战示威导致军事力量受到了限制，束缚了军方的手脚，致使南越被越共攻陷"。此外，美国国内的反战行动自愿将美国国旗让与战争支持者，更加深了越战老兵的上述种种感受。实际上，烧毁美国国旗一直是反对越战政策的永久象征。②

无论真假与否，随着大量军方人士开始相信民主党使用内战后同情南方的北方人欺骗联邦士兵的方法欺骗了他们，越战老兵的种种感受在很大程度上应归咎于军队中的"共和组织"。2004年美国总统大选时，越战老兵之间因约翰·克里（John Kerrey）的候选人资格产生了巨大分歧，这个结果在很大程度上是由1973年他在美国参议院外交委员会发表的证言所引发的。许多越战老兵将克里的证言理解为克里要起诉他们为战争罪犯。

越战老兵们对越战的感受通过转变政党关系而影响了美国的国内政治，他们对军政关系也产生了更为直接的影响。在越战老兵之间出现了"温伯格—鲍威尔主义"和"艾布拉姆斯主义"。"温伯格—鲍威尔主义"认为美国军方应强调军政关系的"标准化"理论，在军队实施作战行动时可授予军方自主权力范围。"艾布拉姆斯主义"拥有众多追随者，强调扩大国民警卫队和预备队在陆军架构中的比例，对约束总统动用武力的自由决定权产生了实际的影响力。

---

① Jennifer L. Weber, *Copperheads: The Rise and Fall of Lincoln's Opponents in the North* (New York: Oxford University Press, 2006), p. 69.

② George Mastroianni and Wilbur Scott, "After Iraq: The Politics of Blame and Civil-Military Relations," *Military Review*, July-August 2008, p. 58.

随着越来越多的老兵回归平民生活,将来对伊拉克战争和阿富汗战争的经验教训争论上也会出现相同的"文化"之争。"军人反复地在海外长期部署,他们及其家人经历着种种困难和牺牲,许多人对他们的牺牲也是积极正面的看法。美国军人愿意为了崇高的目标做出牺牲,但是没有人愿为一个道德上的错误而浪费自己的生命和生活。"①

当然,现在的老兵没有像越南老兵那样形成独立的社群,但老兵们意识到对于伊拉克战争的评价将会影响到未来的军政关系。幸运的是,至少在绝大多数情况下,目前的反战运动是将矛头指向布什执政期间在伊拉克和阿富汗发动的战争,而不是针对参战士兵。因此,可避免最坏情况的发生,即类似于越南战争后爆发的分裂斗争。

在未来国内环境涉及军政关系的方面,还应当注意的一个问题是,高级军官可能凭借其参加伊拉克战争和阿富汗战争的资历进入政坛。其中的代表人物有戴维·彼得雷乌斯将军。许多人认为他是2007年之后伊拉克局势发生戏剧性转变的制造者。随后,他升任美军中央司令部司令,统管伊拉克和阿富汗战区。后来又受命监管美军在阿富汗的行动。虽然他本人表示对政治不感兴趣,无心进入政界,但其他人却不这么认为。

尽管这种情况可能发生,但先前的事例表明美国政坛并不青睐战功卓著的将军们。科林·鲍威尔将军在许多共和党人支持的情况下失去了总统竞选提名,而在巴尔干行动期间担任北约盟军最高司令的卫斯理·克拉克将军也没有获得2004年民主党党内的总统竞选提名资格。许多战功显赫的将军,如:美陆军前参谋长莱纳德·伍德、赢得马尼拉湾战役的乔治·杜威(George Dewey),以及第一次世界大战期间担任美国驻欧洲远征军司令的约翰·约瑟夫·潘兴,他们都选择了进入政界,但自南北战争结束以来,迄今为止获得总统选举胜利的将军仅有德怀特·戴维·艾森豪威尔一人。

---

① George Mastroianni and Wilbur Scott, "After Iraq: The Politics of Blame and Civil-Military Relations," *Military Review*, July-August 2008, p. 56.

二、对于未来国际安全环境的思考

美国对于全球事务的参与使得健康的军政关系仍然是一个主要关切。在许多方面，势必存在争议，问题将逐步凸显。未来安全环境和未来冲突的性质将对美国的军政关系产生巨大影响。

未来安全环境将会怎样？未来安全环境与当前存在哪些差异？未来冲突将呈现出什么样式，我们应当如何相应地塑造军队？预测未来就犹如"雾里看花"。如果要试着回答这些问题，就应当注意到，进行未来预测的计划人员可能并不具备适当的经验。事实上，自1940年以来，美国平均每隔十年就会经历一次重大的战略意外。

二十年前，伴随着冷战结束以及1991年第一次海湾战争"沙漠风暴"行动的爆发，一些人在20世纪90年代期间认为，美国已经在单极世界中成为真正意义上的唯一的全球性大国，达到了"历史终点"。随着苏联的解体，作为自由民主在意识形态领域的最后对手，共产主义已经不足为道。建立起真正的自由民主世界秩序已经成为可能，战争时代也将不会再现。[1]

这些"国际乐观主义者"宣称，国际体系的全球化和不断加深的相互依存关系使得各国都认识到，鉴于现代战争的极大破坏性，不太可能爆发大规模的国家间冲突。他们认为，尽管发生小规模冲突的可能性依然存在，但可以通过基于自由主义原则构建的外交和合作体系加以预防控制。这种观点在克林顿执政时期颇为盛行。

"国际乐观主义者"的观点得到了"技术乐观主义者"的支持。后者认为，美国能够通过"军事变革"（RMA）维持在国际秩序中的主导地位。科林·格雷指出，这些人认为，他们已经发现了理想中的技术乐土，也就

---

[1] Francis Fukuyama, *The End of History and the Last Man* (New York: Free Press, 1992) and John Mueller, *Retreat From Doomsday: The Obsolescence of Modern War* (New York: Basic Books, 1989).

是"受到保护的战略财富黄金城"。①

1991年,联军对萨达姆·侯赛因取得了速胜,成功地将伊拉克部队赶出了科威特。这使得一些颇具影响力的防务专家认为,新技术和军事变革能够改变"战争的根本性质"。前参谋长联席会议副主席威廉·欧文斯就曾经发表过一个有名的论断,即:新技术和"信息优势"将消除"冲突"和"战争迷雾",为指挥官及其下属提供接近完美的"态势感知"能力,从而可以确保"动用武力不会再面临原来那些风险。"②

欧文斯认为,"科技能使美军在未来揭开'战争迷雾',有可能实现卓越的战场感知能力,使美军可以洞悉战场上的一切。"此外,他还表示,"如果能够洞悉战场,就能够赢得战争。"

美国国防大学曾刊文赞同欧文斯的观点。文章指出,"总的来说,我们的决策方式将发生改变,从原来在不确定状态下,或是基于不完整的、错误的信息做出决策,转变为基于近乎'完美'的信息做出决策。"③

当时的空军参谋长对这种观点回应指出,"进入21世纪后,我们将能够几乎实时地发现、定位、跟踪和瞄准在地表移动或位于地表上的任何目标。我可以很坦率地说,当前我们已经实现了这方面的绝大部分能力,只是还没有做到实时而已。"④

20世纪90年代是一段战略乐观期。分析专家总结认为,由于在新技术,尤其是在信息技术方面独占鳌头,因此在可预见的未来,美国的世界地位将是牢不可破的。同时,还没有出现像前苏联一样的"对等对手",能够对美国构成现实威胁。

上述国家安全形势使得美国的计划制定者在许多情况下采用了简单化的国防计划构想:

---

① Colin Gray, *Modern Strategy* (Oxford: Oxford University Press, 1999), p. 6.
② Admiral William Owens, "System-of-Systems: US' Emerging Dominant Battlefield Awareness Promises to Dissipate 'Fog of War'," *Armed Forces Journal International*, January 1996, p. 47.
③ David Alberts, "The Future of Command and Control with DBK [Dominant Battlespace Knowledge]," in Stuart E. Johnson and Martin C. Libiki, eds., *Dominant Battlespace Knowledge* (Washington, DC: National Defense University Press, 1995), p. 93.
④ Ronald R. Fogelman, "Information Technology's Role in 21st Century Air Power," *Aviation Week & Space Technology*, February 17, 1997, p. 17.

（1）美国的安全挑战将主要来自于地区性大国，地区或战区应急行动将主要表现为常规作战行动；

（2）潜在对手与前苏联相比力量较弱；

（3）美国在打击、信息技术和隐身能力方面占据绝对优势，能够成功阻止对手进入，这种优势在可预见的未来仍将持续下去。

上述构想促使美国的部队结构发生了重大变化，包括：美国战略轰炸机部队的"常规化"，以及将航天和C3I项目从战略层面调整到战术/技术层面。计划制定人员认为，未来战争的持续时间将很短，"战略速度"（strategic speed）至关重要。因此，联合计划人员重点提出了"快速阻止"（rapid halt）、"快速决定性作战"（rapid decisive operations）、"慑止"（shock and awe）等概念。这种观点造成的后果之一就是导致作战行动的"第五阶段"（安全、稳定、转型和重建）未得到重视。毋庸置疑，唐纳德·拉姆斯菲尔德将这种观点带到了国防部，在布什执政期间对军政关系造成了不良影响，从而导致在伊拉克战争期间发生了严重问题。

随着2001年9月11日世贸中心双子塔的坍塌，上述关于自由世界秩序的乐观构想被彻底击碎。全球化的负面影响就是被国际乐观情绪蒙蔽，没有看到伊斯兰极端主义抬头。奥萨马·本·拉登（Osama bin Laden）发布了针对美国的绝杀令，实际上他在多年前已经对美宣战，但在"9·11"事件之前，许多美国人连他的名字都没有听说过。

"9·11"事件，连同美军后续在伊拉克面临的难题，以及在阿富汗遇到的问题，颠覆了20世纪90年代技术乐观主义者提出的观点。与他们的观点相违背的是，美国取得的科技优势并没有使国家变得无懈可击。

然而，一些人怀疑美国是不是在一个方向上走得过远。随着美国继续应对伊拉克和阿富汗问题，并且准备在未来将主要精力放在"小规模"或"非常规"战争上，这样做是否会导致美国针对崛起大国遂行高技术常规战争的能力被弱化？

即便美国能够继续赢得战争，但军官与文职领导层之间的意见不合问题注定将持续下去。例如，奥巴马总统将2011年6月定为从伊拉克撤出全部军事力量的最后期限之后，前驻伊拉克美军部队指挥官表态指出，伊拉克持续存在的问题可能需要美国维持在该国的驻军。此外，许多军事主官认为，总统发布的"撤军期限"破坏了美军增兵阿富汗和发动民众平叛所取得的成果。

三、未来安全环境

正如对于技术乐观主义者持批评意见的人所预测的一样，"9·11"事件、伊拉克和阿富汗问题已经证明，对手针对美国的优势采取了"非对称"手段。这些事实动摇了过去美国推行的计划构想，并且需要我们对未来战争的特性进行重新思考。

四、未来军事竞争的驱动力和领域

几年前，彼得·施瓦茨（Peter Schwartz）提出了一套用于思考未来的方法论。他指出，通过对驱动力、预定因素和重要不确定性做出评估后进行情景设定，计划制定人员可以很好地理解新出现的安全环境。对未来趋势进行评估是这套方法论的关键部分。

哪些是安全环境中的主要新趋势？其中包括但不局限于：军事技术的扩散；无限制地获取信息技术，包括轻型电影摄像机、移动电话、便携式计算机和卫星调制解调器，这些技术使得包括对手在内的任何人有能力实时发送冲突影像；全球化使得恐怖分子和其他武装团伙可通过利用先进国家，尤其是自由社会的弱点，以廉价手段产生巨大影响。

事实上，成本计算方式已经发生变化，这可能是后果最严重的发展趋势。冷战期间，在与前苏联的竞争中，美国掌握着明显的成果优势。里根执政时期，通过利用大规模、不断成长的美国经济体与规模小得多的前苏联经济体之间存在的差距，推行了一套非对称、成本累积战略。这种成本累积战略迫使前苏联不得不耗费其经济体难以负担的资源。通过发展国防力量、支持阿富汗反苏力量，并推行战略防御倡议等旨在对前苏联即将过时或已经过时的核武器库构成威胁的项目，美国使前苏联难以应付。

正如 2003 年前国防部长唐纳德·拉姆斯菲尔德指出的一样，这种优势已经消耗殆尽。"成本收益比率已经不利于我们！我们的成本达到数十亿美元，而恐怖分子的成本仅为数百万美元。"实际上，拉姆斯菲尔德可能大大低估了成本收益的比率。约翰·罗伯（John Robb）在评论"9·11"事件时指出，"一次 25 万美元的攻击造成美国的损失超过 800 亿美元（某些评估高达 5000 亿美元）。"[1]

对未来进行思考的一个重要方面就是通过有根据的推测了解未来军事竞争的可能样式。未来军事竞争的领域可能包括：力量投送与反介入战略；"隐藏"与"发现"；精确打击与主动防御。此外，我们还预期在航天和网络空间将会存在较大竞争。事实上，对手将寻求发展远距离发起难以探测到的电子或信息攻击方面的能力。

另一种新的军事竞争涉及对抗来自于大型对等竞争者或恐怖分子对美国本土构成的威胁，这些潜在对手能够运用比以往更具破坏性的力量。针对前者，美国必须做好准备，有能力对抗弹道导弹和巡航导弹威胁，这些威胁的预警时间可能远远低于几年前的预期。针对后者，美国应当能够对抗恐怖分子或其他武装团伙，因为他们可能有渠道获得化学和生物武器。

五、变化中的战争特性（而非性质）

如上文所述，20 世纪 90 年代计划的制定人员普遍认为，新科技改变

---

[1] John Robb, *Brave New War: The Next Stage of Terrorism and the End of Globalization* (Hoboken: Wiley, 2007), p. 31.

了"战争的根本性质"。很明显,战争的性质仍然没有改变。克劳塞维茨指出,战争是意志相背群体之间爆发的暴力冲突,双方都力图战胜对方。在战争中,作战一方的意志是以活化对象的反应为导向,通常难以预测。敌对双方意志的循环相互作用产生于机遇与混沌之中。他还发现战争存在下列持久不变的特点,包括:"全面摩擦"持续存在是战争的组成部分;不可能消除战争的不确定因素;"道德因素"在战争中发挥关键作用。

另一方面,战争的"特性"难以确定。因为弱势一方会动用多种不同类型的手段试图击败强势一方。过去的传统观点认为,战争的胜利属于最适应战争的一方,即冲突成本的承受能力,也就是克劳塞维茨所说的"目标价值"。历史记录表明,物质上较弱的一方取得冲突胜利的比率出人意料,自第二次世界大战以来在各次冲突中的胜率达到了约40%。

菲利普·邦比特(Philip Bobbitt)观察发现,在战争中,击败敌国要动用举国之力的现象持续了五个世纪。只有通过国家行为,才能够调集巨额财政、征募庞大军队,并且装备武装部队,从而对其他国家的生存构成威胁。事实上,正是为了对抗此类威胁,现代国家才应运而生。过去,每个国家都知道其敌人可能产生于邻近的具有地区利益诉求的少数几个潜在对手之中。然而,由于全球化、全球联网、国际电信技术、快速运算能力和大规模杀伤性手段的发展,这种判断已经不再可靠。

六、新的安全环境和未来战争的特性

目前不断变化的安全环境表现出许多特点,正在并且很可能将在未来继续对战争的特性产生影响。全球相互依存性不断加深在促进经济繁荣的同时,也使得恐怖分子和其他暴力理论家能够以极低的成本和风险造成巨大的损害。车臣匪首、别斯兰惨案制造者沙米利·巴萨耶夫(Shamil Basayev)曾表示,"我们不受任何条件或任何人的约束,我们将继续按照方便和有利于我们的方式，并以我们的原则发动攻击。"①

约翰·罗伯指出，"这种新的作战手段使得游击队能够让现代国家经济体屈服，并由此破坏国家行使保卫权利的合法地位。此外，还将对经济全球化的关键推动因素，包括：资源、投资、人员和安全等各个流程构成损害。"罗伯认为，采取这种作战样式的组织并不是真正意义上的恐怖分子，可以称之为全球游击队，"与恐怖分子或过去的游击队相比，其威胁更加广泛。"②

此类全球游击队组织能够利用高速经济发展和城市化引起的不协调、技术领域尤其是信息技术的扩散和影响、全球化和人口膨胀引发的混乱状态。通过"连锁"破坏，他们能够对先进经济体造成"系统性毁坏"。"如果攻击者能够破坏无标度基础设施网络中心的运行，那么整个网络将会在连锁作用下崩溃。"③

相互依存性的加深使得单个网络的失效将导致其他网络的故障。在密切相连的基础设施中，运输网络、水网和输油网络依赖于电网的同时，电网也需要输油网络和运输网络的支持。"事实证明，全球游击队已经能够越来越熟练的利用这些相互关联性，从而造成跨网络破坏。"④

七、战争分类—多维冲突

2004年国防战略及随后公布的《四年防务评估报告》将战争分为传统、非常规、灾难性和破坏性四个类别，尽管这体现了对于未来战争思考方面的进步，但同时也给人一种感觉，即敌人将只关注某一种作战样式。然而，准确地说，战争通常具有多维性。

---

① John Robb, *Brave New War: The Next Stage of Terrorism and the End of Globalization* (Hoboken: Wiley, 2007), p.14.
② Ibid., pp.14–15.
③ Ibid., p.102.
④ Ibid., p.103.

第十四章　重新调整美国军政关系

在过去以国家对国家为主体的战争中，传统或常规战是主要的表现样式，但参战双方也会寻求各种方法利用非常规能力，如：游击战、暴动或破坏行动，用于动摇敌对国家公众对于战争的支持，包括实施恐怖行为。对于美国的计划制定人员来说，未来有一种特殊的多维战争样式将构成非常严峻的挑战，即："复杂非常规战"（CIW）。

复杂非常规战的一个特点是，未来的敌人可能具有"混合性"。此类混合威胁将通过各种战争类型，增加美国军事行动的潜在成本。

黎巴嫩真主党就是此类混合威胁的一个原型实例。2006年与以色列交战期间，黎巴嫩真主党不仅展现了类似于国家层面的军事能力，包括远程导弹、反舰巡航导弹、先进反装甲系统、武装无人机和信号情报能力，还表现出熟练实施游击战的能力。此类混合威胁将使未来美国军事计划和实施变得更为复杂。

黎巴嫩真主党之所以能够抵抗以色列国防军（IDF），是因为它能够通过调整适应其面对的特定环境。例如，不同于美国部队需要对各种环境和条件进行作战准备，黎巴嫩真主党能够对其部队进行针对性编组，用于对抗以色列国防军。由于黎巴嫩真主党不考虑组织进攻性作战，因此它能够集中精力研究防御战法。

在与以色列国防军的数十年低强度冲突中，黎巴嫩真主党深刻认识到其对手的优势和弱势。以色列国防军的地面部队在向大马士革和开罗的推进过程中，体现了有组织的快速常规能力。鉴于此，黎巴嫩真主党领导人放弃了建立传统装甲旅或装甲营的考虑，虽然这是其他阿拉伯国家常见的建军方式。取而代之的是，他们通过一切渠道储备最先进的防御性武器，例如俄制最新一代"短号"杀伤性反坦克导弹，以及系列火箭弹，包括伊朗制造的远程火箭弹和单兵自动瞄射"喀秋莎"火箭弹。借助"喀秋莎"火箭弹，阿拉伯军队自1948年以来首次使以色列出现了大规模难民迁移。[1]

通过部署模块化部队，并实施特定任务指令，黎巴嫩真主党表现出极

---

[1] Ralph Peters, "Lessons from Lebanon: the New Model Terrorist Army," *Armed Forces Journal*, October 2006.

大的作战灵活性，在武器的创新使用方面取得了实际效果。尽管大多数黎巴嫩真主党作战人员不会自寻死路，但他们愿意承受伤亡，并且非常乐意接受与以色列国防军大约5∶1的损失比率。此外，黎巴嫩真主党的情报工作也异常有效。拉尔夫·彼得斯（Ralph Peters）指出，"以色列按照克劳塞维茨《战争论》理论艰苦作战，而黎巴嫩真主党则是《孙子兵法》的狂热追随者。"

如上文所述，复杂非常规战衍生出的混合威胁类型，以及黎巴嫩真主党展现出的实际效果，最有可能成为未来冲突最严峻，可能也是成本最高的样式。针对混合威胁发动战争需要考虑的问题包括：战争可能极具杀伤性和持久性；交战通常发生在城镇地区，人员密集。从距离、复杂性和任务来看，此类战争具有广泛分布性。在绝大多数情况下，此类混合威胁为了赢得民众的理解，将制造"公众之间的冲突"。要战胜此类威胁，应当掌握"文化情报"，并搜集"人类地域"情报。

在此类冲突中，作战环境的特点是友军与敌军近距离接触，难以区分常规与非常规作战、作战人员与非作战人员、冲突与维稳行动，以及物理层面与心理层面等。总之，混合战争是在影响力和合法性领域的争斗，取决于哪种势力占据上风。伊拉克的冲突表明，在争夺合法性的战争中，宗教身份可能胜过或抵销政府和经济优势。

总的来说，发起复杂非常规战的混合敌人将试图利用冲突的政治影响，动摇美国军事行动的合法性。因此，此类敌人将设法发动"法律战争"，"将法律作为武器、策略联盟手段、战略资产使用。"

过去，法律只是军事冲突的一个不那么重要的部分。然而，现在法律却能够塑造战争的体制、后勤和物理格局。正如克劳塞维茨所言，如果战争仍然是政治的延续，那么现如今通过战争使政治得到延续的做法已经被合法化。通常情况下，法律能够实现过去通过炸弹和导弹才能够实现的目标，如：占领和保卫领土、表达决定和政治的严肃性，甚至可用以击垮政治对手的意志。

要达成这种目标，可选择使用针对美国的战争规则（而他们自己却不遵守这些规则），例如：躲避到民众聚集区，试图制造大规模民众伤亡。

随后，发动复杂非常规战的敌人会利用战场上的媒体资源，将上述伤亡渲染放大。复杂非常规战首先是关于民心的斗争。劳伦斯·弗里德曼（Lawrence Freedman）指出，"在非常规战中，除非能够被转化为信息环境方面的优势，否则物理环境方面的优势几乎毫无价值。我们的敌人很适应当今媒体时代下的战争，但对于我们的国家和政府来说，在很大程度上却还不能自如应对。"①

八、先发制人

对抗上述威胁的最佳方法就是先发制人。要做到这一点，美国需要建立有利于自己的介入条件，包括：营造灵活的前沿部署态势，并采用有效手段应对混合型敌人可能实施的非对称反介入策略。这些策略旨在破坏美国全球军事力量的基础，即：从美国本土远距离投送和维持大规模部队的能力。总而言之，敌人可能采取以下四种方法破坏美国的力量投送能力。

首先，当美国决定进行力量投送时，敌人可能试图通过威胁采取使美国付出高昂成本代价的行动进行吓阻，如：威胁攻击美国本土目标，以动摇民众对于海外干预的支持。其次，当美国向港口和机场部署部队时，敌人可能试图通过恐怖袭击、破坏交通线等诸如此类的行动，打乱美军的部署。此类攻击将迫使美国动用部分力量投送部队防范在本土受袭。再次，当美国向战区运送部队并试图介入时，敌人可能通过军事和政治手段竭力阻挠美军介入，如：袭击和威胁攻击美国在该地区的盟友。最后，当美军建立驻地，并开始实施进攻性作战时，敌人将采用各种方法击败美军。

过去，敌人主要关注的是后两个方面，即：拒止和击败。然而，在未来，敌人成本效率最高的行动可能是对美军力量投送进行威慑和破坏。这种可能性将成为未来冲突的另外一个新特点，即："360度战争"。

---

① Col. Doug King, USMC, "Hybrid War," A Presentation to the Defense Science Board, May 24, 2007.

过去的战争，不论是在战略、战役、还是战术层面，通常都有关于"前方"和"后方"的界定。当然，空中力量为打击敌军后方提供了作战手段，并且远程空中力量和导弹有能力攻击敌国本土。然而，对战争一方的战略后方实施打击，将面临相互摧毁的风险。

在游击人员、叛乱者、恐怖分子、以及其他武装团伙发起"没有前后方之分的战争"的同时，真正的360度战争最近开始走进人们的视线。"9·11"事件表明，美国对于其本土受到袭击的威慑能力已经不再令人信服。伊拉克和阿富汗行动的经验表明，我们的敌人已经开始在战役和战术层面采用这种方法。

有鉴于此，未来的多维战争可能具备以下特点：战场广泛分布，且相对独立；城市巷战和附带损伤不可避免，并会被敌人通过通信手段加以利用；后方极其脆弱。在这种战场上，友军和敌军相互交错，争取民心将成为一项持久任务。军事技术，包括核武器和运载系统的扩散将促使情况更加恶化。

九、一个对等的竞争大国？

如上文所述，许多人认为，美国情报界在20世纪90年代和21世纪初对于中国崛起成为大国的趋势过于关注，以至于没有觉察到2001年9月11日成为现实的威胁。然而，当前许多人怀疑美国是不是在一个方向上走得过远。美国现在是不是过于重视反暴动和反恐，以至于没有采取必要措施加强与"对等竞争大国"军事力量的对抗能力？

未来对等竞争大国的主要代表是中国。国防部2007年向国会提交的《中国军力报告》指出：

"中国领导人为其国家设计的未来路线存在许多不确定因素，这其中包括中国日益强大的军事力量，以及这些力量的使用方式。中国人民解放军正在推进全面转型,从能够在其领土范围内遂行持久消耗战向打赢与高技术敌人进行的短期、高强度冲突转变,中国将这种作战称之为"信息化条件下的局部战争"。目前,中国维持军事力量的能力仍然有限,但2006年《四年防务评估报告》指出,中国"有巨大的潜力能够与美国进行军事对抗,并且未来将有能力部署破坏性军事技术抵销美国的传统军事优势。"[1]

该报告指出,中国的经济增长使其能够加快推进军事转型的速度和范围。"中国武装部队的军事能力扩张是造成东亚军事平衡发生变化的主要诱因;中国战略能力的完善所造成的影响远远超出了亚太区域。"中国已经增强了其战略打击能力,并已经开始推进一项雄心勃勃的空间对抗项目,"其标志性事件就是2007年1月成功试射了一枚直升式反卫星导弹。"由此可看出,中国在持续发展地区的拒止和反介入战略,已经从"现代战场的传统陆海空层面向航天和网络空间延伸。"

中国的实例表明,混合战争不是仅仅与"低端"冲突相关联。未来对等对手在与美国展开军事竞争时,不会只局限于"传统"领域,而是将选择美国传统优势之外的领域进行非对称对抗。中国几年前出版的一部名为《超限战》(Unrestricted Warfare)的著作表明,可能在"高端"冲突中出现混合型复杂非常规战。

十、未来战争的走向

上文的论述表明,未来的任何对手,不论其采取何种作战样式,在最低限度上都会利用战争的各个方面,以非对称形式对抗美国的关键军事能

---

[1] Office of the Secretary of Defense, *Military Power of the People's Republic of China*, 2007, Annual Report to Congress, 2007, p. I.

力,包括:常规战争、力量投送、自动化指挥系统、航天作战和精确打击。

在非常规战方面,敌人将尝试给美国造成难以承受的损失,主要手段包括:针对优势力量采用屡试不爽的方法;威胁实施持久消耗战,动摇国内民众的支持;加剧暴力和残忍程度;以美国本土和美国主要盟友为目标,使冲突扩大和升级。

在力量投送方面,敌人将尝试通过加大美国海上和空中行动的风险,从而增加美国的介入成本,主要手段有:扩大"争夺区"范围;寻求摧毁高价值目标,如航母;阻挠盟友和合作伙伴向美军提供基地和其他形式的支持;削弱美国向感兴趣地区部署部队的能力。

在自动化指挥系统方面,敌人将尝试"破坏网络",主要手段包括:攻击美国的空间目标;削弱美国的信息系统;破坏指挥控制体系;规避美国的侦察监视;扰乱美国的情报工作。

在精确打击方面,敌人将寻求缩短与美军的接触距离,欺骗用于精确打击的制导系统,并将目标分散设置在民众聚集区内。所有上述方法已经被敌人付诸实战,并且事实上改变了成本计算方法,可能导致美国在未来使用军事力量时变得更加困难。

思考未来的最佳方法不是对其进行预测,而是提出一系列合理的未来预想,以便对战略和部队结构进行检验。要做到这些,美国的计划制定人员必须制定代表性,而非面面俱到的应急方案,将美军可能遇到的主要挑战合理地纳入计划周期内。这种计划方法对美国特别重要,考虑到美国承担的全球责任,必须针对军事行动的整体范畴拟定多样化的应急作战样式。

2005年,安德鲁·克雷皮内维奇(Andrew Krepinevich)针对未来军事竞争领域的问题,提出一套有效的方法论。他重新引入了对计划进行颜色分类的理念,这类似于美国在两次世界大战之间采用的方法,其设想如下:

(1)中国(破坏性对等对手)(黄色计划)

(2)朝鲜(核无赖国家)(红色计划)

（3）巴基斯坦（失败的拥核国家）（绿色计划）

（4）激进伊斯兰分子（紫色计划）

（5）全球能源网络防御（黑色计划）

（6）全球公域防御（橙色计划）

（7）核生化本土袭击（蓝色计划）

上述设想以直观的方式明确了一系列应急行动样式，包括了未来"计划周期"（15～20年）内美国的计划人员可能遇到的主要军事挑战。通过这种方法，可能使美国的战略家和军队计划人员能够按照合理的方案，而不是已经非常熟悉或想当然的应急行动样式，对作战概念和部队结构进行测试。基于相关的军事效能，计划人员能对预计的潜在影响进行切合实际的评估。

任美国联合部队司令部司令的陆战队上将詹姆斯·马蒂斯指出，对未来进行预测存在很大困难。他认为，"我们不可能完全正确地预知未来，我们只需要确保别错得太离谱。"但问题是：这样的未来对于军政关系来说意味着什么？

十一、军政关系重构

上述美国国家政治和国际安全环境的可能发展趋势预示着什么样的健康军政关系呢？关于军政关系的描述表明，拉姆斯菲尔德担任国防部长期间的军政关系最为紧张，而在其继任者罗伯特·盖茨的任内，军政关系似乎得到了改善。要维持军政双方的平衡，军政关系的模式比领导者的个性特征更重要，而这些模式会随着环境的变化而变化。

最近发表的两部著作都试图在历史环境下进行军政关系重构。在第一部著作中，托马斯·兰斯顿主要研究了美国从战争向和平过渡时期对军政关系所做的调整。

兰斯顿和亨廷顿先后表示，和平时期文官与军人存在冲突的根源在于，军人倾向于针对下一场战争进行军事改革（军队的"功能性需求"），而文人则希望"驯服"军队，以便为文官精英阶层的目标服务（主张"社会性需求"）。兰斯顿认为，"军政双方的冲突不可避免，最佳的解决办法就是文官与其对手（军事改革者）都无法取得完全胜利。"①

冷战结束后的时期表面上证明了兰斯顿观点的正确性。如亨廷顿预测的一样，国会开始寻求大幅缩编部队结构，以便实现国会议员们认为通过削减国防开支可以获得的"和平红利"。这并不是单纯的完全清除，正如亨廷顿所言，这只是一种理想化的状况。由于不能实现完全清除，因此文人转而谋求"嬗变"。

在这些转变中，首当其冲的就是允许妇女以及公开的同性恋者参军服役。然而，在克林顿执政期间，军队还被委以一些称为"非战争军事行动"（MOOTW）的任务。兰斯顿的研究表明，军方对此表现出了抵制，认为此类任务分散了军队的精力，偏离了备战下一场大规模战争的需求。

这场斗争的结果是军政关系重新调整的典型示例，也证明了兰斯顿的观点，即：只有军政双方都不能完全实现自身诉求时才会达成健康的军政关系。第一种情况是，"社会性需求"以牺牲军队的"功能性需求"为代价，由于一些军事专业向女性开放，文人就实现了自己的部分目标。然而，军方领导坚持某些军事领域不能招收女性，同时还抵制公开的同性恋者服役，结果，国会明令禁止此类服役。第二种情况是，文人倾向于将武装部队用于军方领导不赞同的非军事目的，实际上军队也确实执行了许多非战争军事行动任务，但国防预算的削减幅度也没有大到导致军队无法对大规模战争进行计划的程度。这种动态平衡将在未来军政关系的重新调整过程中持续下去。

查尔斯·史蒂文森提出了一种类似的方法，用于审视美国在不同历史节点上军政关系调整的不同类型。兰斯顿考虑的是从战争向和平过渡的阶段，而史蒂文森则将和平时期分为两个不同类别，即：重新武装或备战；

---

① Thomas S. Langston, *Uneasy Balance: Civil-Military Realtions in Peacetime America since* 1783 (Baltimore: John Hopkins University Press, 2003), p. 6.

以及转型面临的挑战，同时也涉及战时的军政关系。①

史蒂文森指出，战争给军政关系带来的挑战最巨大，迫使军政双方都必须做出痛苦的抉择。对于难以取得决定性胜利的冲突，持续的时间越长，"作战人员与政客之间的摩擦也就越大。"

美国针对战争进行重新武装期间，军政关系也受到了不同形式的压力。在这个时期内，"需要做出战略判断，确定冲突是否迫近，并且需要通过强有力的领导说服民众及其代表支持将和平时期的资源转用于军事需求。同样，军队也必须针对新的局势做出快速反应，并且愿意采用不同方法应对预期将会出现的威胁。"

相对于文职决策者做出的战略判断，军事现代化更多地将重点放在了武装力量上。"历史经验表明，军事机构只有在如何取得胜利的问题上才愿意做出彻底变革，同时，在军事上取得过成功的军官通常不太愿意对其过去的取胜之道进行改变。当圈外人试图推行关于现代军事的构想时，他们会受到来自军官团的顽固阻挠，除非他们与重大创新的倡导者建立起了战略联盟。"②

实际上，"9·11"事件后，上述三大挑战同时涌现了出来。上文的论述指出，布什执政期间最初的重点是实施军事转型。在早期的外部改革问题上，国防部长唐纳德·拉姆斯菲尔德感受到来自制度的阻力。"9·11"袭击发生后，美国先后针对阿富汗基地组织、塔利班和伊拉克的萨达姆·侯赛因发起了进攻性作战。在此期间，尽管承担着巨大的战争任务，但拉姆斯菲尔德主政的国防部仍然继续推行其转型工作。拉姆斯菲尔德在"9·11"事件之前推行转型方案形成的积怨，导致了军政关系恶化，从而使战争的实施受到了影响，战略评估方面的影响尤其明显。

尽管"9·11"事件后针对阿富汗基地组织进行报复性打击得到了极大支持，但民众对于随后的伊拉克战争，意见却出现了分歧。这意味着在遂行战争的同时推进军事转型的问题上，总统必须使美国民众相信他做出

---

① Charles A. Stevenson, *Warriors and Politicians: US Civil-Military Relations under Stress* (New York: Routledge, 2006).

② Ibid., pp. 8 – 9.

的关于发起伊拉克战争的战略判断是正确的,并且要民众相信他们应当继续支持将资源转用于战争目的。军政双方只面临一种挑战时,就已经很难维持健康、平衡的军政关系。因此,当一个国家同时面临所有上述三大挑战时,就更不可能实现这种关系。

当布什总统表态支持彼得雷乌斯将军在伊拉克的行动,并随后将其升任美国中央司令部司令,同时让盖茨接替拉姆斯菲尔德之后,他才最终认识到军政关系问题的巨大影响力。之后,国防部的工作重心明显转向,由关注转型转为更加重视当前作战行动。

十二、美国军政关系的未来

新的安全环境、战争的变化特性、军事专业主义概念的扩展、以及美国的政治需求均对未来美国的军政关系构成潜在的影响。2010年3月3日,参谋长联席会议主席海军上将迈克·马伦在堪萨斯州立大学发表演讲时概述了武力使用的三原则。[1]

他认为,首先,军事力量不应当想当然地被视为国家最后诉诸的手段:

> 在某种程度上,对于决策者来说,军事力量是最灵活、适应性最强的工具。仅仅通过保持存在态势,我们就能改变某些行为。在发动战争之前,我们可以通过外交手段支持盟友或威慑敌人。
>
> 当然,我们在军事上有能力发起快速打击。这种在军事力量运用方面具有的灵活性是成功实施威慑的关键所在,通过远征部队,能够达成直接、切实的效果。同时,还必须注意到这会使无

---

[1] Admiral Mike Mullen, Landon Lecture Series, Manhattan, Kansas, March 3, 2010; Thom Shanker, "Mullen Recalibrates the Use of Force," *New York Times*, March 4, 2010.

辜的生命面临危险。因此，军事力量可能是一种最佳工具，甚至在某些情况下是首选工具，但它决不是唯一能够使用的工具。

在国际关系的混乱进程中，国防和外交不再是简单的相互独立分离的选项，只是在一种手段失败时才使用另一种手段，而应当相互补充。

实际上，我认为，在未来非对称的镇压叛乱行动中，我们应当为派遣军队设定一个先决条件，即：只有在国家力量的其他工具准备就绪时，才能出动军事力量。

上述原则引发了一个军政关系问题，因为它与国务院的观点相冲突。国务卿希拉里·克林顿（Hillary Clinton）在审议听证会上曾表示，"我们应当首先寻求外交途径，因为这是一种明智的方法。然而，我们也知道军事力量在某些情况下是必要的，并且应当把它作为在需要的时机和地点保护我们的人民和利益的最后手段使用。"①

迈克·马伦在演讲中提出的第二个原则是，"军事力量应当在最大程度上以精确和原则性的方式加以使用。"

尽管这不会缓解人员伤亡带来的痛苦，但有原则的精确使用武力有助于减少损失，并且确实能够提高成功的机会。说到阿富汗马尔扎正在进行的作战行动，麦克里斯特尔决定进入这个南部地区主要是因为它是塔利班的活动中心。在那里，塔利班控制着民众，并且能够将其利益输送到阿富汗的其他地区。我们到那里并不是为了争夺影响力，而是为了使敌人的影响力降低。

这条原则抛弃了温伯格—鲍威尔主义主张的观点。后者认为，当决策者决定使用武力时，应当以压倒性方式使用。

马伦提出的第三条原则是，"政策和战略应当保持不断争斗的关系"。

---

① Hillary Clinton, Statement before the Senate Foreign Affairs Committee, January 13, 2009.

这种观点对军政关系的"标准"理论持否定态度，后者严格区分了军事领域与政策领域的界限。

毫无疑问，军队内部有一些人主张，在政治领导人制定具体战略后，应该放手让指挥官去战场上执行任务。然而，过去九年的经验告诉我们两件事，即：明确的战略是军事行动的基础；战略必须随着作战行动的进程做出调整。

换言之，此类战争的成功通常存在反复，并不具有决定性。不是像我们希望的那样，在某一天就能够简单地宣称战争结束，取得了胜利。我们最终会赢得战争，但需要经历较长时间，并且需要经过不断的重新评估和调整才能达成。坦白地说，整个过程不会以毕其功于一役的方式完结，而更像是从长期的病痛中逐渐复元。

我能够想象出的最坏情况就是，有时一些事件会取代初始目标或任务，政治领导人不再给予明确的政治指导，军事指挥官们只能自行设计或预想策略和解决办法。因此，政治领导人必须保持对冲突的持续干预，适时做出必要的调整，但一般情况下应该给军事指挥官留出足够的余地，确保其能够执行任务。

与人们的想象不同的是，战争决不是一件能够预先设计好的事情。交战双方会按照对方的战略进行相应调整。需要保持政策与战略之间的相互影响关系，直至在正确的时间找到正确的结合方式。在伊拉克行得通的方法可能在阿富汗并不能奏效。与此相同，目前有效的方法可能在未来就行不通。如果停止调整的步伐，就有可能面临失败。引用温斯顿·丘吉尔的一句话，"你会发现，美国人总是在尝试了各种方法之后能够找到正确的解决办法。"尝试各种方法并不是缺点，这意味着我们不会放弃，也意味着我们在不断总结经验。在我看来，如果要说我们通过这两场战争学到了什么，灵活、适度的使用军事力量无疑是最佳方法。我们不要把军事力量作为最后的手段使用，最好的方式可能是将其与其他国内和国际力量结合，作为首选的运用手段。

我们没有必要只是将武力以压倒性方式使用，而是应当以适当的形式精确地、有原则地使用。我们不应当在激烈竞争中退缩，这并不是在暗指什么，因为政策决策与战略执行之间不可避免的存在分歧。这种相互作用对于国家来说是有益的，对于取得最终胜利也是必要的。在此，我再次引用丘吉尔的名言，战争如同生活，"当精心设计的方案失败时，需要采取最佳的替代方案，如果不竭尽全力，就会徒劳无功。"

马伦提出的方法体现了重新调整军政关系的进展。这种重新调整考虑到了变化的安全环境、军事专业主义的特点和美国政治的新现实。

十三、美国军政关系的发展趋势：军事专业主义概念的变化

在复杂的非常规、混合战争中，从最宽泛的意义来讲，专业军人将继续从"暴力管理者"向真正的"国家安全专业人员"转变。如果把复杂的非常规、混合战争理解成"政治"冲突，那么未来将要求军人不仅仅是作战人员，还要成为外交官。这是通过打击伊拉克和阿富汗的叛乱得到的经验。此类冲突已经证明，军官需要能够快速、灵活地从作战职能向管理职能转换。

通常情况下，美国选择在盟军或多国框架下遂行军事行动，包括镇压叛乱。这使得军官负责的事务更加复杂化，需要与来自美国政府、跨政府机构和非政府组织的不同文职人员进行调整。在没有类似于"指挥关系"的体制可遵循的情况下，军官通常难以应付这些事务。如果在可预见的未来我们真的参与了亨廷顿所谓的"长久作战"，那么除了"暴力管理"之外，军事专业领域还需要纳入更多的其他要求。这一点同样适用于其他特殊的政治军事行动，如维稳行动等。

十四、军事专业人员的技能要求

这种现实情况意味着,在美国国内目前理解并实践的军政关系中,有多个重要方面需要重新审视,这其中就包括明确定义军事专业人员的技能要求。亨廷顿将军事专业技能描述成暴力管理,过去我们遵循了这种观点,但现在看来这种理解过于狭隘。事实上自冷战结束之后,美军参与的复杂应急作战行动和非常规冲突已经与过去的常规战争大相径庭,尽管各军种都宁愿不是这样。

与常规战争相比,在人口聚集区实施平叛行动所需要具备的军事专业技能已经大为不同。尽管平叛行动也需要杀伤和逮捕叛乱分子,但这还不足以取得成功。还需要为普通民众提供安全保障,通常必须提供净化水和电力等基本服务。

山姆·萨克斯安(Sam Sarkesian)、约翰·艾伦·威廉姆斯(John Allen Williams)和史蒂芬·辛姆巴拉(Stephen Cimbala)都描述了如果要取得平叛行动成功,军人应当具备的思想意识:

> 对于投入非常规冲突的部队,其结构不能遵循规定的编制或指挥体系。参战人员不仅需要掌握必要的军事技能,同时还应当理解并对国外的文化力量和民族情感具有敏感性,尤其是在欠发达国家。他们必须能够在远离美国的环境下以小规模编组形式进行长期作战。要取得胜利,就需要有耐心和毅力,政治心理要成熟,并且能融入当地的政治军事体系。①

许多观察家指出,2007 年向伊拉克增兵并不是使局势得到改善的主要

---

① Sam C. Sarkesian, John Allen Williams, and Stephen J. Cimbala, *US National Security: Policymakers, Processes, and Politics*, 4th ed. (Boulder: Lynne Rienner, 2008), p. 43.

原因。更重要的原因在于，戴维·彼得雷乌斯将军实施的策略调整起到了改善不确定安全局势的作用。

专业军人的技能要求已远远超出"暴力管理"范畴，即使是这种所谓的管理职能的垄断地位也受到了两种新兴事物的影响。首先，为了应对新出现的"法律战"，在战争计划与实施的战术、战役和战略层面，律师的作用增强了。目前，在很多情况下，对于是否发动攻击或是在何种条件下发动攻击，军队律师们通常拥有最终发言权。因此，即便是过去很明确的军官专属身份，现在也为律师所共有。

其次，私营保安公司作用的扩大也使得军官在暴力管理上的垄断地位被削弱。此类组织在亨廷顿时代还没有出现，即便是在1991年海湾战争中，他们也只是边缘角色。目前，在作战区内，诸如黑水（Blackwater，已更名为Xe Services）等公司发挥着很大作用。但他们同时也是问题制造者，不仅与美军发生摩擦，还被指控存在腐败和不端行为。

随着军队律师地位的提高以及私营保安公司的出现，军政关系的紧张程度将有可能加剧，但同时还应认识到，从"动能"向非动能作战能力的转变造成了其他潜在问题。首先，在国防开支注定将被削减的背景下，为了发展文职领导人支持的新型非动能能力，就不得不从已经缩水的传统作战能力预算资金中划拨，打赢常规冲突的能力因此受到了影响。这将可能导致军政领导人之间的摩擦。此外，当"付款人"出资支持这种能力发展转变时，还有可能造成军种之间，甚至是军种内部的竞争。

其次，文职决策者倾向于把军队作为对外和国内政策的全能工具使用，而这也可能产生军政关系摩擦。在对外政策中，"使命偏离"是克林顿执政时期的一个重要问题。参谋长联席会议主席科林·鲍威尔将军曾对使命偏离和军队的过度使用问题表达过担心，但时任克林顿政府国务卿的马德琳·奥尔布赖特向他提出了一个问题，"如果我们不能使用，那么要你们所谓的这支卓越军队还有什么意义？"许多立法者以及其他人都会毫不犹豫地要求增强军队在国内事务中的作用。

再次，军事专业技能定义的扩展将对职业军事教育（PME）、培训和组织构成造成影响。苏珊娜·尼尔森和唐·斯奈德指出，"界定职业身份是否有助于专业人员的培养,让他们能够同时胜任动能和非动能战争?或者说,未来是否有必要对军官及其下属部队进行更加细致的专业划分?"陆军和国会均对该问题表示出兴趣。

彼得雷乌斯将军把新安全环境需要的新型军官称为"全能型指挥官"。对这些人的要求是,"打比方说,不仅仅能短跑或投铅球,而且各种竞技项目都精通。我们需要的军官不只是能够指挥大规模作战行动,还要具备指挥中端和低端冲突的能力。"

十五、军政关系"标准"理论的未来

考虑到专业主义在美国军政关系理论和实践中的核心地位,对职业军事技能的重新定义将必然影响到美国军政关系调整的其他方面。首当其冲的就是军事专业自主权的整体概念,这也正是亨廷顿提出的"客观控制"及其推论(军政关系"标准"理论)的先决条件。

简而言之,亨廷顿提出的"文人客观控制"将最大限度地明确军队从属关系和军事作战能力。客观控制权的关键在于"对军事专业自主权的认知",即:尊重独立的军事行动权。文职决策者干预或插手军事事务将破坏军事专业主义,并因此损害客观控制。

客观控制构成了文人与军人之间的一种协定。一方面,文职当局在对政策和战略问题做出决策的同时,在军事事务(战役和战术)上,应当给予专业军官团自主权。另一方面,"高度专业化的军官团愿意执行文人团体的意志,维护其在国内的合法地位。"在亨廷顿看来,军事专业主义的真正定义就是服从合法的文职当局。

然而,作为亨廷顿成就最高的学生之一,艾略特·科恩在其《最高统帅》一书中指出,尽管这种军事自主权是军政关系"标准"理论的基础,但它经常受到侵犯,在战争期间的自由民主国家尤其如此。"9·11"事件之后的美国军事行动中,这种自主权并没得到维持。安德鲁·巴塞维奇观察发现,实际上,文官指挥军队时并没有通过引导、调整和安抚的方式。如果这只是过去存在的问题,那么当军事专业人员成为彼得雷乌斯所谓的"全能型指挥官"时,标准理论在未来还能成立的可能性有多大呢?

十六、军政关系标准理论和美国的战略缺陷

然而,还有一个原因需要对军政关系标准理论的理解进行重新思考。美国的战略存在着很多不足之处。引用科林·格雷的话来说,"在很多情况下,美国的战略都存在黑洞。"美国军政关系没有形成战略的原因归结于三个因素的共同作用。第一个因素是标准理论在美国体制内长期保持的主导地位。

第二个因素是各军种组织文化的影响,而且军政关系标准理论还极大地增强了这种影响力。各军种通常都以某种"战略理念"为基础构建而成,按塞缪尔·亨廷顿的说法,这种理论构成了"一个军种的基本要素","是在执行国家政策的过程中其应担负职责或发挥作用的基本表述。"明确的战略理念是各军种有效组织和使用国会划拨资源的关键。

如上文所述,军种文化反过来也会对军政关系产生很大影响,通常会限制文职领导人的行动,并成为变革和创新的障碍。在伊拉克,陆军秉持其主要关注"战争战役层面"的理念,出现叛乱后的反应速度缓慢,导致美国的努力几乎化无乌有。

标准理论的盛行使陆军得以继续坚持其首选的作战思路,但事实上当时的条件已经不同于战略开始阶段的设想情况。美国军政关系标准理论占据主导地位,同时,美国军方关注的是战争的非政治性作战层面,这就意味着,在伊拉克战场,作战实效与政策之间存在脱节的现象,而政策才是发起战争的原因。

导致美国战略存在缺陷的第三个因素是1986年《戈德华特—尼克尔斯国防部重组法》造成的意外后果。该法案扩大了参谋长联席会议主席的

权力,同时参谋长联席会议自身的权力被削弱,而战区指挥官的权力也扩大了。当时,国会希望,在其他因素的共同推动下,重组有助于提高军队向决策者所提建议的质量。

参谋长联席会议的责任是对战区战略和国家政策进行整合。然而,如果其作用如同布什执政期间那样被边缘化,并且如果认可文职人员在军事行动自主权方面没有任何发言权的观点,那么这种整合将不可能实现。军事与政治领域之间的分歧会导致战争计划无法与国家政策相融合,而且,尽管口头上承认战略的重要性,实际上战略将处于孤立无援的境地。在战略缺失的情况下,其他因素就会取而代之,填补空白,从而导致战略偏移。这似乎就是伊拉克的实际情况。

托马斯·里克斯在其《赌局》(The Gamble)一书中描述了这种不正常体制带来的问题:

颇具讽刺意味的是,政策的制定依法进行,等级制度也得到了遵循,并且相关的官僚机构均参与其中,但这种体制并没有发挥真正作用。表面上运行良好,但高官们并没有对必要的战略问题进行积极讨论。同时,领导人也没有因不作为而被问责和追责。几个月后,规定的方法被推翻,指挥体系被忽略,直到此时,才会开始对美国的伊拉克战争战略进行严肃认真的审查。

十七、军政关系和职业军事教育

迈克尔·霍华德爵士(Sir Michael Howard)曾指出,军事专业对全体职业军人的严格要求不仅体现在身体方面,还包括其智力水平。职业军事教育的主要目标就是为了解决上文所提到的问题,培养有能力纠正"战略缺陷"的军官。尽管职业军事教育的一个重要组成部分是形成卓越的作战能力,但过分关注战争战役层面的问题,将导致战略思考力的缺失,即:无法将军事手段与政治目标统一起来。理解战略内涵的军官必须能够在不带党派色彩的情况下分辨政治意图。

如上文所述,军政双方在国家安全事务方面的界线已经被模糊化,文人决策者和军事主官均成为国家安全专业人员。因此,军官必须能够理解和评估政治领导人的决定,反之亦然。军官有义务在国家安全事务处理过程中提出最佳的战略判断。职业军事教育必须能够培养出具有综合能力的作战人员,不能仅仅会发动空中打击、指挥航母战斗群,或在战场上实施旅级部队作战机动,而不知道如何针对镇压叛乱制定相关战略。通过职业军事教育,军官应当理解作战与政策之间存在的战略关系。

威廉姆森·穆雷认为,由于文职领导人通常缺乏我们的敌人所具有的军事经验,"因此他们需要得到军事顾问准确、直接的建议。不管采纳与否,如果要在接下来的几十年中在军政关系方面取得成功,政治领导人与军事顾问之间必须基于深刻的历史背景展开理智对话。"[①]

多年以来,美国军官认同文人治军这一根深蒂固的观念,因此职业军事教育机构对军政关系并未给予足够的关注。鉴于军事政变在美国不可能发生,那么为什么还要在军政关系上浪费时间?同时,由于人们普遍认为军队应当将其重心放在专业技能和提高作战能力上,不应涉足政治,因而军政关系问题也被忽视。

然而,如上文所述,这种观点是错误的。战争的实施与政治意图存在密不可分的联系。忽略这种关系的军官将使自己和军事机构面临风险。

在培养未来军官的问题上,职业军事教育机构需要确保其毕业学员能够理解上文提及的几个要点。首先,并不是说只有会导致政变的军政关系才称得上是"糟糕"的。许多形式和行为虽不致于导致政变,却都反映出军政关系的不平衡或不健康。军队向媒体泄露消息,或在军政关系调整方面采取拖延策略,都将削弱政策决定。

其次,军政关系不是简单的文人治军的问题。研究军政关系的美国学者把关注重点放在文人治军上,使人无法认清一个事实,即不同的安全挑

---

① Williamson Murray, "Professionalism and Professional Military Education," in Nielsen and Snider, eds., *American Civil-Military Realtions: The Soldier and the State in a New Era* (Baltimore: Johns Hopkins University Press, 2009), pp. 133–148.

战需要不同模式的军政关系，并且某种条件下的军政关系模式可能并不适合另一种条件。

再次，军政关系的"标准"理论并不具有普适性。在军政关系问题上获得成功的许多其他国家（如以色列），并不是在任何情况下都将军事自主权作为标准理论的基础。实际上，正如我们所见，标准理论在美国并不像过去那么行之有效。

在美国，健康的军政关系将取决于是否把职业军事教育放在各军种人事政策的中心位置。只有严谨的职业军事教育才能确保军官能够在为美国利益服务的过程中胜任政策、战略与作战行动融合方面的挑战。已退役的陆军少将罗伯特·斯克尔斯（Robert Scales）在《美国海军学院学报》上撰文指出，各军种仍然没有重视职业军事教育的价值。为了改善军政关系，这是一个必须纠正的问题。同时，需要改正"9·11"事件以来妨害美国军事表现的战略缺陷问题。

十八、结　论

未来军政关系重新调整的目标之一是确保造成美国战略缺陷的不正常因素不再重复出现。改变这种状况需要军政双方调整各自的行事方式。一方面，军队必须恢复其在战略制定方面的话语权，同时理解政治对于战争实施所具有的影响作用，并且承认文职领导在战争目标和战争实施问题上都应当拥有发言权。另一方面，文官必须认识到政策和战略的有效落实需要正确使用军事力量。此外，他们还必须支持作战人员能够在战略制定过程中坦率、坚定地表达自己的观点。

鉴于未来安全环境以及美国政治的现实情况，需要放弃已经过时的军政关系标准理论，应当以历史经验为基础，以取得战略成功为目标，形成一种新型机制，综合考虑目的、方法和手段之间相互重叠、相互影响的关系。这意味着需要建立新的标准，形成有利的决策环境，鼓励提出坦诚的建议，并支持严谨的观点和见解交流。

必须认识到，文人控制固然重要，但是军政关系的内涵远不止文人控制这么简单。文人治军在美国拥有宪法依据，而且军官团也毫无疑义地认可该原则。美国军政关系面临的更重要问题是，在军事力量的使用上如何确保相关战略得到有效落实。要确保结果有利于美国安全，需要形成规章制度，建立周密的程序，并保持军政领导层之间的持续对话。

[编译自/《"9·11"后的美国军政关系》（*US Civil-Military Relations After 9/11: Renegotiating the Civil-Military Bargain*）第五章；作者/马可宾·托马斯·欧文斯（Mackubin Thomas Owens）]

图书在版编目（CIP）数据

当代美国军政关系/李庄前主编.—北京：时事出版社，2017.9
 ISBN 978-7-5195-0098-6

Ⅰ.①当… Ⅱ.①李… Ⅲ.①军事—政治学—研究—美国 Ⅳ.①E712.42

中国版本图书馆 CIP 数据核字（2017）第 186475 号

出 版 发 行：时事出版社
地　　　址：北京市海淀区万寿寺甲 2 号
邮　　　编：100081
发 行 热 线：(010) 88547590　88547591
读者服务部：(010) 88547595
传　　　真：(010) 88547592
电 子 邮 箱：shishichubanshe@ sina. com
网　　　址：www. shishishe. com
印　　　刷：北京市昌平百善印刷厂

开本：787×1092　1/16　印张：24.25　字数：360 千字
2017 年 9 月第 1 版　2017 年 9 月第 1 次印刷
定价：120.00 元

（如有印装质量问题，请与本社发行部联系调换）